Paris brûle !

L'incendie des barrières de l'octroi en juillet 1789

Chemins de la Mémoire

Fondée par Alain Forest, cette collection est consacrée à la publication de travaux de recherche, essentiellement universitaires, dans le domaine de l'histoire en général.
Relancée en 2011, elle se décline désormais par séries (chronologiques, thématiques en fonction d'approches disciplinaires spécifiques). Depuis 2013, cette collection centrée sur l'espace européen s'ouvre à d'autres aires géographiques.

Derniers titres parus

Sarindar-Fontaine (François), *Charles V le sage, dauphin, duc et régent (1338-1358)*, 2019.
Foutakis (Patrice), *De* La Dame a la licorne *et de « son » désir*, 2019.
Leroux (Charles-Édouard), *La question mémorielle au XXIe siècle, Jouer éternellement le passé*, 2019.
Maury (Serge), *Une secte janséniste convulsionnaire sous la Révolution française, Les Fareinistes (1783- 1805)*, 2019.
Laporte (Samy), *La vie quotidienne des Juifs de Pologne au XIXe siècle (1795-1914)*, 2018.
Giacchetti (Claudine Anne), *Les déplacés. La diaspora juive est-européenne dans la France occupée. Témoignages et combats*, 2018.
Lafage (Franck), Louis III, dernier roi de Bavière, (1913-1918), *Un souverain dans la tourmente de la Première Guerre mondiale*, 2018.
Louis (Abel A.), *Le livre et ses lecteurs en Martinique de la fin du Directoire à la Monarchie de Juillet (1799-1848). Essai d'histoire sociale et matérielle*, 2018.
Lagardère (Vincent), *Commerce fluvial et batellerie sur l'Adour du xviie au xviiie siècle. Les ports de Dax, Saubusse, Port-de-Lanne, La Marquèze*, 2018.
Louis (Abel A.), *Le monde du négoce à Saint-Pierre sous la Monarchie de Juillet (1830-1848), Essai d'histoire sociale et matérielle*, 2017.

Ces dix derniers titres de la collection sont classés par ordre chronologique en commençant par le plus récent.
La liste complète des parutions,
avec une courte présentation du contenu des ouvrages, peut être consultée sur le site www.editions-harmattan.fr

Momcilo MARKOVIC

PARIS BRULE !

L'incendie des barrières de l'octroi en juillet 1789

Préface de Pierre Serna et Bruno Collin

L'Harmattan

5-7, rue de l'École-Polytechnique ; 75005 Paris
http://www.editions-harmattan.fr
ISBN : 978-2-343-17683-3
EAN : 9782343176833

Remerciements

Je venais de terminer mon DEA sous la direction de Jean-Clément Martin à l'Université de Paris I. J'hésitais encore à prolonger ce long travail qui devait aboutir sur une thèse. Pierre Serna devint, à ce moment, le nouveau directeur de l'IHRF (Institut d'Histoire de la Révolution française). Il m'incita à poursuivre et accepta de diriger mon doctorat d'histoire. Depuis, il n'a cessé de valoriser mon travail, le présentant élogieusement à des conférences et à des colloques. Pierre Serna me fait l'immense amitié de rédiger la préface de cet ouvrage. Je le remercie vivement et chaleureusement.

Il manquait une publication officielle, destinée à un large public. Les éditions *L'Harmattan* ont accepté d'éditer mon manuscrit, issu de ma thèse, largement remaniée. J'ai veillé à y intégrer les critiques constructives des membres prestigieux qui composaient le jury lors de ma soutenance : Haïm Burstin, Hervé Drévillon, David Garrioch et Vincent Milliot. Aujourd'hui, ce livre paraît dans la collection « Mémoires des Douanes » avec le soutien de l'AHAD (Association pour l'Histoire de l'Administration des Douanes). Je remercie donc les membres de l'AHAD et, plus particulièrement son actuel président Bruno Collin qui me fait l'honneur d'y écrire une deuxième préface.

Laurence, mon épouse, m'a inlassablement accompagné durant ce périple, devenant ma première lectrice ; avec son esprit critique, sa ténacité et son franc-parler, elle a toujours su insuffler une dynamique qui, parfois, me manquait.

Durant de longues années, Tania, Vladimir et Matt m'ont vu consacrer de nombreuses heures à compulser les archives, à interroger mon objet d'histoire, à confronter les sources, à prendre des notes et à écrire. Ils ont, à leur manière, participé à cette tâche de longue haleine, me sollicitant à maintes reprises ; ils ont, peu à peu, à ma grande joie, investi la période révolutionnaire.

Je ne veux pas oublier Zvonko et Jean-François, mes deux amis, fidèles de toujours. Nous nous sommes construits ensemble, malgré les écueils sociaux dus à nos origines étrangères et modestes. Nous avons compris qu'à force de volonté, le monde pouvait s'ouvrir à nous.

Ma dernière pensée se tourne vers Émile Ducoudray. Il fut, pour moi, lorsque j'étais un jeune étudiant, une figure centrale et emblématique de l'IHRF. Son approche bienveillante et paternelle favorisait les échanges. Il m'a fait découvrir toute la richesse de la Révolution française.

Enfin, cet ouvrage n'aurait jamais vu le jour sans tous ces hommes et femmes, enfermés, puis découverts dans les cartons d'archives. Ils m'ont fait comprendre une chose inestimable et tellement précieuse : les dominés de l'Histoire doivent également avoir leur mot à dire !

À ma mère Gordana, à mon père Dušan.

Préface

Vous croyez connaître le 14 juillet ? Alors fermez les yeux ! Que voyez-vous dans votre paysage de connaissances ou de souvenirs historiques ? Une forteresse prise d'assaut par la foule de Paris, des canons au bas, un pont-levis qui s'abaisse, une foule en colère, un marquis avec la tête coupée et mise sur une pique.

C'est une image que vous voyez, celle de vos manuels, de vos livres scolaires ou des livres édités à profusion au moment du bicentenaire. C'est une construction visuelle, plus ou moins juste, que vous vous représentez, qui raconte la geste du peuple parisien, construite en mythographie par toute une histoire, vieille aujourd'hui de 230 ans.

Certes, l'événement a bien eu lieu et il représente un acte de bravoure assez unique en son genre, une centaine de Parisiens y laissant la vie, 98 exactement, sans oublier les 73 blessés graves, le marquis de Launay y perdant sa tête, inaugurant une série tragique de têtes coupées et mises sur des piques pour exprimer la colère du peuple et sa souveraineté exécutrice s'il le faut, selon le jugement collectif de la foule, exacerbée ce jour-là par une défense inutile et meurtrière du gouverneur de la prison de 9 détenus seulement, mais symbole d'une monarchie arbitraire. Tout le monde connaît le nom de Launay et la violence du sort qu'il subit, mais connaissez-vous le nom d'une seule victime de la Bastille ? Qu'en concluez-vous sur la victimisation des uns et la mort anonyme des autres ? Et sur la façon dont s'écrit l'histoire ?

Refermez les yeux. Comment vous apparaît l'événement de la prise de la Bastille dans ses origines et ses conséquences. Sûrement comme l'événement fondateur de la Révolution française et l'entrée en scène du peuple dans cette année 1789, à nulle autre pareille. Le peuple par la prise de la forteresse vide fait SA révolution. Il vient d'affirmer son pouvoir souverain et l'histoire a décidé que de ce jour la Révolution commençait vraiment, quitte à prendre de vitesse tout le monde, les législateurs et le roi à Versailles pour commencer. Celui-ci semble étonné en apprenant le fait, demandant si c'était une révolte, alors que le duc de La Rochefoucauld lui aurait fait remarquer, selon la fameuse réplique, que c'était bien plus : une Révolution.

De là, naquit un monde nouveau et la fête de la Fédération, célébrée un an plus tard, jour pour jour, devenue cent ans plus tard, en 1889, la fête nationale, qui l'est encore aujourd'hui, et marquait l'importance majeure de cette journée mémorable entre toutes, construite pour durer, pour faire vibrer l'Histoire et être célébrée comme matrice d'un monde nouveau, renversant un monde ancien. Et chaque 14 juillet sédimente un peu plus en chacun de nous cette vision reconstruite, qui vaut même en 2016 le prix *Alexandre Vialatte* au fort beau récit d'Éric Vuillard, *14 juillet*, preuve de la force du mythe et de sa capacité de suggestion.

Et si tout cela n'était que littérature, récit, narration, représentation ... Entendons-nous bien. La prise de la Bastille est un événement réel, dramatique, voire tragique, et qui a des conséquences déterminantes sur la suite de la Révolution, le roi se rendant ensuite à Paris comme pour signifier sa capitulation dans la nouvelle capitale d'une nation souveraine. Le symbole est on ne peut plus fort et a dû renforcer a posteriori les Parisiens dans leur conviction que le 14 juillet était bien le jour de la Révolution. Et si ce n'était pas vrai, ou pas tout à fait vrai ?

Refermez pour la troisième fois les yeux. Que savez-vous d'avant le 14 juillet ? Non pas les 17, 20, 23 juin, journées de la Révolution des députés avant celle du peuple. Et ensuite, un trou noir, non ?
Selon que vous êtes amateur de l'histoire de la Révolution, vous savez plus ou moins remplir les journées qui vont, du refus de Mirabeau d'obéir au roi le 23 juin, au refus du peuple à obéir à son roi le 14 juillet. Et si la révolution était là ? Dans ce vide ? Et plus particulièrement entre le 10 et le 13 juillet au soir ? Et si la VRAIE Révolution était déjà jouée le 14 juillet ? Déjà faite et accomplie, déjà réalisée et assumée, mais « immontrable », oubliée, cachée, un peu honteuse ? Comment et pourquoi cela ?

Voilà tout le pari réussi du magnifique livre qui suit et qui propose une hypothèse de recherche détonante. Ce n'est pas à la Bastille que s'est faite la Révolution le 14 juillet, mais à la périphérie de Paris, dans un brasier géant qui met le feu aux poudres de la Révolution avec l'incendie des barrières d'octroi de Paris.
Lorsque Paris se réveille le 14 juillet, la ville est sous la fumée, sous les cendres, sous un nuage étouffant ; le tocsin sonne dans toutes les paroisses depuis trois jours, depuis que les émeutiers parisiens et parisiennes ont décidé d'en finir avec le mur honni, avec la clôture fiscale détestée qui les enferme comme dans une cage depuis 1785 lorsque la monarchie, aux abois, a vendu aux Fermiers généraux, ces

collecteurs d'impôts mal aimés, les privilèges d'une entrée libre dans Paris.
Depuis 1648, date de l'épisode de la Fronde, afin d'acheter la paix civile et s'assurer du calme des Parisiens, la capitale jouit d'un privilège dont nulle autre ville du royaume ne bénéficie. Il n'y a pas de barrières d'octroi à l'entrée de la Ville reine, et donc pas de surtaxe sur les marchandises qui y pénètrent pour nourrir la plus grande ville du royaume avec ses 650 000 habitants, la seconde ville d'Europe après Londres. Le ventre de Paris mobilise la pêche des côtes de France, l'élevage du Massif Central, le lait de Normandie, les fromages du Jura, les produits frais du bassin parisien, les fruits du sud de la France, véritable bouche insatiable.
Et voilà que le Roi et ses mauvais conseillers voudraient, pour renflouer leurs caisses vides après la guerre d'indépendance américaine, financée par les emprunts imprudents de M. Necker, faire payer le bon peuple de Paris. L'impéritie gouvernementale, son imprévoyance et les dépenses somptuaires ou non de Marie-Antoinette, la rumeur étant toujours plus forte que le vrai, ont un effet dévastateur pour la crédibilité de la royauté à mener à bien la barque de l'État en temps de crise. Et dans ce cas précis, la rumeur n'est point totalement infondée, renforcée par les scandales à répétition, les malversations au sommet de l'État, à commencer par l'affaire du collier en 1785 et 1786.

Encagés et enfermés dans des murs d'où les denrées ne rentrent que par des barrières militairement surveillées pour faire payer l'octroi, les Parisiens ne supportent plus cette situation, rejettent violemment ce mur comme Louis Sébastien Mercier en témoigne dans ses pérégrinations sans fin dans les rues de Paris, recueillant pour son tableau de la capitale, la mauvaise humeur des Parisiens, excédés par ce qu'ils considèrent comme une injustice, une humiliation, et surtout un étouffement que l'air de leur liberté ne saurait souffrir ni supporter longtemps.
Dans ces cas, trois solutions et seulement trois, se proposent aux habitants de la ville géante :
Soit, ils obéissent et paient les denrées au prix fort alors que la crise économique menace toutes les activités depuis 1786, date à laquelle la France a signé avec l'Angleterre un accord commercial qui met à rude épreuve les manufactures hexagonales soumises à la concurrence victorieuse des produits importés d'outre-Manche. Les ateliers

parisiens ferment, les jeunes chômeurs sont légion et une femme sur quatre du petit peuple en est réduite à se prostituer pour survivre.
Soit, le peuple contourne la loi, c'est-à-dire qu'il passe dessous littéralement. Et voici Paris truffé de micros souterrains qui passent sous les murailles, ravitaillant par mille artifices ingénieux les Parisiens en vin, en eau-de-vie, en sucre, en sel, en nourriture, échappant ainsi aux taxes. Paris est une ville qui vit hors la loi, qui vit de sa contrebande. Au sommet du royaume, la capitale désobéit quotidiennement et vit du marché noir, apprenant l'illégalité permanente au nom de sa légitimité immémoriale à ne pas surpayer sa nourriture. Un peuple fait silencieusement sa Révolution, en vivant selon ses propres lois. Des filous en profitent, une délinquance bien précise naît de cet immense trafic sous terre, dont les produits arrivent sur la table de Parisiens honnêtes, mais ne posant point trop de questions aux domestiques sur la provenance de la denrée, pourvu que le budget familial soit tenu. Un peuple entier, bourgeois et modestes travailleurs, s'est détaché de la peur du policier et vit selon ses règles qu'il estime justes.
Il existe une troisième solution : ni obéir en maudissant la loi, ni désobéir en méprisant la règle, mais se soulever et se révolter. C'est ce qui se passe précisément entre le 10 et le 14 juillet 1789, et que raconte Momcilo Markovic. Une partie du peuple de Paris, profitant du désordre du royaume et des nouvelles qui arrivent de Versailles où les députés se sont déclarés faisant partie d'une Assemblée nationale constituante, se porte de façon violente aux portes de la capitale et y met le feu. Voilà la Révolution, l'authentique, et pourtant oubliée.

Après avoir ouvert une centaine de cartons aux Archives nationales et dans les fonds parisiens, lu des milliers de procès-verbaux et quelques dizaines de milliers de feuilles manuscrites, Momcilo Markovic avance prudemment cette évidence qui continue de choquer plus d'un historien de la Révolution : la Révolution s'accomplit par l'incendie des barrières, et lorsque la Bastille est héroïquement prise, la Révolution est déjà réalisée, de telle sorte que le Roi n'a pas entièrement tort de parler de *révolte* concernant le 14 juillet : il doit bien savoir que la Révolution est faite, qui connaît un soubresaut, début d'une longue suite.
Si cette dernière hypothèse est juste, et je soutiens sa pertinence, complice et lecteur attentif de Momcilo Markovic depuis plusieurs années, alors demeure la question primordiale posée aux historiens : pourquoi l'Histoire n'a-t-elle pas retenu l'incendie des barrières dans sa

spectacularité comme la Révolution en soi, que le 14 juillet aurait clôturé au lieu de l'initier ?
Fin historien du fait social, fin calculateur du prix des denrées, l'auteur de *Paris brûle ! L'incendie des barrières de l'octroi en juillet 1789* l'explique en toute simplicité : parce que c'était fondamentalement une grosse histoire d'argent, où les « demi-sel », ces brigands patentés, profitaient de la situation au milieu de citoyens manifestant et des personnes honnêtes, mises en colère par ces taxations vexatoires et inutiles, comme si ces sujets intègres étaient responsables d'une crise que les puissants avaient provoquée, mais voulaient leur faire payer. Une vieille histoire toujours d'actualité.

La *Révolution aux barrières* n'est pas glorieuse comme le décortique Momcilo Markovic. Elle est le fruit d'un ressentiment fondé sur la certitude de se faire voler et la volonté de se rendre justice soi-même pour ne plus payer, pour avoir les denrées au prix juste, comme dans les colères populaires dont le but était l'établissement d'une économie morale, décrite par l'historien E.P. Thompson : le bon produit au bon prix et non le produit médiocre surtaxé. Cette révolution-là, qui mêle les contrebandiers professionnels et les Parisiens énervés, les faiseurs de fortune malhonnêtes et les probes Parisiens, n'a pas les qualités pour entrer dans l'Histoire. Elle sent trop l'argent peu propre et l'intérêt du ventre. Elle n'a pas la qualité de la geste gratuite et symbolique de l'attaque de la Bastille, comme symbole au cœur de la ville du pouvoir, bien diminué d'ailleurs du roi, laissant faire, n'envoyant pas les régiments autour de la capitale rétablir l'ordre ; ce que le simple bon sens et la conscience de sa fonction de chef de l'exécutif auraient dû lui imposer, quitte à utiliser la force, car n'était-ce pas sa fonction ?

Ces incendies-là ne méritaient pas le nom de Révolution. Et pourtant ils la firent et la rendirent possible. Mais il fallait le taire, car une fois les fumées dispersées, le livre poursuit son étude minutieuse et montre que la Révolution en marche avait besoin à son tour de rentrées d'argent et d'une police pour ses barrières, jusqu'à leur complète abolition en 1791. Voilà que la Révolution était prise dans ses contradictions de ne pouvoir se séparer de ce qu'elle détestait de l'Ancien régime, les impôts, dont elle ne pouvait se passer à son tour comme tout État naissant.

Comment dans ces conditions un événement qui visait à renverser l'Ancien régime, mais dont l'issue montrait une impasse tant que de nouvelles contributions ne rentraient pas dans les caisses des responsables de la capitale, pouvait-il être LE moment révolutionnaire ? C'était tout simplement impossible et la Bastille venait à point nommé pour montrer l'intégrité d'un peuple désintéressé par les affaires de son ventre, prêt à se sacrifier pour la seule gloire de libérer 9 prisonniers, prêt à se faire tuer pour abattre l'arbitraire royal lié aux lettres de cachet et cherchant à s'armer pour défendre sa liberté.

La prise de la Bastille, qui ne servait à rien, avait bien plus de respectabilité ; elle avait - écrivons-le - « plus de gueule » que la lutte pour le quart de vin, pour gagner quelques sols sur les denrées de première nécessité ou ce mélange hétéroclite d'une foule truffée d'espions et de petits trafiquants de toute sorte. Et pourtant, c'est là que, modestement, mais de façon opiniâtre et sûrement point fausse, Momcilo Markovic construit son hypothèse devenue une thèse saluée par le prix *Jean Clinquart*, couronnant le meilleur travail historique sur la douane et son fonctionnement. Le jury qui s'y connaissant en prix, contrebande et police des frontières, reconnaissait la valeur d'une thèse qui mettait la frontière fiscale et la question de la contrebande, fléaux de l'économie d'Ancien régime, non à la périphérie du royaume, mais en son centre, en sa capitale. Mais il valait mieux le taire. Et s'en remettre à la prise glorieuse de la Bastille comme origine de la révolution populaire.

C'est tellement vrai que la séquence des ravages, commencée le 10 juillet au niveau de l'actuel square Montholon, continue le 11 par la mise à feu de la barrière Blanche (angle des rues Blanche et de la Chaussée d'Antin), touchant toutes les barrières d'octroi les jours suivants, et se termine le 14 à l'ouest de Paris par l'incendie des dernières portes intactes, notamment la barrière mise en scène par Prieur, restée célèbre, car gravée dans une estampe fort connue, résumant à elle seule les incendies, mais datée… du 12 juillet, soit deux jours avant la réalité des faits. Erreur grossière ? Oubli innocent de la vraie date ? Non, il n'y avait déjà plus de place pour deux événements dont la convergence pouvait brouiller le sens d'une Révolution populaire et héroïque. Il fallait avancer de deux jours la date de l'incendie de la barrière dans la gravure de Prieur afin que la Bastille gardât toute sa place d'*exempla* et l'incendie, relégué comme une prémisse, trop brûlante ? Ou un peu fumeuse ?... Tout du moins incapable de porter le symbole d'une révolution seulement faite au nom des idéaux de liberté et d'égalité.

Ce n'est pas là minorer, minimiser, ou vouloir faire croire que l'événement de la prise de la Bastille avec ses 98 morts ne compte pas. Au contraire, le récit de Momcilo Markovic complète, enrichit et densifie l'histoire, en montrant sa complexité, en démontrant les intérêts tout à fait normaux et compréhensifs d'une population qui se révolte aussi parce qu'elle a faim, et se préoccupe du prix des denrées. Il n'y a rien de mesquin à cela, il n'y a rien de médiocre dans ce motif de colère. C'est aussi cela l'héritage d'une histoire qui compte, pèse et mesure, dont Momcilo Markovic a pu apprécier la rigueur en ayant pour premier maître Émile Ducoudray, maître de conférences à l'IHRF du temps d'Albert Soboul et de Michel Vovelle, fin connaisseur de Paris et infatigable ouvreur de cartons aux Archives nationales, pathologie saine qu'il transmit à son jeune élève qui ne s'en remit heureusement jamais.

Comme toute thèse forte, il faudra des années encore pour que le travail de Momcilo Markovic soit apprécié à sa juste valeur. Pourtant les bons livres d'histoire sont ceux qui dérangent, non pour le plaisir de contredire, mais pour écrire patiemment, rigoureusement, avec force preuves et notes, une autre histoire, moins visible, moins spectaculaire, mais plus réelle, plus en prise avec le quotidien de ceux qui souffrent ou de ceux qui, plus cyniquement, s'enrichissent sur les failles d'un système.

Momcilo Markovic, sans bruit, mais avec force arguments à l'appui, a détruit une Bastille historiographique sans diminuer l'importance de l'événement du 14 juillet. Il le remet à sa place, rendant aux incendies des barrières leur authentique valeur d'événements déclencheurs de la Révolution. Un bon livre d'histoire sert à ouvrir les yeux et porter différemment son regard sur un événement jusque-là non vu, que l'on ne voulait pas, que l'on ne pouvait pas voir. Ce livre change la vision du mois de juillet 1789 que nous avions jusque-là. Peu de livres peuvent se vanter d'une telle réussite.

En avançant de quatre jours le début de la Révolution, ce livre la réécrit de façon nouvelle, passionnante et captivante. Il y a des incendies qui détruisent un vieux monde, il y a des incendies qui fondent un Nouveau Monde. Ce sont ceux-là qu'évoque ce livre très fort.

Pierre Serna

Professeur d'histoire de la Révolution française à l'Université de Paris I Panthéon Sorbonne, Institut d'Histoire de la Révolution française, IHRF-IHMC.

Préface

"*Le mur murant Paris rend les Parisiens murmurants*". Voilà ce qui se disait dans la capitale en cette fin du XVIII° siècle, face à la construction du "mur des Fermiers généraux", destiné à enfermer la ville dans une enceinte fiscale physique. C'est Charles Alexandre de Calonne, contrôleur général des Finances, qui a accepté cette construction de 24 kilomètres de long, dont la réalisation va être confiée à un architecte visionnaire, Claude-Nicolas Ledoux. Dans un rapport de Lavoisier, plus connu comme chimiste que comme membre des Fermiers généraux, remis au Roi en 1784, la fraude fiscale aux octrois parisiens est estimée à 48 millions de livres. Il s'agit donc bien d'une enceinte à vocation fiscale, car ce mur a essentiellement pour objet d'empêcher cette énorme fraude dont l'essentiel portait sur le tabac, le vin et l'alcool. Un mur dont le coût de la construction va complètement dériver (12 millions de livres prévues initialement ; 25 millions au départ de Calonne), du fait en particulier des constructions somptuaires réalisées par Ledoux aux postes de contrôle dits "barrières". Preuve en est, car de ce gigantesque chantier il reste encore (ce qui est néanmoins peu connu) de magnifiques bâtiments comme ceux de la "barrière du Trône", place de la Nation, ou la rotonde de la Villette.

Le décor, architectural et juridique, étant planté, Momcilo Markovic va nous faire, tout d'abord, découvrir de nombreux éléments relatifs à la vie quotidienne de ces octrois en cette fin d'Ancien Régime. Le profil des fraudeurs au travers, en particulier, des registres d'écrou de la Conciergerie est très pittoresque, comme leurs techniques de contrebande : escalade de la palissade, creusement de tunnels, utilisation de double accès dans les caves des maisons mitoyennes du mur... Mais il développe aussi et surtout l'organisation de la lutte contre cette fraude : le rôle des commissaires et inspecteurs de police qui, grâce à leur excellente connaissance du terrain, apportent leur aide aux employés de la Ferme générale ; le recours aux visites domiciliaires, autant préventives que punitives ; l'utilisation de "pataches" sur la Seine pour effectuer le contrôle des bateaux ; la violence (dite *à rébellion*) à l'encontre des employés de la Ferme... Et là, surprise du comité de lecture, il présente un corps jusque-là ignoré des recherches menées par les membres de l'AHAD : celui des *chasseurs aux barrières*. Six compagnies de 100 hommes, tout de même, rattachées à la Garde

Nationale, dont le rôle est bien "d'assurer la perception des droits d'entrée".

Mais ensuite, et surtout, cet ouvrage apporte un regard résolument nouveau sur les débuts de la Révolution à Paris. L'histoire n'aura retenu que la très symbolique prise de la Bastille comme date initiale. L'auteur montre avec force détails que le mouvement a commencé dès le 9 juillet 1789 par l'attaque des barrières. Une attaque populaire, violente et concertée, qui va ravager 40 des 54 bureaux d'octroi, quasiment sans opposition. Nul ne peut l'ignorer, car l'odeur de brûlé imprègne toute la ville et la fumée l'enveloppe d'un nuage de cendres. On n'y dénombrera en revanche que deux morts, mais de très nombreux incendies et autres dégradations. La justice affirmera que c'est le fait de fraudeurs (qui ont probablement été les premiers à l'assaut des barrières) et de repris de justice, et n'en condamnera qu'une douzaine. Ce qui est parfaitement incohérent face à l'ampleur du phénomène et de la simultanéité des actions. En fait, comme dans la plupart des cas d'arrestations de fraudeurs citées plus haut, la "populace" prend souvent fait et cause pour eux et n'hésite pas à faire le coup de poing contre les employés de la Ferme. C'est donc là à une véritable révolte fiscale que l'on a affaire. Mais cette chute des barrières va surtout largement anticiper celle de la Bastille, car, comme le souligne Momcilo Markovic, "si la forteresse a pu être prise, si la nouvelle municipalité parisienne s'empare du pouvoir, c'est parce que les événements aux barrières en ont préparé et facilité la chute". Même si on ne peut affirmer que ceux qui attaquent la prison royale sont les mêmes que ceux qui se sont emparés des octrois, cette concomitance indirecte a permis de libérer les esprits et les a engagés à aller de l'avant.

Si ces incendies des barrières ont, indéniablement, contribué à lancer le mouvement révolutionnaire parisien, ils sont, jusque-là, restés dans l'ombre. Les *vainqueurs de la Bastille* pourront fièrement exhiber leurs titres et médailles, mais rien pour les *vainqueurs des barrières* qui, on l'a vu, ont même été poursuivis (même mollement) par la justice...révolutionnaire. Seul effet positif, de mai 1791 à octobre 1798, les droits d'octroi sont supprimés, faisant de facto disparaître les fraudeurs. Mais cela ne profita que peu aux habitants, qui avaient pensé voir diminuer les prix et augmenter leur pouvoir d'achat, espoir complètement ruiné par l'inflation galopante générée par les assignats. Pire encore, après un fol espoir de voir disparaître ce mur honni, qui enfermait littéralement les Parisiens, son rétablissement en l'état est rapidement décidé. Fin octobre 1798, la perception est rétablie. Et ce mur, comme ses octrois, subsisteront en tout ou partie jusqu'en 1860, date à laquelle il sera détruit lors de l'extension de Paris jusqu'à l'enceinte de Thiers.

Après les centaines de livres parus à l'occasion du bicentenaire de la Révolution, on pouvait croire le paysage saturé. Les nouveaux ouvrages sur ce sujet sont rares, et encore plus rares sont ceux qui apportent un nouvel éclairage, très documenté. Ce remarquable travail, appuyé sur une abondante bibliographie, qui a reçu en 2017 le prix *Jean Clinquart**, délivré par l'Association pour l'Histoire de l'Administration des Douanes (AHAD), montre une excellente maîtrise du sujet qui, par bien des aspects, a une résonance certaine dans l'actualité française.

Bruno COLLIN
Président de l'AHAD

* Le jury du prix *Jean Clinquart* était, en 2017, présidé par Jean-Michel Leniaud, ancien directeur de l'école nationale des Chartes et directeur d'étude à l'École Pratique des Hautes Études.
Il était constitué de :
- Bruno Collin, docteur en Histoire, inspecteur principal des Douanes à la Direction Nationale du Renseignement et des Enquêtes Douanières.
- Philippe Defins, administrateur général dans le corps des administrateurs civils, chef de l'Inspection des Services de la Direction Générale des Douanes et Droits Indirects.
- Marc Fradet, administrateur général des Douanes, receveur régional des Douanes à Orléans.
- Roland Giroire, ancien directeur des Douanes, retraité.
- Jean-Noël Luc, docteur d'État, professeur d'histoire contemporaine à l'université de Paris Sorbonne.
- Jean-Pierre Poussou, docteur ès lettres, professeur émérite et ancien président de l'université de Paris Sorbonne.

Avant-propos

Prenons de la hauteur avec Emmanuel Macron, le président de la République et remontons non la pente, mais le cours de l'histoire de plusieurs mois. Un temps qui n'est pas ancien et qui laisse, apparemment, peu de prises à une analyse objective, faute d'un recul si cher aux historiens. Mais cela aura, au moins, le mérite de clarifier certains éléments. Les « premiers de cordée » qu'évoquait le Président lors d'une entrevue accordée à une chaîne privée en octobre 2017 lui donnait l'occasion de louer et de magnifier la réussite de certains qui accumulent des revenus considérables. Ces individus sont indispensables au bon fonctionnement de l'économie, énonçait en substance le chef de l'État. En supprimant l'impôt sur la fortune, le gouvernement, dirigé par Édouard Philippe, estimait que cette disposition profiterait immanquablement à l'économie nationale, en empêchant la fuite des capitaux à l'étranger et permettrait d'investir en masse dans les entreprises, favorisant, par la même occasion, la création de nombreux emplois.

On aboutit alors à une « théorie du ruissellement » considérée par un bon nombre d'économistes comme une pseudo-doctrine, sans réel fondement théorique. Sans que l'expression soit utilisée – et d'ailleurs tous les dirigeants du pays nient mener cette politique et s'offusquent que l'on puisse le penser – cette conception ultralibérale estime que, en réduisant amplement l'impôt des plus fortunés, on crée de la croissance qui, tôt ou tard, procurera un bénéfice à toute la société, notamment aux classes populaires et moyennes. Pourtant, dans le même temps, la CSG, les taxes sur les carburants et autres contributions augmentaient, alors que certaines aides diminuaient, grevant ainsi le budget des foyers les plus modestes. Il n'est donc pas surprenant que d'aucuns considèrent que l'on privilégie les plus riches tout en pressurant davantage les plus défavorisés. C'est ce sentiment exacerbé d'inégalité fiscale et, plus généralement, d'iniquité sociale qui prévaut dans notre pays depuis la fin de l'année 2018 avec le mouvement des « gilets jaunes » qui a pris une ampleur inédite et brutale sur tout le territoire.

Ces violences à répétition - pour ne pas dire ces révoltes - inquiètent les responsables politiques qui ne savent plus vraiment comment manœuvrer, comment désamorcer cette crise sociale, si ce n'est par quelques mesures, jugées largement insuffisantes par une partie de nos concitoyens. Le discours des dirigeants, mesuré dans un premier temps, glisse ensuite, pour de nombreux observateurs de la vie politique, sur une rhétorique implacable où la volonté de discréditer le mouvement s'exprime en voulant créer deux groupes opposés : les uns sont considérés comme des « gilets jaunes modérés » alors que les autres sont désignés comme des « gilets jaunes radicaux ». Les premiers seraient vertueux, car ils acceptent le dialogue, prêts à arrêter toute contestation, alors que les seconds refuseraient la main tendue du gouvernement, déterminés à en découdre avec l'État, utilisant une violence inouïe, en s'attaquant aux symboles de la Nation. Ce manichéisme à l'œuvre, entretenu par de nombreux responsables, ne réussit pas à masquer ni à gommer les enjeux majeurs et cruciaux que traverse notre société. Que répondre à la personne qui réside dans notre pays (citoyen ou étranger, peu importe) lorsqu'il fait état de son mal-vivre, lorsqu'il indique que le « dix du mois, il est déjà à la fin du mois » ! Celui-ci aura beau se tuer à la tâche, les revenus de son labeur seront toujours infimes. Dans une éclairante étude, Thomas Piketty rappelle les profondes inégalités du patrimoine dans notre pays : plus de 50% de nos concitoyens possèdent à peine 5% du capital privé, alors qu'ils ont travaillé toute une vie. Parallèlement, 10% des Français détiennent plus de 60% du patrimoine dans l'hexagone et leur enrichissement connaît une progression exceptionnelle[1]. Les inégalités se creusent, ajoute l'économiste qui estime que le rendement du capital sera largement supérieur au taux de croissance.

Évidemment, un État sans impôts ne peut être viable si l'on veut que nos gouvernements interviennent dans des missions d'ordre public ou de protection sociale, en redistribuant les richesses accumulées. La question fiscale est un révélateur des tensions au sein de notre société, où le sentiment d'injustice fiscale se combine avec l'effritement du pouvoir d'achat[2]. S'il existe une résistance à l'impôt (direct ou indirect), il n'y a pas forcément un refus de payer les taxes, mais une volonté que celles-ci soient réparties équitablement en fonction des richesses de chaque individu.

La crise financière et fiscale dans laquelle se débattait la monarchie à la fin des années 1780 allait sonner son glas en juillet 1789. On pense

[1] Thomas Piketty, *Le capital au XXIe siècle*, Paris, Seuil, 2013.

[2] Nicolas Delalande, *Les batailles de l'impôt. Consentement et résistances de 1789 à nos jours*, Paris, Seuil, 2011 ; Alexis Spire, *Résistances à l'impôt, attachement à l'Etat. Enquête sur les contribuables français*, Paris, Seuil, 2018.

évidemment au 14 juillet. Mais, on ne doit pas retenir exclusivement cette date qui, il est vrai, demeure une rupture fondamentale avec l'Ancien Régime et marque l'entrée dans une nouvelle ère, moins inégalitaire. Il suffit de reculer de quelques jours la machine du temps pour trouver les « gilets jaunes » de la Révolution française. L'anachronisme est manifeste, objectera-t-on, et pourtant ! Les habitants de Paris, tout comme dans les autres villes du royaume, payaient des taxes aux entrées de la capitale. Une muraille, exclusivement fiscale, flanquée de bâtiments somptueux au coût démesuré, ceinturait la ville que la postérité nous a laissée sous le nom du *Mur des Fermiers généraux*. Ces financiers, pour le compte de la monarchie, collectaient des taxes sur les produits et les marchandises. En contrepartie, les Fermiers reversaient au roi une somme annuelle forfaitaire. La richesse de ces hommes d'affaires, véritables capitalistes avant l'heure et, pour beaucoup, nobles de fraîche date, n'est plus à démontrer. Le Parisien ou le « banlieusard », en pénétrant dans la capitale à la fin du XVIIIe siècle, passait les barrières de l'octroi et s'acquittait des taxes. Il payait des droits sur les œufs, le beurre, le fromage, les viandes, le bois de construction, le bois à brûler, les matériaux, le café, le sucre et, non des moindres, il déboursait une forte contribution sur les boissons alcoolisées. Toute résistance ou tout refus d'obtempérer pouvait valoir à son auteur un séjour assez long dans la prison de la Conciergerie sur l'île de la Cité. Depuis fort longtemps déjà, le Parisien endurait ces droits qui rapportaient, bon an mal an, chaque année, pas moins de 36 millions de livres dont près de 30 millions glissaient dans les poches du Trésor public[3]. Si notre taux de la TVA oscille globalement à 20%, les droits d'octroi, sous l'Ancien Régime, atteignaient, voire dépassait plus de 50% de la valeur de la marchandise.

Comment s'étonner que, face à la surdité de l'État royal qui ne témoigne d'aucune compassion à la vue de la pauvreté extrême de son peuple, des milliers d'hommes et de femmes se lèvent, se font entendre

---

[3] Rappelons que les recettes de la monarchie à la veille de la Révolution représentent environ 500 millions de livres ; cela signifie que la seule ville de Paris contribue pour 7% du total des recettes ! Ajoutons que dans les 36 millions de taxes, les droits de gabelle, tabac et autres contributions ne sont pas comptabilisés ; voir, BNF, 8-LB40-1253, Tableau des droits d'entrées qui se percevaient aux barrières de Paris sur les principales denrées, boissons et marchandises, et qui ont été supprimés par les décrets de l'Assemblée nationale. Avec l'état du produit annuel desdits droits. Imprimé par ordre de la municipalité de Paris (29 avril 1791).

et investissent, dès le 10 juillet 1789, les barrières d'octroi ? La ruée humaine balaie le Mur des Fermiers, laissant derrière elle des édifices saccagés et incendiés. L'éclat de ces propylées à l'antique, à la gloire de la monarchie, était devenu une insulte criante, difficilement supportable pour la population. Comme pour les « gilets jaunes » qui subissent par centaines les foudres de la justice et écopent de peines relativement sévères, les Parisiennes et les Parisiens ne sont pas davantage épargnés par la justice en 1790, un an après le déclenchement de la Révolution. Le système judiciaire d'Ancien Régime, toujours debout, ne se fait pas prier pour dénoncer et mener une procédure contre les agissements de l'été 1789, déclarés intolérables et inacceptables. Pour la justice, ceux qui dévastent l'enceinte fiscale ne sont pas dignes d'être entendus, ils ne sont porteurs d'aucune valeur, d'aucun principe : ce sont des délinquants, auteurs de troubles et de désordres, qu'il faut punir, car ils mettent en péril l'État.

Le récit qui suit ne s'intéresse pas à l'impôt, encore moins à l'histoire fiscale. Ce livre essaie modestement, mais fidèlement de relater la lutte que mène la population parisienne depuis de nombreuses années contre un adversaire impitoyable qui n'a qu'une politique, celle d'engranger, grâce à des taxes, des sommes conséquentes, en niant le droit à l'existence du peuple, quitte à l'enfermer sans vergogne.

Tant que la question sociale et la question de la souveraineté ne sont pas prises en compte par le pouvoir, le risque d'une explosion demeure inévitable. Il nous faut, au moins, écouter et laisser s'exprimer, même violemment, ce peuple qui, en 1789, revendique une dignité, jusque-là refusée.

Introduction

Repenser les barrières de l'octroi

« Rien de plus doux qu'une fumée, rien de plus effrayant. Il y a les fumées paisibles et il y a les fumées scélérates. Une fumée, l'épaisseur et la couleur d'une fumée, c'est toute la différence entre la paix et la guerre, entre la fraternité et la haine, entre l'hospitalité et le sépulcre, entre la vie et la mort. Une fumée qui monte dans les arbres peut signifier ce qu'il y a de plus charmant au monde, le foyer, ou ce qu'il y a de plus affreux, l'incendie ; et tout le bonheur comme tout le malheur de l'homme sont parfois dans cette chose éparse au vent ».

Victor Hugo, *Quatre-vingt-treize*, première partie, livre quatrième, chapitre VII.

Tel un voyageur qui découvre la ville de Paris en ce début du XVIIIe siècle, il y voit, à l'instar de ceux qui existent dans le monde romain, les deux arcs de triomphe de la rue Saint-Martin et de Saint-Denis que Louis XIV avait fait élever sur la rive droite, glorifiant son règne et ses victoires. Le roi avait alors « donné une idée juste des monuments qu'il convient de placer aux différentes entrées d'une ville immense »[4]. Mais la fin du siècle vit s'élever, autour de la capitale, « ces barrières bizarres, dont le nom seul rappelle aux citoyens des idées affligeantes ». L'auteur du guide se demandait ainsi ce que pouvaient signifier « ces colonnes sans proportion, qui n'offrent à l'œil que les irrégularités d'un bossage grossier ? » Entre 1785 et 1860, le voyageur qui se rendait à Paris ne pouvait manquer d'apercevoir, admirer ou de porter un jugement défavorable sur la cinquantaine de barrières qui délimitaient la *Ville-Lumière*.

Le mur et les bâtiments qui ceinturaient la capitale à la fin de l'Ancien Régime ne sont plus qu'un lointain souvenir. Ces édifices faisaient partie d'un projet abouti, dessiné et réalisé par l'architecte Claude-

[4] *Le Guide du voyageur à Paris, contenant la description des monuments publics les plus remarquables... Avec un nouveau plan de Paris*, Paris, Gueffier, 1802.

Nicolas Ledoux, constituant le *Mur des Fermiers généraux*[5]. Cette enceinte fiscale, composée d'un mur en moellons, raidie par des chaînages en pierre, haute de plus de trois mètres, entoure Paris, à partir de 1785. Le mur, sur près de vingt-quatre kilomètres, est coupé par des barrières d'octroi, en fait des bâtiments encadrés par des grilles, où des employés perçoivent des taxes sur les produits de consommation, dont le vin et l'eau-de-vie, principalement, rapportent des entrées d'argent non négligeables à la Ferme et, par conséquent, à la royauté. L'enceinte est ainsi une séparation entre les habitants de la ville qui paient les taxes de l'octroi et les habitants hors barrière qui en sont exempts. En définitive, il s'agit d'une frontière, d'une division où les limites sont saisies comme « un dispositif territorial et social »[6]. Du moins, les limites inscrites dans le paysage avec la construction du mur ont eu l'indéniable avantage de fixer clairement la zone parisienne touchée par l'octroi et de différencier la ville de la banlieue pendant près d'un siècle. Aujourd'hui, de « ces frontons sans base et sans appui », il ne reste que quatre édifices, épargnés par le temps et par les hommes, alors que tous les autres bâtiments furent progressivement détruits à partir de 1860 (figure 1). Au nord-est, la rotonde de la Villette ouvre sur le bassin du même nom ; pendant de nombreuses années, le bâtiment fut désaffecté avant qu'il ne retrouve quelques éclats. La rotonde n'accueille plus la quinzaine d'employés de la Ferme, elle est devenue une brasserie moderne, avec des salons privatifs, où les espaces ouverts et cloisonnés sont utilisés sur tout l'espace sphérique. Mais l'architecte Ledoux occupe toujours une petite place, un salon, où son nom est associé à une salle du rez-de-chaussée. À l'est, les bâtiments jumeaux et les colonnes de l'ancienne place du Trône (actuelle place de la Nation) ont été restaurés ; au sud, les deux bâtiments de la place Denfert-Rochereau (anciennement la place d'Enfer) abritent encore pour quelques mois les bureaux de l'inspection générale des carrières et l'entrée des catacombes[7]. Enfin, au nord-ouest, les habitués du parc Monceau

[5] Sur Ledoux, Daniel Rabreau, *Claude Nicolas-Ledoux, l'architecture et les fastes du temps*, Bordeaux, William Blake & Co. /Art & arts, 2000 ; Michel Gallet, *Claude Nicolas Ledoux*, Paris, Editions du patrimoine, 2005.

[6] Anne Conchon, Hélène Noizet, Michel Ollion (dir.), *Les limites de Paris, XIIe-XVIIIe siècle*, Villeneuve d'Ascq, Septentrion, 2017 ; Pour la mutation d'un vaste espace avec l'annexion des communes limitrophes en 1860 et les rapports entre Paris et la banlieue, voir, Florence Bourillon et Annie Fourcaut (dir.), *Agrandir Paris. 1860-1970*, Paris, Publications de la Sorbonne-Comité d'histoire de la ville de Paris, 2012.

[7] À l'été 2019, les pavillons Ledoux, rénovés, accueilleront le nouveau musée de la Libération de Paris (musées du général Leclerc et Jean Moulin).

passent inévitablement à côté de la petite rotonde, appelée en 1789, le « bureau d'observation sur la plaine de Monceaux », simple corps de garde à l'origine, à la lisière de la propriété du duc d'Orléans, le futur Philippe-Egalité, et devenue de nos jours… des toilettes publiques !

Durant l'été 1790, le mur des Fermiers est terminé : l'enceinte est achevée et les bâtiments qui abritent les commis sont opérationnels. Du côté extérieur de la ville, un chemin de ronde, propice à la surveillance et au passage des voitures, d'une cinquantaine de mètres de largeur fait le tour de la capitale. À l'intérieur, du côté des faubourgs, un chemin moins large de trente mètres, planté d'une allée d'arbres, coïncide avec les faubourgs. Le mur est plus long dans la partie septentrionale (seize kilomètres) contre huit seulement dans la partie méridionale. Trente-cinq bâtiments sont en activité sur la rive droite alors que vingt bâtiments s'égrènent sur la rive gauche, d'ouest en est, entre le bureau de la Cunette et le quai de la Râpée[8]. En dehors d'une volonté de clarifier les limites de la ville, un des buts consistait à englober les faubourgs sans trop entamer les zones maraîchères, essentielles à l'approvisionnement de la capitale. En augmentant la superficie de la ville, Paris doublait largement son territoire, atteignant plus de 3300 hectares, et incorporait plusieurs dizaines de milliers de nouveaux habitants, passant à près de 650 000 âmes. C'était autant de personnes supplémentaires qui allaient devoir s'acquitter des droits d'entrée. Les Parisiens et les Parisiennes empruntent régulièrement au XVIIIe siècle ces passages surveillés où, arrivés devant les barrières, ils sont scrutés et fouillés par toute une armada d'employés, recherchant des produits prohibés (tabac ou sel) ou des marchandises dont les taxes n'auraient pas été acquittées (vin, eau-de-vie). L'infatigable Louis-Sébastien Mercier, fin observateur des mœurs parisiennes et de la société du XVIIIe siècle, dans son *Tableau de Paris*, ne manque pas à de nombreuses reprises de railler la Ferme. Avec un ton ironique, mais non dénué de vérité, il écrit :

« Elles [les barrières] sont communément de sapin, et rarement de fer ; mais elles pourraient être d'or massif, si ce qu'elles rapportent avait été employé à les faire de ce métal. Aux barrières, un commis en redingote, qui gagne cent misérables pistoles par an, l'œil toujours ouvert, ne s'écartant jamais d'un pas, et qui verrait passer une souris, se présente à la portière de chaque équipage, l'ouvre subitement, et vous dit,

[8] Jean-Marc Peysson, *Le mur d'enceinte des fermiers-généraux (1784-1791) : politique, économie, urbanisme,* thèse de 3ème cycle, Université Paris 1, 1983, 2 volumes ; la thèse de J-M. Peysson demeure, encore aujourd'hui, essentielle pour les aspects de la construction du mur.

n'avez-vous rien contre les ordres du roi ? [...] Quand le commis trouve quelque chose de sujet aux droits, et que vous n'avez pas déclaré, alors il dresse un procès-verbal [...][9].

L'impression qui se dégage du texte fait apparaître l'omnipotence des employés qui possèdent un pouvoir démesuré. Les archives des juridictions de l'Élection et des Aides confirment ce sentiment de toute-puissance exercée par la Ferme. La première juridiction, celle des Aides, possède un champ de compétences assez large puisqu'elle enregistre notamment toutes les lois fiscales (édits, ordonnances, arrêts...). Elle s'occupe, en dernier ressort, au civil, de tous les contentieux relatifs aux impositions et, au criminel, la cour des Aides réprime la contrebande de produits illicites (le sel, notamment). Enfin, elle juge les appels des juridictions financières inférieures comme celle de l'Élection de Paris dont le ressort juridique englobe la capitale et se déploie sur plusieurs centaines de paroisses dont l'étendue correspond à notre actuelle région de l'Île-de-France. Les conseillers de l'Élection de Paris traitent des affaires criminelles (celles qui nous intéressent plus particulièrement dans cet ouvrage) lorsqu'il existe une fraude sur le vin, l'eau-de-vie, le tabac ou une quelconque forme de résistance et de rébellion commise à l'encontre des employés de la Ferme. L'Élection devient alors un tribunal et rend la justice comme n'importe quelle autre chambre de justice. Les deux chambres siègent au Palais de la Cité. Une soixantaine de magistrats composent la cour des Aides alors que leur nombre au tribunal de l'Élection est deux fois moins élevé. Ce sont ces conseillers et procureurs qui auront en charge du dossier des « incendiaires des barrières » qui leur a été confié par la cour des Aides de Paris au début de l'année 1790. Nous aurons donc l'occasion de rencontrer, au détour des nombreuses procédures, les Boullaye, Gary,

---

[9] Louis-Sébastien Mercier, *Tableau de Paris,* chapitre CXXIII, « Barrières », Paris, 1788 ; (réédition Mercure de France, 1994).

La Pourielle, Marmottant ou encore Marye, le premier président à l'Élection[10].

Pour beaucoup de contemporains de l'époque, la Ferme freine la liberté du commerce en utilisant des procédés vexatoires et taxe les produits lourdement. Mais ce pouvoir sans bornes est contredit dans la réalité. N'imaginons pas que ces milliers de Parisiens se laissent faire, le dos courbé, et qu'ils ne luttent pas. À leur manière, les habitants contournent cet obstacle fiscal et évitent de payer les taxes, en inventant mille procédés, plus ingénieux les uns que les autres. Mais braver l'autorité et le pouvoir de la Ferme n'est pas sans risque ; la liberté a un prix, ou disons-le autrement, frauder se paie cher en prison.

« Seul le 14 juillet fut le jour du peuple tout entier » ; c'est ainsi que Michelet s'exprime lorsqu'il évoque la prise de la Bastille. Date créatrice, mythe fondateur, le récit des origines d'une ère nouvelle fascine l'historien du Collège de France. En choisissant le 14 juillet, Michelet privilégie le moment d'une union du peuple, englobant les bourgeois, les artisans, et les gagne-deniers. Une communion lie tous ces individus, différents par leur statut social, mais transportés par une soif identique de liberté. La prise de la Bastille constitue ainsi « un acte de foi » transcendant toute logique rationnelle[11]. La colère, la peur, l'angoisse et l'espoir sont les facteurs déclencheurs qui poussent les Parisiens à s'armer. Il ne manque que l'ingrédient final, à savoir le renvoi du ministre Necker, qui détermine la population à passer à l'acte. Une vague de fond submerge alors la forteresse qui devient l'*événement-symbole* par excellence[12]. Le 14 juillet fusionne à lui seul

---

[10] Pour une présentation rapide de ces deux juridictions financières, on consultera en premier lieu, pour les méandres des finances, le guide de Joël Félix, *Economie et finances sous l'Ancien Régime. Guide du chercheur (1523-1789)*, Paris, Institut de la gestion publique et du développement économique, Comité pour l'histoire économique et financière de la France, 1994 ; Françoise Hébert, *La cour des Aides de Paris sous l'Ancien Régime*, thèse de droit, Paris, 1965 ; Marcel Marion, *Dictionnaire des institutions de la France aux XVIIe et XVIIIe siècles*, Paris, A. et J. Picard, 1923 ; Lucien Bély (sous la dir.), *Dictionnaire de l'Ancien Régime*, Paris, PUF Quadrige, 2010 ; Bernard Barbiche, *Les institutions de la monarchie française à l'époque moderne,* Paris, PUF Quadrige, 2015 ; Jean Egret, « Malesherbes, Premier Président de la cour des Aides (1750-1775) », dans *RHMC*, n°2, 1956, p. 97-119 ; François Bluche, « Le personnel de l'Élection de Paris (1715-1791) » dans *Paris et Île-de-France - Mémoires*, tomes 26-27, 1975-1976, p. 321-373.

[11] Jules Michelet, *Histoire de la Révolution française*, t. 1, Paris, Robert Laffont, Bouquins, 1981, p. 144.

[12] Hans-Jürgen Lüsebrinck, « La Prise de la Bastille : archéologie d'un événement-symbole », *Mélanges de l'Ecole française de Rome*, tome 104, n°1, 1992, p. 115-128.

plusieurs éléments dont les faits, hors du commun, constituent, avec une dimension politique, un aspect symbolique, « créateur d'identités, point d'ancrage fondateur d'une tradition de rites et de récits commémoratifs »[13]. Ce consensus n'est plus à discuter tant notre mémoire collective a intégré cet événement qui demeure le socle inaltérable et le fondement initial de notre modernité et, à terme, de la République.
Malgré la centaine de morts qui jonchent le sol après la chute de la forteresse, d'autres faits, déformés, négligés, voire oubliés, méritent d'être réhabilités : entre le 10 et le 14 juillet 1789, les Parisiens attaquent, dévastent, pillent et incendient les barrières de l'octroi qui ceinturent la ville[14]. Paris brûle pendant quelques jours en ce mois de juillet 1789, bien avant que la Bastille ne soit prise. Il ne s'agit pas d'une métaphore vide de sens, mais bien d'une réalité qui se déroule autour du mur fiscal, à la périphérie de la ville, mais également en plein cœur de la capitale, sur les rives de la Seine. Des colonnes de fumée forment un panache et s'élèvent dans le ciel. Le feu est visible de partout. Les Parisiens ne peuvent manquer ce spectacle grandiose qui marque l'avènement de leur liberté chèrement acquise.

Notre propos n'est pas de rivaliser avec la symbolique de la prise de la Bastille ni opposer les destructions et l'incendie des barrières avec la chute de la forteresse. Nous souhaitons seulement restituer le récit des événements tels qu'ils se sont réellement déroulés aux portes de la capitale. Les affirmations de nombreux historiens qui datent l'attaque et l'incendie des barrières de l'octroi uniquement dans la nuit du 12 au 13 juillet 1789 ne correspondent pas à la réalité historique ; inscrire les dégradations des bâtiments de l'octroi ce jour-là précisément, c'est reconnaître que le renvoi de Necker demeure un des facteurs déclenchants de l'insurrection. En d'autres termes, l'éviction du

[13] Hans-Jürgen Lüsebrinck, Rolf Reichardt, « La prise de la Bastille comme événement total. Jalons pour une théorie de l'événement à l'époque moderne », dans, *L'événement*, actes du colloque d'Aix-en-Provence organisé par le Centre méridional d'histoire sociale, Aix-en-Provence, Presses de l'université de Provence, 1986, p. 77-102 ; des mêmes, « La Bastille dans l'imaginaire social de la France à la fin du XVIIIe siècle (1774-1799) », *RHMC*, n° 30, avril-juin 1983, p. 196-234.

[14] Momcilo Markovic, « La Révolution aux barrières : l'incendie des barrières de l'octroi à Paris en juillet 1789 », *AHRF*, 2013/2 (n°372), p. 27-48 ; du même, *La Révolution aux barrières : La fraude et l'octroi à Paris (1785-1791)*, thèse de doctorat, sous la direction de Pierre Serna, Université Paris 1 Panthéon Sorbonne, 2015.

ministre aurait précipité les actions et les assauts sur le mur des Fermiers. Or, les attaques sur les bâtiments débutent quelques jours plus tôt, dès le 10 juillet ; à cette date, la disgrâce de Necker, même si elle est envisagée par la cour, n'a pas encore eu lieu. Les destructions et le feu n'auraient touché que 40 des 54 barrières disposées sur le pourtour de la capitale. Les archives démentent ces propos, car toutes les barrières subissent des attaques et des dommages plus ou moins importants. Il ne faut plus se contenter de la version unique, transportée par les siècles, qui veut que l'attaque des barrières soit avant tout une affaire de fraudeurs, d'hommes sans foi ni loi.

Nous empruntons ici la formule de Louis Hincker lorsqu'il considère les combattants de juin 1848 comme des individus faisant *l'apprentissage de l'illégitimité politique*[15]. Certes, les hommes et les femmes qui s'attaquent aux barrières en juillet 1789 ne prennent pas les armes afin de combattre des troupes militaires ; ils ne tombent pas au sol, tués par les assiégés de la forteresse, mais ils s'emparent des bâtiments de l'octroi. L'attaque signifie-t-elle une volonté de voir disparaître un type d'impôt bien précis, de plus en plus insupportable, ou est-elle le reflet d'une charge générale contre la monarchie dont les bâtiments seraient aussi un symbole du pouvoir ? La révolte qui se profile ne devient-elle pas un acte politique au même titre que la prise de la Bastille ? Les actions collectives ont un sens et obéissent à certaines règles implicites. Que l'on parle de mouvements populaires ou de foules révolutionnaires, il est indéniable que ces moments agrègent une multitude qui partage les mêmes sentiments et des objectifs comparables. Ces individus rassemblés, constituant une menace pour certains, n'en demeurent pas moins des êtres qui sont liés pour agir ensemble, car « il y a eu entre eux, au préalable, action intermentale et formation d'une action collective », selon les mots de G. Lefebvre[16]. Analysant les populations rurales anglaises face à des situations où le prix des grains est extrêmement élevé, E. P. Thompson constate que les foules font preuve de retenue ; à un degré qui paraît intolérable, la population réagit et exige que les prix soient taxés à un

[15] Louis Hincker, *Citoyens-combattants à Paris, 1848-1851*, Villeneuve d'Ascq, Presses Universitaires de Septentrion, 2008.

[16] Georges Lefebvre (présentation de Michel Biard et Hervé Leuwers), *La Grande Peur de 1789,* suivi de *les Foules révolutionnaires,* Paris, Armand Colin, 2014, p. 245.

niveau juste[17]. *L'émotion populaire* ne se traduit pas fatalement par des pillages sur les marchés ou dans les boulangeries. La population ne fait qu'appliquer certaines règles et se substitue aux autorités défaillantes, étant sûre de sa légitimité. Elle ne fait que défendre des droits confisqués, où seule la solidarité peut unir le groupe. Transposée à Paris, *l'économie morale* peut s'appliquer aux réactions de la population aux barrières. Nous ne voyons pas de traces d'agissements incontrôlés, mais plutôt des modes d'action réfléchis qui ont une cohérence propre. La population, en s'attaquant aux édifices de l'octroi, cible des catégories de biens et de personnes : les bâtiments, les papiers de perception et le mobilier qui appartiennent à la Ferme sont systématiquement ravagés et brûlés ; les bouteilles et barils de vin stockés dans les bâtiments sont emportés. Certes, les affaires de certains employés sont mises au feu et quelques commis sont menacés, mais seuls ceux qui ont eu des démêlés avec la population dans le passé sont inquiétés. L'objectif est de s'attaquer avant tout aux biens de la Ferme. Si les facteurs de la faim sont primordiaux, E. P. Thompson souligne que ce sont les éléments qui permettent l'accès à une justice sociale qui sont l'enjeu véritable. Les émotions sont le reflet visible d'un système de valeurs qui sont propres à chaque groupe social et se transforment en un rapport de force où le bien-fondé des uns, au nom d'un droit oublié et juste, s'oppose à un droit fixé et imposé par d'autres. Ce qui est ainsi conforme pour les couches populaires devient une action illégitime pour les élites. L'attaque aux barrières n'est pas une action irréfléchie qui vient se glisser dans la trame des événements, un peu par hasard. Elle est le résultat de relations conflictuelles incessantes à la périphérie de la ville depuis de nombreuses années. Les fraudeurs et les employés sont ainsi des êtres qui agissent et qui défendent des intérêts antagonistes. Ils deviennent des acteurs politiques, engagés dans des actions collectives qui passent par des modalités, des représentations conflictuelles. Ces dernières s'expriment par un arsenal de procédés qui

[17] Edward P. Thompson, « The moral economy of the English crowd in the Eighteenth Century », *Past & Present*, 50, 1971, p. 76-136 ; traduit en français, « L'économie morale de la foule dans l'Angleterre du XVIIIe siècle », dans E. P. Thompson, Florence Gauthier, Guy-Robert Ikni et alii (éd.), *La guerre du blé au XVIIIe siècle : la critique populaire contre le libéralisme économique*, Montreuil, Éditions de la passion, 1988, p. 31-92.

visent à aboutir à un résultat souhaité, considéré comme des répertoires d'action, selon les notions développées par Charles Tilly[18].

Il est donc indispensable de se demander quelles sont les raisons (conscientes ou non) qui ont poussé les auteurs et les historiens à mésestimer l'attaque des barrières de l'octroi. Dans un ouvrage récent consacré à Louis Mandrin, M. Kwass estime que « la portée politique de la Bastille surpassa celle de la rébellion anti-Ferme à de nombreux titres »[19]. En ce sens, nous pensons que l'auteur voit juste ; si la Bastille, même détruite, continuait à hanter les esprits et demeurait le despotisme par excellence, il n'en fut pas de même pour la lutte antifiscale. Les violences commises aux portes de Paris ne sont guère acceptées par les élites, détentrices du pouvoir. Pense-t-on s'attaquer judiciairement à ceux qui mettent à bas la Bastille ? Personne n'y songe. Doit-on poursuivre des individus, considérés comme des fraudeurs, qui détruisent un pan du système fiscal, essentiel à l'État, que ce soit au profit d'un Ancien Régime agonisant ou à l'avantage d'une jeune Révolution, débordante d'énergie ? La réponse est criante : oui, il faut se débarrasser de ces êtres qui mettent en péril les finances de l'État et attaquent les fondements du nouveau pouvoir. Après tout, un État sans Bastille, c'est envisageable, mais un État sans impôts, est-ce seulement pensable ! Combien sont-ils ces êtres qui osent se dresser contre l'arbitraire fiscal en ces jours de juillet 1789 ? Sont-ils des milliers à se ruer sur les bâtiments de l'octroi, se déversant telle une nuée de poudre sur tout le pourtour de la ville ? Oui ! Pourtant, le chiffre est insignifiant, dérisoire lorsqu'on sait que douze individus uniquement sont jugés pour ces méfaits impardonnables. Douze personnes seulement seraient donc responsables de tous ces dégâts ! Certes, selon la juridiction, on ne doit traduire en justice que ceux qui sont réellement coupables, car ces individus sont des *fraudeurs de profession* qui entraînent les autres et, à ce titre, ils méritent une punition.

Raconter et décrire un événement est déjà en soi un élément explicatif, sujet également à de nombreuses interprétations. Mais une condition préalable, nécessaire à toute narration, supposée historique, impose l'utilisation de données exactes : les sources auxquelles est confronté le chercheur. Celles-ci existent, mais furent exploitées de manière

---

[18] Charles Tilly, *La France conteste, de 1600 à nos jours*, Paris, Fayard, 1986 [trad.fr], p. 541.

[19] Michael Kwass, *Louis Mandrin. La mondialisation de la contrebande au siècle des Lumières*, (trad. fr.), Paris, Vendémiaire, 2016, p. 573.

superficielle, voire partisane ; pourtant, elles sont aisément accessibles, ne formant qu'un seul ensemble documentaire, quasiment complet de surcroît. Si, aujourd'hui, les sources sont sous forme de microfilms, de qualité médiocre, il n'en fut pas toujours ainsi. Autrefois, les chercheurs pouvaient aisément consulter ces données documentaires et feuilleter, avec appétit, les originaux. Encore ne fallait-il pas se presser et, surtout, accepter de découvrir une nouvelle réalité qui n'était pas conforme à un passé historique fixé. Ces archives véhiculaient une autre version d'un temps révolu ; cette masse archivistique dérangeait-elle ? Dérogeait-elle à la règle communément admise : il ne peut y avoir qu'une seule Bastille qui mérite d'être racontée et expliquée !

Figure 1. Plan des enceintes de Paris

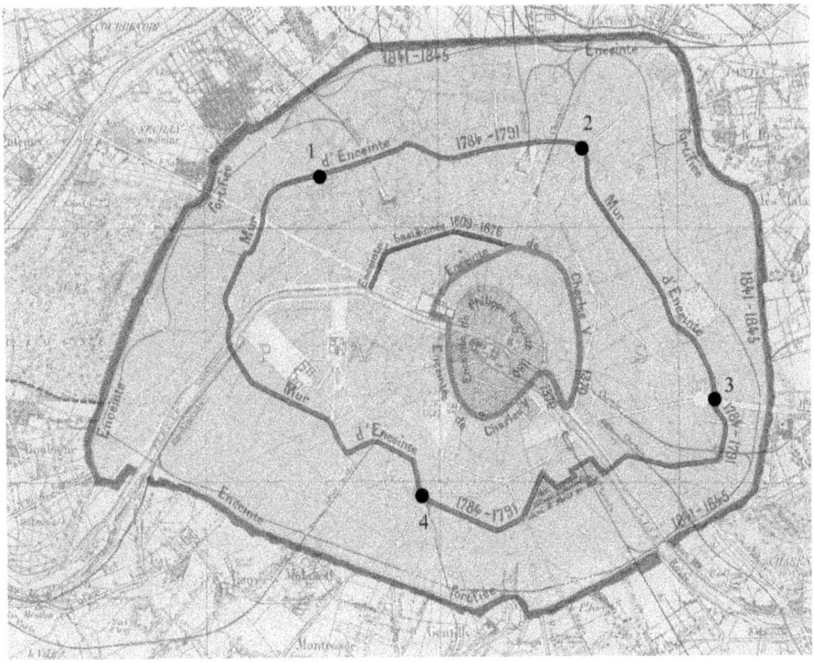

Louis Wuhrer, *Plan des enceintes de Paris.* © Ville de Paris/BHVP.

[Ce plan, simple, a l'avantage de montrer les différentes clôtures de Paris depuis l'enceinte de Philippe-Auguste (fin du XIIe siècle) jusqu'à l'enceinte fortifiée dite de Thiers. Le Mur des Fermiers généraux correspond au *mur d'enceinte* (1784-1791). Nous y avons ajouté les bâtiments de l'octroi qui subsistent encore aujourd'hui, y compris la rotonde de Chartres].

1. Rotonde de Chartres (à l'origine un poste d'observation et non un bureau d'octroi ; elle est située au niveau du boulevard de Courcelles et marque l'entrée nord du parc Monceau.
2. Barrière de la Villette (l'actuelle Rotonde sur la place de la bataille de Stalingrad qui ouvre sur le bassin).
3. Barrière du Trône (les deux pavillons symétriques le long de l'avenue du Trône, précédés des deux colonnes qui supportent chacune une statue en bronze des rois Philippe-Auguste et Saint-Louis (statues posées au milieu du XIXe siècle).
4. Barrière d'Enfer (les deux pavillons symétriques au début de l'avenue du général Leclerc)

Première partie

Le mur des Fermiers généraux : une clôture fiscale

Chapitre 1
Le mur des Fermiers et l'historiographie

Avant de nous demander ce qui s'est réellement passé en juillet 1789 lors de l'attaque des barrières de l'octroi, il nous paraît utile de montrer le regard et la perception qu'ont eus les contemporains et les historiens de ces événements. La très grande majorité des auteurs, depuis la fin du XVIIIe siècle, évoque les destructions des bureaux. Certains, de manière succincte, rappellent les incidents ; d'autres essaient de donner une explication, même sommaire, à ce phénomène qui se déroule autour de la capitale. Quelques rares historiens se demandent si la portée des saccages aux barrières n'a pas été minimisée. Un nombre conséquent d'auteurs porte un jugement tranché et estime que les dégradations sont exclusivement dues à des bandes de brigands et autres voleurs. Beaucoup jonglent avec des dates qui sont différentes ; si on les compile, une date, néanmoins, revient la plupart du temps : la nuit du 12 au 13 juillet 1789. Date phare, par excellence, envisagée comme le moment où les incidents débutent. Mais, le flou est installé, intentionnellement ou non, car, si des historiens préfèrent insister sur l'incendie des barrières, d'autres parlent uniquement de destructions. Qui s'attaque aux barrières en définitive ?

Les historiens qui consacrent quelques lignes aux bâtiments de l'octroi ne se posent pas toutes ces questions, car, pour eux, là n'est pas l'essentiel. Le primordial est ailleurs ; le regard doit être tourné vers la rue Saint-Antoine, vers la Bastille, en direction du symbole que représente le despotisme royal. L'attaque des barrières est alors conçue comme un épiphénomène, ne pouvant pas avoir une portée significative. Tout au plus, les dégâts sont considérés comme un prélude. Ces accrochages sont submergés dans la série quantitative de ces nombreux incidents qui culminent entre la fin du mois de juin et la première quinzaine de juillet 1789. Ce ne sont que des péripéties secondaires inscrites dans l'émergence d'une seule optique possible, car la recherche de la liberté passe d'abord par la destruction de la Bastille. La chape de plomb peut alors s'abattre sur les barrières et une amnésie mémorielle s'installe progressivement. La mention des dévastations aux barrières est donc logiquement intégrée au récit de la prise de la Bastille ; c'est par cette ouverture que nous pouvons mesurer les diverses approches concernant les incidents sur le mur des Fermiers généraux. Les sources sur l'histoire du 14 juillet sont nombreuses et J. Godechot les passe en revue, distinguant les documents officiels, les récits des témoins oculaires et les correspondances[20]. Nous y ajouterons le récit et les analyses des historiens depuis le XIXe siècle.

L'attaque des barrières de l'octroi : une histoire connue, mais déformée

Le regard des contemporains varie entre allégresse et inquiétude. Ceux-ci ne savent plus comment apprécier la situation qui bouleverse leur mode de pensée. Heureux de ce changement qui naît, ils espèrent que la nouvelle municipalité pourra contrôler ce peuple. Le 13 juillet, les milices bourgeoises, « ayant l'air fort honnêtes » sont attendues avec ferveur et elles sont le garant d'un nouvel ordre qu'il faut instaurer[21]. Guittard de Floriban est soulagé de voir que la milice, les gardes-françaises et quelques troupes de ligne « vont se ranger sur la place de Grève », prêts à recevoir les ordres du Comité permanent, après qu'il a vu que les barrières furent incendiées la veille. Nicolas Ruault partage le même sentiment. Il est anxieux à l'idée d'un désordre généralisé. Le dimanche 12 juillet au soir, « le peuple des artisans et manouvriers qui était dans les guinguettes des faubourgs [...] se répandit dans la ville, armé de toutes pièces »[22]. Bloqué dans un fiacre dans la rue des Ours, Ruault s'inquiète de la « longue colonne de ces hommes ivres de vin et de fureur ». Ces derniers, dans la nuit du 12 au 13 juillet,

[20] Jacques Godechot, *La prise de la Bastille. 14 juillet 1789,* Paris, Gallimard, folio histoire, 1989 [1965], p. 320-335.

[21] *Journal de Célestin Guittard de Floriban : bourgeois de Paris, sous la Révolution : 1791-1796*, Paris, Club français du livre, 1974, p. 202.

[22] Nicolas Ruault, *Gazette d'un Parisien sous la Révolution*, Paris, Perrin, 1976, p. 153.

« s'employèrent à briser, à brûler les barrières, les pataches, les bateaux de la Ferme et à chasser tous les commis ». Pour Ruault, ceux qui saccagent les bâtiments de l'octroi sont animés de destruction. Dans la partie sud de la ville, dans le quartier Saint-Marcel, Restif de La Bretonne est écœuré à la vue des désordres qui surviennent où le menu peuple est décrit comme des « bandits [...] mendiants de race [...] ; tout cela formait une tourbe redoutable [...][23]. Cet orage qui éclate, comme celui du juillet 1788, annonce les pires malheurs. Les deux bourgeois font cette allusion directe à la pluie de grêle qui s'est abattue sur les villages et villes du nord-ouest de la France. Ils y voient des signes prophétiques, annonciateurs des événements révolutionnaires[24].

En dehors des *journaux*, il est particulièrement intéressant de commencer notre prospection par le livre de Galart de Montjoye (ou Montjoie), un des nombreux auteurs royalistes durant la période. Le récit semble bien documenté et précis. L'épisode des barrières est inséré dans une trame chronologique assez large, débutant avec l'arrivée des troupes du Royal-Allemand au château de la Muette. Lambesc, le commandant, reçoit l'ordre d'envoyer des cavaliers de son détachement « pour veiller sur une troupe peu nombreuse d'ouvriers, que la police occupait à des travaux publics, près de Montmartre. Cette troupe de mercenaires donnait de l'inquiétude ; on apercevait parmi eux de la fermentation ; on leur distribuait de l'argent [...] [25]». Selon l'auteur, aux côtés de ces ouvriers se glissaient des contrebandiers et « cette foule ne paraissait pas avoir d'autre but que de forcer les barrières ». Le 11 juillet, au soir, la disgrâce de Necker tombe et celui-ci quitte immédiatement Versailles en direction de Bruxelles. À la même heure, ajoute Montjoye, « les brigands, aux environs de Paris, inondaient les quartiers de la Nouvelle-France et de la Petite-Pologne ; ils finirent par incendier la barrière de la Chaussée d'Antin ». Montjoye revient quelques pages plus loin sur cette barrière. Il énonce clairement que « la veille [dans la nuit du 12 juillet], pendant que des misérables coupaient,

[23] Haïm Burstin, *Une Révolution à l'œuvre. Le faubourg Saint-Marcel (1789-1794)*, Seyssel, Champ Vallon, p. 58.

[24] Anouchka Vasak, « L'orage du 13 juillet 1788. L'histoire avant la tourmente », *Le Débat*, 2004/3 (n° 130), p. 171-188 ; du même, « Faire » un événement naturel ? L'orage du 13 juillet 1788 et la tempête de décembre 1999 », *Sociétés & Représentations*, 2011/2, p. 97-109.

Emmanuel Le Roy Ladurie, *Histoire humaine et comparée du climat : Disettes et révolutions (1740-1860)*, tome 2, Paris, Fayard, 2006.

[25] Galart de Montjoye, *Histoire de la Révolution de France et de l'Assemblée Nationale...*, Gattey, 1791, troisième partie, chapitre XV p. 47 et suivantes.

renversaient, arrachaient, incendiaient la barrière de la Chaussée d'Antin, les poteaux, les loges et les registres des commis, les gardes-françaises étaient venus se placer entre les incendiaires et les curieux[…] ». Ces pages, à la relation sobre, coïncident avec la réalité des événements qui se produisent aux barrières. Néanmoins, Montjoye, avec une retenue à peine nuancée, distille sa vision de la population qui s'abat sur les bâtiments de l'octroi. Son langage semble mesuré et, tout en racontant les faits, il évoque ce peuple parisien composé de contrebandiers qui œuvre avec les ouvriers, bref des brigands qui ont le même but, en s'attaquant aux barrières. Progressivement, son registre glisse sur un aspect plus négatif où il associe ces diverses couches de la population à des mercenaires à qui l'on distribuait de l'argent. La démonstration est établie subrepticement : quelqu'un paie (le *on*) ces individus afin qu'ils s'attaquent aux barrières ! Cependant, l'auteur a une parfaite connaissance du déroulement des faits. Il énonce clairement que la barrière de la Chaussée d'Antin n'est pas un édifice construit en pierres, mais un simple bâtiment en bois qui brûle assez vite, sous le regard des curieux et des gardes-françaises qui ne réagissent pas, gagnés déjà à la cause patriote. L'auteur identifie également les quartiers parisiens dans lesquels les incidents ont lieu au nord-ouest de la ville, à la Petite-Pologne et à la Nouvelle-France. Mais surtout, Montjoie ne doute pas un seul instant que « l'insurrection [il parle de l'incendie de la barrière de la Chaussée d'Antin] n'eût eu lieu indépendamment de la disgrâce de M. Necker et de la défection des gardes-françaises ». Il n'y a pas, pour l'auteur, une relation de cause à effet entre l'éviction de Necker et l'attaque des premières barrières. Lorsque Montjoye évoque la journée du 14 juillet, il ne cache pas sa sympathie pour le gouverneur de Launay qui fut « le premier martyr de la fidélité que nous avons tous jurée à Louis XVI »[26]. J. Godechot raconte les derniers moments du gouverneur alors que celui-ci est escorté par Hulin et Élie à l'Hôtel-de-Ville ; De Launay est « constamment insulté, battu, blessé » par la foule. Montjoye a décidé, selon ses mots, de « commencer un récit de sang ». Il indique, reprenant la même scène, que « la marche se fit lentement et avec des peines incroyables. La populace se jetait sur l'escorte, et faisait de continuels efforts pour lui arracher son prisonnier, à qui on vomissait les plus dégoûtantes imprécations et les plus horribles menaces. […] L'un lui [de Launay] arrachait les cheveux avec rage ; l'autre lui crachait au

[26] *Idem*, chapitre XLC, p. 116.

visage ; ceux-là lui enfonçaient des pointes d'épée dans le visage, dans le dos, dans les bras, dans le bas-ventre, dans les jambes. Tout son corps ruisselait de sang, et n'était absolument qu'une plaie ». Qu'en est-il de la centaine de victimes tombées sous le feu des Invalides et des gardes suisses ? Pas un mot sur ces malheureux, fauchés par les tirs des assiégés, si ce n'est, selon Montjoye, quelques bourgeois inexpérimentés qui ont le bras arraché, après avoir maladroitement chargé un canon. C'est donc un récit à charge pour les assaillants. Au contraire d'autres auteurs, comme Taine, Montjoye n'a pas besoin d'utiliser une rhétorique glaciale pour caractériser cette masse humaine. Sous couvert d'un récit objectif, la description du comportement de la population doit éclairer le lecteur qui, inévitablement, arrive à une conclusion évidente, en comprenant que la foule devient une meute habitée par une pulsion meurtrière.

Bertrand de Molleville, maître des requêtes sous l'Ancien Régime, publie, au retour de son émigration, une *Histoire de la Révolution de France*. L'ouvrage est loin d'être favorable aux événements révolutionnaires. Évoquant l'agitation parisienne en juillet 1789, l'auteur porte un jugement négatif sur le rôle de Necker à la cour, estimant que le ministre, sous couvert de loyauté envers le roi, était en fait opposé à la monarchie. Il était donc naturel que Louis XVI le congédie. « Le même jour, à onze du soir, écrit de Molleville, les brigands qui étaient aux environs de Paris, se portèrent en foule dans les quartiers de la Nouvelle-France et de la Petite-Pologne, et terminèrent leurs excursions par l'incendie de la barrière de la Chaussée d'Antin » [27]. De Molleville retrace mot pour mot les propos que tient Montjoye et, comme lui, ajoute que les bureaux de l'octroi sont attaqués bien avant la disgrâce du banquier suisse. Cette insurrection aux barrières, et cela ne fait aucun doute pour l'auteur, se propage, car « elle était évidemment préparée d'avance ». De Molleville raconte les épisodes des journées suivantes, voyant Camille Desmoulins comme « un des énergumènes les plus incendiaires de la Révolution... ». À nouveau, « les brigands [...] se portèrent à la barrière Blanche pour y mettre le feu ; mais un détachement de cinquante hommes du Royal-Allemand, y arriva à temps pour les empêcher ». De Molleville ne cache

[27] Bertrand de Molleville, *Histoire de la Révolution de France pendant les dernières années du règne de Louis XVI...*, t. 10, p. 292 et suivantes ; voir la notice biographique du personnage dans, Sylvie Nicolas, *Les derniers maîtres des requêtes de l'Ancien Régime (1771-1789). Dictionnaire prosopographique*, Paris, Ecole des Chartes, 1998, p. 105-109.

pas ses sympathies pour la monarchie et son aversion pour les révolutionnaires, responsables des désordres. À maintes reprises, il justifie les actions de Besenval et du prince de Lambesc, se fondant sur la procédure du Châtelet qui a enquêté « sur les attentats des 5 et 6 octobre 1789 ». Outre ces « brigands » dont le vocable revient inlassablement, les femmes, « enivrées d'eau-de-vie » courent « comme des forcenées », pendant que « des milliers de contrebandiers [profitent] du tumulte pour faire entrer avec précipitation toutes leurs marchandises ». Ce peuple qui vaque à ses tâches en temps normal peut devenir incontrôlable dès qu'une « motion violente » lui est proposée et il suffit de « quelques verres d'eau-de-vie[…] pour le rendre séditieux ». Le vocabulaire disqualifie une partie du peuple ; celui-ci n'est pas vertueux, mais entaché d'une tare profonde où l'alcool semble dicter ses pulsions primaires. Dans ces conditions, il suffit de quelques belles paroles, un peu de boisson et de l'argent pour les pervertir. Décidément, ce peuple est trop versatile pour lui faire confiance et le laisser prendre en main son destin. Sans entrer dans des définitions, Molleville distingue parmi la population les bourgeois et les Parisiens qui sont dignes de confiance, au contraire de la populace et des brigands.

Louis-Marie Prudhomme est un homme déjà mûr quand éclate la Révolution et, en tant que libraire-imprimeur, il profite de la liberté naissante de la presse. Il fonde son journal, *Les Révolutions de Paris, dédiées à la Nation et au district des Petits-Augustins,* dès le 14 juillet[28]. L'hebdomadaire, au format *in* 8°, d'une quarantaine de pages, est agrémenté de cartes et de gravures. En l'an V, après avoir arrêté la publication de son périodique, il s'engage dans une entreprise de dénonciation des crimes du gouvernement révolutionnaire de l'an II[29]. Le premier numéro des *Révolutions de Paris…* paraît une semaine après la prise de la Bastille, mais porte la date du dimanche 12 juillet. Le libraire s'entoure d'un publiciste connu, Élysée Loustalot, qui écrira

[28] Pierre Rétat, « Forme et discours d'un journal révolutionnaire : "Les Révolutions de Paris en 1789" », dans Claude Labrosse et Pierre Rétat, *L'Instrument périodique*, Lyon, Presses universitaires de Lyon, 1985.

[29] Sur l'écriture immédiate de l'histoire, Annie Duprat, « Louis-Marie Prudhomme et "l'Histoire générale et impartiale des erreurs et des crimes commis pendant la Révolution française (1797)". Les réflexions d'un républicain sous la Terreur », dans Philippe Bourdin (dir.), *La Révolution 1789-1871. Écriture d'une histoire immédiate*, Clermont-Ferrand, PUBP, 2008, p. 111-128 ; Joseph Zizek, « "Plume de fer" : Louis-Marie Prudhomme Writes the French Revolution », *French Historical Studies*, vol. 26, n°4, 2003, p. 619-660.

dans le journal jusqu'en septembre 1790, peu de temps avant son décès. Loustalot décrit les événements à partir du 12 juillet 1789. Il y évoque ce « peuple désespéré [qui] cherchait un terme à ses maux [et] incendia plusieurs barrières ». Celles-ci, « depuis le faubourg Saint-Antoine jusqu'à celui Saint-Honoré, ont été incendiées, et aucune marchandise n'a payé de droit d'entrée depuis ce moment »[30].

Les auteurs suivants appartiennent à leur temps. L'histoire de la Révolution qu'ils écrivent est largement imprégnée de leur époque et l'interprétation de la Révolution est un enjeu primordial. En écrivant l'histoire de la décennie révolutionnaire, ils y intègrent également la période napoléonienne. Tous se posent la question de savoir si la Révolution fut une parenthèse ou « le produit du mouvement de la société, la conséquence nécessaire et irréversible »[31]. Parmi ces auteurs, certains sont des historiens professionnels dont le magistère fut reconnu officiellement. Ces derniers sont rompus aux archives, à la masse documentaire qui existe depuis que la Constituante a créé, en 1790, les Archives nationales et départementales. L'explication des faits doit, pensent-ils, commencer, initialement, par la description. D'autres personnages, sans être des professionnels de l'histoire, estiment qu'ils sont en droit de proposer leur histoire et la représentation qu'ils se font de la Révolution. Ces hommes, dont certains exercent des responsabilités politiques, écrivent l'histoire à l'aune de leur temps présent, sans s'interdire une projection dans un futur meilleur, un avenir radieux. Comment alors une société à une époque donnée traite-t-elle de son passé[32] ? Une comparaison est possible entre ces différents auteurs, car, tout en évoquant la prise de la Bastille, ils mentionnent les incidents qui précèdent la chute de la forteresse.

Jules Michelet, dès le milieu du XIXe siècle, est l'un des premiers à consacrer quelques lignes aux barrières. L'analogie qu'il entreprend entre la Bastille, symbole du despotisme et de l'enfermement, et les barrières n'est pas anodine. L'historien au Collège de France sait que le Mur des Fermiers généraux n'est pas encore achevé en juillet 1789. Il ne livre pas un récit détaillé des incidents pas plus qu'il le fait d'ailleurs pour la chute de la forteresse. Michelet distille cette dualité étroite entre

---

[30] *Les Révolutions de Paris dédiées à la Nation*, n° 1, du 12 au 17 juillet 1789.

[31] François Dosse, Patrick Garcia, Christian Delacroix (dir.), *Les courants historiques en France : XIXe-XXe siècle*, Paris, Folio histoire, 2007.

[32] François Hartog, *Régimes d'historicité. Présentisme et expériences du temps*, Paris, Seuil, 2003 ; Christian Delacroix, François Dosse, Patrick Garcia, *Historicités*. Paris, La Découverte, 2009 ; lire notamment l'entretien avec F. Hartog, p. 133-149.

le maître d'ouvrage (la Ferme) qui décide d'emmurer les Parisiens et le peuple qui s'insurge : « Les barrières que l'on achevait à peine, ces lourdes petites bastilles de la Ferme générale, furent partout, ce même dimanche, attaquées par le peuple, mal défendues par la troupe, qui pourtant tua du monde. Elles brûlèrent la nuit »[33]. Michelet situe ainsi chronologiquement l'attaque des barrières dans la nuit du 12 au 13 juillet 1789, mais il ne dit pas grand-chose des barrières et aucun récit ne vient étayer ses propos, si ce n'est que l'on devine dans les lignes qu'il s'agit de bâtiments plus ou moins imposants qui marquent le paysage où le signe de l'absolutisme et de la puissance royale est associé à la Ferme. Ce « peuple » chez Michelet forme un tout absolu, qu'il ne définit pas ici, mais ce sont, pour lui, toutes les catégories sociales qui, depuis des siècles, « gémissent ou souffrent en silence »[34]. Le mythe d'un progrès continu hante Thiers et Mignet. Ceux-ci pensent que l'histoire ne doit pas uniquement relater des faits, mais préciser le sens d'une évolution. Il n'est pas surprenant que la première phase de la Révolution, jusqu'en 1791, ait leur préférence, car durant cette période la « classe moyenne » [la bourgeoisie] seule possède une instruction et a su développer les richesses. Elle a prouvé qu'elle pouvait diriger le pays. La Révolution n'est plus vue comme une rupture, mais comme un accomplissement[35]. Thiers, l'homme politique, dresse une situation quasi apocalyptique de Paris, prête à être submergée par les troupes royales. À ses yeux, la légitimité vient des notables et non du peuple, puisque « les Électeurs composaient [...] la seule autorité établie »[36]. La distinction s'opère chez Thiers entre, d'un côté, les « citoyens » et, de l'autre, le peuple. « Pendant la nuit, le peuple, qui court toujours à ce qui l'intéresse, force et brûle les barrières, disperse les commis et rend toutes les entrées libres ». Les premiers ont sa préférence, même si les seconds demeurent un appoint et un appui déterminant lors de l'attaque de la Bastille. Le peuple y est

---

[33] Jules Michelet, *Histoire de la Révolution Française*, volume 1, p. 92 ; Paul Viallaneix (présenté par), *Michelet écrit l'Histoire de la Révolution, colloque de Vascœuil, 30 juin et 1er juillet 1989*, Besançon, PUFC, Les Belles-Lettres, 1993.

[34] Jean-Marie Paul, « Le peuple et la France chez Michelet », p. 89-104 dans, Jean-Marie Paul (dir.), *Le peuple, mythe et réalité*, Rennes, PUR, 2007.

[35] Yvonne Knibiehler, « Une révolution "nécessaire" : Thiers, Mignet et l'école fataliste », dans *Romantisme, Revue du dix-neuvième siècle*, 1980, n°28, p. 279-288.

[36] Louis Adolphe Thiers, *Histoire de la Révolution française*, 10 volumes, Paris, Lecointe et Durey, 1823-1827, tome 1, p. 63 ; Robert Tombs, « Thiers historien », dans *Cahiers de l'Association internationale des études françaises*, 1995, n°47, p. 265-281.

vu comme des « brigands déjà signalés chez Réveillon » qui font surface et qui sortent « comme de dessous terre [...] et répandent l'épouvante ». Ce n'est pas une armée citoyenne de libération qui se lève, mais des bandes de brigands assoiffés de pillage. Cependant, les propos de Thiers s'adoucissent plus loin et il reconnaît implicitement qu'il faut établir une distinction entre le peuple qui prend les armes et les brigands mus par d'autres objectifs. L'imprécision chronologique demeure toujours, Thiers englobant ces différentes péripéties entre le 12 et le 13 juillet. Puis vient le récit relativement détaillé des 13 et 14 juillet. Mignet se place dans la même continuité historique de Thiers, avec qui il entretient une longue amitié. C'est d'ailleurs le premier à écrire un ouvrage sur la Révolution qui connaît un succès littéraire[37]. Mignet semble moins indulgent que son ami et il constate qu'à « côté des citoyens bien attentionnés, étaient des hommes suspects qui ne cherchaient dans l'insurrection qu'un moyen de désordre et de pillage »[38]. Pour l'auteur, ce sont « des troupes d'ouvriers [...] la plupart sans domicile, sans aveu [qui] brûlèrent les barrières, infestèrent les rues, pillèrent quelques maisons ; ce fut eux qu'on appela les brigands. La nuit du 12 au 13 se passa dans le tumulte et dans les alarmes ».

Louis Blanc fait une description assez minutieuse des 13 et 14 juillet, mais reste très succinct sur l'épisode des barrières. Il note seulement que « les barrières brûlèrent »[39]. Pourtant l'appareil critique ne fait pas défaut dans l'œuvre de Blanc qui utilise abondamment les sources documentaires qui lui sont accessibles. Son *Histoire de la Révolution française* traduit une démarche historique et l'auteur se livre à un important dépouillement de sources tout en manifestant son engagement politique, qu'il paiera d'un exil[40]. Le peuple est exalté, car il recherche la liberté et l'égalité. Un changement de focale s'opère chez Étienne Cabet, figure révolutionnaire en juillet 1830 et député de la Côte-d'Or[41]. Déjà, le titre de son ouvrage, *Histoire populaire de la*

---

[37] Yvonne Knibiehler, « Mignet, un aixois, premier historien de la Révolution française », dans *Provence Historique*, fascicule 154, 1988, p. 441-453.

[38] François-Auguste Mignet, *Histoire de la Révolution française*, tome 1, 1824, p. 21.

[39] Louis Blanc, *Histoire de la Révolution française*, volumes 1 et 2, Paris, 1870, p. 333.

[40] Jean-François Jacouty, « Louis Blanc et la construction de l'histoire », p. 51-65, dans, Francis Démier (dir.), *Louis Blanc, un socialiste en République*, Paris, Créaphis, 2006.

[41] L'engagement politique de Cabet est analysé dans, François Fourn, *Étienne Cabet ou le temps de l'utopie,* Paris, Vendémiaire, 2014.

Révolution française de 1789 à 1830, indique le parti pris de l'auteur. Cabet l'écrit d'emblée, la Révolution présente « un spectacle majestueux »[42]. Le récit qu'il entreprend sera, selon ses propos, démocratique et populaire. L'auteur répond volontiers, en écho, à Thiers. En effet, Cabet s'émeut de l'amalgame voulu par celui qui deviendra plus tard le premier président de la IIIe République. Cabet ne nie pas qu'il y ait eu « sans doute [...] des malheureux tentés de voler isolément et clandestinement ; mais la masse du Peuple, les ouvriers les plus pauvres se piquent, quand ils sont réunis, des sentiments les plus honnêtes, les plus nobles ; ce sont eux qui se montrent les plus ardents pour l'ordre et la police... ». L'auteur du *Voyage en Icarie,* en créant une forme de communisme lié à un régime républicain, met en valeur les principes qui seront effectifs un temps, outre-Atlantique, au Texas, où l'égalité et la fraternité conduisent à la mise en commun des biens. Cela se retrouve dans son récit de la Révolution française. Ainsi, le 10 juillet 1789, la fabrication du récit met en scène des troupes royales, des gardes-françaises et des jeunes gens qui fraternisent au Palais-Royal, lieu symbolique, où la liberté de parole n'est pas limitée. Au même moment, sur les Champs-Élysées, d'autres acteurs de la Révolution, les bourgeois, en donnant un dîner, fédèrent les diverses couches de la société parisienne. Mais c'est bien le Peuple, « répandu dans les guinguettes hors de la ville », qui prend l'initiative en s'emparant des barrières de la Chaussée d'Antin et en les brûlant le 11 juillet. Cabet n'oublie pas de situer le début des incidents aux barrières du nord-ouest et il donne une date différente - un jour plus tôt - des premières attaques. L'inversion est nette et l'acteur principal devient le peuple, car il prend l'initiative de l'insurrection, malgré son éviction de la scène politique. À plusieurs reprises, pour d'autres faits passés sous silence ou évoqués rapidement par Thiers, Cabet montre son implication politique et son empathie pour le peuple parisien[43]. La plupart de ces auteurs ont écrit leur histoire de la Révolution française sous la *Monarchie de Juillet*. Ils sont nés à la fin du XVIIIe siècle et se définissent comme des héritiers de la Révolution, même s'ils ont peu connu les événements immédiats.

---

[42] Etienne Cabet, *Histoire populaire de la Révolution française de 1789 à 1830*, Paris, Pagnerre, 1839, volume 1, p. 212 et suivantes.

[43] Evoquons seulement la fusillade au village de La Chapelle en janvier 1791, épisode qui est totalement ignoré par Thiers ; l'affaire des chevaliers du poignard en février 1791 est perçue par Cabet comme une conspiration avortée de l'aristocratie dont le but était « d'enlever » le roi ; Thiers, lui, loue l'action de La Fayette qui « était là pour protéger la personne du roi et la constitution ».

Les divergences de lecture sont, somme toute, normales et nécessaires. La Révolution de juillet 1830 est saluée, car elle ne comporte pas son lot d'atrocités comme en 1789. Le peuple peut alors être glorifié, sans que les auteurs prennent soin de clarifier la notion de peuple, ce « héros collectif »[44]. C'est donc un certain regard sur le monde vécu qui est interrogé par les auteurs, avec une question sous-jacente, mais essentielle : qui fait la Révolution ?

Jusqu'à présent, les auteurs vus ne sont pas tous hostiles à la Révolution. Si, pour beaucoup, la période constitutionnelle a eu le mérite d'asseoir une société plus libre et égalitaire, en plaçant la bourgeoisie à la tête des affaires de l'État, ils n'en dénoncent pas moins les méfaits et horreurs de la Terreur de l'an II. C'est, après tout, la « bonne Révolution » qui est opposée à la « mauvaise Révolution ». Avec Hippolyte Taine, nous pénétrons dans une autre dimension, peu abordée dans les ouvrages antérieurs, dans laquelle l'auteur s'attaque violemment aux principes mêmes de 1789, ne reconnaissant aucune grandeur à la Révolution. C'est la défaite française contre la Prusse et l'épisode de la Commune qui font réagir Hippolyte Taine qui écrit *l'Histoire des origines de la France contemporaine*[45]. On connaît la postérité de l'ouvrage parmi les milieux intellectuels conservateurs, voire contre-révolutionnaires, qui nie à la Révolution son caractère novateur et libérateur. Comme Michelet qui utilise abondamment les sources et profite de son poste de directeur de la section historique des Archives, Taine effectue une démarche similaire fondée sur les documents et il préconise de bâtir une méthode scientifique, appliquée à l'ensemble des œuvres humaines. Mais le peuple procède d'une vision diamétralement opposée chez les deux auteurs. Chez Michelet, le peuple est l'élément essentiel par qui tout arrive ; il est celui qui détient la puissance et la force, éléments seuls capables de déterminer le cours des événements. Taine, au contraire, récuse toute légitimité au peuple, car la violence exercée ne peut être que destructrice, émanant d'une simple pulsion bestiale. Le simple titre du premier volume *L'anarchie* témoigne de cette vision ravageuse. L'hostilité envers un régime démocratique et le refus des valeurs de 1789 ne signifient pas pour

[44] Philippe Bourdin (dir.), *La Révolution 1789-1871. Écriture d'une histoire immédiate*, Clermont-Ferrand, PUBP, 2008 ; voir notamment la contribution de Jean-Claude Caron, « L'écriture des Trois Glorieuses : héros et barbares dans le cycle des violences révolutionnaires », p. 275-292.

[45] Hippolyte Taine, *Histoire des origines de la France contemporaine*, Robert Laffont, Bouquins, 1986.

autant que Taine préconise un retour à la monarchie (qu'elle soit censitaire ou absolue). C'est le suffrage universel qui lui pose un problème. Ce système de représentation ne peut, selon lui, être garant d'un ordre stable. En d'autres termes, la Révolution qui devrait être source de progrès détruit le corps social qui compose une nation[46]. Une trentaine d'années séparent les deux œuvres et, lorsque Michelet termine son *Histoire de la Révolution* au moment de la prise de pouvoir de Napoléon III, Taine vit les derniers instants du règne de l'empereur et l'expérience tragique de la Commune où la guerre civile fait rage, opposant les Français. Il a alors atteint la maturité d'un homme de réflexion et il prend la plume pour aller en quelque sorte à contre-courant de la pensée dominante républicaine. Alors que Michelet voit l'espoir et sent le souffle d'un vent nouveau, avec un changement radical avec la construction d'une nouvelle ère, Taine, au contraire, discerne l'anéantissement d'une autorité, un retour vers l'état primaire, une destruction totale. Il suffit de comparer les titres des tables des matières des deux ouvrages pour apercevoir le gouffre qui sépare les deux systèmes de pensée, aux antipodes l'un de l'autre. Le chapitre VI, *Insurrection de Paris* dans le *Livre premier* de Michelet, insiste sur la volonté d'un peuple et d'une Assemblée qui souhaitent un changement négocié et pacifique, mais qui se heurte aux décisions brutales du roi et de la cour. Taine ne distingue que l'entrée sur scène des vagabonds et des indigents, les excitations de la presse et enfin l'anarchie. Sous la plume de Michelet, « le peuple entier appelé à élire les électeurs, à écrire ses plaintes et ses demandes » évoque l'espoir d'être enfin entendu par les puissants. « Tous s'assembleront pour élire, tous écriront leurs plaintes… » ; les adjectifs *tous* et *toutes* sont largement soulignés dès les premières lignes et montrent la volonté d'instaurer une certaine égalité entre tous les habitants du pays. Quelle scène étonnante que « de voir tout un peuple qui d'une fois passait du néant à l'être, qui, jusque-là silencieux, prenait tout d'un coup une voix » ! Taine parle peu de la convocation des Etats-Généraux, et s'il mentionne l'espoir que fait naître cette décision, il vilipende déjà le peuple. En parlant du pouvoir laissé vacant par la royauté lors de la prise de la Bastille, Taine estime que celui-ci « était par terre, aux mains du peuple lâché, de la foule violente et surexcitée, des attroupements qui le ramassaient comme une arme abandonnée dans la rue ».

---

[46] Jean-Paul Cointet, *Hyppolite Taine, Un regard sur la France*, Paris, Perrin, 2012 ; lire aussi la mise au point ancienne, mais féconde, de Jacques Godechot, « Taine, historien de la Révolution française », *Romantisme*, 1981, n°32, p. 31-40.

À la lecture des deux ouvrages, Taine, on doit l'admettre, construit un récit plus fluide, moins haché, moins analogique qui permet de transmettre le savoir. Car, avant d'analyser et de se forger une opinion, l'auteur estime qu'il faut passer par la connaissance. Certes, chez Michelet, il ne s'agit pas d'un essai, et le récit est tout imprégné d'une atmosphère qui plonge le lecteur du milieu du XIXe siècle dans un passé qui n'est pas totalement éteint. Néanmoins, la narration souffre d'un manque de lisibilité et il est plus malaisé de suivre un déroulement chronologique. Cela présuppose que le récit n'est réellement abordable que pour un lecteur averti, bien au fait du déroulement des différentes séquences chronologiques[47]. À ce titre, Taine est plus facilement exploitable pour les chercheurs contemporains qui peuvent dégager plus facilement des arguments de ses thèses conservatrices et démontrer son système réducteur dans ses analyses sur les foules révolutionnaires, mues par un instinct primaire. Par ailleurs, l'appareil critique, que représentent les notes de bas de page, est absent de l'ouvrage de Michelet. Ni les éditions de la fin du XIXe siècle ni celles d'aujourd'hui ne proposent au lecteur d'aller vérifier les sources. Il n'en va pas de même pour Taine qui, régulièrement, sollicite les imprimés, les *Mémoires* des contemporains, la presse, les pamphlets et use abondamment des sources aux Archives nationales[48]. La question fiscale n'est pas éludée par Taine, et les problèmes d'ordre économique, liés autour du manque de farine et de la cherté du pain, sont privilégiés. C'est à partir du travail de Taine qu'il faut commencer l'étude de l'octroi et des barrières parisiennes. Car personne, autre que Taine, n'a saisi, à cette époque, l'acuité de ce phénomène rébellionnaire. Taine effectue au préalable un tour d'horizon dans les provinces sujettes aux troubles. Le tableau de la situation qu'il dresse dans les villes et les campagnes est alarmant. L'ouverture de la 4ème partie du premier chapitre met en parallèle les diverses strates du peuple : « Contrebandiers, faux-sauniers, braconniers, vagabonds, mendiants, repris de justice [...]. Ce sont là autant de recrues pour les

---

[47] Christian Croisille, Simone Bernard-Griffiths (textes réunis et présentés par), *Michelet entre naissance et renaissance (1798-1998), actes du colloque du bicentenaire tenu au château de Vascœuil en septembre 1998,* Clermont-Ferrand, PUBP, 2001.

[48] Une douzaine d'années après la mort de Taine, Aulard consacre une étude critique sur *Les Origines...* ; selon lui, Taine aurait utilisé des sources partielles, éliminant celles qui n'entraient pas dans sa démonstration ; Alphonse Aulard, *Taine, historien de la Révolution française*, Paris, Armand Colin, 1907.

attroupements, et, dans l'émeute, à côté de l'émeute, chacun d'eux emplit son sac »[49]. Ce sont des exclus, des hors-la-loi qui composent ce peuple. Ce sont partiellement ces mêmes catégories d'individus qui sont aux portes de Paris en ce printemps 1789. Les commis aux barrières voient entrer « un nombre effrayant d'hommes mal vêtus et d'une figure sinistre ». L'auteur situe l'embrasement des barrières de l'octroi dans la nuit du 12 au 13 juillet. Il ne parle plus d'un seul endroit, et précise que ce sont les barrières de la rive droite « depuis le faubourg Saint-Antoine jusqu'au faubourg Saint-Honoré » qui sont prises d'assaut en même temps, en même temps que deux autres barrières au sud de la ville. Taine fait le constat amer que « la ville demeure sans revenu, juste au moment où elle est obligée à des dépenses plus fortes... ». Ces déchaînements violents et épidémiques font peur, car ils sont difficilement contrôlables. La violence qui frappe les barrières et Paris est à la fois extrême et contrôlée, destructrice et régénératrice. Taine ne veut y voir qu'un seul aspect où l'anéantissement engloutit l'État et la population.

À la charnière des XIXe et XXe siècles, trois noms s'imposent, tous républicains ou socialistes : Alphonse Aulard, Jean Jaurès, et Albert Mathiez. Aulard s'était engagé politiquement afin de fonder la République naissante et son propos était centré sur l'histoire politique dont les groupes constitués, partis et assemblées, tenaient le premier rôle. La construction d'une démocratie encore fragile demeurait son horizon où les classes populaires n'étaient que des forces d'appoint à la bourgeoisie[50]. Aussi, toute référence sur les barrières de l'octroi est inexistante. La lutte politique passe au premier plan chez Jaurès qui défendra tout au long de sa carrière les mineurs de Carmaux et Dreyfus. Sa mise à l'écart de la législature lui permet d'écrire en un temps rapide *l'Histoire socialiste de la Révolution française*. Le contenu économique et social prend ainsi une place importante dans l'œuvre. Après avoir mis en lumière les phases chronologiques, Jaurès indique qu'au 12 juillet « les barrières détestées de la Ferme générale brûlaient »[51]. Cela peut paraître peu et surprenant de la part d'un homme qui voue sa vie à la lutte des classes, souhaitant faire triompher le socialisme. La question

---

[49] Hippolyte Taine, *Les origines de la France contemporaine, op. cit.*, p. 28 et suivantes.

[50] Alphonse Aulard, *Histoire politique de la Révolution française*, Paris, Armand Colin, 1909.

[51] Jean Jaurès, *Histoire socialiste de la Révolution française*, tome 1, La Constituante, Jules Rouff et cie, 1903, p. 261.

sociale est au cœur d'un impôt égalitaire. Les questions économiques et sociales présentes dans l'œuvre ne disent rien sur le Mur des Fermiers qui, pourtant, peut s'apparenter à la domination d'un groupe réduit, aux fortunes considérables et choquantes, face à une grande majorité de la population qui souffre. Mais le combat que mène Jaurès est celui d'une « pédagogie de l'action des masses et une philosophie en action pour les masses ». Autrement dit, le socialisme ne peut vaincre sans avoir au préalable éduqué les masses. La réalité objective n'est pas au centre des préoccupations de Jaurès, mais elle permet de relever des interprétations à partir des données factuelles, de donner du sens aux actions humaines[52]. L'histoire, plus particulièrement celle de la Révolution française, doit servir de leçon et de modèle pour aboutir à une nouvelle société, déjà entreprise en 1789, mais vite abandonnée devant la confiscation du pouvoir par la bourgeoisie. Le rôle majeur d'un peuple uni (les ouvriers et les paysans, pour Jaurès) doit conduire à édifier une nouvelle société.

C'est le silence sur les barrières, l'absence de toute indication qui étonne chez Mathiez. L'historien, dans le chapitre consacré à *La révolte des provinces*, met en exergue la lutte contre l'Ancien Régime et l'installation progressive des comités qui allait suppléer les anciennes autorités. La ville de Lyon y figure en bonne place où « dès le début de juillet, les artisans au chômage brûlaient les barrières et les bureaux de l'octroi pour diminuer le prix de la vie »[53]. La cause de l'attaque aux barrières est énoncée autant que ceux qui les assaillent. L'historien rappelle les dures conditions de vie de la population lyonnaise avant le déclenchement de la Révolution. Mathiez insiste, à juste titre, sur le soulèvement général dans le royaume qui représentait pour les ouvriers, les artisans, les paysans et les chômeurs une « occasion d'exercer une reprise de l'ordre social ». Ce qui se produit à Lyon se retrouve dans la capitale quasiment au même moment, mais les incidents aux barrières parisiennes sont inconnus de Mathiez.

---

[52] Bruno Antonini, *État et socialisme chez Jean Jaurès*, Paris, L'Harmattan, 2004 ; sur les rapports que l'historiographie française entretient avec la pensée marxiste, voir Claude Mazauric, *L'histoire de la Révolution française et la pensée marxiste*, Paris, PUF, 2009.

[53] Albert Mathiez, *La Révolution française*, La Manufacture, Lyon, 1989 [1922], p. 65 ; voir le numéro spécial des *AHRF*, n° 353/2008, *Un siècle d'études révolutionnaires* ; on lira avec profit l'article de James Friguglietti, « La querelle Mathiez-Aulard et les origines de la Société des études robespierristes », p. 63-94 ; dans le même numéro, Florence Gauthier, « Albert Mathiez, historien de la Révolution Française », p. 95-112.

Après avoir rappelé l'approche des historiens romantiques, des penseurs libéraux et républicains et de l'impact qu'aura profondément la pensée de Taine, la démarche scientifique de Jaurès, issue du marxisme, renouvelle en profondeur l'analyse historique des phénomènes révolutionnaires. La théorie marxiste permet alors, pour beaucoup d'historiens, de prendre en compte, l'étude matérielle des faits économiques et sociaux. Cette nouvelle façon de penser et d'écrire l'histoire devient plus attentive aux groupes sociaux. Les termes de *multitude*, *populace*, *peuple* bien sûr, commencent durant cette période à prendre corps et sont de moins en moins creux ; une approche approfondie s'amorce et explore au plus près les composantes sociales de chaque groupe et leurs comportements, leurs mentalités[54]. L'heure n'est plus au temps des volumineuses histoires de la Révolution française et *exit* l'histoire événementielle. Le temps des synthèses est venu. En 1939 paraît un petit livre de Georges Lefebvre ; en 250 pages, l'auteur raconte les événements qui se déroulent durant l'année 1789, arrêtant son récit aux journées d'octobre[55]. Il découpe l'année en trois temps forts, avec les « trois » révolutions imbriquées (aristocratique, bourgeoise et populaire – les villes et les campagnes) que d'autres historiens, un demi-siècle plus tard, continueront d'immortaliser[56]. C'est avec la partie « la Révolution populaire » que Lefebvre évoque les barrières parisiennes de l'octroi. Il n'indique pas précisément quand éclatent les troubles au niveau du mur des Fermiers généraux. L'historien rappelle le moment où Besenval « prit le parti de concentrer tout son monde au Champ-de-Mars » ; Besenval avait préféré rassembler ses forces armées en un seul endroit, par crainte d'une insubordination des troupes et d'une contagion dans les zones à risque, comme les barrières au nord de la capitale. L'ordre de se replier fut donné dans la nuit du 12 au 13 juillet, vers 1h du matin. Ainsi, « la ville abandonnée fut en proie au tumulte et au désordre ; les gens du peuple, n'oubliant pas leurs haines propres, coururent aux "barrières", c'est-à-

[54] Pour une historiographie sur l'interprétation marxiste de la Révolution française, voir la synthèse de Julien Louvrier, « Marx, le marxisme et les historiens de la Révolution française au XXe siècle », *Cahiers d'Histoire, revue d'histoire critique*, n°102, 2007, p. 147-167 ; Éric Hobsbawm, *Aux Armes Historiens. Deux siècles d'histoire de la Révolution française,* Paris, La Découverte, 2007 (trad. fr.).

[55] Georges Lefebvre, *Quatre-vingt-neuf,* Paris, Messidor/Editions sociales, 1989 [1939].

[56] Voir le numéro spécial consacré à G. Lefebvre par l'IHRF, *Georges Lefebvre au travail. Le travail de Georges Lefebvre*, 2/2010, *La Révolution française. Cahiers de l'Institut d'histoire de la Révolution française.*

dire aux portes d'octroi qui interrompaient le mur que la Ferme générale avait édifié autour de la capitale en 1766 [sic], et y mirent le feu »[57]. Écrite ainsi, la proposition de Lefebvre est alléchante ; elle laisse entendre que le repli et l'absence des forces armées dans les zones stratégiques de la ville laissent la place libre à la population qui peut, en toute impunité, s'attaquer aux barrières. Comment percevoir le *n'oubliant pas leurs haines propres* ? Faut-il comprendre dans les propos de Lefebvre que ces actions sont parallèles, qu'elles n'entrent pas directement dans le schéma de l'insurrection qui s'oriente vers la Bastille ? Là encore, comme d'autres, l'historien ne discerne qu'un seul moment et une seule phase dans l'attaque du Mur des Fermiers.

Les synthèses générales de la deuxième moitié du XXe siècle font quasiment l'impasse sur l'incendie des barrières. Elles sont l'œuvre d'historiens considérés comme marxistes et, à la suite de G. Lefebvre, ceux-ci furent appelés à diriger l'*IHRF*. Albert Soboul ne fait nullement mention de l'attaque des barrières. Il est vrai que la prise de la Bastille dans son ouvrage n'occupe que quelques lignes. Soboul choisit plutôt d'évoquer le « complot aristocratique et la crise économique [qui] se lièrent dans l'esprit populaire » et qui provoquèrent la mobilisation des masses[58]. Michel Vovelle, l'historien des mentalités révolutionnaires, aborde des problématiques qui n'avaient pas échappé à ses prédécesseurs, mais furent globalement peu traitées. De nouveaux chantiers historiques s'ouvrent sur la période révolutionnaire où la peur, les foules, la sociabilité révolutionnaire représentent d'innovants champs d'études ; cependant, la moisson peut paraître maigre pour la fiscalité et les barrières. M. Vovelle note que des incidents se produisent le 12 juillet, après la charge du Royal-Allemand dans les Tuileries. « Puis ce sont les barrières d'octroi qui sont visées, incendiées : rencontre de la revendication économique et politique ». L'historien insiste « sur le poids d'un malaise économique qui culmine alors » et reconnaît que les émotions populaires sont le résultat de plusieurs phénomènes, dont les impôts indirects (municipaux ou d'État), prélevés

---

[57] Georges Lefebvre, *Quatre-vingt-neuf*, *op. cit.*, p. 126. La date de 1766 est évidemment fausse et correspond probablement à une coquille, comme d'autres dans l'ouvrage.

[58] Albert Soboul, *Histoire de la Révolution française, de la Bastille à la Gironde*, Paris, Gallimard, 1974 [1964], t. 1, p. 154.

aux barrières. Toutefois, il prend soin de noter que, « à Paris, comme ailleurs, l'octroi est visé avant même la Bastille » [59].

L'interprétation du moment révolutionnaire prend une tournure nouvelle et polémique avec la parution d'un « beau livre », richement illustré en 1965. Deux non-spécialistes de la Révolution française, néanmoins chercheurs, François Furet et Denis Richet, voient leur ouvrage édité[60]. C'est le point de départ d'une longue controverse où les auteurs sont désignés comme des « révisionnistes » et répondent à leur tour à ceux qui véhiculent les idées du « Jacobinisme »[61]. À la lecture de leur ouvrage *La Révolution française* réédité (épuré cette fois de toute illustration), le côté révisionniste n'est pas prégnant, du moins dans les quatre premiers chapitres. La catégorisation des « trois révolutions de l'été 89 » ressemble fortement aux analyses classiques de l'historiographie. Le « dérapage » de la Révolution est analysé dans les chapitres suivants. La narration des événements de juillet ne diffère pas de ce schéma interprétatif initial ; les auteurs font mention indirectement du Mur des Fermiers quand « le peuple brise les octrois et chasse les employés de la Ferme générale, renouvelant une dernière fois la vieille geste antifiscale de l'Ancien Régime »[62]. À bien d'autres occasions, même si les révoltes antifiscales sont anciennes, elles ne cessent pas durant la période révolutionnaire ; elles sévissent à l'état endémique dans les campagnes, par exemple[63]. Avec la disparition de Soboul et Furet, les clivages entre historiens sur l'interprétation à donner à la Révolution s'estompent[64]. La période qui s'est écoulée

---

[59] Michel Vovelle, *La Mentalité révolutionnaire, Sociétés et mentalités sous la Révolution française*, Paris, Messidor-Éditions sociales, 1985 ; *La chute de la monarchie, 1787-1792*, Nouvelle histoire de la France contemporaine, Paris, Points Seuil, histoire, 1999, t. 1 ; toutes les citations renvoient aux p. 122-124.

[60] François Furet, Denis Richet, *La Révolution française, vol. 1, Des États généraux au 9 Thermidor*, Paris, Hachette, collection « Réalités », 1965 et *vol. 2, Du 9 Thermidor au 18 Brumaire*, 1966.

[61] Julien Louvrier, « Penser la controverse : la réception du livre de François Furet et Denis Richet, "La Révolution française" » dans *AHRF*, n°351, 2008, p. 151-176.

[62] François Furet, Denis Richet, *La Révolution française*, Paris, Fayard/Pluriel, rééd. 2010, t. 1, p. 81.

[63] Anatoli Ado, (édition établie par Serge Aberdam et Marcel Dorigny, préface de Michel Vovelle*), Paysans en Révolution. Terre, pouvoir et jacquerie (1789-1794)*, Bibliothèque d'histoire révolutionnaire, Paris, SER, 2012 [1996].

[64] Michel Vovelle, *La bataille du Bicentenaire de la Révolution française*, Paris, La Découverte, 2017 ; François Furet, *Penser la Révolution française*, Paris, Gallimard, Folio histoire, 1985 [1978] ; rappelons que la polémique débute avec la dénonciation du « catéchisme révolutionnaire » par l'auteur.

depuis la commémoration du Bicentenaire s'attache davantage à approfondir les connaissances, à renouveler les problématiques, s'employant à rechercher les moments de rupture dans l'enchaînement révolutionnaire, en analysant les tensions internes au sein de la société, et mettre sur la table, sans passion excessive, les violences révolutionnaires[65]. Si ces questionnements sont novateurs depuis le début du XXIe siècle et se retrouvent dans les synthèses sur la décade révolutionnaire, les barrières de l'octroi pâtissent toujours d'une opacité structurelle. Les ouvrages, reprenant l'ensemble des questions, sont communément des manuels à destination d'un public universitaire. Ils abordent ainsi très partiellement le rôle de l'octroi, le problème de l'impôt indirect et l'enjeu qui tourne autour des barrières dans les villes. Jean-Clément Martin perçoit l'incendie des barrières comme « une révolte de la misère et du refus fiscal », et c'est, remarque-t-il, au son du « tocsin et du canon [que] 40 barrières d'octroi sont brûlées »[66]. Problèmes économiques ou plutôt pauvreté, cherté des prix et pression fiscale sont ainsi associés. Ces aspects concomitants, liés, aboutissent à une explosion sociale.

En 2009, dans la collection *Histoire de France*, dirigée par Joël Cornette, paraît un volume qui englobe un quart de siècle, de la Révolution à l'Empire[67]. Les auteurs, tous des spécialistes avérés des trois périodes, nous donnent à lire un livre complet avec des illustrations polychromes qui sont analysées aussi comme des documents explicatifs. Une chronologie en fin de volume replace les événements importants de la période et une mention signale que les barrières de l'octroi sont incendiées les 12-13 juillet en même temps que le pillage du couvent Saint-Lazare ; mais dans le corps du texte (p. 60), toute référence aux octrois a disparu. Le Mur des Fermiers apparaît pourtant avec une carte synthétique, *Paris au temps de la Révolution*, représentant le tracé de l'enceinte fiscale avec seize barrières seulement comme si la capitale n'en comptait qu'un si petit nombre !

---

[65] Citons trois colloques qui reviennent sur cette nouvelle approche : Michel Biard (dir.), *La Révolution française. Une histoire toujours vivante,* Paris, Tallandier, 2010 ; Jean-Clément Martin (dir.), *La Révolution à l'œuvre. Perspectives actuelles dans l'histoire de la Révolution française*, Rennes, PUR, 2005 ; Martine Lapied, Christine Peyrard (dir.), *La Révolution française au carrefour des recherches*, Aix-en-Provence, Publications de l'Université de Provence, 2003.

[66] Jean-Clément Martin, *La Révolution française, 1789-1799 : une histoire socio-politique*, Paris, Belin Sup, 2004.

[67] Michel Biard, Philippe Bourdin, Silvia Marzagalli, *Révolution, Consulat, Empire, 1789-1815*, Paris, Belin, 2009.

Un autre ouvrage, écrit par J-C. Martin, se veut plus ambitieux, souhaitant mettre en perspective des thèmes peu traités auparavant. L'approche de la Révolution se veut pragmatique, « privilégiant le récit des événements », ayant comme objectif « la description des mécanismes à l'œuvre »[68]. Il s'agit ainsi de raconter et mettre en lien les faits qui constituent pleinement une lecture complexe. L'interprétation ne renvoie pas à une seule grille d'analyse, mais constitue une série d'actes intelligibles avec leur propre structure. Rechercher une logique unique débarrassée des peurs, des contraintes, de la pesanteur des cadres sociaux serait illusoire, estime l'auteur. L'auteur rappelle les graves incidents qui s'étaient produits à Lyon au début de juillet et constate que « les mutations politiques incitent à la contestation ». L'historien perçoit que les rassemblements organisés le 13 juillet à Paris sont « le lieu de manifestations hostiles aux signes de l'autorité royale ». Il ajoute que « les bandes brûlent les octrois et les bâtiments du guet, pour le plus grand bonheur des fraudeurs et autres contrebandiers ». J-C. Martin saisit l'importance de la destruction des bureaux de l'octroi à Paris et souligne que le 13 juillet, ceux-ci « n'ont guère de dimension politique, ce qui adviendra le lendemain après la prise de la Bastille ». Cela signifie que l'attaque prend tout son sens avec la chute de la forteresse. Les actes de destruction et d'incendie, sans être analysés par l'auteur, deviennent des manifestations concrètes et véhiculent une certaine volonté d'abattre la royauté et la haute finance. Mais, a *contrario*, si la Bastille n'eût pas été prise, l'attaque des barrières ne devenait-elle qu'un fait parmi d'autres, noyé dans la multitude des actions ?

Sophie Wahnich, quant à elle, veut privilégier la *raison sensible*[69]. Elle n'oublie pas l'histoire mouvementée de la région Lyonnaise ni de la ville. Alors que se déroule la *Révolution juridique* à Versailles en juin et juillet 1789, les provinces attendent beaucoup de la nouvelle Assemblée nationale. De nombreuses villes fêtent à leur manière la réunion des trois ordres et Lyon s'associe à la liesse populaire qui exalte le royaume. Mais en 6 jours, entre le 30 juin et le 5 juillet, la ville de Lyon est en proie à des incidents violents où les affrontements, entre la population et les troupes armées, dégénèrent, car « l'horizon d'attente

---

[68] Jean-Clément Martin, *Nouvelle histoire de la Révolution française*, Paris, Perrin, 2012.

[69] Sophie Wahnich, *La Révolution française. Un événement de la raison sensible*, Paris, Hachette Education, 2012.

populaire à Lyon est de voir supprimer les octrois »[70]. S. Wahnich prend soin de rappeler que toutes les villes du royaume n'ont pas cette intensité dramatique, mais ajoute-t-elle, « l'événement révolutionnaire ne vient pas transformer [...] les rapports de force qui précèdent. Il les met en lumière et exacerbe l'attente d'une justice effective ». Il est, effectivement, utile de changer d'échelle et d'horizon et montrer que les incidents aux bureaux de l'octroi concernaient d'autres villes. L'auteure prend soin de noter que la suppression de l'octroi était une revendication extrêmement forte des Lyonnais. Devant le refus des autorités, les exigences se transforment rapidement en violence. Les individus arrêtés à l'issue du sac des barrières lyonnaises paieront cher leur volonté libératrice. L'historienne, concluant sur l'épisode sanglant lyonnais, estime « que désormais, pour nommer les acteurs des événements, il faut bien parler de peuple et de citoyens ». Cette distinction, loin d'être anodine, marque une rupture et fait éclater au grand jour l'union d'un peuple improbable, si tenté qu'il y ait déjà eu une communion. Cependant, lorsque S. Wahnich revient sur les événements parisiens, un vide chronologique s'installe entre le 12 et le 13 juillet ; les barrières parisiennes et le mur fiscal n'existent plus, à croire que le paysage urbain les ignore totalement. Terminons cette histoire globale de la Révolution qui couvre la décennie 1789-1799 avec le livre d'O. Coquard[71]. En trois cents pages, avec un récit classique des événements, mais dont la mise en perspective est privilégiée et reliée avec le temps des *Lumières*, l'auteur restitue les débats historiographiques, soulignant qu'il n'y a jamais eu une lecture unique de la Révolution. Il replace les incidents de l'octroi dans la nuit du 12 au 13 juillet, et compte 31 barrières d'octroi sur 40 qui sont incendiées, « ainsi qu'une part de l'enceinte des Fermiers généraux[...] ». C'est « une vraie colère sociale » qui s'exprime. Si nous souscrivons pleinement à l'assertion d'un ressentiment social, en revanche le chiffre des barrières incendiées n'est pas conforme à la réalité.

Certes, on ne peut demander à des histoires générales de la période révolutionnaire d'englober tous les événements parisiens, d'autant que la densité factuelle reste surabondante pour l'été 1789. Il faut se tourner alors vers des monographies *grand public,* qui font la part belle aux illustrations et qui essaient de balayer les champs politiques,

---

70 Sophie Wahnich, *op. cit.*, p. 59.

71 Olivier Coquard, *Quand le monde a basculé. Nouvelle histoire de la Révolution française (1789-1799)*, Paris, Tallandier, 2015.

économiques, sociaux et culturels. Les volumes de la collection *La nouvelle histoire de Paris* répondent à ces objectifs. On pourrait alors s'attendre à un développement plus long qui prend en compte plus spécifiquement la situation parisienne. Force est de constater qu'il n'en est rien. Malheureusement, ces histoires « locales » sur Paris sont trop laconiques. Si J. Tulard mentionne la construction du mur des Fermiers généraux, il ne fait aucune observation d'un quelconque incendie dans les événements qui précèdent le 14 juillet[72]. Dans une édition antérieure, dans la même collection, M. Reinhard écrit que « certaines [barrières] étaient pillées et brûlées », mais dans la note de bas de page, il ajoute que « c'était une opération de fraudeurs de profession »[73]. Le sens de ces lignes et sans équivoque. On peut l'écrire autrement, sans prendre le risque d'une interprétation erronée : les pillages sont accomplis par des délinquants. J. Chagniot s'intéresse à la *Ville-Lumière* et aborde la construction du mur en évoquant les guinguettes, lieux de sociabilité populaire[74]. Jean Favier, en retraçant l'histoire de Paris, consacre deux pages au mur des Fermiers généraux et indique que les barrières sont brûlées, mais sans fournir d'autres explications[75].

Quel bilan d'étape dresser après cette brève incursion historiographique, entre la fin du XVIIIe et le début du XXIe siècle ? Un premier constat s'impose : l'épisode des barrières est souvent repris chez les historiens. Ce n'est donc pas une péripétie totalement inconnue. Les auteurs, certes, ne consacrent pas des pages entières à ces faits, mais quelques lignes seulement ; cependant, la relation de la Bastille, supposée être largement connue, tient également en peu de paragraphes. Les événements qui se produisent autour de l'enceinte fiscale ne sont jamais étudiés pour eux-mêmes. Ces faits, supposés s'insérer dans le discours symbolique du 14 juillet, permettent seulement de rendre compte des enjeux. Ce sont des éléments explicatifs et ils ne sont pas vus comme des facteurs initiaux, déclencheurs de l'insurrection finale. Ils sont intégrés dans une relation chronologique qui débute très souvent le 8 juillet 1789 lorsque les députés, à Versailles, s'inquiètent des mouvements de troupes qui

[72] Jean Tulard, *Nouvelle histoire de Paris, la Révolution,* Paris, Hachette, 1989, p. 20.
[73] Marcel Reinhard, *Nouvelle histoire de Paris, la Révolution*, Paris, Hachette, 1971, p. 131.
[74] Jean Chagniot, *Nouvelle histoire de Paris, Paris au XVIIIe siècle,* Paris, Hachette, 1989, p. 251.
[75] Jean Favier, *Paris. Deux mille ans d'histoire,* Paris, Fayard, 1997.

convergent vers Paris. Vient ensuite le renvoi de Necker le 11 juillet au soir, puis la nouvelle de son départ le matin suivant. Le 12, au Palais-Royal, c'est la fameuse harangue de Desmoulins, suivie de la fermeture des salles de spectacle, et la charge du Royal-Allemand aux Tuileries qui vient rappeler l'intensité des faits. Puis, dans la nuit du 12 au 13 juillet, l'incendie des barrières de l'octroi vient clore cette nuit insurrectionnelle. Le jour même, le couvent Saint-Lazare est pillé. Le 14 au matin, la population se rend à l'hôtel des Invalides et s'empare des fusils. Au même moment, durant plusieurs heures, plusieurs délégations sont reçues par le gouverneur de la forteresse. La tension extrême se solde en fin d'après-midi par une centaine de morts du côté des assaillants avant que de Launay ne décide la reddition de la Bastille. La prolifération des épisodes empêche toute lisibilité. Tous ces faits concourent à la mise en perspective d'un seul événement qui symbolise à lui seul le despotisme et l'arbitraire, immortalisé par l'imposante Bastille. Pourtant, les historiens n'ont pas négligé certains faits. Ils avaient la volonté d'éclaircir certains éléments, de remettre de l'ordre dans une chronologie pas toujours visible. Il leur fallait éclairer la trame des événements[76].

Deuxième constat : les auteurs s'accordent à écrire que les barrières sont incendiées dans la nuit du 12 au 13 juillet. Seul Cabet propose une autre date, celle du 11. Mais bien d'autres questions ne sont pas résolues : est-ce à dire qu'il n'y a pas de saccages, de destructions ou de pillages antérieurs à cette date ? Certains parlent du mur des Fermiers, sans que l'on comprenne de quoi il s'agit vraiment. Le lecteur devine, avec peine, que Paris est enceint d'un mur fiscal où des denrées transitent, pour lesquelles les habitants doivent payer une taxe.

Troisième constat : la situation économique joue un rôle dans la destruction des barrières. Les historiens associent la misère, la famine et le refus fiscal pour expliquer la révolte qui gronde. Les auteurs n'insistent pas sur ce point au moment où ils font référence aux incendies des barrières ; ils ont traité cette question lorsqu'ils ont brossé

---

[76] Paul G. Spagnoli, « The Revolution Begins : Lambesc's Charge, 12 July 1789 », *French Historical Studies*, vol. 17, n°2, 1991, p. 466-497 ; Pierre Caron, « La tentative de contre-révolution de juin-juillet 1789 », *RHMC*, vol. 8, n°1, 1906-1907, p. 5-34 ; Pierre Caron, « La tentative de contre-révolution de Juin-Juillet 1789 (suite et fin), *RHMC*, vol. 8, n°9 1906-1907, p. 649-678 ; René Farge, « Un épisode de la journée du 12 juillet 1789. Camille Desmoulins au jardin du Palais-Royal », *Annales révolutionnaires*, t. 7, n°5, 1914, p. 646-674 ; Jean-Paul Bertaud, *Camille et Lucie Desmoulins, un couple dans la tourmente*, Paris, Presses de la Renaissance, 1986 ; Hervé Leuwers, *Camille et Lucie Desmoulins*, Paris, Fayard, 2018.

la situation de la France à la fin du XVIIIe siècle. Il n'était donc pas indispensable de revenir dessus.

Quatrième constat : à convoquer le peuple constamment dans l'insurrection, les historiens en viennent à ne plus savoir de qui on parle. Dans leur histoire de la Révolution, tous ont éludé (à l'exception, là encore de Cabet) cette question. Quelle est la nature sociale de la population qui s'attaque aux barrières ? Sans passer en revue les auteurs, ceux qui sont favorables à la Révolution mentionnent, ce qui n'est pas surprenant, le *peuple* (sous-entendu, la population formant un tout uni) ; dans les ouvrages hostiles à la Révolution, on trouve : *populace ; brigands ; contrebandiers ; fraudeurs ; mercenaires ; misérables ; hommes suspects ; figures sinistres ; exclus ; hors-la-loi.* En désignant les acteurs à l'œuvre, les historiens détectent la nature de l'émeute qui retombe en intensité ou se transforme en révolte généralisée. Dans un registre intermédiaire, les mots, *bandes* comme *émeutiers*, sont bien plus souvent utilisés dans les récits des historiens actuels, sans que le vocable renvoie forcément à une connotation négative.

Une prise de conscience de l'importance de l'attaque des barrières

Si toutes ces questions restaient partiellement sans réponses dans les ouvrages classiques sur la Révolution, elles n'étaient pas moins abordées dans des articles de revue ou des ouvrages du premier tiers du XXe siècle. La conception et la nature de la Révolution française opposaient depuis le XIXe siècle les historiens libéraux, républicains, royalistes, socialistes, et autres. Les positions politiques sont devenues trop marquées, entravant une certaine posture scientifique par laquelle le chercheur fonde l'histoire à partir de documents d'archives. La fonction politique de l'histoire est mise entre parenthèses et il est redevenu utile et vital de travailler sur les faits en amoncelant des données qui permettent d'appréhender mieux la connaissance d'un objet d'étude, faisant œuvre d'érudition[77].

Le défrichement commença quelques années avant le déclenchement de la *Grande Guerre*, avec la parution d'un article consacré aux

[77] C'est le cas de l'école dite « méthodique » ; pour une synthèse, François Dosse, Patrick Garcia, Christian Delacroix (dir.), *Les courants historiques, op. cit.*, chap. 2.

enceintes successives de Paris dans lequel l'auteur, E. Frémy, retrace de manière assez précise la genèse du mur des Fermiers, donnant des références précieuses, et rappelant les constructions des enceintes successives depuis le Moyen-Âge. Il évoque les pertes fiscales dues à la fraude et, c'est à mettre à son crédit, il écrit clairement que les destructions commencent dès le 10 juillet. L'auteur aborde ensuite brièvement les suites judiciaires de l'incendie des barrières[78]. Avant le début de la Seconde Guerre mondiale, un deuxième article paraissait, dans la même revue, qui s'intéressait plus précisément à l'action en justice, entreprise à l'encontre des incendiaires[79]. L'auteur avait commencé à dépouiller la sous-série Z^{1A} 886 aux Archives nationales, dans laquelle figuraient les procès-verbaux des employés de la Ferme du mois de juillet 1789 et l'Information contre les incendiaires qui débuta en 1790. Cependant, le travail restait partiel et se cantonnait à relater le début de l'ouverture du procès. Du moins, grâce à cette ébauche, nous avions une connaissance plus poussée des individus poursuivis par la cour des Aides et nous pouvions mieux connaître le déroulement des faits en ce milieu du mois de juillet 1789.

Une série d'ouvrages, publiés sous les auspices du Conseil général de la Seine au début du XXe siècle, répondent aux objectifs rappelés. Avec l'annexion, partielle ou totale, des communes limitrophes de la capitale en 1860, Lucien Lambeau, archiviste de la ville et membre de la Commission du Vieux Paris, entreprend de raconter l'histoire de ces espaces qui perdaient leur statut et leur autonomie. Son travail, assez exceptionnel, est rarement souligné aujourd'hui[80]. Il ne s'agissait pas uniquement de présenter les périodes anciennes des villages de Bercy, Vaugirard, ou Grenelle, il fallait aussi souligner la richesse patrimoniale des sites avant que ceux-ci ne disparaissent avec l'annexion. Chaque volume contient des pièces justificatives (textes tirés des Archives nationales avec l'appareil critique), des cartes, des planches, des dessins. Ces derniers sont remarquables et représentent les bâtiments de l'octroi. Une vingtaine de ces productions graphiques est conservée à la

[78] Eugène Frémy, « L'enceinte de Paris construite par les fermiers généraux et la perception des droits d'octroi de la ville (1784-1791) », *Bulletin de la Société de l'histoire de Paris et de l'Ile-de-France*, 1912, t. 39, p. 115-148.

[79] Victor de Clercq, « L'incendie des barrières de Paris en juillet 1789 et le procès des incendiaires », *Bulletin de la Société de l'histoire de Paris et de l'Ile-de-France*, 1938, t. 65, p. 31-48.

[80] Lucien Lambeau, *Histoire des communes annexées à Paris en 1859*, [Bercy, Vaugirard, Grenelle, Charonne (vol. 1, vol. 2), La Chapelle, La Villette], 6 tomes en 7 volumes, Paris, E. Leroux, 1910-1923.

Bibliothèque nationale de France[81]. Le dessinateur, Palaiseau, les réalise dans les années 1820. C'est un paysage campagnard et bucolique qu'il dessine, rayé du paysage une quarantaine d'années plus tard avec l'urbanisation croissante de la capitale. Sous la Restauration - et les dessins le montrent parfaitement - le mur se dresse sur toute la périphérie de la ville. Il marque, de façon nette, la limite entre Paris et les villages absorbés en 1860. En remontant le passé, L. Lambeau est amené, pour l'octroi du moins, à préciser le lieu où était implantée telle barrière, à relater les réclamations des marchands de vin, ou à donner l'emplacement des cabarets et autres guinguettes. Désormais, grâce à ces travaux, on ne pouvait plus ignorer les faits qui se produisent en juillet 1789, moment où la population parisienne se jette sur les barrières de l'octroi[82]. L'enceinte fiscale était matérialisée, les bâtiments de l'octroi étaient représentés et ancrés dans le paysage urbain. La relation, à peine ébauchée, de la destruction des barrières, et complétée par des bribes de l'enquête judiciaire, permettait au chercheur de comprendre la complexité qui tournait autour de l'octroi parisien.

Pour saisir véritablement la place des barrières parisiennes en ces années 1780, il nous faut prendre de la hauteur, atteindre des chemins détournés, arpenter les collines de Belleville ou celles de Montmartre et tourner son regard sur les vignes. Là, on comprend mieux les enjeux qui se sont façonnés et ont permis le déclenchement de cette révolte qui allait se transformer en révolution. La viticulture et le vin font l'objet d'une synthèse, assez fournie, dans le livre de R. Dion[83]. Celui-ci a eu l'ambition d'écrire une histoire des vignobles français, de l'introduction du vin à Phocée en 600 av. J.-C. jusqu'au ravage du phylloxéra au XIXe siècle. De nombreuses pages sont consacrées aux vignobles de l'Île-de-France, où la production en ce début du XVIIIe siècle s'oriente vers des vins de qualité plutôt médiocres, en quantité massive, destinés à une population parisienne de plus en plus nombreuse. L'auteur a donc été amené à étudier les doléances de certains vignerons, dont les taxes représentaient une grande partie du prix, et qui réclamaient par

[81] BNF, *Département Estampes et photographie, réserve FOL-VE-53 (C).*

[82] Ajoutons une autre contribution sur l'octroi, Robert Bigo, « L'octroi de Paris en 1789 », *Revue d'histoire économique et sociale*, 1931, t. 19, p. 97-113.

[83] Roger Dion, *Histoire de la vigne et du vin en France : des origines au XIXe siècle*, Paris, CNRS éditions, 2010 [1959] ; un hommage au géographe dans, Jean-Robert Pitte (dir.), *Le bon vin, entre terroir, savoir-faire et savoir-boire,* Paris, CNRS éditions, 2010.

conséquent une baisse des impôts. L'auteur consacre plusieurs paragraphes à l'enceinte fiscale parisienne et aux journées de juillet 1789[84]. Au détour d'une page, à côté d'un plan qui représente une petite portion des abords du quartier des Porcherons, figure la représentation du bureau de la barrière Blanche, situé au nord de la rue de la Chaussée d'Antin. L'auteur précisait que la barrière fut la première à être attaquée et brûlée le 11 juillet 1789, en mentionnait la cote aux Archives[85]. L'histoire viticole ne se borne pas uniquement à l'étude des sols et du climat. Le terroir est un constituant, mais la relation entre la vigne et l'homme est fondamentale. L'œuvre de R. Dion dépasse la simple étude géographique et l'auteur développe une solide approche historique en s'attaquant à « la guerre des barrières à Paris entre novembre 1788 et le 14 juillet 1789 ». Ces pages, à l'écriture alerte, dénotent chez le géographe une connaissance approfondie de la viticulture qui est pratiquée en cette fin du XVIIIe siècle sur les coteaux parisiens. Les réseaux de cabaretiers, des vignerons-fraudeurs et des consommateurs sont abordés. L'auteur établit cette mise en relation entre la fraude pratiquée aux portes de la ville et l'édification du mur des Fermiers généraux. Ce sont ainsi des pages éclairantes qui insistent sur les enjeux de la construction de la clôture parisienne. La réalisation du mur semblait répondre à un seul objectif : contrer la fraude et garantir des entrées d'argent. Plus récemment, la thèse de J.M. Peysson apportait un éclairage nouveau sur le mur et les barrières de l'octroi. L'auteur, en examinant les *Mémoires* des contemporains et les journaux de l'époque, a montré que le mur, loin d'empêcher la fraude, a accentué les « clivages sociaux », car celle-ci reflétait « l'expression matérielle de ce refus »[86]. Le chercheur visait à mieux comprendre quel était le sentiment des lettrés et ainsi dégager indirectement les perceptions des couches populaires sur la construction de la clôture parisienne. Une deuxième problématique se greffait et il était fondamental de saisir la mise en œuvre de ce gigantesque et dispendieux chantier. La genèse du mur des Fermiers généraux gagnait en clarté et en compréhension. En

---

[84] Roger Dion, *op. cit.*, p. 497-531.

[85] L'auteur identifie la barrière, mais il commet une erreur ; le dessin proposé correspond au bureau Blanche qui ne sera terminé qu'en 1790, situé au niveau du métro Blanche ; la barrière attaquée en juillet 1789 était placée au niveau de l'actuel métropolitain Trinité.

[86] Jean-Marc Peysson, « Le mur d'enceinte des Fermiers-généraux et la fraude à la fin de l'Ancien Régime », *Bulletin de la Société de l'histoire de Paris et de l'Ile-de-France*, 1982, t. 109, p. 225-240, pour la citation, p. 236.

privilégiant la mise en place de la conception, l'élaboration et l'organisation de la clôture, en suggérant la réalité frauduleuse aux portes de Paris, en s'intéressant à l'opinion publique, le chercheur entrevoyait l'ossature d'une réflexion, clarifiant sa connaissance globale du mur des Fermiers. Mais il restait encore à construire une autre histoire, sans laquelle il ne peut y avoir une histoire humaine ; celle qui s'attache aux individus et qui cherche à dégager des pans de leur vie et à cerner leurs motivations. Le travail de R. Dion laissait entrevoir cette ébauche. Les fraudeurs et les vignerons prenaient une forme et, à défaut d'avoir un visage, ils avaient une existence.

G. Rudé, dans son ouvrage sur la foule révolutionnaire, a voulu envisager la Révolution d'en bas, en scrutant « les vœux et le comportement particulier des classes populaires »[87]. À ce titre, en examinant la composition et les mobiles des foules lors des « journées révolutionnaires » entre l'émeute Réveillon et Vendémiaire an IV (même si cette dernière date reflète une volonté de détruire la République), il a brossé rapidement le portrait de ces incendiaires. L'objectif précis était indiqué : à partir de la procédure engagée par la cour des Aides en 1790, l'historien cherchait à savoir dans quelles catégories sociales l'on pouvait ranger les participants de ces émeutes. Implicitement, c'était reconnaître aux incendiaires des barrières un but politique. C'est un des premiers à montrer que les barrières avaient déjà « été le théâtre de nombreuses rixes et de tentatives de passage en fraude », dès le printemps 1789, soit plus de deux mois avant l'incendie des barrières[88]. Cette synthèse fut précédée quelques années plus tôt d'une série d'articles dont le premier suit un découpage chronologique, entre juillet 1789 et la fusillade du Champ-de-Mars en 1791[89]. G. Rudé souhaitait aussi rompre avec l'idée véhiculée par Taine, qui voyait dans ces mouvements de foule un magma d'individus, des brutes sordides. La méthode se base sur l'étude statistique des dossiers qui figurent dans les archives judiciaires. L'information judiciaire concernant l'incendie

[87] George Rudé, *La foule dans la Révolution française*, Paris, La Découverte, 1982 (trad. fr.) [1967], p. 10, préface de G. Lefebvre.

[88] *Op. cit.*, p. 66.

[89] George Rudé, « La composition sociale des insurrections parisiennes de 1789 à 1791 », *AHRF,* 1952, n°127, p. 256-288 ; « Les émeutes des 25, 26 février 1793 à Paris », *AHRF,* 1953, n°130, p. 46-61 ; « The Motives of Popular Insurrection in Paris during the French Revolution », *Bulletin of the Institute of Historical Research,* 1953, n°26, p. 53-74 ; en collaboration avec Richard Cobb, « Le dernier mouvement populaire de la Révolution à Paris : les journées de Germinal et de Prairial an III », *Revue Historique*, 1955, t. 214, p. 250-281.

des barrières est la source principale exploitée par l'historien où il privilégie l'audition des témoins. En fonction de l'objectif évoqué plus haut, G. Rudé n'entre pas dans la relation des faits. Il s'attache à démontrer, archives à l'appui, que la foule parisienne qui s'attaque aux barrières était composée « d'un petit nombre de bourgeois, de nobles même, à l'avant-garde des insurgés », qui était aux côtés des gens du peuple, artisans et salariés, parmi lesquels figuraient également en bonne place des contrebandiers[90]. L'historien note que le nombre important de marchands de vin et cabaretiers, suspectés d'avoir joué un rôle majeur dans l'incendie des barrières, n'a « rien de surprenant [...] étant donné le caractère particulier de ces émeutes »[91]. Il faut saluer l'entreprise de l'historien qui s'efforce de démontrer que les individus poursuivis sont aussi des êtres qui sont insérés dans le corps social. Certains trempent probablement dans des trafics louches et juteux, mais ils sont loin de former l'écrasante majorité de ceux qui se sont attaqués aux barrières, conclut G. Rudé. En brossant l'état de Paris en 1789, J. Godechot a le mérite de rappeler que la ville avait des limites physiques, un mur d'enceinte, sans objectif militaire, qui ceinturait la ville, dans le but de percevoir des taxes[92]. On ne pouvait donc pénétrer dans Paris que par des ouvertures qui interrompaient la muraille. L'historien, en reprenant les thèses de G. Rudé, consacre un paragraphe aux incendies des barrières et aux suites judiciaires. Quatre-vingts décrets de prise de corps (mandats d'arrêt) furent délivrés contre les incendiaires. J. Godechot pense que les 80 individus incriminés furent tous arrêtés. L'historien commet une erreur d'interprétation, confondant décret de prise de corps et incarcération. C'était évidemment dans l'intention de la cour des Aides d'appréhender la totalité de ces personnes. Cependant, et nous y reviendrons, douze individus furent réellement incarcérés en juin 1790, soupçonnés d'avoir joué un rôle majeur durant les journées de juillet 1789, lors des dégradations des barrières de l'octroi.

En dehors de l'ouvrage de J. Godechot, de très nombreux historiens se sont intéressés à la journée révolutionnaire du 14 juillet 1789. Tous ces livres racontent l'histoire de la Bastille, avec la création de la forteresse jusqu'à ce qu'elle devienne prison d'État, avec son lot d'arbitraire royal qui lui est étroitement associé, tout en relativisant le

[90] George Rudé, *op. cit.*, p. 207.
[91] George Rudé, « La composition sociale ... », *art. cit.*, p. 261.
[92] Jacques Godechot, *La prise de la Bastille, op. cit.*, chap. 3.

rôle des lettres de cachet[93]. Les auteurs consacrent évidemment de longs paragraphes sur le 14 juillet en revenant sur les faits précédant la chute de la citadelle. Les barrières ne sont pas délaissées et les auteurs relatent cet épisode. Pour M. Cottret, « la vindicte populaire se porte d'abord sur ceux qu'elle considère comme les artisans d'artificielles famines. Les Parisiens s'attaquent d'abord au mur des fermiers généraux [...] ; la foule s'acharne contre cet instrument au service des affameurs, des traîtres qui concluent des pactes de famine pour réaliser de gigantesques profits sur les larmes et le sang des pauvres gens. Le 13 Juillet est encore une émeute frumentaire [...] »[94]. La question la plus angoissante qui obsède la population française au XVIIIe siècle est privilégiée : un complot serait à l'œuvre, orchestré par les Grands pour affamer la population[95]. La même interprétation se dessine chez G. Chaussinand-Nogaret qui se demande si les épisodes des 12 et 13 juillet sont des émeutes ou une insurrection politique. Le « haut prix des denrées était bien la préoccupation majeure des Parisiens et les mouvements de la foule [...] en apportent la confirmation »[96]. Les habitants se portent « d'abord aux barrières qui perçaient le mur d'octroi [...], symbole des taxes que les marchandises payaient pour entrer dans Paris ». Le feu mis aux barrières est, pour l'historien, « la riposte spontanée à la peur de la famine, à l'angoisse du complot que l'on croyait permanent, ourdi par le fisc, les accapareurs, les affameurs, parfois le roi lui-même ». Si le mythe, partiel, d'une Bastille redoutable et sombre, est ébranlé dans le livre de C. Quétel, ce dernier cherche également à nous plonger dans l'univers quotidien de la Bastille depuis ses origines. Le spécialiste de *l'enfermement* revient abondamment sur la chute de la prison en y consacrant une cinquantaine de pages. Mais les prémices (la charge du Royal-Allemand, Desmoulins au Palais-Royal...) ne retiennent pas son attention, pas plus que l'octroi. L'auteur décèle que « le 13 juillet, les émeutiers se sont portés aux barrières de Paris qu'ils ont incendiées,

---

[93] Arlette Farge, Michel Foucault, *Le Désordre des familles. Lettres de cachet des Archives de la Bastille au XVIIIe siècle,* Paris, Gallimard, Folio histoire, 2014 [1982] ; Claude Quétel, *Les Lettres de cachet. Une légende noire*, Paris, Perrin, 2011.

[94] Monique Cottret, *La Bastille à prendre. Histoire et mythe de la forteresse royale*, Paris, PUF, 1986, p. 17.

[95] Steven L. Kaplan, *Le complot de famine. Histoire d'une rumeur au XVIIIe siècle*, Paris, EHESS, Cahier des Annales, 1982 [trad. fr.].

[96] Guy Chaussinand-Nogaret, *La Bastille est prise. La Révolution française commence*, Paris, Complexe, 1992, p. 88.

espérant ainsi faire baisser le prix du grain qui n'a jamais été aussi élevé »[97].

Parmi les nombreux ouvrages consacrés à Claude-Nicolas Ledoux, ne retenons que celui écrit par D. Rabreau[98] ; l'auteur insiste, plus que d'autres, sur la vision qu'a l'architecte de son œuvre où les réalités sociales et politiques se mélangent pour créer une cité idéale. Il consacre quelques pages à la construction de l'enceinte fiscale et précise que « les barrières de Ledoux furent le théâtre de graves manifestations insurrectionnelles ». D. Rabreau précise que ces rassemblements ont lieu « les 10, 11, 12 et 13 juillet », ce qui est conforme à la réalité ; mais, le 14 juillet est oublié comme si les assauts sur le mur des Fermiers s'arrêtaient le 13. Pour l'auteur, ce n'est pas toute la population parisienne qui s'attaque sur les bureaux de l'octroi ; ces insurrections sont des « émeutes menées par des vignerons, des cabaretiers et des petits commerçants excédés par les réformes fiscales [qui] pillent et incendient les barrières ».

Ce n'est ni une synthèse sur la Révolution ni un ouvrage sur Paris qui vont permettre de donner du relief à l'attaque des barrières. Dans sa monographie d'un faubourg parisien dans le sud-est de la capitale, H. Burstin s'attache à montrer l'évolution des habitants entre 1789 et 1794, avec le passage à une « radicalisation » plus poussée[99]. L'historien consacre plusieurs pages aux barrières et aux conséquences immédiates et ultérieures qu'elles eurent auprès de la population et du pouvoir. Si l'auteur examine plus attentivement les incidents aux barrières qui se situent aux limites du faubourg, entre la barrière de la Gare et celle de Montparnasse, il pointe du doigt un aspect peu abordé jusqu'à présent : de manière quasi simultanée, pendant que les barrières étaient toujours attaquées, pillées et brûlées, se déroulait l'attaque contre la Bastille. Selon l'auteur, il y aurait eu deux mouvements de mobilisation, « l'un représentant le gros du courant insurrectionnel, l'autre [...] alimenté par des motifs particuliers de mécontentement »[100]. Deux impulsions coexistent, mais n'œuvrent pas vers le même but. « On en fait généralement peu de cas, ajoute l'historien, alors que ce mouvement touche [...] tous les secteurs de la ville, et peut être considéré, à juste titre, comme le prélude à la prise de la Bastille ». Le refus d'une fiscalité

[97] Claude Quétel, *L'histoire véritable de la Bastille,* Paris, Perrin, 2013 [2006], p. 512.
[98] Daniel Rabreau, *Claude-Nicolas Ledoux (1736-1806),* op. cit., p. 214 et suivantes.
[99] Haïm Burstin, *Une révolution à l'œuvre. Le faubourg Saint-Marcel (1789-1794),* Seyssel, Champ Vallon, 2005.
[100] *Ibidem,* p. 62.

lourde et inégalitaire fait-il partie de ces motifs particuliers de mécontentement ? Le *prélude* dont parle l'auteur signifie-t-il qu'il s'agit d'une ouverture, annonciatrice de l'événement que constitue à proprement parler la chute de la forteresse ? Vu ainsi, c'est, me semble-t-il, nier une singularité aux actes qui précèdent l'attaque de la Bastille. Le saccage des barrières est-il le produit d'une tension politique ou le résultat de menées de contrebandiers et de fraudeurs qui profitent de la situation explosive et qui réussissent à entraîner avec, et derrière eux, une partie de la population ? L'attaque aux limites de la ville n'est plus alors un événement qui aurait une valeur similaire à celle de la Bastille. H. Burstin ne nie pas le degré d'importance des attaques, mais évite de les placer sur une gradation d'intensité similaire. La Bastille est prise en définitive par tout le peuple parisien, plus précisément par toutes les couches sociales qui sont représentées lors de l'assaut, alors que les bureaux d'octroi ne sont attaqués que par une partie du peuple. Il faut bien comprendre ce qu'écrit H. Burstin qui, en dissociant ces deux rassemblements, place le premier dans une catégorie hors classe, à un échelon élevé, puisqu'il participe à une naissance politique, tandis que le deuxième est relégué dans une typologie inférieure, mue par des intérêts catégoriels.

Terminons cette fouille historiographique par un ouvrage dans lequel les classes populaires retrouvent un droit de mémoire. Elles ne sont plus les oubliées de l'histoire ; il faut faire revivre tous ces « dominés » qui ont lutté et rêvé d'un avenir plus radieux[101]. Les tensions y sont relatées minutieusement. En débutant le chapitre 4, consacré à la décennie révolutionnaire, l'auteure met en parallèle les incidents aux barrières de l'octroi à Lyon et à Paris en juillet 1789. Le récit est sobre et l'historienne croise les données de plusieurs ouvrages, rappelant que toutes les barrières sont touchées entre le 10 et le 14 juillet.

Au moment où les individus se lèvent, s'organisent et se rassemblent pour montrer au pouvoir qu'ils existent, savent-ils ce qui les attend ? Quelle sera la réaction de ceux qui ont en charge la protection de l'ordre établi, de la royauté ? Le choc qui se propage aux barrières ne peut être prévisible. Au moment où la population se rue sur les bureaux de l'octroi, seuls les gardes-françaises peuvent encore réellement s'interposer. Mais la détermination des uns ou des autres n'est pas une constante connue. La réaction des forces de l'ordre ou du peuple se

[101] Michelle Zancarini-Fournel, *Les luttes et les rêves. Une histoire populaire de la France de 1685 à nos jours*, Paris, Zones, 2016, p. 135 et suivantes.

mesure en fonction de la réponse du camp supposé adverse. Ce n'est pas la même chose si les barrières sont attaquées et incendiées le 13 juillet comme le ressassent nombre d'auteurs ou si elles sont assaillies quelques jours plus tôt. Ce point est capital ; cette différence est fondamentale. Il induit une autre réalité qui se voudrait véridique. L'attaque des barrières se situerait chronologiquement après le renvoi de Necker. Il n'en est rien. Les bureaux de l'octroi sont déjà touchés au moment où la population apprend la nouvelle de la démission de Necker. Il ne peut s'agir d'une erreur qui serait véhiculée depuis plus de 200 ans et que l'on pourrait corriger aisément. En d'autres circonstances, placer *l'attaque et l'incendie des barrières* - je souligne délibérément - les 12, 13 ou un autre jour, n'aurait pas grande valeur. Mais durant cette période extrêmement courte, le télescopage et l'imbrication des épisodes donnent justement tout son sens au déroulement des diverses séquences. Chacune de celles-ci est établie en fonction de l'autre. Les faits se répondent constamment, les uns sont la conséquence des autres. Placer l'attaque des barrières le 13 juillet revient aussi à les fondre dans cette série événementielle et à les intégrer dans une suite d'événements qui transitent par le renvoi de Necker le 12 juillet, la charge du prince de Lambesc et la création du Comité permanent à l'hôtel de ville. Le renvoi du ministre est régulièrement considéré comme le détonateur, c'est-à-dire le moment où l'explosion est possible, où tout retour en arrière n'est plus réalisable.

Les documents consultés aux Archives ne laissent planer aucun doute sur la date : les nombreux bureaux d'octroi et les palissades en bois délimitant la limite fiscale en juillet 1789 sont attaqués et saccagés dès le 10 juillet, et incendiés à partir du 11. Deux jours différents sont ainsi posés. La version largement répandue reprend la date des 12-13 juillet, alors que la réalité de l'attaque correspond à deux jours plus tôt. En tout état de cause, la signification devient totalement différente. Au lieu d'être noyée dans une série de faits, au risque de devenir un élément insignifiant, la destruction des barrières revêt un autre sens et doit interroger le chercheur.

Évidemment, on ne peut parler véritablement d'amnésie mémorielle, mais à la lumière de cette rapide rétrospective historiographique, il est peut-être temps de rejouer la partie. Il faut pour cela écrire tout simplement l'histoire des saccages des barrières et donner un autre éclairage qui ne se veut pas une interprétation des événements, mais seulement une réécriture d'un événement précis et singulier. La chute de la forteresse vole la vedette aux barrières et occulte cet événement négligé. D'autres enjeux mémoriaux se mettent en place. Il n'y eut jamais des *Vainqueurs des barrières,* mais uniquement des *Vainqueurs de la Bastille.* Ceux-ci exhibent ce fameux brevet, acquis par la force, dans la souffrance, dans la mort. Les *bastilles miniatures* en pierre, envoyées dans les départements par Palloy, les médailles frappées commémorant la prise de la Bastille sont là pour rappeler le courage de ces Parisiens. Les nombreuses cérémonies rappelant le martyr des *Vainqueurs*, notamment celle que célèbre l'abbé Fauchet – lui-même pouvant se glorifier de ce titre officiel – font partie de l'invention de cette histoire-symbole qui débute aussitôt avec le démantèlement de la prison d'État, orchestré par le *patriote* Palloy (titre qu'affectionnait particulièrement l'entrepreneur). Ce vaste chantier qui dure deux ans, jusqu'en mai 1791, emploie en moyenne 800 ouvriers par jour, sans compter les chantiers annexes où l'entrepreneur a installé d'autres terrains de construction[102]. Le rôle hautement symbolique que tient le groupe des *Apôtres de la liberté,* fondé par Palloy, renforce « la sacralité de l'entreprise ». Dès le début, la date du 14 juillet 1789, attachée à la prise de la Bastille, forge les esprits. L'événement est considéré comme le moment fondateur, l'an 1 d'une nouvelle ère. L'imaginaire qui s'est construit dans les années antérieures avec la publication d'une centaine de pamphlets et de brochures amplifie l'emprise de la Bastille et laisse peu de place à d'autres moments clés. Comment rivaliser, même aujourd'hui, avec cette aura de mystère et d'énigmes (pensons au masque de fer, ou à la chemise de Latude, sur laquelle un texte est écrit avec son sang)[103] ? Comment égaler ce même Latude, célèbre évadé et auteur de *Mémoires* dans lesquelles il raconte son enfermement dans la prison pendant une bonne trentaine d'années ? Nul besoin d'évoquer longuement Linguet et ses *Mémoires sur la Bastille*, écrits quelques années avant les événements de 1789, sans compter tous les ouvrages qui parurent au lendemain de la chute de la forteresse. Les jours qui suivent le 14 juillet voient affluer des badauds qui se précipitent à l'intérieur de la prison, à la recherche de ces sinistres cachots. Dans les fossés, les fameux papiers de la Bastille s'amoncellent, jetés du haut des tours, avant que la municipalité parisienne n'intervienne et ne mette les papiers à l'abri, à l'abbaye

---

[102] Héloïse Bocher, *Démolir la Bastille. L'édification d'un lieu de mémoire*, Paris, Vendémiaire, 2012 ; l'auteur a su montrer le rôle éminemment important de Palloy dans la construction de ce lieu de mémoire.

[103] Je fais référence à l'exposition *La Bastille ou « l'enfer des vivants »* qui s'est déroulée à l'Arsenal, à Paris, fin 2010.

Saint-Germain. Les lettres de cachet tant décriées par nombre d'auteurs et de philosophes renforcent inéluctablement la légende sombre de la Bastille. Le mythe peut alors s'installer définitivement, brouillant la réalité qui souffre de la puissance évocatrice des « chaînes de l'esclavage ». Dans la fabrication d'une histoire nouvelle, inventée de toutes pièces et faisant l'objet de nombreux récits, la figure du comte de Lorges, vénérable vieillard, emprisonné pour des motifs douteux, apparaît comme celle d'un être brisé par le despotisme, mais libéré par les vertueux révolutionnaires[104]. Pourtant, matériellement, il ne reste plus grand-chose de la prison. Une bastille sculptée dans une pierre que les visiteurs peuvent admirer au musée Carnavalet. Un marquage au sol sur l'actuelle place de la Bastille avec des pavés carrés de plus grande taille qui indiquent l'emplacement de la forteresse et quelques vestiges (la base) de la tour dite de *la liberté* qui sont posés dans le minuscule square Henri Galli. On peut aussi flâner sur le pont de la Concorde ou plutôt se rendre sur les quais et poser son regard sur les piles, s'attachant à deviner quelles sont les pierres de taille de la prison qui ont servi à la construction du pont. Il est vrai que la forteresse se dresse, imposante, depuis de nombreux siècles. Le mur des Fermiers ne peut rivaliser avec le temps de la Bastille. Les bâtiments de Ledoux n'ont existé que 70 ans. Au moment du nouveau Paris crée en 1860, les bâtiments de Ledoux sont systématiquement détruits dans l'indifférence générale. Savait-on encore à cette date ce qu'avaient connu et vécu les Parisiens en 1789 ! Grâce à la persévérance de la commission du Vieux-Paris, quelques édifices seront sauvés d'une démolition certaine.

Au moment où la Bastille commence à être démantelée pierre par pierre, la quasi-totalité des bâtiments de l'octroi est terminée. Alors qu'à la fin du mois de mai 1791, Palloy peut enfin annoncer à la municipalité la fin du chantier, les propylées de Ledoux cessent aussi de fonctionner - provisoirement - mais nul ne le sait encore. Ironie de l'histoire, ce sont les ouvriers de la Bastille qui sont chargés de démanteler les grilles des barrières, mais ne détruisent pas les bâtiments (la municipalité n'a pas encore en avril 1791 décidé ce qu'elle allait faire des bureaux). Les bureaux de l'octroi ne prennent pas le relais et ne remplacent nullement l'antique Bastille. Quatre siècles d'histoire, chargés autant d'images, plus ou moins réelles, ne peuvent s'effacer d'un seul trait. Les édifices de la Ferme n'ont existé physiquement que

[104] Hans-Jürgen Lüsebrink, Rolf Reichardt, *The Bastille : A History of a Symbol of Despotism and Freedom*, Duke University Press, 1997.

75 ans, jusqu'en 1860. C'est peu pour qu'une mémoire collective prenne le relais. L'Histoire a besoin de temps. Déjà à la fin de l'année 1790, la municipalité s'inquiète du retard pris dans la démolition de la forteresse et s'alarme, malgré la vente des pierres, du manque d'argent qui peine à entrer. Chantier colossal qui coûte plus de 930 000 livres soit la moitié des dépenses militaires engagées lors de la guerre d'indépendance américaine[105]. Mais les sommes consacrées ne sont rien en comparaison de l'investissement financier que représente le mur des Fermiers. En moins de six ans, entre 1785 et 1790, la Ferme a dépensé 21 millions de livres. Somme prodigieuse, voire démesurée, pour les cinquante-cinq barrières de l'octroi. Mais les bureaux, si somptueux soient-ils, n'ont jamais reçu la visite de prestigieux prisonniers.

Le positionnement de certains auteurs laisse une place limitée à une étude objective. Les sources ont beau avoir été dépouillées, mais elles sont très souvent à charge. Le regard critique et le travail de décorticage d'un corpus sont peu visibles. Produire une connaissance c'est aussi user de discernement. Les articles d'Elphège Frémy et de Victor de Clercq sont cités à satiété par les historiens. Les contributions des deux auteurs véhiculent aussi une idée forte qui est très souvent reprise, laissant peu de place à une autre lecture. Pour ces auteurs, ceux qui s'attaquent aux barrières ne sont pas des individus gagnés par la soif de liberté ; ce sont des bandits, des brigands, appâtés par le gain uniquement ; ils détruisent et tirent avantage du chaos qui règne à Paris. Comment comprendre autrement, comment interpréter différemment les propos suivants :

« Tous ceux qui étaient intéressés à la fraude jugèrent le moment venu de profiter de cette effervescence populaire pour essayer de mettre fin à la perception des droits d'entrée en détruisant les nouveaux bureaux des barrières »[106].

« Les 10, 11, 12, 13 et 14 juillet, des bandes recrutées, parmi la lie de la population, se jetèrent à l'assaut des principaux bâtiments […] brûlant et saccageant tout ce qu'elles rencontraient et assommant les ouvriers ». Quelques lignes plus loin, on peut lire : « Il semble bien, quand on voit la méthode qui présida à ces destructions systématiques, que tous ces brigands manœuvraient conformément à des instructions précises reçues d'avance »[107].

---

[105] Héloïse Bocher, *op. cit.*, p. 77.
[106] Victor de Clercq, *art. cit.*, p. 35.
[107] Elphège Frémy, *art. cit.*, p. 131.

Ces deux extraits mélangent et entretiennent savamment tout le discrédit qui s'abat sur les *incendiaires* des barrières ; en associant des données factuelles exactes comme la date des destructions, les textes disqualifient également la nature des incidents en mutilant la réalité, laissant croire aux lecteurs que la violence s'exerce sur le bon peuple (les ouvriers) et qu'une préméditation voire une machination est à l'œuvre. On se doit alors de vérifier si ces assertions sont fondées. Il est donc temps de rouvrir le dossier de l'incendie des barrières de l'octroi en 1789.

Chapitre 2
Le mur des Fermiers généraux : la recherche du profit et la lutte contre l'illicite

Au XVIIIe siècle, la fiscalité demeure un enjeu capital. À la lecture du *Traité général des droits d'aides*, la simple énumération des impôts indirects qui sont recensés et levés dans la capitale a de quoi faire pâlir le plus éminent administrateur et connaisseur des finances de l'Ancien Régime[108]. On y trouve tous ces droits rattachés aux entrées de Paris : les *six deniers de crédit des droits à la halle au vin ; des droits sur l'eau-de-vie, des droits sur la bière, des droits sur les vendanges, des droits sur les fruits à faire cidre et poiré, du barillage* [interdiction de transporter le vin dans des petits récipients], *du droit de sol pour livre sur le bestial, des droits sur les poissons de mer, des droits sur les poissons d'eau douce, des droits sur le bois, des droits sur les suifs et chandelles, etc.*

De cet inventaire sommaire, les droits sur les boissons génèrent le plus, même si tous les produits dénombrés sont des sources de revenus fiscaux. En dehors des grains qui restent sous le contrôle exclusif de l'État et bénéficient d'une franchise totale aux entrées des villes, tous les autres produits, les comestibles, sont soumis à des taxes, des *aides*, qui se perçoivent aux entrées de Paris. Droits d'octroi, droits d'aide, droits d'entrée sont en quelque sorte des synonymes et renvoient à une pratique similaire concernant des types de produits consommables. Toutes ces marchandises devaient passer par les barrières, lieux de contrôle et de perception[109]. On appelle ainsi « ces lieux où sont établis les bureaux des entrées et où les commis en reçoivent les droits [...]. On leur a donné le nom de barrières, parce que les passages par lesquels arrivent les voitures et les marchandises sujettes aux droits, sont traversés par une barre de bois qui roule sur un pivot et qui s'ouvre, ou

[108] Lefebvre de la Bellande, *Traité général des droits d'aides*, 1760.

[109] Pour les territoires soumis aux péages, notamment près des voies de communication terrestres et navigables, voir Anne Conchon, *Le péage en France au XVIIIe siècle. Les privilèges à l'épreuve de la réforme,* Paris, Comité pour l'histoire économique et financière de la France / IGPDE, 2002.

se ferme à la volonté du commis »[110]. Au cours du XVIIIe siècle, le nombre de bureaux de vérification et de perception a varié sensiblement, la Ferme ayant la possibilité de construire des barrières nouvelles, de déplacer certaines en d'autres lieux ou de creuser des fossés pour empêcher l'entrée frauduleuse dans les endroits où la surveillance n'est pas possible.

De tous ces impôts, les taxes sur les boissons représentent la plus grande part. Non seulement les impositions sont élevées, mais il existe aussi une extraordinaire diversité des droits qui varient d'une province à l'autre[111]. Sept types de boissons sont principalement taxées pour lesquelles les droits d'entrée sont infiniment divers, où l'eau-de-vie et le vin sont les liquides les plus lourdement taxés, représentant un taux moyen de plus de 50% sur le prix. Tous ces droits sur les boissons dépendent de la Ferme générale et sont prélevés aux entrées de Paris. Durant tout le XVIIIe siècle, les fermes engrangent plus de 40% des revenus royaux[112]. Composée d'un groupe d'individus, la Ferme fournit des avances à la royauté en percevant des contributions auprès de la population. L'affermage est ainsi un mode de recouvrement des impôts passé par un contrat que représente le bail. Le roi concède ainsi à la compagnie des Fermiers pour une durée de six ans le droit de recouvrir des impôts et d'en conserver le produit, moyennant une somme d'argent définie à l'avance dans le bail. Libre aux services de la Ferme de fixer ensuite le montant des taxes dont une partie est reversée à la monarchie qui correspond donc au bail. En préparant l'édit fiscal de 1781, le contrôleur général constatait que le produit de certaines taxes avait fortement baissé. Il évaluait cette diminution à la recrudescence de la fraude, estimant toutefois que celle-ci « est excitée par l'exorbitance des droits »[113]. Si la question d'un impôt excessif est suggérée, il ne sera toutefois pas question de réduire les taux d'imposition. Deux éléments étaient mis en évidence pour lesquels il était impératif de trouver des

[110] Jacques Savary des Brûlons, Philémon-Louis Savary, *Dictionnaire universel de commerce : contenant tout ce qui concerne le…*, p. 866, article *barrières*.

[111] Voir la synthèse de Marcel Lachiver, « La fraude et les fraudeurs : à propos du commerce du vin dans la partie occidentale de l'Ile-de-France au XVIIIe siècle », *RHMC*, t. 21, 1974, p. 414-444 ; pour une étude récente sur les questions financières et les impôts, Thierry Claeys, *Les institutions financières en France au XVIIIe siècle*, Paris, SPM, 2012.

[112] Yves Durand, *Finances et mécénat, les Fermiers généraux au XVIIIe siècle*, Paris, Hachette, 1976.

[113] BNF, Mss, fr. 11154, f° 43, cité par Reynald Abad, *L'approvisionnement alimentaire de Paris sous l'Ancien Régime*, Paris, Fayard, 2002, p. 93.

solutions viables : réduire le coût de fonctionnement des taxes et maintenir les perceptions à un niveau élevé. La première réponse fut de modifier les règles juridiques, en soustrayant à la Ferme certaines taxes qu'elle prélevait, pour les donner en régie. La deuxième réponse, afin de garantir des droits jugés acceptables, devait permettre de mener une réflexion sur les limites de la ville en trouvant un moyen pour freiner la fraude et la contrebande qui sévissait à Paris. À la veille de la Révolution, les rentrées d'argent font cruellement défaut dans la capitale et la Ferme s'attend à une baisse importante des impôts indirects, escomptant percevoir seulement 32 millions de livres au lieu des 48 millions attendus ; c'est donc une perte financière sèche qui est attribuée essentiellement à la fraude.

Le mur : une construction rapide au coût exorbitant

Comment alors contrer les fraudeurs et éviter les grosses pertes que subissait le Trésor royal ? L'idée est simple ; il suffit de supprimer la modeste palissade en bois qui existe depuis fort longtemps et reculer les limites de la ville vers l'extérieur, du côté des faubourgs, en la remplaçant par un mur en pierres, haut de trois mètres. Borner définitivement l'extension de Paris et mettre un terme aux pertes fiscales s'accompagnait également d'une volonté de contrôler les Parisiens et éviter toute velléité d'agitation. Il fallait au préalable déterminer les limites, puis acquérir les nombreux terrains, situés dans la zone non constructible ou qui passent en plein milieu de la future enceinte.

Dans un mémoire que l'on peut raisonnablement situer dans les années 1770, tous ces objets d'ordre sont pris en compte[114]. Par son propos, l'auteur se rapproche des idéaux formulés depuis de nombreuses années sur la *Ville-Lumière* qui doit être administrée par une police qui englobe les diverses activités humaines. L'écrit est destiné visiblement à être présenté en haut lieu et se rapproche d'un rapport détaillé. L'auteur a une connaissance parfaite des diverses déclarations royales concernant les limites depuis le règne d'Henri IV. Il manie les règles juridiques avec souplesse et maîtrise les règles d'architecture. Il présente une réflexion sur la démarcation urbaine et conclut à la nécessité de cerner

[114] AN, Q[1] 1100, copie de mémoire, sans date ni auteur. Ce mémoire est sans doute écrit par Lavoisier, un des fermiers généraux, en charge de la fiscalité.

avec exactitude la ville. Conscient des débordements possibles de la ville sur les faubourgs, l'auteur propose une limite physique et raisonne sur la totalité de l'espace parisien et non sur des portions d'espace. La vision globale, qui ressort du document, insiste sur cet aspect achevé et totalisant. La ville doit être bornée par les boulevards, au nord comme au sud, par deux enceintes. Le côté septentrional, en partant de la Seine, engloberait le faubourg Saint-Honoré, le quartier de la chaussée d'Antin, et certaines portions des faubourgs Montmartre, Poissonnière, Saint-Denis, Saint-Martin, le Temple et Saint-Antoine. L'auteur énonce quelles rues doivent matérialiser ces limites : les rues Saint-Lazare, Coquenard, d'Enfer, de Paradis, Saint-Laurent et des Récollets devront intégrer les limites au nord de la ville (figure 2).

Figure 2. La délimitation des barrières vers 1785

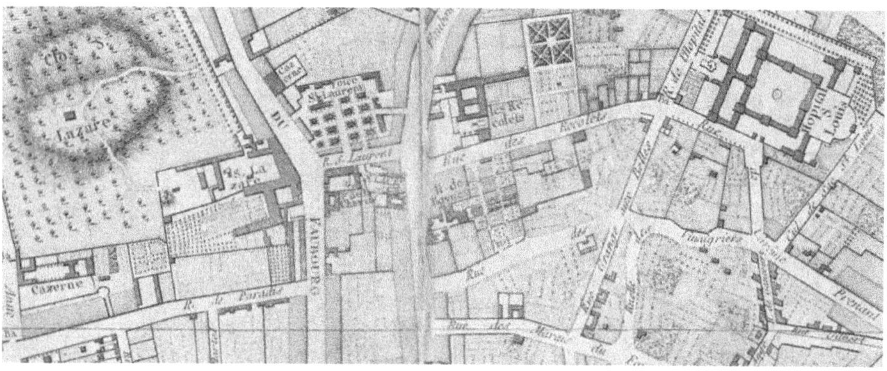

AN, N/III/Seine/1249, *Nouveau plan de Paris avec les augmentations et changemens (sic) qui ont été faits pour son embellissement,* par M. Brion de la Tour. À Paris, chez les Campions frères, rue St-Jacques. Grav. par G. Tulpin, 1784.

[L'extrait de carte représente la partie nord de la ville. On distingue à l'ouest la caserne de la Nouvelle-France qui marque, avec la rue Sainte-Anne, la limite fiscale ; la zone, en dehors de la limite fiscale, est occupée par le clos Saint-Lazare. Plus au nord, à l'angle des rues des Récollets et de l'hôpital Saint-Louis, une barrière (Ba) délimite la zone].

Pour l'Est parisien, le mémoire indique que les rues établies doivent correspondre aux voies suivantes : la Folie-Méricourt, Popincourt, Basfroy, les rues de Charonne, de Saint-Nicolas, des Anglaises et Marceau jusqu'au fleuve. Cependant, hormis l'allusion à deux enceintes, rien n'est mentionné pour la partie méridionale de la ville. Faut-il penser que l'idée d'emmurer Paris se serait d'abord orientée sur la partie septentrionale et que le sud de Paris, dans le projet initial, n'était pas retenu ? L'option de privilégier le Nord de la ville et l'Est n'est pas étonnante en définitive ; il fallait s'attaquer avant tout à la fraude qui se répandait comme une traînée de poudre dans ces quartiers et oblitérait une grande part des droits d'octroi. Pourtant, ce fut le contraire qui se produisit ; on s'attaqua d'abord à la partie méridionale de la ville avant de se lancer à l'assaut du Nord. De même, le fait de vouloir scinder en deux les faubourgs, au lieu de les réunir à Paris, aurait accru le territoire de la capitale, rendant les difficultés de la gestion de l'ordre bien plus aléatoires. Pourtant, au moment où sont entamés les grands travaux de l'édification du mur, la problématique a quelque peu changé et les divers responsables politiques s'accordent à céder à Paris une superficie qui comprend tous les anciens faubourgs et réunit des villages entiers tout autour de la capitale.

Les Fermiers généraux, initiateurs de l'idée, soumettent le projet en février 1784 à Calonne, le contrôleur général des finances ; celui-ci l'accepte. Calonne, ensuite, sollicite le baron de Breteuil, ministre de la Maison du roi, responsable de la ville de Paris. Ce dernier remet au bureau de la ville le projet élaboré par la Ferme sur la construction d'une enceinte partielle qui enfermerait uniquement le sud de Paris, entre le mur déjà existant de l'hôpital général de la Salpêtrière et le chemin de Fontainebleau[115]. L'architecte de la ville, Pierre-Louis Moreau, est chargé d'examiner le mémoire de la Ferme ainsi que les plans annexés - inexistants dans le dossier des Archives - et de rendre un avis circonstancié au bureau de la ville. La ville de Paris approuve donc, estimant « que [le projet] ne peut qu'être utile à la perception des droits du Roy [...] et qu'il résultera de grands avantages par rapport à la circulation des voitures et à toutes les opérations de commerce »[116].

---

[115] AN, H^2 1955, avis sur le projet d'une enceinte qui renfermerait l'hôpital général sur tout le territoire voisin jusqu'au chemin de Fontainebleau pour la perception des droits du roi, 7 mai 1784, n°100-103. A cet avis, soumis au bureau de la ville, d'autres pièces sont jointes au dossier (lettres de Breteuil et un mémoire signé par l'architecte Moreau).

[116] AN, H^2 1955, compte-rendu du bureau de la ville, 7 mai 1784.

Ainsi, le but est de percevoir plus efficacement les taxes, tout en dégorgeant la dense circulation. Finalement, il faudra attendre près d'un an avant que le roi Louis XVI ne donne son accord définitif, le 23 janvier 1785[117].
Le projet définissait le tracé de la future enceinte qui devra être longé à l'intérieur de la ville par un chemin de ronde, large d'une quinzaine de mètres, et à l'extérieur, d'un boulevard de 60 mètres, bordé le plus souvent d'arbres. Au-delà du Faubourg Saint-Marcel, la barrière devait être reculée de 500 toises (1 km), de manière à enclore l'hôpital général de la Salpêtrière, car la fraude est importante dans le secteur du jardin du roi (jardin des plantes). Les passages, aisément accessibles par les grilles du jardin au sud, ouvrent directement vers la banlieue, sans que la surveillance puisse s'opérer efficacement. L'idée de la Ferme est de profiter de l'obstacle naturel du mur d'enceinte de l'hôpital et reculer ainsi les limites fiscales qui débutent au niveau de la barrière des Chantiers, dans le prolongement du quai Saint-Bernard et aboutissant à l'angle de la rue Buffon. Au sud, on envisageait d'englober Vaugirard, le Champ-de-Mars et le Gros-Caillou. Sur la rive droite, le mur devait cerner Picpus, se dirigeait ensuite vers le nord et reprenait une partie des quartiers de Ménilmontant, de la Villette et des Porcherons, se prolongeant à l'ouest par la Petite Pologne et Chaillot ; enfin, la clôture fiscale devait aboutir sur le quai de la Seine, au niveau du couvent des Minimes (la future barrière de la Conférence).

Cela suppose des procédures d'expropriation que la royauté seule peut décider et appliquer. Le véritable problème n'est pas tant l'expropriation que l'arrangement financier qui s'avère délicat avec les propriétaires. La Ferme tergiverse sur le prix de quelques perches ou arpents de terre, indispensables pour clore la ville. La notion de *dépossession*, au demeurant floue sous l'Ancien Régime, se révèle un outil indispensable pour la Ferme qui a un besoin impératif de ces terrains[118]. Pendant la période moderne, un autre vocable est utilisé, *le retrait d'utilité publique*. Cela permet au pouvoir de déposséder un propriétaire, moyennant une indemnisation financière. La maîtrise du

---

[117] Je n'ai trouvé nulle trace officielle de cette date ; tous les auteurs (J-M. Peysson, Y. Durand ou M. Gallet) indiquent cette date.

[118] L'expropriation est officiellement admise en 1810 sous l'Empire ; voir, Recueils de la société Jean Bodin pour l'histoire comparative des institutions, *L'expropriation*, Bruxelles, De Boeck Université, 2000 ; voir notamment l'article de Jean-Louis Harouel, « L'expropriation dans l'histoire du droit français », p. 39-77 (pour la période moderne et le XIXe siècle).

sol de l'État est essentielle ici et indique le niveau de la puissance et les moyens dont dispose la royauté[119]. Lors des achats de terrains par la Ferme, bon nombre de propriétaires tendent à spéculer sur les prix, sachant manifestement que le besoin grandissant d'acquisition des terrains est indispensable à la Ferme. Mais la compagnie n'a plus les moyens d'imposer des prix aux cédants. Ainsi, cet homme possédant des marais qui bordaient la chaussée de Vaugirard, à proximité immédiate du cimetière de Saint-Sulpice, demandait à la Ferme plus de 63 000 livres, alors que la compagnie n'en proposait que 53 700 livres[120]. La royauté tranche alors et impose le prix aux vendeurs. Le passage devant notaire est indispensable pour signer le contrat de vente qui opère le transfert de la propriété. Les achats se font individuellement avec des valeurs d'acquisition différentes selon l'emplacement stratégique ou la configuration du terrain[121]. En 1787, avant que les travaux ne débutent sur la bordure nord de la ville, l'achat de terrains demeure la priorité absolue avant d'entreprendre de quelconques travaux. Sans que l'on connaisse avec exactitude le rythme annuel des contrats passés devant le notaire ni l'étendue de la superficie des terres, l'acquisition des terrains s'accélère essentiellement durant le printemps 1787 et se prolonge durant l'année 1788. Ce sont souvent des petits terrains qui sont cédés à la Ferme : un bout de jardinet, une zone maraîchère ou une cabane sur un terrain vague. La logique d'acquisition n'est pas vraiment perceptible et les achats s'effectuent souvent au cas par cas. Il est probable qu'à certaines occasions la Ferme ait renoncé à acquérir telle parcelle devant les demandes exagérées des propriétaires ou les difficultés techniques rencontrées. Il existe alors des espaces qui ne sont pas encore acquis par la Ferme comme ce fut le cas entre les futures barrières de Clichy et celle de Poissonnière. Cela a ainsi des conséquences sur la forme du Mur des Fermiers qui n'est pas toujours rectiligne dans cette partie du territoire, ce qui explique que de larges portions du mur sont constituées par de simples palissades en bois, largement pénétrables en cas de tentatives de fraude.

---

[119] François Monnier, « La notion d'expropriation au XVIIIe d'après l'exemple de Paris », *Le Journal des savants*, 1984, n°3-4, p. 223-258.

[120] AN, Q^1 1101 ; le sieur Fromentin était disposé à céder ses terrains à condition de vendre également sa maison ; de nombreuses pièces montrent que bon nombre de jardiniers, propriétaires de marais, dont les biens se situaient sur l'alignement du futur mur, avaient probablement dû s'entendre et demandaient à la Ferme plus de 30 000 livres par arpent alors que la compagnie proposait 18 000 livres l'arpent.

[121] Les Archives nationales conservent un grand nombre de ces pièces à partir de 1785, voir AN, Q^1 1100, Clôture de Paris (1542-1790), 39 dossiers, 220 pièces.

Pour s'atteler à cette œuvre hors du commun, la Ferme prend contact avec l'architecte Ledoux. Les travaux de terrassement commencèrent très rapidement à partir de l'automne 1784, mais l'année 1785 marque véritablement le début de l'œuvre de Ledoux. L'architecte avait entrepris un plan d'ensemble, vraisemblablement, au début des années 1780. Un mur, certes, mais coupé par des bâtiments somptueux dans lesquels les employés percevaient les taxes aux entrées. Ces bureaux ne ressemblaient en rien à de classiques bâtiments destinés à la perception de taxes. Au contraire, les pavillons sont fastueux et la référence à l'architecture grecque et romaine prime. Tous ces édifices associaient des figures géométriques simples : le cercle et le carré pour le bureau de la Villette avec une cour centrale et circulaire ; une croix grecque dans d'autres bâtiments[122]. S'inspirant de l'architecture sacrée et profane, civile et militaire, les bureaux de l'octroi ressemblent tantôt à des temples, à des églises ou à des kiosques à jardins ; certains bâtiments sont de véritables propylées ou des arcs de triomphe[123]. C'est une vision globale et sociale que manifeste Ledoux dans ce projet hors-norme où les bâtiments doivent avoir deux fonctions : des lieux de vie pour les employés de la Ferme et des lieux de contrôle et de perception des droits. Les travaux débutent rapidement dans la partie méridionale et, au début de l'année 1786, les bâtiments et le mur sont globalement terminés. Ainsi, de l'hôpital de la Salpêtrière jusqu'au sud du Champ-de-Mars, la précédente limite fiscale reculait au profit d'une nouvelle enceinte où la perception des taxes fut établie. Les tronçons sont mis en service à des dates différentes sur la rive droite, en fonction des achats de terrain qui prennent du temps. Lorsque la Révolution éclate à Paris, de nombreux bâtiments ne sont pas encore édifiés. Les travaux de terrassement, afin de permettre l'aplanissement des boulevards au nord de la capitale (entre le faubourg du Roule et la rotonde de la Villette), n'ont pas encore véritablement commencé, seuls quelques tronçons de plusieurs centaines de toises sont réalisés. Le pavage n'est pas plus posé le long du mur intérieur, ce qui rend la tâche encore plus ardue, lorsque l'on sait que le périmètre à établir pour la construction représente environ 12 000 toises. Bref, la voirie complète reste à faire, sans oublier les centaines de réverbères qui doivent éclairer la périphérie de la

[122] Michel Gallet, *op. cit.*, p. 23.

[123] Michel Le Moël, Sophie Descat, Béatrice de Andia (dir.), *L'urbanisme parisien au siècle des Lumières*, Paris, Action artistique de la ville de Paris, 1997, p. 199.

ville[124]. La main-d'œuvre, composée des ouvriers des ateliers de charité, s'attelle à cette entreprise qui continue d'être gigantesque.

Les crises financière et politique de la France précipitent la chute de Ledoux. Calonne, qui avait soutenu l'architecte, n'est plus au pouvoir au printemps 1787, depuis qu'il a été désavoué par l'Assemblée des Notables qui rejetèrent ses réformes. L'heure n'est plus aux dépenses dispendieuses et il faut impérativement réaliser des économies. La fuite en avant commence pour Ledoux. Ce dernier sait pertinemment que les travaux du mur et ses somptueux bureaux sont instamment menacés. Il tente alors de sauver son œuvre, précipite les travaux, accumule les matériaux et fait tailler les chapiteaux des bâtiments, faisant en sorte que « façonnées pour leur destination, les pierres ne peuvent pas être employées à une autre chose »[125]. Il faut tenter de tout réaliser, le plus rapidement possible, afin que rien ne soit détruit ! Et Ledoux arrivera en grande partie à ses fins.

Les dépenses engagées dépassent de loin les devis initiaux. Ils ne sont pas sans inquiéter le pouvoir. Louis XVI entreprend de se faire rendre compte des travaux de la nouvelle enceinte au commencement de juillet 1787. Le roi reconnut que l'étalage fastueux ne correspondait pas à des bureaux destinés à percevoir l'octroi, contraire à l'objet même d'une entreprise qui n'a été formée que dans des vues d'économie[126]. Cependant, les travaux étaient trop avancés pour faire disparaître cette prodigalité d'ornements. Une enquête minutieuse fut confiée à Douet de la Boullaye, l'intendant des finances. Ses conclusions furent sans appel. L'intendant préconisait de supprimer tout ornement dans l'intérieur des bureaux, le roi ne paierait que « les chambranles, les croisées et les portes, et les ferrures y attenants... »[127]. Le rapport s'intéressait ensuite aux différents bureaux. Mais, il semble que ces décisions n'aient pas été appliquées totalement. Une nouvelle commission, comprenant Antoine et Raimond, architectes du roi, fut nommée par le roi en son Conseil, les 7 septembre et 25 novembre 1787 pour visiter « les travaux de la clôture, dont les dépenses excédaient déjà la somme qui était annoncée ». Louis XVI ordonnait la suspension

---

[124] Rien que pour le pavage, l'aplanissement et l'éclairage, l'architecte estime que le coût devrait dépasser 2 millions de livres.

[125] Michel Le Moël, Sophie Descat, Béatrice de Andia (dir.), *op. cit.*, p. 202.

[126] AN, Q^1 1101, arrêt du Conseil d'Etat, du 7 septembre 1787.

[127] AN, Q^1 1101, décisions générales sur l'ordre et la marche des travaux à la clôture de Paris, 6 juillet 1787.

des travaux de la clôture, en attendant un rapport circonstancié[128]. Le premier arrêté prévoyait que les plans, devis, marchés et mémoires seraient remis par l'architecte Ledoux à la commission. Mais Ledoux, visiblement, faisait la sourde oreille, et il fallut une mise en demeure du contrôleur général Lambert avant que l'architecte cède aux injonctions. Les deux architectes devaient proposer des modifications qui abaisseraient le coût de la construction de la clôture et des bureaux. Louis XVI adjoignit aux précédents architectes deux autres membres, Hazon, intendant général des bâtiments du roi, et Brebion, contrôleur général des bâtiments. Il n'était pas question de renoncer au mur, seulement de veiller que tout ce qui était inutile (ornements et décorations) ne voit pas le jour. Dès le 9 novembre, les travaux furent suspendus, en attendant l'inspection méticuleuse des architectes. Ces derniers s'attelèrent promptement à la tâche et examinèrent soigneusement les bureaux. En janvier 1788, ils remettaient au ministre un premier rapport qui concernait les bâtiments de la partie méridionale, entre les bureaux de la Gare jusqu'à celui de la route d'Orléans. Ils remettaient leur expertise finale à Necker au début de l'année 1789[129]. Le constat était sévère : il fallait impérativement faire des économies, là où c'était encore possible, et notamment au niveau des bâtiments et des bureaux. Les sommes dépensées surpassaient de loin ce qui était prévu initialement, alors qu'il restait encore beaucoup à faire. La commission constatait que le montant des travaux s'élèverait à plus de 17 millions de livres, alors que les devis initiaux faisaient état d'une somme de 6 millions de livres. À ce chiffre, il fallait ajouter 7 millions, représentant les achats de terrains non encore effectués, et quelques parties, non édifiées du mur. Face aux rumeurs persistantes qui accusaient les membres de la commission d'être en collusion avec Ledoux, les architectes demandaient au ministre d'accepter leur démission. Ledoux est inquiet ; son œuvre verra-t-elle le jour comme il l'a planifiée, comme il l'a tant désirée ! Cependant, l'architecte n'est pas totalement désavoué et il sait qu'il est encore utile au pouvoir, car qui, mieux que lui, est apte à poursuivre les travaux, quitte à réduire les ornements. Ledoux n'est plus à un mensonge près, et annonce même que la modique somme de 800 000 livres serait suffisante pour l'achèvement du mur. Finalement, le 23 mai 1789, sa disgrâce tombe et

[128] AN, Q^1 1101, arrêt du Conseil d'Etat du Roi, du 25 novembre 1787.
[129] AN, Q^1 1101, clôture de Paris.

Necker lui annonce officiellement sa suspension définitive, ce qu'il n'accepte pas, estimant que sa réputation est bafouée[130].

Des vingt bureaux composant la partie méridionale au début de l'année 1790, dix-huit accueillent les employés de la Ferme et les corps de garde des *chasseurs aux barrières* (garde nationale soldée, spécialement affectée à la surveillance de l'octroi)[131]. Le bureau de Vaugirard est partiellement construit et un autre édifice, celui de Sèvres (ou Sève) sort à peine de terre. Néanmoins, le mur et les grilles en fer, disposés aux barrières, sont opérationnels et permettent l'accès à l'intérieur de la ville, avant que les contrôles des marchandises ne se fassent. Le mur disposé sur le périmètre de la ville est en grande partie achevé. Il reste néanmoins une portion, non négligeable, où le mur est inexistant entre la rue de Sèvres et les Invalides, faute d'avoir à ce moment acheté les terrains. Pour l'instant, une clôture en bois fixe la limite de la partie soumise à l'octroi. C'est d'ailleurs pour cette raison que des postes très rapprochés sont établis, permettant ainsi une surveillance un peu plus efficace de la part des employés.

La partie septentrionale sur la rive droite, du bureau de Versailles jusqu'à celui de la Râpée, compte trente-cinq bureaux. Mais, là aussi, tous les bâtiments sont loin d'être achevés. Dans la partie sud-est, les travaux de terrassement et d'édification ont pris du retard et cinq bureaux, à partir de la rue Saint-Mandé jusqu'à la Seine, restent en attente d'une totale construction. Pour pallier cet inconvénient majeur, la Ferme a disposé des bureaux provisoires en bois et a loué à des particuliers des maisons qui servent de logements de fonction et de surveillance pour les employés. Mais, la partie nord de la capitale pâtit davantage du retard des travaux dans laquelle les expropriations sont plus délicates à effectuer. Ainsi, cinquante-cinq bureaux sont prévus autour de la capitale, constituant le futur Mur des Fermiers généraux.

Le mur et les critiques

Que voient les Parisiens et surtout quels sentiments éprouvent-ils à la vue de ce mur qui sort de terre en si peu de temps ? Très vite, l'incrédulité fait place à la réalité. Certains imaginaient-ils l'éventualité de voir leur ville complètement fermée ? La clôture n'en finit pas de

---

[130] AN, Q^1 1101, lettres de Ledoux à Necker : 2 juin, 13 juin, 4 juillet 1789.

[131] Pour ce corps, voir p. 288 et suivantes.

progresser et d'occuper l'espace périphérique parisien. Quelques contemporains encensent les bâtiments de Ledoux, d'autres, au contraire, les vilipendent. Cela devient une bataille de bon ou de mauvais goût. Les éloges ne manquent pas du côté du pouvoir, comme en témoigne la lettre du comte d'Angiviller, directeur des Bâtiments du Roi. Celui-ci estime que la décoration du bureau de l'Étoile est de très bon goût[132]. Mais, la population parisienne, touchée de plein fouet, voit son horizon obstrué par la muraille et elle réagit différemment en comprenant la teneur et l'ampleur des travaux. Lorsque la clôture se dressa sur le côté méridional, les habitants pouvaient encore espérer que le mur allait se terminer sur les bords du fleuve. La continuité de l'ouvrage sur la partie nord ne présageait rien de bon. À quoi bon escompter une interruption du mur, tant il devenait acquis que ce dernier allait se prolonger sur tout le périmètre parisien. Au fur et à mesure de l'avancement de la clôture, certains s'inquiètent de perdre des avantages. Les propriétaires des guinguettes protestaient contre la construction du mur qui allait « enfermer dans la ville et assujettir aux droits d'entrée des gens »[133]. Les cultivateurs et vignerons de l'Île-de-France qui approvisionnent Paris s'inquiètent de la fraude qui se commet à leur détriment, en leur faisant perdre de l'argent, étant donné que ceux-ci s'acquittent des taxes aux entrées de Paris, ce qui n'est pas le cas des fraudeurs. Parallèlement, les écrivains et les intellectuels emboîtent le pas et s'engouffrent dans le débat de l'édification du mur. Un des premiers à publier une brochure sur la question est Jacques-Antoine Dulaure, futur député à la Convention[134]. Pendant quelque temps, l'opuscule reste anonyme. Si l'auteur n'est pas forcément connu du grand public, cependant les vers qu'on lui attribue généralement ont franchi les siècles et l'alexandrin a su restituer le rôle de l'enceinte fiscal[135]. L'auteur souligne que l'enceinte rompt avec les précédentes murailles parisiennes et qu'elle est avant tout destinée à la perception des droits d'entrée. Il juge sévèrement l'architecture qu'il trouve peu propice pour des bureaux de perception et les compare à des prisons,

---

[132] AN, O[1] 1889b, dossier 4M, lettre du comte d'Angeviller à Calonne, le contrôleur général des Finances, le 27 août 1785.

[133] Roger Dion, *op. cit.*, p. 513 ; AN, X[1B] 8894, mémoire signé par 120 pétitionnaires du bas- (quartiers des Porcherons et de la Nouvelle-France), pétition présentée à la chambre des Enquêtes le 24 janvier 1786.

[134] BNF, LK7-6815, Jacques-Antoine Dulaure, *Réclamation d'un citoyen contre la nouvelle enceinte de Paris, élevée par les fermiers généraux, 1787.*

[135] Rappelons le début des vers : « Le mur murant Paris… ».

enfermant les Parisiens. L'auteur terminait en écrivant qu'il ne « fallait pas plus d'imagination pour le dessin de ces bureaux, qu'il n'en faut pour composer les registres dont on y fait l'usage ». D'autres considérations plus hygiéniques viennent se greffer à la diatribe et Dulaure s'inquiète qu'un air malsain ne puisse pas s'échapper de ces murs, ce qui peut aggraver l'état de santé de la population parisienne. Dans un ouvrage postérieur, Dulaure réprouve l'enceinte construite « avec une magnificence très déplacée [...] à une époque où les finances de l'État se trouvaient dans une situation déplorable » et l'arrêt provisoire des travaux[136]. Mercier parle « d'inconcevable muraille » qui dépassera de très loin le budget prévu et il s'étonnait de « voir les antres du fisc métamorphosés en palais à colonnes, qui sont de véritables forteresses ». L'observateur de Paris concluait que ces barrières avaient dans leur style « quelque chose d'âpre et de menaçant »[137].

Néanmoins, c'est Siméon-Prosper Hardy qu'il faut suivre au jour le jour pour tenter de mieux comprendre ce que pensent les habitants de ce vaste projet inégalé et abouti[138]. C'est plus qu'un simple témoignage que livre Hardy ; sa vision, doublée d'une réflexion sur les événements du temps, reflète également les positions de ses contemporains. À travers le récit que le libraire entreprend, on peut déceler les enjeux qui tournent autour de l'élaboration de ce dessein qui marque une étape majeure dans la conception de la ville et qui se veut, par ailleurs, un frein efficace pour contrer la fraude. Mais, Hardy, à certains moments, ne sait plus quoi penser, tant il a du mal à démêler les véritables buts de la Ferme et de la royauté. Le 31 juillet 1784, la capitale est en émoi, nous dit Hardy, car « tout le monde ne s'entretenait que du projet insensé des fermiers généraux, d'enceindre dans l'espace de cinq ans de hautes murailles l'immense capitale en reculant les barrières le plus loin possible [afin] de mettre de nouvelles entraves à la

---

136 Jacques-Antoine Dulaure, *Histoire physique, civile et morale de Paris, depuis les premiers temps historiques*, tome VII, p. 420-423.

137 Louis-Sébastien Mercier, *Tableau de Paris*, chapitre DCCXI, t. 9, p. 214.

138 Depuis 2012, une vaste coopération internationale a permis d'éditer dans son intégralité les six premiers volumes manuscrits qui composent *Mes Loisirs...*, agrémentés d'un riche appareil critique sous la direction de Pascal Bastien, Sabine Juratic, Daniel Roche, *Siméon-Prosper Hardy, Mes Loisirs, ou Journal d'événemens tels qu'ils parviennent à ma connoissance (1753-1789)*, Paris, Herman ; ajoutons que Gallica a mis en ligne la totalité des manuscrits qui composent les huit volumes initiaux ; à la BNF, les manuscrits sont consultables sous la cote, manuscrits français, 6680-6687.

contrebande… »[139]. La somme indiquée par Hardy – 12 millions – est soulignée dans le texte, et l'on peut déjà se rendre compte de l'affolante somme qui serait engagée pour les travaux. À la fin du printemps 1784, le projet semblait acquis et, quoique Louis XVI ne se soit pas encore prononcé officiellement, la Ferme semble avoir pris des dispositions en faisant venir du côté du faubourg Saint-Marcel, une quantité assez considérable de pierres et de moellons, destinés à l'entreprise. Le roi a-t-il eu connaissance de cet arrivage de pierres dans le faubourg ? Quoi qu'il en soit, une semaine plus tard, Hardy se félicitait d'apprendre que le monarque avait rejeté la proposition de clôturer la ville de Paris[140]. Rumeurs et contre-rumeurs par définition se contredisent et, si Hardy ne pouvait imaginer une telle entreprise quelques mois plus tôt, il ne pouvait que constater amèrement que le projet fou de ceindre la capitale devenait une réalité en cet automne 1784. La muraille fiscale sortait de ses fondations et les travaux avaient débuté « sur les bords de la rivière où l'on s'était exposé de construire une gare pour les bateaux, jusque vers les derrières de l'hôpital général […] jusqu'aux Invalides »[141]. Hardy évoque des corps de garde, insérés dans la clôture, mais ne fait aucune allusion aux propylées de Ledoux. Les Fermiers ont-ils promis une baisse de certains droits sur le vin ou le sel, comme le laisse entendre le libraire, qui permettait de faire taire certaines réclamations ? Quelques mois plus tard, ne dérogeant pas à ses habituelles promenades, Hardy quitte son quartier de la paroisse Saint-Séverin. La marche n'est pas longue pour atteindre les nouveaux boulevards du Midi, au niveau de la barrière Saint-Jacques. C'est en témoin oculaire, en arpentant les allées plantées d'arbres, que le libraire peut se rendre compte de l'état d'avancement de la muraille depuis près d'un an. Malgré les « murmures » qui s'élevaient, la muraille fiscale marquait son emprise et s'étendait inévitablement[142]. Les bruits les plus contradictoires circulaient et, si Hardy peut identifier les architectes chargés de mener les travaux (Ledoux et Pecoul), il ne sait plus si la muraille insufflée par les Fermiers allait se prolonger sur la rive gauche et s'arrêter aux Invalides, ou si elle sera construite « dans la partie du nord, où se faisait le plus de contrebande »[143]. Jusqu'à présent, la partie septentrionale n'avait guère été évoquée, mais le libraire se rend compte

[139] Siméon-Prosper Hardy, *Mes Loisirs…*, tome V, f. 483, 31 juillet 1784.
[140] *Ibidem*, tome V, f. 486, samedi 7 août 1784.
[141] *Ibidem*, tome VI, f. 18, jeudi 21 octobre 1784.
[142] *Ibidem*, tome VI, f. 136, jeudi 24 juin 1785.
[143] *Ibidem*, tome VI, f. 162, 13 août 1785.

de l'intention de la Ferme d'enfermer totalement la capitale. Hardy se fait l'écho des réussites frauduleuses où les contrebandiers font des brèches à travers le mur et se demande ouvertement quel est l'intérêt de la clôture si les « suppôts du fisc » n'arrivent pas à circonscrire la fraude. Directement, Hardy se range du côté des opposants au mur, utilisant le mot *suppôt* dans son acception péjorative, où des individus se rendent complices de mauvais desseins, et non dans le sens d'un corps qui remplit des fonctions pour un service donné. Un peu plus loin, le libraire fustige les « maltôtiers » qui n'avaient nullement voulu entendre « l'indignation et les murmures du public, du premier moment qu'on en avait vu commencer l'exécution[144]. Hardy ne cache plus ses sentiments envers la Ferme et ses employés, chargés de recouvrir les taxes. À chaque fois que le libraire prend la plume pour évoquer la clôture, ses mots expriment, sans équivoque, une totale incompréhension. Mais, Hardy a saisi l'enjeu véritable : à vouloir trop justifier la construction du mur en invoquant la fraude, la Ferme veut impérativement contrôler totalement les entrées de Paris et engranger davantage de bénéfices. Ce discours alléchant ne peut qu'attirer également la convoitise de la monarchie, acculée à la faillite. Qu'il y ait, ici ou là, quelques résistances, cela ne change guère : la machine fiscale est trop puissante pour que quelques personnages, même influents, puissent l'arrêter. Hardy a beau relater qu'un magistrat du Parlement a osé protester contre la muraille, portant la parole de plusieurs notables, mais il ne semble pas qu'une suite favorable ait été donnée[145]. Puis un long silence sur les barrières s'écoule pendant 18 mois avant que le libraire ne revienne sur la clôture. La situation a changé totalement et les bruits les plus fous n'ont plus de raison d'être. La question de continuer l'édification du mur ne se pose plus à l'automne 1787, car la partie méridionale du mur est achevée ainsi que les bâtiments qui l'encadrent. C'est un ton neutre qu'adopte Hardy à ce moment. Il rappelle rapidement la création de la commission instituée par le conseil du roi, nommant deux architectes afin de superviser les travaux qui prenaient une tournure trop dispendieuse. Hardy minimise l'importance de la commission qui, pour lui, ne sert plus à grand-chose. Il s'agit de visites ordinaires, d'un examen de routine où seulement « quelques légers retranchements d'ornement » doivent être opérés[146]. À l'automne 1788 – un an s'écoule – la physionomie du mur fiscal

[144] *Ibidem*, tome VI, f. 222, mardi 8 novembre 1785.
[145] *Ibidem,* tome VI, f. 277, samedi 21 janvier 1786.
[146] *Ibidem,* tome VII, f. 269, jeudi 18 octobre 1787.

touche à sa fin et, s'il reste encore des tronçons non construits, l'ambiguïté n'est plus de mise. Toute la partie méridionale est achevée et la partie septentrionale voit s'ériger au Nord-ouest et au Nord-est de larges tranches qui dessinent une longue muraille imposante. Mais le ton, si mesuré d'habitude, tranche à l'occasion de ce verdict. Selon Hardy, ce sont 4000 ouvriers qui seraient congédiés, « ce qui allait augmenter encore le nombre de bras inutiles... »[147]. L'inflexion des mots devient même terrible et c'est sur une note catastrophique que termine Hardy, en prophétisant sur les bouleversements qui allaient arriver. Hardy diagnostique « un moment de crise où chaque jour fournissait de nouveaux exemples d'insubordination, de soulèvement et de révolte qui semblait s'emparer de toutes les têtes... ». Bien évidemment, Hardy relatera plus tard, succinctement, l'épisode des barrières en juillet 1789. Il ne livre aucun détail et, comme bon nombre de ses contemporains, Hardy situe les premiers incidents au 13 juillet - ce qu'il appelle « l'expédition des barrières des environs de Paris ». Le point de référence est toujours son quartier, le faubourg Saint-Jacques, à partir duquel les incidents se développent sur la périphérie de la ville. Les employés de la Ferme, ajoute-t-il, sont évacués par les Fermiers afin de ne pas exposer leurs vies[148]. La réalité ne correspond pas exactement à la version délivrée par le libraire, car, à aucun moment, la Ferme n'a tenté d'extraire les commis, l'invasion rapide des bâtiments de l'octroi ayant empêché tout dispositif de secours à leur égard.

Avec la rédaction des cahiers de doléances au printemps 1789, les plaintes et remontrances sont extrêmement virulentes au sujet de la clôture fiscale et des taxes dont sont accablés les habitants des paroisses rurales et des faubourgs de la ville. C'est l'occasion pour les membres du Tiers-Etat d'exposer les abus de la ferme et dénoncer le poids de ces impôts[149]. Les vins consommés dans les guinguettes et cabarets sont produits sur les coteaux de Montmartre et Belleville, et dans la vallée de Montmorency. Le bourg d'Argenteuil expose combien « les aides, les droits de banlieue et les entrées dans Paris troublent, oppriment, ruinent les vignerons ». La qualité de ces vignobles est assez médiocre, et les vins « appelés vulgairement piquettes, sont mélangés avec de l'eau fermentée sur du marc de raisin », ce qui explique le faible prix

---

[147] *Ibidem*, tome VIII, f. 103, 1er octobre 1788.

[148] *Ibidem*, tome VIII, f. 388, 14 juillet 1789 ; tome VIII, f. 393, 16 juillet 1789.

[149] Les références sont trop nombreuses pour les citer toutes ; on les trouvera dans les Archives Parlementaires, tome 4 et 5, *Paris et Paris hors-les-murs.*

de vente dans les débits de boissons. La construction de la clôture fiscale allait donc assujettir des quartiers entiers et les paroissiens dénonçaient « cette entreprise inconcevable [qui] cause la ruine de dix mille familles de campagne ». D'autres villages de la région de Montmorency demandent une compensation financière pour le reculement des murs de Paris « dans lesquels sont renfermés la Courtille, les Porcherons, la Nouvelle-France, Fontarabie et quantité d'autres alentour ».

Les taxes demeurent l'objet d'une réprobation unanime : « le tyrannique gros manquant ou l'abominable trop bu » est conspué à maintes reprises. Cet impôt se lève sur les vins qui sont consommés chez les propriétaires ; cependant, au-delà d'une quantité fixée pour leur consommation personnelle, ces boissons sont réputées être vendues en fraude. Les employés de la Ferme inspectent les maisons, exigeant que les quittances et les inventaires leur soient présentés. À Savigny-sur-Orge, à La Queue-en-Brie, ces coteaux du bassin parisien, les habitants sont indignés de ces visites domiciliaires effectuées par les employés : « n'est-il pas révoltant, disent-ils, pour des citoyens d'une nation libre de se voir reprocher jusqu'au vin qu'ils boivent, et d'être chaque jour troublé dans leur repos et dans leur propriété par des commis qui s'introduisent malgré eux dans leurs maisons, dans leurs caves et celliers… ».

Si les paroissiens n'exigent pas la suppression de ces taxes aux entrées des villes, du moins, ils ne comprennent pas qu'on fasse « payer au vin de Brie le même droit qu'aux meilleurs vins des autres provinces du royaume », et ils demandent que des tableaux soient apposés sur les barrières qui indiquent le tarif de chaque droit.

Les cahiers des faubourgs parisiens, plus que d'autres sans doute, ont compris ce que signifiait ce mur qui s'érigeait autour de la capitale. La paroisse de Clichy, après avoir fait part de ses remontrances générales, ajoute « des doléances particulières » où elle critique « l'enclavement d'une partie de [son] territoire dans la nouvelle enceinte de Paris […] qui fait le plus grand tort aux habitants et propriétaires des maisons de ce canton ». En effet, la construction de la clôture fiscale se fait sur des terrains dont les propriétaires sont dépossédés ou indemnisés de manière insuffisante. La paroisse, pourtant indépendante administrativement, voit « la police de Paris franchir les limites de son territoire » dressant des procès-verbaux contre les cabaretiers et habitants de la Petite-Pologne. Les habitants de Belleville demandent « la suppression des droits qui se perçoivent indûment par la Ferme générale dans la banlieue de Paris ». Les doléances de Belleville s'acharnent à dénoncer l'ordonnance du bureau des finances de la ville du 16 janvier 1789 qui fixe la largeur du boulevard extérieur à 50 toises de la clôture au lieu des 15 toises initialement prévues. Les marchands de vin du bas Montmartre rappellent la multiplication des droits qu'ils paient et demandent « que les nouvelles murailles soient abattues comme contraires au commerce, ne servant qu'à multiplier la fraude ». Les cahiers des paroisses parisiennes ne sont pas muets et l'édification du mur ne laisse pas indifférents les Parisiens. Si ceux de la Sorbonne rappellent le désagrément « de se voir renfermer dans une enceinte de murs qui, en leur dérobant le spectacle de la campagne et les beautés de la nature, les a privés de la salubrité de l'air », les habitants n'oublient pas de rappeler que « les impôts sont infiniment onéreux ». D'autres cahiers insistent sur des points économiques et financiers et exigent une refonte totale des impôts. Le cahier de Saint-Victor réclame une « simplification des impôts, surtout de ceux sur les consommations et perçus aux entrées de Paris, dont la meilleure partie du produit est absorbée par l'Immensité des frais de régie » ; il exige la destruction de cette enceinte « élevée à grands frais, avec un luxe scandaleux [...] ».

Fraude et contrebande

La fiscalité s'est alourdie depuis le XVIIe siècle faisant subir aux contribuables une pression de plus en plus forte. Ainsi la gabelle représente le dixième des recettes de l'État et l'ensemble des impôts indirects couvre la moitié des rentrées fiscales[150]. Peu de régions sont épargnées par les rébellions liées à la fiscalité, les bourgs et les villes étant davantage touchés par ces mouvements d'opposition. Le pouvoir n'a de cesse tout au long du XVIIIe siècle de contrer la contrebande et la fraude dont la lutte est essentielle pour les finances royales. Pour les hommes du XVIIIe siècle, comme pour nous aujourd'hui, la différence entre la fraude et la contrebande est ténue. Selon le *Larousse*, la *fraude* est un « acte malhonnête fait dans l'intention de tromper en contrevenant à la loi ou aux règlements », alors que la *contrebande* se décline à deux niveaux : « introduction clandestine, dans un pays, de marchandises prohibées ou soumises au paiement de droits de douane

---

[150] Jean Nicolas, *La rébellion française, mouvements populaires et conscience sociale (1661-1789)*, Paris, Seuil, 2002, p. 37.

ou d'octroi ». Le deuxième sens précise le premier en soulignant qu'il s'agit d'un « commerce parallèle effectué en violation des lois et règlements établissant un monopole d'État ». À ces termes génériques, on peut y ajouter un autre, qui existait déjà sous l'Ancien Régime et demeure toujours la hantise des grosses multinationales à travers le monde, la *contrefaçon*, c'est-à-dire la reproduction, par imitation, d'un objet par exemple, qui est considéré comme un faux. Les infractions à la loi, dans la législation actuelle, punissent assez sévèrement ces délits. Pour la contrebande, tous les faits liés à ce trafic sont « passibles d'un emprisonnement de trois ans, de la confiscation de l'objet de fraude, de la confiscation des moyens de transport, de la confiscation des objets servant à masquer la fraude, de la confiscation des biens et avoirs qui sont le produit direct ou indirect de l'infraction et d'une amende comprise entre une et deux fois la valeur de l'objet de fraude… »[151].

Le *Traité de Justice criminelle* (1771) de Jousse s'attache à nommer les individus qui s'adonnent à cet acte illicite, c'est-à-dire les contrebandiers qui sont « ceux qui vendent et débitent du sel, du tabac, des toiles peintes et autres marchandises en fraude contre les Ordonnances… ». Si le sel ne constitue plus une infraction, ce n'est pas le cas du trafic illicite du tabac qui a explosé depuis plusieurs années dans nos sociétés. Le dictionnaire de l'*Académie française* (édition de 1762) est plus obscur dans sa définition ; la contrebande est un « terme qui se dit de toutes les choses dont par l'Ordonnance du Prince ou de l'État, il est défendu de trafiquer, de faire commerce. Dans ce sens, on appelle toutes ces sortes de choses ». Le dictionnaire de Furetière qui ne diffère pas fondamentalement des précédents y associe l'étymologie du mot : « ce qui est vendu ou transporté au préjudice des déffenses [sic], ou de la loi et de l'usage d'un païs [sic] et d'un État. Les marchandises de contrebande sont sujettes à confiscation […]. Ce mot viendrait de l'italien *contrabando*, c'est-à-dire contre le *ban* et publication des déffenses »[152]. Dans *l'Encyclopédie* de Diderot et d'Alembert, ce qui intéresse le rédacteur de l'article est la notion morale de la loi et il faut empêcher tout acte qui serait l'ennemi du bien commun. Selon l'auteur, « La contrebande est en général tout commerce qui se fait contre les lois d'un État. Mais dans l'usage ordinaire on distingue la contrebande proprement dite, de la fraude »[153].

[151] Code des douanes françaises, article 414 (en vigueur depuis le 19 mai 2011).

[152] Antoine Furetière, *Dictionnaire universel, contenant généralement...*, Volume 1.

[153] Diderot et d'Alembert, *Dictionnaire raisonné…*, t. 4, p. 129, entrée *contrebande ;* Joseph Nicolas Guyot, *Répertoire universel et raisonné de jurisprudence civile,*

La contrebande correspond à l'interdiction de faire entrer sur le territoire national certains produits, alors que la fraude est le non-paiement de certains droits sur les marchandises. Ceux-ci se perçoivent à l'intérieur du royaume ou aux entrées des lieux, aux portes des villes. L'entrée *fraude* ne distingue pas véritablement la fraude de la contrebande, et ces deux mots sont considérés comme des synonymes ; ce sont « toutes infractions aux ordonnances & règlements qui ont rapport aux droits établis sur les denrées ou marchandises ». Néanmoins, l'auteur admet une différence et estime que la fraude est « sourde et cachée comme lorsque l'on fait entrer ou sortir du royaume des marchandises par des routes détournées, pour éviter le payement des droits ». L'auteur conclut et estime que la contrebande est un « crime capital, parce qu'elle se fait avec attroupement et port d'armes... »[154]. Si les deux notions semblent correspondre d'un même usage, la fraude semble moins grave que la contrebande, cette dernière ne pouvant être envisagée qu'en groupe avec l'utilisation d'armes. En définissant plus explicitement ces deux conceptions de l'interdit, les sanctions prévues s'efforcent de préciser et quantifier les peines encourues pour les deux types de trafic et instituent ainsi une différence dans l'échelle des peines.

Organisé en rubriques thématiques, le *Traité de justice criminelle* de Jousse s'efforce d'examiner les différents délits et les peines encourues[155]. Le tabac, monopole de l'État, est un de ces produits dont la fraude constitue une faute grave pour laquelle la sanction peut aller jusqu'à la mort. Les tabacs en fraude sont « ceux qui ne se trouvent pas marqués de plomb et cachets de la Ferme... ». La déclaration royale du 2 août 1729, toujours en vigueur à la fin de l'Ancien Régime, prévoit la peine de mort si la contrebande est accompagnée d'un attroupement au nombre de cinq personnes au moins, avec port d'armes et, « s'ils sont sans armes et au-dessous du nombre de cinq », le contrebandier risque la condamnation aux galères pour cinq ans et 1000 livres d'amende. Cette lutte contre la contrebande qui porte sur le tabac revêt la même

---

criminelle, canonique et bénéficiale, 17 vol., 1784-1785 ; l'entrée contrebande (p. 633) dans ce dernier, *Répertoire...*, t. 4, 1784 ; le *Répertoire* publie à la fin de l'entrée l'intégralité de l'article de la Déclaration du 2 août 1729 sur les peines encourues dans les cas de fraude et de contrebande.

[154] Diderot et d'Alembert, *Dictionnaire raisonné...*, t. 7, p. 291, entrée *fraude, contravention, contrebande*.

[155] Daniel Jousse, *Traité de la justice criminelle en France*, 1771 ; t. 3, partie IV, livre III, titre XII, section III ; ici, la rubrique *faux tabac*, p. 307.

importance pour le pouvoir lorsqu'il s'agit du sel et la sévérité reste exemplaire pour les faux-sauniers. Selon l'ordonnance des Gabelles de mai 1680, est considéré comme faux sel, « le sel venant des pays étrangers, sans permission par écrit du Roi et le sel du royaume qui aura été pris ailleurs que dans les greniers et regrats [vente au détail, et en seconde main] du Roi ». Les faux-sauniers attroupés avec armes au nombre de cinq au moins doivent être punis de mort. En revanche, les femmes et filles coupables de faux saunage encouraient une amende de 100 livres, peine largement inférieure à celle des hommes et, en cas de récidive, une condamnation à 300 livres doublée d'une peine corporelle. L'ordonnance des Gabelles de 1680 et la Déclaration royale de juillet 1704 essaient de ne négliger aucun cas de figure. Les lois passent en revue les nombreuses catégories de personnes ainsi que les diverses situations qui peuvent se présenter : les faux-sauniers attroupés sans armes, les contrebandiers incapables de payer les amendes, les complices, les enfants de plus de 14 ans (en cas de contrebande, ils sont assimilés à des adultes) et les femmes, prises en flagrant délit, constituent cette classification.

Malgré l'extrême sévérité des peines encourues tout au long du XVIIIe siècle, la contrebande a toujours été active, ce dont témoigne le recours à un arsenal juridique qui se traduit par des sanctions lourdes et exemplaires. Ainsi, en 1729, le châtiment à l'égard de tout contrebandier attroupé passe de trois à cinq ans de galères[156]. En septembre 1776, Louis XVI, depuis peu sur le trône, renouvelle les anciennes dispositions pour tenter d'enrayer la contrebande. À la classique contrebande du sel et du tabac, le roi y ajoute la fraude sur les aides. Il s'inquiète de la propension des contrebandiers à mener ouvertement une guerre contre la Ferme générale où les employés, victimes de violences, ne sont pas épargnés. Ces actes, pour le roi, sont « des désordres si préjudiciables à la perception [des] revenus, et ne sont pas moins contraires aux Ordonnances rendues par les Rois [...], pour défendre les attroupements, le port d'armes, et la violence publique ; la police générale [du] royaume pourrait même être troublée, si [l'État ne s'empressait] de réprimer ces excès »[157]. À plus d'un titre, la déclaration royale est significative. Manifestement, Louis XVI admet que les

---

[156] *Encyclopédie méthodique..., Jurisprudence*, t. 3, article *Contrebande*, p. 291 ; Déclaration royale du 2 août 1729.

[157] BNF, F-21193 (72), Déclaration du Roi qui renouvelle les dispositions des anciennes ordonnances rendues pour empêcher la contrebande, registrée en la Cour des Aides le 28 février 1777.

troubles antifiscaux deviennent graves et qu'ils s'étendent dans un grand nombre de provinces. L'autorité royale est ainsi bafouée. La réponse est de nouveau répressive, sans qu'il y ait toutefois une nouvelle panoplie des sanctions.

Chapitre 3
La fraude se paie en prison

Écrouer : punir (surtout) et pardonner (parfois)

L'illicite est une préoccupation majeure tout au long du XVIIIe siècle. En France, il nous reste la figure mythique de Mandrin « qui symbolise le défi lancé à l'État et aux hommes du fisc »[158]. Mais, derrière le personnage qui a écumé en Savoie, tout un monde de petites gens se livrait au trafic de l'illicite. Au-delà de l'image, plutôt complaisante, qu'a pu avoir le célèbre bandit au milieu de XVIIIe siècle auprès de la population, c'est l'univers d'un peuple ordinaire qui souffre et qui le conduit à se risquer dans la fraude ou la contrebande pour survivre qui émeut peut-être davantage. Ce sont ces hommes et femmes qui sont au cœur de cette étude, pour lesquels les noms sont figés dans les registres des écrous de la Conciergerie.

Le plaisir de boire n'est pas défendu. Ce qui l'est, en revanche, c'est la fraude sur les boissons ou la contrebande de tabac et de faux sel. Le commerce frauduleux est important en cette fin du XVIIIe siècle à Paris et la population profite des lieux qui sont insuffisamment contrôlés par les employés de la Ferme. La clôture fiscale est en partie responsable de cette situation, car les passages encore ouverts permettent aux habitants de faire circuler du vin et d'autres boissons. Les procédés sont multiples et dévoilent l'ingéniosité des trafiquants : une vessie d'eau-de-vie cachée sous le manteau, en espérant que l'employé ne remarquera rien ; profitant de la nuit, des « petites mains » transportent sur leurs épaules un petit baril rempli de vin qu'ils emportent discrètement dans un cabaret ; on profite de ces rues tortueuses, des jardins et des bâtiments qui communiquent entre eux pour apporter des quantités importantes d'alcool ; on construit des tuyaux souterrains, installés sous la chaussée, dans lesquels on fait passer une boisson.

Le petit porteur de vessie, qu'il résiste ou non au moment de son interpellation, se retrouve régulièrement derrière les barreaux. Ce sont ainsi des centaines d'individus qui sont arrêtés par les employés et

---

[158] Corinne Townley, *La véritable histoire de Mandrin*, Chambéry, La Fontaine de Siloé et Archives de la Savoie, 2005 ; Michael Kwass, *op. cit.*

conduits en prison, à la Conciergerie. Ceux qui s'adonnent à la fraude à Paris peuvent être différenciés en deux catégories : des êtres ordinaires qui se transforment en un délinquant occasionnel, vendant quelques onces de faux tabac ou transportant des vessies remplies d'alcool, essayant par là même de se procurer un gain complémentaire, indispensable à leur survie ; et ceux, pour lesquels les procès-verbaux et les écrous font nettement cette différence, où l'inscription *fraudeurs de profession* sonne comme un glas.

Nous avons focalisé notre étude sur une période courte, mais significative, qui coïncide avec le début de l'édification de la clôture fiscale en 1785 et se termine avec la suppression de l'octroi aux entrées des villes en 1791, votée par l'Assemblée. La fraude et la contrebande, malgré la construction de l'enceinte fiscale, ne sont pas éradiquées à la périphérie de la capitale. Les écrous témoignent des déboires des autorités qui ne réussissent pas à juguler le trafic de l'illicite dans la ville comme dans sa proche banlieue. Les actions menées par les fraudeurs et les contrebandiers inquiètent en haut lieu et requièrent une riposte répressive de la part des autorités. La punition passe avant tout par l'emprisonnement de l'individu. La procédure judiciaire se déploie ensuite en plusieurs phases, commençant par le procès-verbal de fraude enregistré par les employés de la Ferme et se terminant par la sentence du tribunal de l'Élection ou de celui des Aides. Nous avons négligé cette approche, car de très nombreuses procédures sont partielles, ne contenant que des éléments épars. La grande majorité des dossiers judiciaires a tout simplement disparu et il n'est pas possible de connaître, sauf à de rares exceptions, les sentences rendues par les juridictions financières. Néanmoins, une autre source, débarrassée d'une instruction judiciaire, étalée sur un temps long, envisage les délits illicites dans sa plus simple expression : c'est l'écrou, l'acte dressé sur un registre qui emprisonne un individu, exhibant avec ostentation un tableau des sanctions qui s'abattent sur tous ceux qui se livrent au trafic illicite[159]. C'est donc sous l'angle de la pratique judiciaire que nous avons choisi d'éclairer ces pages en centrant le regard sur l'écrou, délaissant volontairement une approche d'une histoire de la peine et des

[159] Archives de la Préfecture de police (désormais APP), registre des écrous de la Conciergerie, AB 128 (12 mars 1785-12 décembre 1786) ; AB 129 (14 décembre 1786-20 janvier 1789) ; AB 130 (20 janvier 1789-26 janvier 1792). Ces trois registres ont fait l'objet d'un traitement informatique ; les résultats sont visibles sous forme de graphiques dans les pages suivantes (figures 5 à 9).

relations qu'entretient la justice avec les justiciables[160]. Une autre réalité, moins théorique et peu normative, apparaît dans les écrous, loin des textes, ordonnances et édits royaux. Celle-ci peut sembler brutale, implacable, car elle sanctionne des délits, supposés, mineurs, en condamnant lourdement les supposés délinquants. Pour la grande majorité des malfaiteurs qui trempent dans le commerce clandestin, la punition se veut, par sa rigueur, un avertissement efficace. S'agit-il d'une nouvelle faculté de punir, d'un pouvoir qui veut dompter les hommes avec la création d'un appareil disciplinaire comme l'a montré Michel Foucault[161] ?

J. Doyon rappelle que les registres des prisonniers de la Conciergerie, conservés depuis le milieu du XIXe siècle aux Archives de la Préfecture de Police à Paris, représentent des séries, quasi continues, entre les années 1564 et 1795[162]. L'historienne précise que la prison se remplit durant tout le XVIIIe siècle pour culminer à 1460 écroués en 1780, ce qui équivaut à une moyenne de 526 détenus pour toute la période envisagée. Un très grand nombre d'individus, écroués à la Conciergerie, attendent leur jugement en appel ; d'autres sont des Parisiens ou des habitants de la proche banlieue qui sont directement incarcérés. L'écrou porte la marque distinctive de ces deux catégories d'individus. Les écroués pour fraude et contrebande ne connaissent pas le même traitement scriptural que les autres prévenus ; l'écrou affiche une volonté délibérée de dissocier les individus incarcérés[163]. Le feuillet, pour chaque registre, est divisé en deux colonnes. Le premier type d'écrou que nous nommerons « l'écrou classique » se distingue du deuxième, « l'écrou pour fraude » (figure 3 et 4).

---

[160] Pour la question d'une histoire de la justice et de la violence, on consultera la synthèse de Jean-Claude Farcy, « La violence et les historiens », p. 299-324, dans Aude Musin, Xavier Rousseaux, Frédéric Vesentini (dir.), *Violence, conciliation et répression. Recherches sur l'histoire du crime, de l'antiquité au XXIe siècle*, Louvain, PUL, 2008 ; Benoît Garnot, *Histoire de la justice. France, XVIe-XXIe siècle*, Paris, Folio, 2009.

[161] Michel Foucault, *Surveiller et punir. Naissance de la prison*, Paris, Gallimard, 1993 [1975].

[162] Julie Doyon, « Ecrouer et punir. Les registres de la Conciergerie au siècle des Lumières » dans Michel Porret, Vincent Fontana, Ludovic Maugué (dir.), *Bois, fers et papiers de justice. Histoire matérielle du droit de punir*, Genève, L'Equinoxe, Georg, 2012, p. 48-76.

[163] Nous avons choisi la même date pour les deux types d'écrou : le 9 avril 1788.

Figure 3. L'écrou classique

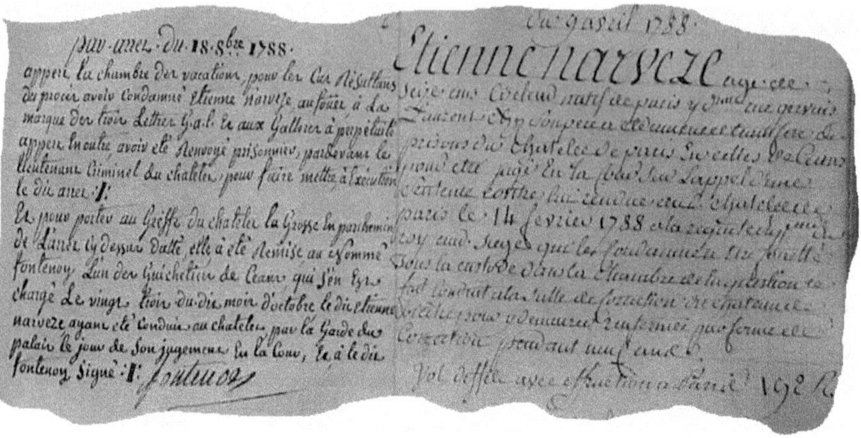
par arrest du 18 8bre 1788.
appert la chambre des vacations, pour les cas résultans du procès avoir condamné Etienne Narveze au fouet à la marque des trois lettres g.a.l. et aux Galleres à perpétuité
appert en outre avoir été renvoyé prisonnier, par devant le lieutenant criminel du chatelet, pour faire mettre à execution le dit arrest.
Et pour porter au greffe du chatelet la grosse en parchemin de l'arrest cy dessus datté elle a été remise au nommé fontenoy, l'un des guichetiers de ceans qui s'en est chargé le vingt trois du dit mois d'octobre le dit etienne narveze ayant été conduit au chatelet par la garde du palais le jour de son jugement en la cour, et à le dit fontenoy. Signé : fontenoy

du 9 avril 1788.
Etienne Narveze agé de seize ans ciseleur natif de paris [illegible] transferé des prisons du chatelet de paris en celles de ceans pour etre jugé en la cour sur l'appel d'une sentence contre lui rendue au chatelet de paris le 14 fevrier 1788 [illegible] sous la custode dans la chambre de la question [illegible] pour y demeurer enfermé [illegible] correction pendant neuf ans.
Vol d'effets avec effraction a paris [illegible]

APP, *registre des écrous de la Conciergerie, AB 128 (12 mars 1785-12 décembre 1786)* ; cliché de l'auteur.

[Écrou du nommé Étienne Narveze en date du 9 avril 1788 ; le jeune homme de 16 ans, ciseleur de son état, natif et domicilié à Paris, fait appel d'une sentence rendue par les juges du Châtelet qui l'avait condamné le 14 février 1788 à être fouetté sous la custode (le fouet est administré à l'abri des regards pour les jeunes) et enfermé dans une maison de correction pour une durée de 9 ans ; il est accusé d'avoir volé des effets avec effraction. La chambre des vacations augmente la peine et condamne l'adolescent aux galères à perpétuité le 18 octobre 1788].

Figure 4. L'écrou pour fraude

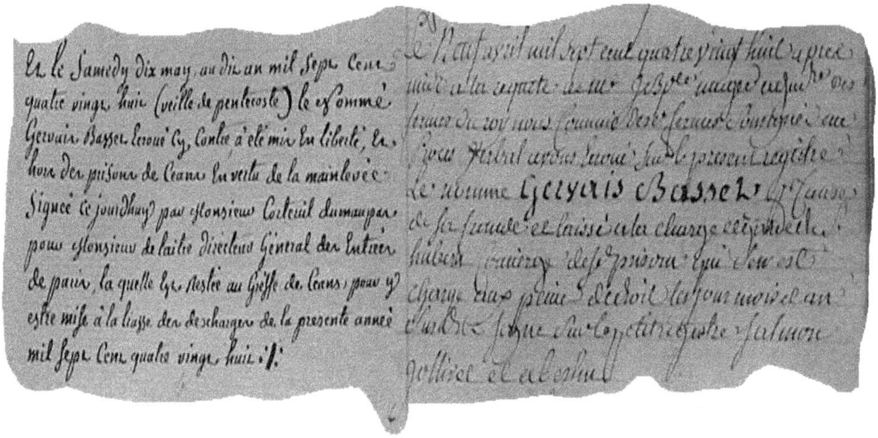

APP, *registre des écrous de la Conciergerie, AB 128 (12 mars 1785-12 décembre 1786)* ; cliché de l'auteur. © Archives de la Préfecture de Police, Paris.

[Écrou du nommé Gervais Basset, en date du 9 avril 1788 pour fraude ; l'homme est libéré le 10 mai 1788 à la veille de la Pentecôte, en vertu de la mainlevée du directeur général des entrées de Paris].

Pour le premier écrou, le format de la date est classique avec le jour (en chiffres) et le mois et l'année, en lettres ; l'écrou mentionne, avec des caractères plus grands et en gras, l'état civil de l'accusé, suivi de son âge, son activité, son domicile et son lieu de naissance ; ensuite, le greffier indique la condamnation prononcée par la juridiction d'origine et la nature du délit ou du crime. Sur la partie gauche, le greffier note l'arrêt définitif prononcé en appel par le Parlement de Paris. L'écrou pour fraude (ou contrebande) est inscrit entièrement en lettres, suivi de l'heure à laquelle l'individu est présenté à la Conciergerie. Le greffier mentionne la juridiction pour le compte de laquelle l'arrestation est effectuée ; dans les cas qui nous occupent, il s'agit toujours de l'adjudicataire général des Fermes du roi. Le patronyme (ou le surnom) du suspect apparaît dans une taille plus grande. L'écrou nomme ensuite les employés qui mènent le particulier en prison. Enfin, l'écrou se termine toujours par une observation sommaire de la nature du délit de fraude. La colonne de droite rappelle cette différenciation entre les deux types d'écrous où une forme similaire est adoptée (la date en toutes lettres) en signalant la mainlevée du Fermier à l'encontre du prévenu ou l'arrêt rendu par la cour des Aides. On ne peut qu'être frappé par la tenue remarquable des registres par les greffiers. L'écriture est celle d'un professionnel qui manie la plume avec dextérité et la lecture est aisée au contraire de la rédaction des procès-verbaux pour fraude. Deux hommes sont désignés pour la tenue des registres d'écrou comme en témoigne la différence d'écriture : l'un écroue alors que l'autre, le greffier des geôles, élargit le prévenu.

Dans les registres, l'occurrence *fraude* l'emporte, loin devant la *contrebande*. Si la nature de la fraude n'est pas toujours mentionnée, il reste que l'eau-de-vie est la boisson privilégiée des fraudeurs. Les quantités saisies ne sont pas toujours signalées et la plupart du temps, les individus écroués sont en possession de trois ou quatre vessies (une vessie contient 2 pintes, soit environ 2 litres). La contrebande apparaît de manière marginale et vise essentiellement le trafic de tabac et des saisies de faux sel. Cela ne signifie pas pour autant que ce commerce est inexistant à l'intérieur de la ville, comme nous avons pu le voir dans une partie précédente. La fraude dans la capitale semble permanente et les autorités de la ville ne réussissent pas à la contenir. À partir des études que Jean Nicolas avait lancées en 1984, l'historien se demandait à partir de « […] quelles grilles interprétatives lire la subversion ? », ce qui permettait de construire une histoire des rébellions[164]. Depuis, J. Nicolas a livré les résultats de cette enquête sur la France rébellionnaire pour un long XVIIIe siècle, puisqu'il s'étend du dernier tiers du XVIIe et se termine avec l'affaire Réveillon en avril 1789[165]. Les événements postérieurs à cette date ne font donc pas partie de son champ d'investigation, comme c'est le cas pour les incidents aux barrières parisiennes. J. Nicolas a identifié un ensemble de 8528 rébellions, dont 818 pour l'actuelle région de l'Île-de-France qui arrive en deuxième position par le nombre de rébellions. Ce sont les conflits accompagnés de violence qui fondent la rébellion, à partir du moment où quatre individus au moins n'appartiennent pas à la même famille et en sont les acteurs. La recherche entreprise dans la *Rébellion française* regroupe plusieurs catégories ; ainsi, pour un des types fondamentaux qui correspondent au thème de la « résistance à la fiscalité ou parafiscalité

[164] Jean Nicolas (dir.), *Mouvements populaires et conscience sociale, XVIe-XIXe siècle*, Actes du colloque de Paris, 24-26 mai 1984, Paris, Maloine, 1985.
[165] Jean Nicolas, *La Rébellion française…, op. cit.*

étatique », J. Nicolas distingue des sous-ensembles, comme les troubles liés à la répartition des impôts indirects ou les affrontements liés à la contrebande du sel ou du tabac. Les rébellions contre les Fermes, avec 3143 rébellions recensées, représentent la plus grosse part des révoltes, atteignant près de 37% sur toute la période. Le pic des rébellions antifiscales correspond aux décennies de fin de l'Ancien Régime, entre les années 1770 et 1780. Cette analyse, à un degré moindre, se retrouve dans les écrous de la Conciergerie. Certes, sans un examen exhaustif des procès-verbaux et des procédures judiciaires, il est difficile de retenir la qualification de *rébellion*. Cependant, les écrous évoquent abondamment des attitudes de confrontation. Deux termes juridiques désignent ces délits : les *voies de fait* et la *rébellion* (sous-entendu, *à justice*). La caractérisation des infractions permet ainsi de préciser la nature du délit, tout en donnant un aperçu des peines possibles encourues. L'arrestation d'une personne signifie donc deux réalités pour le présumé coupable ; elle signifie le début de l'action de punir en enfermant les individus (même provisoirement) pris en flagrant délit de fraude ; et elle permet à l'instruction de confirmer la punition ou de mettre un terme à l'incarcération[166]. Le vocable *rébellion* apparaît 87 fois dans les écrous entre 1785 et le début de l'année 1791 ; le mot est toujours accompagné de l'expression *voies de fait*. Mais la *rébellion* n'a pas constamment une valeur juridique et le vocable n'est pas toujours utilisé par les employés pour désigner une situation où des formes de violence sont constatées. Un refus d'obtempérer suffit pour que l'appellation *rébellion* soit consignée sur l'écrou. Il est toujours ardu de connaître la raison déterminante, celle qui pousse les conseillers de l'Élection à pardonner, à sanctionner légèrement ou à faire preuve d'une sévérité exemplaire. Le nommé Jacques Prieur, arrêté en janvier 1786, peut s'inquiéter devant l'addition des exactions qui lui sont reprochées : fraude d'eau-de-vie, injures et voies de fait, rébellion. Pourtant, l'homme ne reste à la Conciergerie que deux semaines. Jean-Baptiste Guissier doit craindre une détention longue pour les faits incriminés (rébellion, voies de fait, refus de paiement des droits) ; cependant, une

166 Pour la codification de l'arrestation et ses modalités, voir Frédéric Chauvaud, Pierre Prétou (dir.), *L'arrestation. Interpellations, prises de corps et captures depuis le Moyen Age*, Rennes, PUR, 2015 ; pour notre période, lire les contributions de Marco Cicchini, « Repenser la relation entre police et justice au tournant du XVIIIe siècle. Le concept d'"arrestation" », p. 63-82 ; et Éric Wenzel, « "En vertu des décrets de prise de corps". L'arrestation sous l'Ancien Régime (normes, pratiques, réception) », p. 283-296.

semaine plus tard, le voilà libre. Des griefs similaires sont reprochés à Dumat et à son épouse. Mais le couple, à peine arrêté, est aussitôt libéré[167]. La caractérisation de ce type de délit ne renvoie donc pas nécessairement à un emprisonnement interminable.
La mainlevée est la situation qui se rencontre le plus souvent dans les registres de la prison. Celle-ci, établie par le directeur des entrées de Paris, rend la liberté, même provisoire au détenu ; c'est la levée d'écrou. Il existe deux types de mainlevées qui permettent soit une libération sous caution ou un élargissement définitif. Dans le premier cas, la liberté est provisoire, à la charge de l'inculpé de se représenter à tous les actes de la procédure dès qu'il en sera requis. Le deuxième cas est favorable au prévenu puisque la mainlevée n'est susceptible d'aucune opposition et elle est délivrée sans cautionnement puisqu'elle rend la liberté à l'individu. À la Conciergerie, la mention d'une mainlevée sous caution ou définitive n'apparaît jamais. On peut estimer qu'une incarcération de plusieurs semaines voire de plusieurs mois est en soi une punition suffisante dans le cas d'une fraude qui n'entraîne pas un acte de rébellion ; la Ferme se résout alors à libérer l'individu sans attendre une quelconque contrepartie financière, la saisie des boissons ayant déjà eu lieu au moment de l'arrestation par les employés de la Ferme.

Si la très grande majorité des individus incarcérés sont surpris en essayant de frauder, d'autres sont emprisonnés sur une décision de justice qui se traduit par le *décret de prise de corps*. Celui-ci est ainsi un jugement rendu par une juridiction. Cette forme de décret est rigoureuse puisqu'elle prive une personne de liberté. Il existe deux types de décrets délivrés par la cour qui précèdent la prise de corps : le *décret d'assigné pour être ouï*, et le *décret d'ajournement personnel*. Le premier oblige une personne à se présenter devant le juge pour y subir une audition, sans qu'il existe des charges formelles à l'encontre de l'intéressé ; ce dernier peut cependant écoper d'une condamnation pécuniaire. La deuxième situation, l'ajournement personnel, est très souvent délivrée lorsque la personne assignée ne se rend pas à la convocation de la cour. Enfin, le *décret de prise de corps* entraîne l'incarcération. Si l'Élection convertit un décret d'ajournement personnel en prise de corps, l'individu est appréhendé et entendu par le magistrat. Ces situations se rencontrent une quarantaine de fois dans les

---

[167] APP, AB 128, écrou de Jacques Prieur le 13 janvier 1786, libéré le 26 janvier 1786 ; écrou de Guissier le 16 novembre 1785, libéré le 22 novembre 1785 ; écrou de Dumat et de Marianne Madré le 18 août 1787, libérés le 18 août 1787.

écrous de la Conciergerie où des particuliers portent plainte contre des employés pour mauvais traitements. L'huissier de justice, muni du décret de prise de corps, procède alors à l'arrestation des employés de la Ferme qui sont interrogés par un magistrat, puis ces derniers sont relâchés très vite ; le décret de prise de corps rétrograde à un niveau inférieur, redevenant un décret d'ajournement personnel[168]. Lorsque l'individu se constitue volontairement prisonnier, sachant qu'un décret de prise de corps est décerné à son encontre, il voit son statut se transformer en simple décret d'assigné[169]. Régulièrement, l'Élection rend une sentence qui équivaut à une condamnation. Cependant, l'emprisonnement n'est pas immédiat et il faut attendre quelques semaines, voire plusieurs mois avant que l'huissier ne délivre le décret de prise de corps à l'intéressé[170]. L'incarcération prend du temps, car il faut retrouver les coupables qui ont pu déménager entre-temps ou donner une fausse adresse ; l'huissier de justice devient alors enquêteur. Tôt ou tard, la Conciergerie se vide de ses prisonniers. Ne nous attendons pas à ce qu'il y ait des règles strictes dans le domaine des libérations, car tout dépend de la fraude constatée et surtout de la résistance opposée aux forces de la Ferme. Et puis, la coutume joue un rôle non négligeable. Dans cette société encore imprégnée de catholicisme, le pardon des fautes demeure un acte important. En dehors des grâces royales, où le roi pouvait rompre le jugement des cours souveraines, les juridictions financières possédaient ce pouvoir régalien, délégué par le monarque[171]. Il n'est donc pas surprenant que les grandes fêtes religieuses soient l'occasion d'un pardon en masse.

---

[168] APP, AB 128, écrou de Landrier et Michel, le 27 août 1785 ; libérés le 27 août 1785, à la charge de se présenter en état d'ajournement.

[169] APP, AB 128, écrou du 4 mai 1785 de « Joseph Nicolas Frédéric Aubert, commis aux entrées de Paris, 43 ans, s'est constitué prisonnier volontairement pour purger le décret de prise de corps » ; « mis en liberté sur l'ordonnance de ce jour et ouï assigné, le 4 mai 1785.

[170] APP, AB 128, écrou de François Ancelin, le 9 octobre 1785 en vertu d'un décret de prise de corps décerné par l'Election de Paris le 29 septembre ; l'homme est arrêté à son domicile rue des Marais, dans le faubourg du Temple et sera élargi le 17 décembre 1785 ; APP, AB 128, écrou de Deridant dit la jeunesse, « fraudeur de profession », le 30 octobre 1785 ; l'homme habite près de la Croix-Faubin ; le décret de prise de corps date du 16 avril 1783 et l'individu ne sera libéré que le 7 novembre 1785.

[171] Sur le droit de grâce, Reynald Abad, *La grâce du roi au XVIIIe siècle. Les lettres de clémence de la Grande Chancellerie au XVIIIe siècle*, Paris, PUPS, 2011 ; Deborah Cohen, « L'ordre public. La procédure de grâce au XVIIIe siècle : restaurer un ordre ou reconnaître l'innocence ? », *RHMC*, 2/2007 (n° 54-2), p. 91-116.

Lors des cinq grandes fêtes religieuses, les officiers de la cour des Aides descendaient dans le préau de la Conciergerie et graciaient un bon nombre de prisonniers[172]. Ainsi, pour la période de Noël 1786, 22 personnes sortent de prison dès le 22 décembre. Les femmes sont légèrement plus nombreuses à jouir des bienfaits libérateurs de la fête de Noël. Les juges sont-ils plus sensibles à l'incarcération d'une femme qui aurait laissé des enfants livrés à eux-mêmes ? On doit répondre par la négative, car à six reprises des enfants en bas âge ou très jeunes accompagnent leur mère lorsqu'elle est interceptée ; les bambins ne sont pas écroués, mais la mère croupit en prison pendant plusieurs semaines ; l'écrou reste malheureusement muet sur le sort des enfants[173]. À l'occasion des fêtes, aucun élargissement ne concerne des individus poursuivis pour des actes de rébellion. La deuxième grande célébration, Pâques, supplante de loin la commémoration de la naissance du Christ. Ainsi, le 11 avril 1786, 47 personnes profitent du culte de la résurrection du Christ et sortent de la Conciergerie. L'année suivante, en 1787, la fête de Pâques est décalée d'une semaine. On ne retrouve pas le même nombre de grâces que l'année précédente (29), mais c'est toujours à cette occasion que les libérations sont les plus nombreuses. La mère du Christ n'est pas oubliée et la fête de la Vierge Marie à la mi-août permet une libération anticipée. Un autre temps religieux, important en cette fin du XVIIIe siècle, la Toussaint, aboutit à une quinzaine de libérations le 27 octobre 1786. En réalité, ce chiffre est supérieur, car la cour des Aides y associe une autre fête, la Saint-Simon et la Saint-Jude. La période de 1785 à 1791 fait mention de cette double célébration en libérant 65 individus. Il ne faut pas négliger la Pentecôte où, dans la même tranche chronologique, ce sont 60 personnes qui reçoivent les faveurs de la grâce. Une dernière commémoration permettait de sortir plus rapidement de la Conciergerie ; ce n'est pas une célébration religieuse en tant que telle, mais la proximité et l'importance du lieu qui octroie le pouvoir de grâce. Les communiants de l'église Saint-Barthélemy (ou Barthelmy sur les registres des écrous) construite sur l'île de la Cité et proche du Palais, avaient probablement la charge spirituelle des détenus de la prison, ce

---

172 Jean-Joseph Expilly, *Dictionnaire géographique, historique et politique des Gaules...*, article *Paris*, p. 539.

173 APP, AB 128, écrou de Marie Blondeau le 6 juin 1785, accompagnée de son enfant âgé de 8 ans ; elle est libérée le 20 juin ; écrou de Marie-Anne Gauthier le 11 juin 1785, accompagnée de deux enfants en bas-âge ; libérée le 12 août 1785.

qui leur octroyait le droit de pardon. Entre 1788 et 1789, ils ont pu ainsi favoriser la libération d'une dizaine de personnes.

La Conciergerie : la prison des fraudeurs

Sur une période de 6 ans, entre mars 1785 et la fin du mois de janvier 1791, nous avons recensé 1370 écrous qui ont un rapport direct avec la fraude ; nous comptabilisons 1553 personnes incarcérées, ce qui signifie que plusieurs individus sont arrêtés en même temps et incarcérés à la Conciergerie (figure 5).

Figure 5. Nombre de détenus pour fraude (1785-1791)

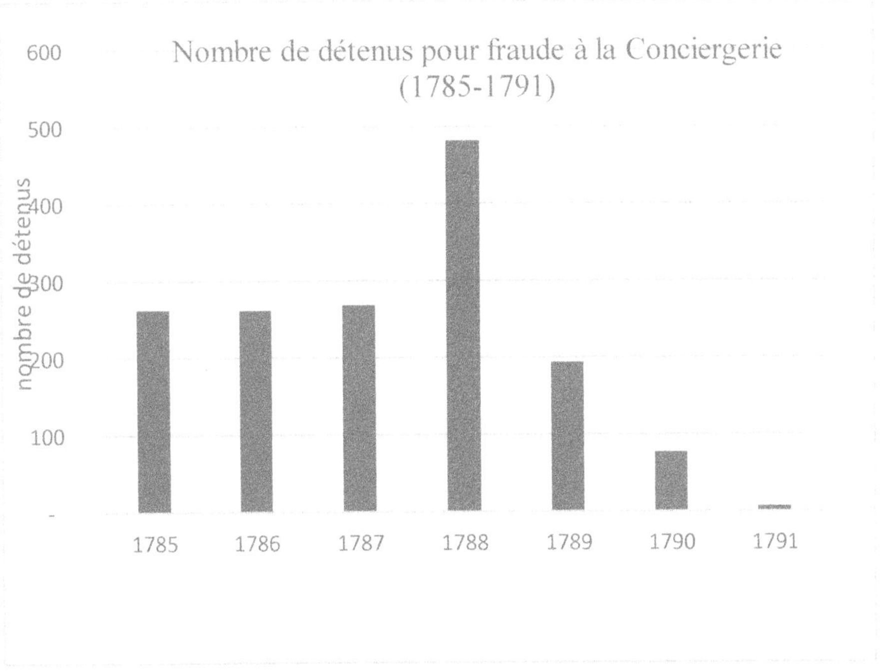

[Pour l'année 1785, les données correspondent à 10 mois (mars à décembre) ; pour 1791, seul le mois de janvier est pris en compte ; les droits d'entrée étant supprimés ensuite.]

Une évidence s'impose d'emblée : la punition est réelle, la sanction est forte. 1553 personnes ont subi l'enfer carcéral de la prison. Même s'il faut manier les moyennes avec prudence, chaque année, entre 1785 et 1790, près de 260 personnes sont incarcérées ; en tenant compte des chiffres avancés par J. Doyon, le nombre de détenus pour un trafic illicite est conséquent[174]. Si on y retranche les 77 détenus en 1790, on arrive à une moyenne annuelle de 295 prisonniers. Les arrestations sont d'un niveau égal entre 1785 et 1787, explosant en 1788, avec près de 500 personnes, soit deux fois plus que les années précédentes. Puis, le nombre baisse fortement, tombant à moins de 200 arrestations en 1789 et chute à 6 en janvier 1791. Rien d'étonnant pour ce faible nombre et, il faut l'évoquer maintenant, cette date coïncide avec la suppression des droits aux entrées des villes du royaume, votée par l'Assemblée nationale. Il n'y a donc plus aucune barrière à surveiller ni d'arrestations à opérer en ce début d'hiver 1791. Entre 1785 et la fin 1790, plus de 25 personnes par mois (soit près d'une personne par jour) sont amenées en prison, chiffre que l'on retrouve pour les années 1785-1787 (figure 6). Du plus petit délit - le refus de subir un contrôle des employés - jusqu'à la rébellion avec violences, en passant par la fraude à proprement parler, la Conciergerie conserve cette large panoplie des violations aux règles et lois. L'année 1788 reste une période sombre pour les supposés fraudeurs ; elle surpasse toutes les autres. Avec 482 personnes écrouées et une moyenne de 40 détenus par mois, la Ferme interne à tout va, la Conciergerie se remplit et les 4/10ème de la population carcérale est composée de fraudeurs (figure 7).

[174] L'année 1791 n'est pas prise en compte pour l'établissement de la moyenne.

Figure 6. Moyenne mensuelle des détenus pour fraude

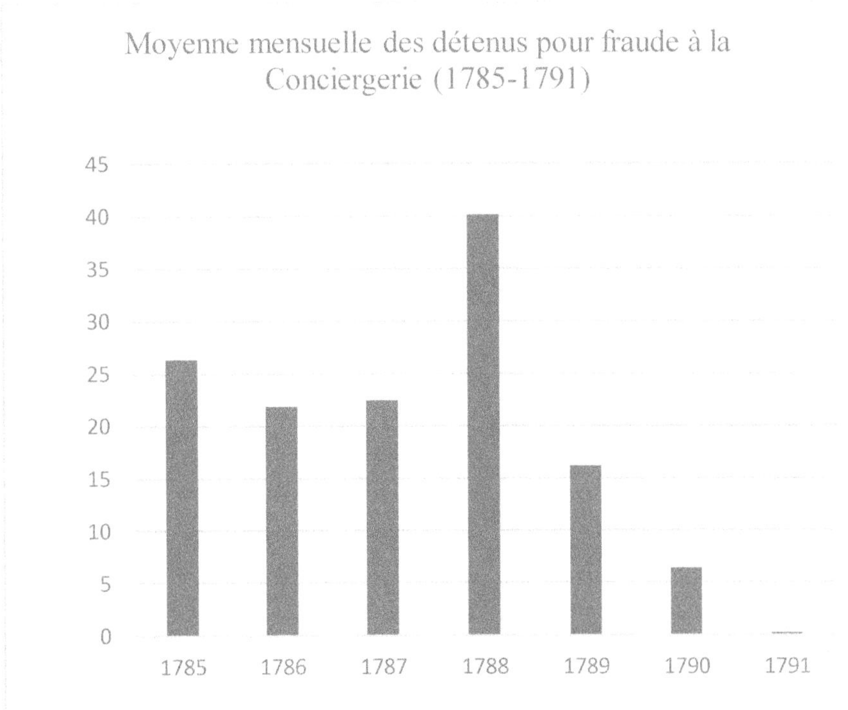

Figure 7. Les détenus pour fraude en 1788

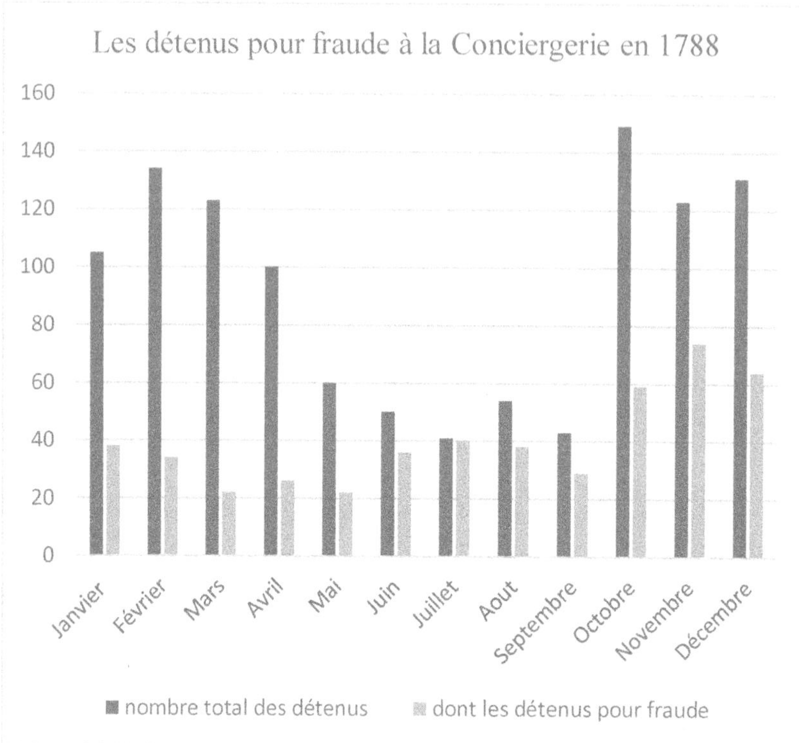

Les hommes sont largement majoritaires (76%), mais les femmes ne sont pas inexistantes dans ce système carcéral (24%). En hiver, entre janvier et mars, les fraudeurs incarcérés sont peu représentés et ils ne composent environ qu'un quart des détenus. Par contre, l'automne et le début de l'hiver ne sont pas favorables aux fraudeurs. Durant cette dernière période, les chiffres s'inversent ; les fraudeurs atteignent plus de la moitié du total des prisonniers, dépassant 60 individus durant le troisième semestre de l'année ; ainsi, en moyenne 2 personnes par jour sont arrêtées pour fraude. Si les prisonniers de toute nature sont moins nombreux entre le printemps et l'été, les fraudeurs constituent cependant une part très importante et dépassent les 70%, établissant même un triste record en juillet où, sur 41 personnes écrouées, 40 le sont pour des actes illicites. Les chiffres sont impressionnants et

signalent une volonté répressive, le séjour à la Conciergerie n'étant pas un simple passage temporaire ; quand on y rentre, on y reste !
Les données méritent au préalable un éclaircissement méthodologique : afin d'alléger la lecture de l'histogramme, nous avons renoncé à faire la comparaison avec les autres années. Il nous a semblé que seule l'année 1788 méritait d'être privilégiée, au vu des données déjà indiquées. Il a fallu également choisir les tranches de durée de détention qui paraissaient les plus significatives ; évidemment, des détenus ne passent que quelques jours à la Conciergerie, mais cet aspect reste marginal. La division établie entre les trois durées de détention (supérieure à 30, 60 et 180 jours) prend tout son sens lorsqu'on sait qu'elle englobe 430 personnes incarcérées sur un total de 482 inculpés pour fraude (89%). Parmi eux, 231 individus, soit près de la moitié, restent en prison plus d'un mois ; un tiers (142 personnes) languit à la Conciergerie durant plus de deux mois et 57 personnes croupissent en prison plus de six mois (figure 8). La prospection sérielle, même incomplète, permet de vérifier la répression effrénée de la fraude en 1788. Il est difficile de donner une explication plausible à ce phénomène frauduleux si important cette année-là. On peut émettre quelques hypothèses en se demandant si la fraude explose réellement en 1788, plus particulièrement à l'automne, ou est-ce dû à une augmentation des patrouilles et à un contrôle accru aux barrières. Les deux aspects sont sans doute liés. Les phénomènes climatiques de l'été 1788 en Île-de-France ont eu un impact négatif sur les vendanges notamment, en raréfiant la production des vignobles de la région parisienne et en renchérissant les prix dans les tavernes et autres débits de boissons. La Ferme a sans doute pris les devants, considérant que les tentatives d'introductions frauduleuses de marchandises seraient plus nombreuses. Elle a ainsi quadrillé l'espace aux abords des barrières. J. Nicolas constate que la fraude éclate quantitativement durant les années 1788 et 1789 sur l'ensemble du territoire. Ces observations sont valables pour 1788 à la Conciergerie, avec des arrestations plus fréquentes. Mais, une autre explication, banale, de simple causalité, vient se glisser ; en effet, au début de 1788, les travaux de la clôture fiscale avaient débuté sur la partie septentrionale, à l'ouest, près de la Seine. Les Parisiens ont, à ce moment, compris que la ville serait, prochainement, totalement ceinturée. Il faut alors exploiter ces passages ouverts, difficilement surveillés et, tout naturellement - serait-on tenté de dire - une recrudescence de la fraude s'opère.

Figure 8. Durée de détention (en jours) pour fraude

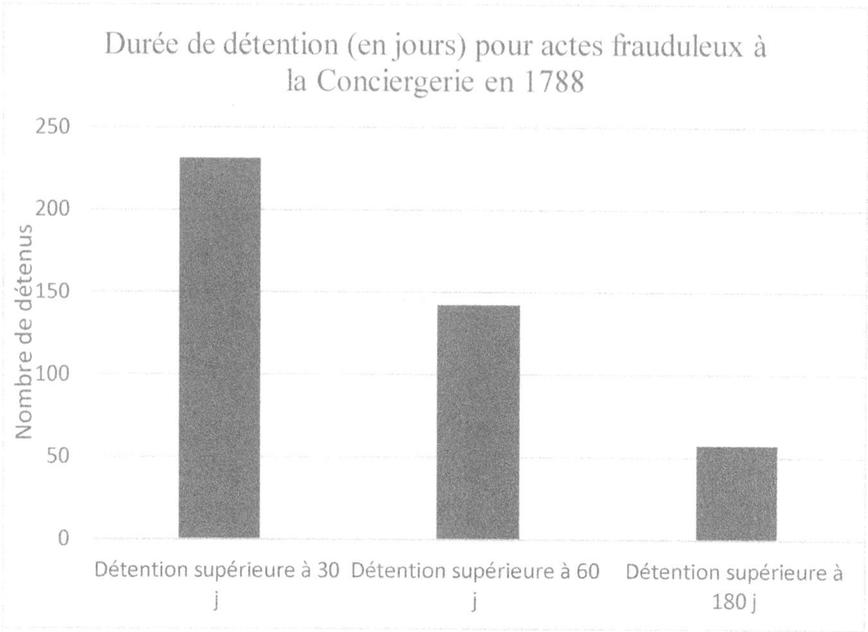

Il se passe rarement une journée sans que les employés de la Ferme conduisent en prison un individu surpris à une barrière. Le premier semestre de l'année 1789 laisse entrevoir cette réalité répressive (figure 9). Entre janvier et juin, ce sont 183 personnes qui sont conduites en prison ; durant la même période en 1788, ce sont 178 individus incarcérés, un peu moins donc. Les mois de janvier et mars enregistrent, à chaque fois, plus de 30 écroués, établissant un triste record de 46 individus incarcérés en mai 1789. Certains jours sont plus calmes que d'autres et aucune arrestation n'est opérée les 4 et 5 janvier, comme les 11 et 12 du mois. À d'autres moments, c'est le contraire qui se produit ; ainsi les 9 et 23 janvier, le concierge de la prison enregistre 9 individus, arrêtés à plusieurs barrières. En juin, le chiffre est relativement stable par rapport au mois précédent avec 25 individus détenus. Globalement, pour la même période, le premier trimestre 1789 compte plus de prisonniers que lors des années précédentes. La rupture quantitative débute à partir de juillet 1789. Au plus fort moment de l'agitation parisienne, le dernier écroué pour fraude est incarcéré le 7 juillet 1789. Entre cette date et le 11 août, cinq semaines s'écoulent durant lesquelles aucun individu n'est incarcéré ; élément totalement impensable et surréaliste depuis le début de l'édification de la clôture fiscale où les employés sont obligés de chômer ! Le deuxième semestre de 1789 ne comptabilise que 11 personnes détenues, la période après le 14 juillet 1789 n'étant plus propice aux arrestations, ce qui est confirmé avec les années 1790 et 1791.

Incontestablement, le cours de la Révolution interrompt ce cycle carcéral. N'allons pas penser que la fraude disparaît ; cependant, on emprisonne peu et les juges punissent moins sévèrement. Les événements parisiens en juillet 1789 jouent un rôle dans la désaffection des arrestations. Certes, la prise de la Bastille tempère cette situation, mais la Conciergerie continue de se remplir et il n'existe pas d'interruption carcérale ; des hommes et des femmes sont toujours arrêtés dans les provinces et dans la capitale, attendant leur jugement en appel. Les conséquences des attaques sur les bâtiments de l'octroi et l'incendie des barrières expliquent ce vide carcéral ; jusqu'à la fin du mois de juillet, les employés de la Ferme ne reviennent que timidement dans les bureaux et ils ont le plus grand mal à percevoir les taxes et n'osent pas véritablement se heurter à la population. La municipalité n'a pas encore pris des décisions concernant le rétablissement des droits à l'entrée de la ville. Et puis, le volet répressif a changé de nature. Avec la disparition du tribunal de l'Élection et de la cour des Aides, les municipalités, en attendant la refonte partielle d'un nouveau système judiciaire, reçoivent une partie des pouvoirs, détenus auparavant par la chambre de police du Châtelet[175]. Le tribunal municipal en matière de police, émanation directe de la commune, s'occupe d'affaires mineures dont les condamnations ne peuvent excéder plus d'un mois d'emprisonnement[176]. Les cas de fraude et de contrebande rentrent ainsi dans ses attributions ; malheureusement, peu de pièces furent versées au dossier et le jugement s'effectuait sur-le-champ. On enferme

[175] Pour le passage de l'ancien système judiciaire vers le nouveau, voir Jacqueline Lucienne-Lafon, *La Révolution française face au système judiciaire d'Ancien Régime*, Genève, Droz, 2001.

[176] AN, Z^{1H} 556-559, Jugements rendus par le Tribunal municipal de Paris en matière de simple police, 1790-1791 ; à ne pas confondre avec le tribunal de police correctionnelle, présidé par des juges de paix, qui n'est pas encore établi en 1789.

toujours à la Conciergerie, mais cette prison est délaissée au profit de La Force qui reçoit les détenus pour fraude. Les employés de la Ferme se cantonnent à un rôle de surveillance et de perception, laissant la garde nationale soldée, les chasseurs aux barrières, intercepter et emmener les fraudeurs dans la nouvelle prison, avant que ceux-ci ne soient jugés par le tribunal municipal. Dans ces conditions, on ne sera pas surpris d'enregistrer seulement 77 détenus pour l'année 1790, dont 28 furent écroués à La Force, entre la fin de l'année 1790 et février 1791[177].

[177] APP, AB 322, registre d'écrous de la prison de La Force (novembre 1790-18 mars 1791) ; précisons que les registres antérieurs à novembre 1790 ont été détruits ; il reste pour les années précédentes les registres de prisonniers pour dettes.

Figure 9. Les détenus pour fraude (comparaison annuelle)

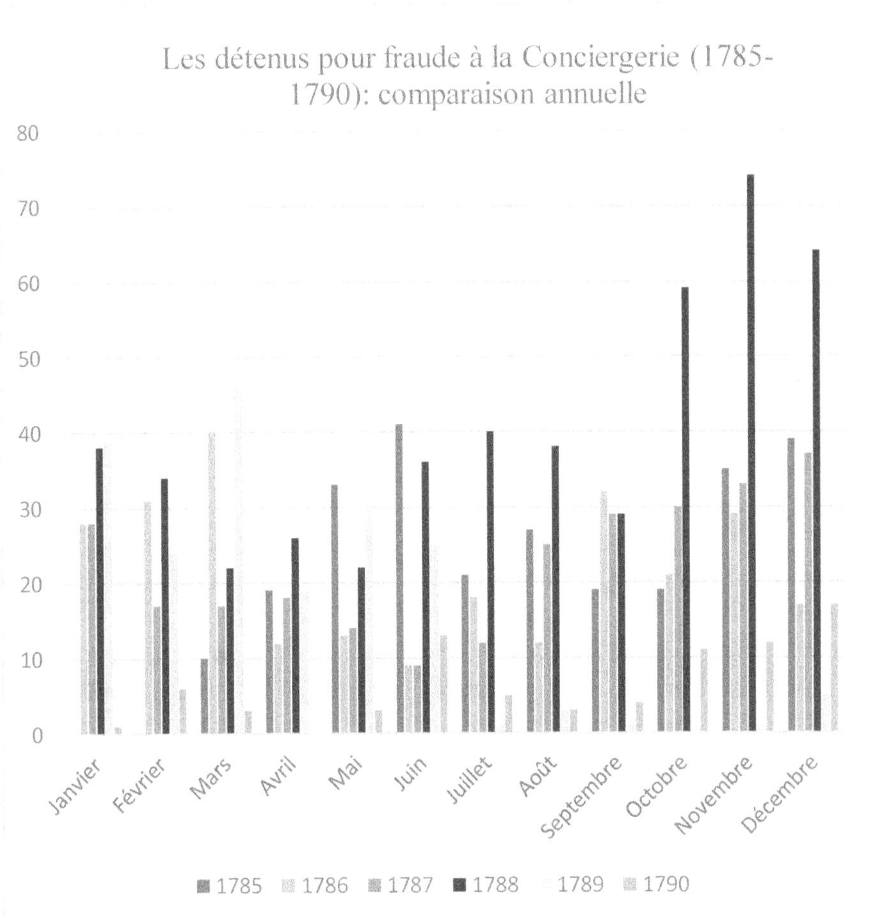

Malgré les événements en juillet aux barrières, la Ferme ne relâche pas son emprise. Si la Conciergerie ou La Force ne se remplissent plus de fraudeurs, la compagnie des financiers veille toujours à ses intérêts. Les confiscations et amendes pécuniaires sont une autre arme, imparable. La volonté de punir, de sanctionner, en privant de liberté, n'est plus efficiente ; elle ne rapporte rien financièrement à la Ferme.

L'individu, le porteur de vessies, coûte plus qu'il ne rapporte et il reste de toute façon insolvable. Il en va autrement de ceux et celles qui ont boutique ou cabaret sur rue et qui possèdent des biens propres. S'il se passait rarement un jour sans qu'un individu soit incarcéré, il en va de même des saisies. Le travail de la Ferme ne s'interrompt pas parce que la situation politique est explosive. Un formidable changement voit le jour, mais les pratiques anciennes, séculaires perdurent. La veuve Fournier le constate amèrement le 29 août 1789 lorsqu'elle apprend que ses biens saisis le 7 juillet dernier, lors d'une visite des employés, sont définitivement confisqués. La voie de bois à brûler, les deux chevaux et l'attelage lui appartenant, d'une valeur de 600 livres, passent aux mains de la Ferme ; en outre, la femme est condamnée à une amende de 200 livres[178]. Les archives de la Ferme, dans le domaine des confiscations et des condamnations, gardent précieusement cette masse documentaire (probablement incomplète) qui vient compléter les pièces des procédures judiciaires des cours de justice fiscale. Le quotidien de la Ferme ne subit pas d'interruption due à l'épisode révolutionnaire. Le greffe de l'Élection accueille les contrevenants – lorsque ces derniers veulent bien se présenter – et leur notifie la décision prise qui, la plupart du temps, confirme la saisie effectuée par les employés. À la fin de l'automne 1789, dix marchands de vin, demeurant au petit Charonne, avaient refusé l'entrée de leur cabaret aux employés. Ils contrevenaient aux règlements sur les visites des commis dans les débits de boissons[179]. Des marchands sont condamnés par la justice pour avoir construit des baraques en bois sur leurs terrains, dans lesquels ils entreposaient des boissons passées en fraude ; la garde nationale, accompagnée d'ouvriers pour l'occasion, fait détruire plusieurs cabanes dans la rue Papillon au début de l'année 1790[180]. Les confiscations ne s'éteignent pas davantage. Les marchands de vin et cabaretiers prenaient cependant leur revanche et de nombreuses saisies, opérées à l'automne 1789 par les bataillons des districts, étaient restituées à leurs propriétaires[181].

---

[178] AN, Z^{1G} 174, condamnation et confiscation du 29 août 1789 à l'encontre de la dame veuve Fournier, civilement responsable de son voiturier Gilmard.

[179] AN, Z^{1G} 174, condamnation pour chaque marchand de vin à une amende de 100 livres, le 30 décembre 1789 ; P.V., des 28, 30 novembre et 1er décembre 1789.

[180] AN, Z^{1G} 175, P.V. de perquisition et de démolition de cabanes rue Papillon appartenant au sieur Buzet, négociant, rue du Petit-Carreau, le 14 janvier 1790.

[181] AN, Z^{1G} 175, restitution de vin au sieur Vignon, demeurant rue Coquenard, le 15 mai 1790.

La fraude et la violence, si minimes soient-elles, continuent de s'exprimer ouvertement après juillet 1789. Les forces de l'ordre se massent aux barrières, car, face à elles, ce sont des groupes nombreux et armés lourdement, qui n'hésitent pas à user de la violence. C'est une différence majeure qui ne se retrouve pas durant la période 1785-1789. Il existait bien des échauffourées entre des bandes et les gardes-françaises, mais sans atteindre ce degré de virulence. Les fraudeurs ne tentaient que très rarement des incursions à l'intérieur de la ville. Ils optaient plutôt pour la discrétion, évitant un contact physique avec les militaires. Au demeurant, face à un mur pénétrable et de multiples passages sous la chaussée, il était très simple de transiter les boissons à l'abri de tout regard. À partir du deuxième semestre 1790, les pratiques illicites sont plus stériles, car les conditions ont totalement changé. Le mur est dressé, les limites sont reculées et l'espace à surveiller par les employés et les chasseurs se trouve dégagé. La fraude ne peut alors s'exprimer qu'à une autre échelle. Les fraudeurs doivent recourir à d'autres stratégies, plus visibles, mais, également, plus violentes. Ces hommes savent alors que l'incident est inhérent à leurs pratiques et qu'une confrontation violente peut s'avérer inéluctable. Ils doivent alors se déplacer en nombre et escorter les produits. Les scènes peuvent ainsi être terribles et se terminer par des accrochages périlleux pour les deux camps.

Chapitre 4
À la recherche de la fraude et des fraudeurs

On ne peut se contenter d'une seule source, ne posant qu'un regard partiel et partial. Ce serait passer à côté de tranches de vie, à jamais disparues. L'intérêt majeur consiste à découvrir ce que fut la fraude à Paris en cette fin du XVIIIe siècle. Cela signifie qu'il faut tenter d'entrevoir ce monde de petites gens et se demander si, effectivement, il y a une culture de l'illicite, une pratique de la fraude qui ferait partie d'une acculturation au même titre que le développement et l'apprentissage d'un meilleur usage de la lecture ou de l'écrit pour les couches populaires. La *Ville-Lumière* est-elle le théâtre d'une fraude à outrance sur l'intégralité de son territoire ou bien certains quartiers voient-ils ce procédé se développer plus qu'ailleurs ?

À la recherche du fraudeur : le commissaire de police en action

Les écrous ne permettent pas de saisir la vie des individus. Ceux-ci sont arrêtés, enfermés et, tôt ou tard, sont sortis de prison. Mais il reste à donner de la chair au squelette, où le corps doit prendre une forme. Retracer la vie de plus de 1500 personnes est une tâche impossible à réaliser. La destinée de ces hommes et femmes reste cependant figée à tout jamais sur les registres des écrous. Peu à peu, derrière un nom de détenu se glisse une ombre, encore floue, qui ne demande qu'à sortir de l'obscurité dans laquelle elle se nichait. Les contours prennent une apparence, l'épaisseur humaine se dévoile et il devient dès lors possible de reconstituer des morceaux d'existence en les assemblant avec d'autres pour mieux comprendre ce qui fait leur singularité, tant ces êtres sont insérés dans un tissu social composé de heurts, de conflits, de collusion, de connivence et d'amitié. Cette multitude vit, travaille, souffre, se divertit dans ces espaces aux marges de la grande cité. Les loyers sont bien moins élevés que dans d'autres quartiers dans lesquels les demeures bourgeoises et aristocratiques ont poussé comme des champignons, à la faveur de la largesse royale qui a autorisé les constructions. La spéculation foncière a fait le reste avec, comme corollaire, l'augmentation du prix des terrains qui chasse les plus démunis aux marges de la ville ; elle les repousse à l'extérieur de la limite administrative. Que restent-ils à ces populations, sinon faire leurs bagages, et s'éloigner la tête basse, acceptant cet état de fait, imposé par les élites et les acteurs économiques, toujours à la recherche d'une efficacité financière. Mais, il y a ce mur qui, malgré sa magnificence, reste une frontière, que les Fermiers veulent infranchissable. L'obstacle doit être de taille pour obvier à la fraude. Puisque la population ne peut empêcher le mur de s'élever, elle peut le contourner et braver le pouvoir. Cette histoire de l'édification du mur et de ses bâtiments est substantiellement liée à la fraude et à la vie de milliers de Parisiens. C'est une lutte âpre où le dialogue n'a pas cours ; le face-à-face se déroule dans les rues, dans les jardins, dans les cabarets et les maisons. Ce sont des heurts quotidiens où la violence se déchaîne quelquefois, où les blessés ont du mal à se relever, et où les morts gisent parfois sur le sol. La seule façon de combattre pour l'habitant est de continuer à exister. La fraude, synonyme d'interdit pour les forces morales et la loi, devient l'équivalent de *vivre* pour la population. L'illicite est trop souvent décrit à l'aune des peines encourues. L'âge des contrebandiers, leur sexe, leur profession, leur lieu de résidence, la nature de la fraude, leur condamnation ne sont plus ignorés. Il y manque, en définitive, le portrait de l'individu. Mine patibulaire ou figure d'ange, l'homme par son apparence vestimentaire et sa physionomie attire le regard des employés de la Ferme, le délit de *faciès* n'étant sans doute pas une invention de notre société contemporaine. Insister sur l'aspect répressif, sur la mise en œuvre des sanctions, n'est pas une opération négligeable ; la masse documentaire récoltée par J. Nicolas met en évidence les régions touchées par la contrebande et permet de comprendre les motivations des contrebandiers. Encore que ce dernier point fasse figure de tautologie, car on pourrait tout autant ajouter que la contrebande n'aurait pas cours si l'impôt n'existait pas. C'est parce que la gabelle et le tabac ont un impact financier que la contrebande fleurit. Ces deux produits qui entrent dans le quotidien de la population deviennent des produits de consommation courante[182]. Mais pour cela, ces marchandises, fruits du monopole de l'État royal, ne peuvent s'écouler ni se vendre sans avoir été achetées dans les lieux officiels. À défaut,

---

[182] Pour une synthèse sur l'économie mondiale et la fiscalisation de la consommation au XVIIIe siècle, voir Michael Kwass, *op. cit...*, plus particulièrement les chapitres « La mondialisation de la consommation européenne » et « L'intervention du roi ».

les articles déclarés illicites sont confisqués et les contrevenants encourent une amende ou une sanction pénale. Se placer du côté de la loi, accepter la norme juridique d'un État et décrire les déviances, c'est accepter la règle afin de reconnaître à la légalité son rôle de régulateur. Tout ce qui est écart à l'ordre inscrit est considéré comme dangereux pour la société. Certes, les sanctions peuvent se révéler inhumaines et incompréhensibles au regard de ce que représente le sel dans notre quotidien au XXIe siècle. Inversons la problématique en admettant que le fraudeur, gros gibier ou menu fretin, fasse ce qu'il fait, la nécessité du ventre l'emportant sur celle de la loi. *Le fraudeur de profession* que l'on retrouve à maintes reprises n'est-il pas celui qui pratique une activité pour vivre ? C'est - avouons-le - forcer le trait que de comprendre l'expression comme un gagne-pain, au même titre que n'importe quel autre emploi. Le sens donné ici ne rejoint pas exactement celui des forces de l'ordre. La formule contient déjà une condamnation, un double blâme sur les épaules de la personne. Le vocable *fraudeur* ne suffit pas pour dénoncer un acte répréhensible, et l'insistance se porte volontairement sur le deuxième mot qui vient appuyer le premier. Le *fraudeur de profession* se met ainsi, aux yeux du pouvoir, en dehors de la loi, davantage que l'individu qui s'est essayé à la fraude, en passant quelques vessies, remplies d'eau-de-vie. L'admonestation pour ce dernier aurait pu être verbale, mais cela ne suffit pas. Quelques jours à la Conciergerie ou à la prison de La Force obligent à réfléchir sur sa modeste condition. À l'inverse, l'individu qui en fait son métier défie directement les autorités. Résolument, par ses actes délibérés, il s'attaque à l'ordre officiel. Il ne mérite donc pas d'indulgence.

Il n'y a pas besoin d'être en bandes organisées et s'opposer par les armes pour mériter fatalement le titre de *rébellionnaire*[183]. La pléthore de documents montre des procédés fréquents, quotidiens, orientés vers la fraude ; c'est une façon de survivre, mais c'est aussi une déviance délibérée des règles. Les violences sont aussi l'aboutissement de ces tensions qui se situent aux limites fiscales de la ville. C'est cette multiplicité qui doit supplanter ou faire oublier délibérément cette notion de *rébellion*, analysée par J. Nicolas. Si le concept a le mérite de quantifier les heurts en décrivant les aspects intenses et brutaux, il a l'inconvénient de ne retenir justement que les chocs. Il ne s'agit pas de rechercher une société pacifiée – cette dernière existe-t-elle en cette fin

[183] Je ferai mien ce néologisme *rébellionnaire*, emprunté à Jean Nicolas.

du XVIIIe siècle ?– mais de retracer ces ordinaires et constants accrochages. Il n'existe pas de bons employés et de mauvais fraudeurs, la réalité serait tronquée et irait à l'opposé de ce que dévoilent les archives. C'est un monde complexe qu'il faut décrire, décrypter, comprendre et faire revivre.

La découverte du commerce clandestin nous emmène, pour une fois, loin de la clôture fiscale. Nos pas nous transportent au cœur de la capitale, en son centre. La violence ne s'exerce pas ici, mais la surveillance est réelle, systématique. Ce ne sont pas les boissons qui sont traquées, mais le tabac et le faux sel. Les employés guettent tout mouvement suspect, tout achat ou vente illicite. Les serviteurs de la Ferme essaient de mettre de l'ordre à la contrebande alors qu'un autre acteur fait son entrée : le commissaire du Châtelet. Celui-ci ne dirige pas les opérations, mais les encadre de sa légalité, sous l'égide de la Lieutenance de Police. Si la Ferme détient une prérogative sur l'alcool, la Lieutenance détient, depuis le premier tiers du XVIIIe siècle, la mainmise sur de nombreux produits entrés illégalement sur le sol parisien. Le Lieutenant, président de la commission spéciale parisienne, a en charge les délits sur l'introduction, la vente et le colportage de nombreuses marchandises (volailles, toiles, eau-de-vie et tabac)[184]. En matière de justice, la commission juge en dernier ressort les contrebandiers qui introduisent du faux tabac ou du sel à l'intérieur des villes de Versailles et de Paris. Cette juridiction exceptionnelle n'a plus que l'adjectif à cette date. La normalité devient la règle à l'intérieur de ces commissions spéciales[185]. À la démission de Lenoir en 1785, la commission est renouvelée par le Conseil d'État. Thiroux de Crosne, le dernier lieutenant de police de l'Ancien Régime reprend toutes les fonctions de son prédécesseur et dirige les commissaires de police du Châtelet.

La vaste machine policière a ses propres mécaniciens, rodés à la longue pratique de l'ordre[186]. La progressive spécialisation des commissaires

[184] BNF, F-21192 (76), Lettres patentes qui subrogent M. Le Noir, lieutenant général de police, et ses successeurs en ladite charge, pour connoître (sic), au lieu et place du sieur Albert, conformément aux lettres patentes du 29 août 1775.

[185] Sur les commissions spéciales Marc et Muriel Vigié, *L'Herbe à Nicot. Amateurs de tabac, fermiers généraux et contrebandiers sous l'Ancien régime*, Paris Fayard, 1989, p. 379-408.

[186] Selon le titre du chapitre « La machine et le mécanicien » dans Vincent Milliot, *Un policier des Lumières, Suivi de Mémoires de J. C. P. Lenoir, ancien lieutenant général de police de Paris, écrits en pays étrangers dans les années 1790 et suivantes,* Seyssel,

de police et la connaissance des quartiers dont ils ont la charge font d'eux des auxiliaires efficaces et incontournables. L'univers de la fraude et de la contrebande ne leur échappe pas et un grand nombre de commissaires est sollicité pour intervenir dans les perquisitions que mène la Ferme générale ou pour interroger le prévenu, arrêté par les employés. Le commissaire occupe l'espace et ses tournées l'amènent à se déplacer fréquemment à l'intérieur de son quartier. Si les procès-verbaux des commissaires demeurent une source indispensable à la compréhension de la vie quotidienne et des rapports sociaux sous l'Ancien Régime, ses papiers permettent de saisir l'image tutélaire de l'homme de loi qui sait se faire accepter de ses concitoyens. L'administration sait apprécier le commissaire, car celui-ci connaît cette population qui réside et travaille dans le quartier. Certains commissaires, investis de la confiance du Lieutenant de police, ont vocation à travailler avec les employés de la Ferme. Jean Odent fait partie de ceux-là ; il sillonne les rues de la ville, au-delà de son quartier d'origine, à la recherche de faux tabac en compagnie d'un brigadier de la Ferme, le sieur . Les tâches ont tendance à se spécialiser et la recherche de faux tabac devient une priorité. Les papiers témoignent de cette différence de traitement entre les délinquants et la nature du délit, aspect que nous avons rencontré avec les écrous à la Conciergerie. L'assistant du commissaire, le greffier, n'utilise pas des feuillets assemblés, mais un imprimé nominatif où le nom du commissaire est inscrit, avec l'en-tête *procès-verbal pour les Fermes générales du roi*. Il suffit de remplir certaines parties, laissées volontairement vides, comme le nom du brigadier de la Ferme qui a requis le commissaire, et préciser l'identité de l'individu chez lequel la perquisition est menée ; enfin, l'exposé de la mission est noté.

De nombreux commissaires, en dépit des péripéties politiques, traversent la période révolutionnaire sans trop d'embûches et continuent d'exercer des responsabilités policières ou judiciaires jusqu'à la Restauration. Ils sont élus commissaires de police ou juges de paix dans leur section respective[187]. Au travers des papiers des commissaires, ce rôle de régulateur s'exprime dans les tensions entre les divers groupes sociaux. Leurs archives abondent de plaintes pour

---

Champ Vallon, 2011, p. 193 et suivantes ; du même, *L'admirable police. Tenir Paris au siècle des Lumières*, Ceyzérieu, Champ Vallon, 2016.

[187] Guillaume Métairie, *Des juges de proximité : les juges de paix. Biographies parisiennes (1790-1838)*, Paris, L'Harmattan, 2003 ; citons Defresne, Gruter des Rosiers, Leseigneur.

vols, d'ouvertures des portes, de déclarations de grossesse, de maltraitances commises sur la femme par le conjoint, de scellés après décès, de coups et blessures, de morts violentes (suicides, homicides) et bien évidemment les fraudes de tous types. Il est loisible de reconstituer les lieux de la fraude, d'identifier précisément les protagonistes, de déterminer les quartiers dans lesquels ces derniers vivent et opèrent. Les pièces des commissaires permettent de pister les incidents aux barrières de l'octroi ou en plein cœur de la ville, ce dernier espace étant plus favorable à la petite fraude de tabac et de sel. Les commis de la Ferme, au nombre de 840, complètent ce dispositif policier en interpellant tout contrevenant qu'ils conduisent chez le commissaire qui procède ensuite à l'interrogatoire[188].

Comment le commissaire perçoit-il son rôle ? Se considère-t-il comme un simple exécutant de la Ferme, subordonné au pouvoir, ou a-t-il la possibilité de s'affranchir de cette tutelle, prenant lui-même des décisions qui prêtent à conséquence ? Le choix qu'il fait en son âme et conscience donne la liberté à l'individu ou l'en dépouille. Le statut du commissaire dépend de la situation et de la relation qu'il noue avec les employés, ses interlocuteurs naturels, et surtout l'interaction avec l'individu qui lui est amené. En fonction des réponses et de la posture du suspect, le commissaire détermine sa position sans que la motivation puisse être totalement comprise par les diverses parties en présence. Lorsque l'officier est requis, quand il accompagne le brigadier dans la recherche du tabac, le commissaire arbore une posture passive et sa liberté décisionnelle devient restreinte. Le commissaire constate la fraude et autorise la saisie des marchandises, même infimes, qui sont transportées au siège de la Ferme, à l'hôtel de Longueville, pour le tabac. Il ne condamne pas à une peine, mais il prive de liberté, sans qu'une tierce personne ni une autre juridiction viennent contester sa décision. Ce qui se passe ensuite, n'est plus son affaire, au sens juridique s'entend, l'Élection ou la cour des Aides prend le relais, en s'appuyant sur le procès-verbal des employés et celui du commissaire.

---

[188] Il ne faut pas négliger les forces auxiliaires que représentent le corps des inspecteurs de police ; pour ces derniers, hormis les travaux d'Arlette Farge qui utilisent régulièrement leurs papiers, voir Nicolas Vidoni, « Une "police des Lumières" ? La "violence" des agents de police à Paris au milieu du XVIIIe siècle », *Rives méditerranéennes*, n°40, 2011, p. 43-66 ; du même, « Les officiers de police à Paris (milieu du XVIIe-XVIIIe siècle). Distribution territoriale et compétences », *Rives méditerranéennes*, n° 34, 2009, p. 110-130.

C'est entre bienveillance et fermeté que le commissaire oscille, préférant la punition et, à d'autres occasions, la clémence.

En plein cœur de la capitale, la Ferme montre sa toute-puissance. Les visites domiciliaires ont beau être encadrées du sceau de la légalité, elles ont quelque chose d'avilissant. La Révolution n'est pas encore passée par là, en cet automne 1788. L'intrusion du commissaire Fontaine en cette fin d'après-midi dans un immeuble de la rue des Fossés, dans la paroisse de Saint-Germain l'Auxerrois, ne déroge pas aux habitudes. Le commissaire ne se déplace pas de son plein gré. Abraham, le capitaine général de la Ferme, est allé le mander quelques minutes plus tôt, le sollicitant pour une affaire de tabac. Les deux hommes, accompagnés de plusieurs employés, gravissent l'escalier qui les mène au 3ème étage de l'immeuble. Abraham frappe à la porte du logement où deux hommes s'affairent dans un atelier de tailleur. Dans la pièce, ils ne trouvent pas de faux tabac ; cependant, une autre porte, fermée, attire leur attention. Le fils Baldé assure qu'il n'a pas la clé. Il faut alors attendre le retour du père. Tous ces hommes s'installent, occupant cet espace, comme s'il leur était familier. Le fils trouve le temps trop long et, sans aucun doute, il a compris que les employés ne bougeraient pas. Il se décide à aller chercher sa sœur qui vit à quelques pas, et possède un double des clés. Voilà le frère et la sœur de retour, accompagnés de leur oncle qui s'est déplacé également. L'ouverture de la porte est effectuée, mais la perquisition ne donne rien dans un premier temps dans les trois pièces. Il reste cependant deux armoires, trois commodes et un secrétaire qui éveillent la curiosité du capitaine de la Ferme. La sœur se confond en excuses, indiquant qu'elle ne détient pas les clés des meubles. Plus d'une heure s'est écoulée lorsque le père Baldé survient enfin. L'inspection peut réellement commencer et la moisson de tabac récolté dans une bouteille en verre et dans une boîte de plomb satisfait le capitaine. Celui-ci hume le tabac qui « avait une odeur de rose et qui annonçait un tabac étranger »[189]. Baldé avoue sans mal qu'il n'a pas acheté le tabac auprès du bureau général ni des débitants officiels, mais qu'il se l'ait procuré dans la rue, auprès d'un inconnu. Le capitaine s'installe sur une chaise (demande-t-il la permission au sieur Baldé ?) et rédige le procès-verbal de saisie, contresigné par le commissaire. Deux semaines plus tard, le capitaine et le commissaire se retrouvent dans la rue Saint-Denis, dans la

---

[189] AN, Y 13141, office du commissaire Fontaine, P-V., de la Ferme, 26 novembre 1788.

boutique d'un maître chapelier. Ils traquent toujours du faux tabac qu'ils trouvent facilement dans deux boîtes en plomb[190].
Abraham, le brigadier, ne se contente pas de quérir un seul commissaire. Les quartiers dans lesquels il se rend, l'oblige à appeler un des trois commissaires qui ont en charge le territoire. L'habitat repéré du fraudeur suffit pour une première approche. Les employés sont persuadés que le vendeur de faux tabac réapparaîtra tôt ou tard, qu'il vive à cet endroit ou qu'il loue une chambre pour se livrer à ce trafic. La Ferme débusque avant tout les grossistes qui possèdent dans leur local de grosses quantités, mais elle s'attaque aussi aux simples revendeurs. Ce jour-là, le commissaire Odent et le brigadier se rendent dans la rue de la Grange-Batelière, mais le trafiquant est absent. Le principal locataire, qui sous-loue deux cabinets, affirme que Timon, la personne recherchée, ne loge pas dans les locaux, mais qu'il paie régulièrement son loyer. Abraham se fait ouvrir les chambres et trouve sans difficulté deux grands pots et une cruche de grès, remplis de tabac râpé. Les ustensiles trouvés (une balance et des plateaux, une râpe, des poids, des sacs en papier) indiquent que l'homme prépare le tabac, le pèse et l'emballe avant de le vendre[191]. Rien que pour l'année 1787, Odent accompagne une vingtaine de fois les employés de la Ferme. Les années suivantes, ce chiffre n'atteint pas le même niveau d'intensité, mais montre néanmoins la spécialisation du commissaire. Odent est toujours affecté à cette branche particulière durant l'année 1790. Ses fonctions l'amènent à déborder largement de son quartier d'exercice et il se retrouve dans la petite rue Taranne (disparue aujourd'hui) dans le quartier de Saint-Germain où la recherche de tabac s'avère infructueuse dans les deux chambres inspectées dans la même rue. À défaut de tabac, quelques onces de sel blanc, provenant de barils de poissons salés, sont saisies[192]. Les deux femmes chez lesquelles la perquisition s'effectue n'en reviennent pas. Elles ont beau dire que le sel a été acheté honnêtement au marché du faubourg Saint-Marcel et qu'elles l'utilisent pour délayer le linge afin de le blanchir. La première femme, en signe de bonne foi, donne le nom de la vendeuse. Mais le brigadier ne veut

---

[190] AN, Y 13141, office du commissaire Fontaine, P-V. de saisie pour la Ferme, 9 décembre 1788.

[191] AN, Y 15015, office du commissaire Odent, P-V. de la Ferme contre Jacques Timon, domestique sans condition, 5 janvier 1787.

[192] AN, Y 15015, office du commissaire Odent, P-V. de la Ferme contre Martin, compagnon maçon, 25 juin 1787 ; P-V. de la Ferme contre la veuve Quentin (Quantin), 25 juin 1787.

rien entendre et rappelle que la contrebande de sel, quel qu'en soit l'usage, est formellement prohibée et qu'elle encourt une amende de 300 livres. Que dire, que faire devant cette menace pécuniaire, sinon faire profil bas et laisser les employés sortir des lieux, en refusant toutefois de signer le procès-verbal de saisie. C'est une façon de montrer son indignation, si légère soit-elle. Le cadre de l'intimité familiale, à l'abri des regards de la population du quartier, profite aux commis. Personne pour les guetter et, dans les deux situations précédentes, aucun voisin n'est alerté. Le quartier dans lequel est appelé Odent en février 1787 n'est pas éloigné du faubourg Saint-Germain. Un peu plus au nord, à proximité des quais de la rive gauche, le commissaire effectue le trajet jusqu'à la rue Jacob. Le brigadier Abraham l'attend déjà au pied d'un immeuble qui appartient à l'hôpital de la Charité. Sans aucune hésitation, le brigadier, suivi du commissaire, monte au 3ème étage. Quelques coups frappés à la porte suffisent avant qu'un homme vienne ouvrir. Aussitôt, Abraham le désigne comme étant le nommé Joinville. La découverte d'une boîte remplie de sel blanc est aisée ; mais le suspect, à ce moment, traverse la pièce en courant, franchit le seuil et s'enfuit à toute vitesse. L'épouse de ce dernier, présente dans la chambre, n'esquisse aucun geste. Ni le commissaire ni le brigadier ne s'interposent. Malgré l'incident, la perquisition ne s'interrompt pas et les employés découvrent du sel en quantité, caché dans plusieurs boîtes[193]. Abraham est absent en ce jour d'août 1787 ; c'est en compagnie d'un autre brigadier que le commissaire se rend au sud du boulevard Saint-Germain, dans la rue du Vieux-Colombier. Les renseignements que possède la Ferme se révèlent exacts et le brigadier découvre dans une arrière-boutique, tenu par un limonadier, sept sacs remplis de tabac râpé[194].
Lorsque la saisie de faux tabac ou de sel se réalise dans un secteur de la ville, la Garde de Paris et la Ferme s'adressent au commissaire de quartier. Si celui-ci rédige le procès-verbal, il n'en conserve pas la trace. Les papiers sont ensuite remis au commissaire spécialisé dans ce type d'affaires. En l'absence du commissaire Odent, les commis se sont rabattus sur un de ses collègues, Convers Des Ormeaux, qui officie près de la place Maubert. Des Ormeaux rédige le procès-verbal, mais le transmet ensuite à son confrère. La Garde et les commis amènent deux

[193] AN, Y 15015, office du commissaire Odent, P-V. de la Ferme contre Joinville, cocher bourgeois et sa femme, 25 février 1787.
[194] AN, Y 15016, office du commissaire Odent, P-V. de la Ferme contre Jolly, limonadier, 13 août 1787.

femmes, surprises à transporter deux sacs de faux sel, qu'elles venaient de faire peser chez un épicier, débitant de tabac[195]. L'interrogatoire devant le commissaire est rapide, voire formel. Les deux femmes, voisines et visiblement amies, habitent la rue du faubourg Saint-Jacques. Elles indiquent à Des Ormeaux que leur intention était de vendre le sel à des blanchisseuses. Le rôle de Des Ormeaux dans cette affaire - plus qu'il y paraît - est essentiel. Le commissaire mène ici l'instruction en procédant à l'interrogatoire ; il n'est plus cet individu au pouvoir neutre, sans signification, où son rôle semblait s'apparenter à celui d'une chambre d'enregistrement, sans aucun pouvoir décisionnel. C'est le seul qui puisse, en dernier ressort, décider de l'incarcération ou de la libération des deux femmes. Des Ormeaux propose une solution amiable qui consiste à inciter le brigadier à accepter la somme de 21 livres pour « désistement à toute poursuite ». Le commissaire peut ainsi remettre les deux femmes en liberté.
Mais, l'issue n'est pas toujours favorable et, régulièrement, le commissaire est appelé pour procéder à des arrestations. En cette fin d'hiver 1787, à une heure du matin, Odent rejoint Grévin, l'huissier de justice, qui l'attend au quai d'Orsay. Une sentence de l'Élection court contre un individu, décrété de prise de corps. L'homme est appréhendé et emmené aussitôt à la Conciergerie par une section de la Garde de Paris[196]. Le travail du commissaire est multiple, et il peut également se rendre en prison, afin de procéder à l'interrogatoire des prévenus, incarcérés par les employés de la Ferme. Le temps de la détention « préventive » (le terme n'existe pas encore) est d'ailleurs supérieur à ce que la loi autorise. Ainsi, les deux personnes détenues à la Force, suspectées d'avoir tenté de faire passer du tabac dans la ville, sont incarcérées depuis huit jours, avant que le commissaire Fontaine ne vienne les interroger séparément en prison[197].

---

[195] AN, Y 15015, office du commissaire Odent, P-V. de la Ferme, 31 mars 1787 ; le sergent de garde en poste à la place Maubert précise qu'il a été requis par un brigadier de la Ferme pour conduire deux femmes par-devant le commissaire « d'Ormeaux qui n'étant pas chargé de la partie de la Ferme générale ».

[196] AN, Y 15015, office du commissaire Odent, P-V. de Grevin, huissier de justice contre Flamant, décrété de prise de corps sur ordonnance de la Cour de l'Election, 5 mars 1787 ; APP, AB 129, écrou du 5 mars 1787, libéré le 5 mai 1787.

[197] AN, Y 13140, office du commissaire Fontaine, interrogatoire de Druard et Lyonois, en exécution d'une ordonnance du lieutenant général de police, président de la commission établie pour connaître et juger des introductions, vente, débits et colportage de toutes sortes de tabac, 25 septembre 1787.

Les prises de tabac sont, la plupart du temps, dérisoires. À la limite, peu importe la quantité saisie. L'objectif est tout autre. Au vu de l'investissement des forces et de l'énergie déployée (un commissaire, un brigadier, plusieurs commis et, quelquefois, une section de la Garde de Paris), il est presque inconcevable que la Ferme se contente d'un si maigre butin qui représente, dans le meilleur des cas, quelques centaines de grammes de sel ou quelques carottes de tabac. Mais, il en va du monopole de l'État royal, autant que de sa propension à faire respecter la loi. En étant présentes, en investissant les lieux, les boutiques et les chambres des particuliers, les forces de l'ordre montrent ainsi leur organisation et leur maîtrise de l'espace parisien. Le message véhiculé montre clairement à la population parisienne qu'elle est épiée et contrôlée à tout moment de la journée ou de la nuit. L'objectif est alors atteint. Si le vin et l'eau-de-vie se traquent aux barrières, là où sont installés les cabarets, le tabac ou le sel se trouvent disséminés un peu partout dans la ville. Il est vrai qu'un baril de vin, même de petite contenance, se dissimule plus difficilement, alors que du tabac râpé, enveloppé dans un papier, se remarque à peine, surtout s'il est caché sous un habit. Pourtant, les employés flairent - si l'on peut dire - et font la différence entre une odeur d'un tabac légal et celui qui serait un « tabac étranger ». À croire que les commis sont dotés d'un nez olfactif entraîné à percevoir les diverses substances, tout comme le goût prononcé qu'ils possèdent lorsqu'ils dégustent un vin frelaté ou un mélange de vin avec du poiré[198]. L'odorat des employés est rarement mis en défaut (ce sont les sommeliers du tabac !). À certaines occasions, ils réussissent à saisir des quantités abondantes. Le commis du marchand de vin, tout proche du marché d'Aguesseau, l'apprend à ses dépens. Il essaie bien d'empêcher le brigadier de la Ferme et le commissaire d'entrer dans le local, prétextant que son maître est absent. Mais devant la menace d'un appel à la Garde, l'homme se fait plus mielleux et laisse pénétrer le groupe dans le cabaret. La saisie est juteuse et les employés peuvent se frotter les mains. La porte basse d'une armoire dans l'arrière-boutique recèle « 6 boîtes de plomb enveloppées dans du papier gris et ficelées, chaque boîte contenant environ une livre de faux tabac, ou tabac étranger ainsi que nous l'avons jugé par son odeur »[199].

---

[198] À de nombreuses reprises, tel commis de la ferme perçoit que le tabac « a une odeur étrangère » ou qu'il a « une odeur de rose ».

[199] AN, Y 13141, office du commissaire Fontaine, P-V. de la Ferme, 12 décembre 1788.

Le sixième quartier, celui de Montmartre, est partagé entre trois commissaires durant la période 1785-1791 : Defresne, Dubois et Dorival. Des trois, Jean-Thomas Defresne est celui dont les papiers contiennent un nombre important de documents sur la fraude. Sollicité très régulièrement par les employés de la Ferme, Defresne sillonne les rues nouvelles qui se construisent, bouleversant la physionomie de la ville depuis une vingtaine d'années, faisant sans cesse reculer les limites fiscales de Paris. Le voici à plusieurs reprises dans les rues qui se situent à quelques centaines de mètres de son domicile, appelé par les contrôleurs ambulants de la Ferme qui lui demandent de procéder à l'ouverture d'une porte d'un terrain situé rue de Montholon, voie créée depuis peu et qui marque, en attendant la fin des travaux de la clôture de Paris, la limite de la ville dans cette zone. Il est tard ce soir-là, mais les longues journées du mois de juin permettent de distinguer les ombres dans cette demi-obscurité. Les employés sont en nombre et ils ont convié, ce 27 juin 1788, une section de gardes-françaises, stationnés à deux pas dans la caserne de la Nouvelle-France[200]. Le déploiement des forces peut sembler impressionnant, voire démesuré. Mais, le quartier, les employés l'expérimentent régulièrement, est à haut risque. Les incidents ou les heurts peuvent s'avérer réels et tendus. Le risque est évalué par les deux brigadiers qui ont sous leur surveillance cette portion de territoire le long du mur des Fermiers généraux qui est difficilement maîtrisable. La suite des événements est là pour leur donner raison. Depuis plusieurs jours, les employés, dans leur ronde, avaient aperçu des jets de sacs en toile qui étaient lancés du terrain par-dessus le mur et aboutissaient de l'autre côté sur la chaussée, à l'angle de la rue Montholon et de la rue Riboutté. À peine projetés, les sacs étaient réceptionnés par plusieurs individus qui s'empressaient de disparaître derrière une porte cochère d'un immeuble voisin. Bien que les sommations d'usage soient nettement signalées, aucun mouvement perceptible ne s'entend derrière la porte du terrain. Pas un bruit ne s'échappe de l'autre côté du mur. L'ouverture de la porte se déroule sur ordre du commissaire Defresne. La troupe pénètre dans cet espace clos et les brigadiers ne mettent pas longtemps à découvrir une brèche pratiquée dans le mur du jardin, vide de toute production maraîchère. Survient à ce moment le locataire du lieu, le sieur Villette, accompagné d'un ami. Retardant l'inévitable inspection, Villette ne se déplace pas

[200] AN, Y 12077^{A}, office du commissaire Defresne, procès-verbal d'ouverture des portes pour la Ferme générale, à la requête des contrôleurs ambulants, 27 juin 1788.

pour ouvrir la porte alors qu'il entend distinctement les paroles du brigadier. Il attend, mais sait qu'il ne pourra pas s'opposer plus longtemps à la perquisition minutieuse qui se prépare. L'homme joue la colère et peste contre les employés qui osent s'introduire chez lui : « de quel droit entrez-vous chez moi ? » leur lance-t-il, sans oublier de tenir « de mauvais propos » à l'encontre des employés. Le brigadier s'efforce d'expliquer la raison de l'incursion et demande à Villette de les accompagner afin d'accomplir la perquisition, à la recherche des produits prohibés. Villette ne laisse pas le brigadier terminer sa phrase et décline ouvertement l'exhortation, ajoutant que son ami et lui-même allaient souper. Tournant les talons, Villette continue à maugréer des paroles qui n'échappent pas au commissaire Defresne qui lui demande de cesser immédiatement ces injures. Le locataire des lieux finit par suivre les employés qui pénètrent dans une cabane, adossée au mur du terrain. Le brigadier Pagny crie victoire en désignant du doigt les dizaines de sacs de café, glissés dans plusieurs sacs de toile. Se tournant vers Villette, le brigadier lui dit que « c'était précisément pour cela qu'ils étaient là ». À ce moment, trois individus sortent précipitamment d'un hangar, situé sur le terrain, et tentent d'escalader le mur, mais sont interceptés. Les employés affirment que ce sont des hommes au service de Villette, payés pour transporter les sacs. Le brigadier s'attend à ce que le commissaire ordonne l'incarcération des trois hommes, mais contre toute attente, Defresne ordonne qu'on les relâche sur-le-champ, attendu que ces derniers n'ont « fait aucune résistance ». Le commissaire joue ici son rôle de régulateur. Defresne ne laisse pas passer les injures que profère Villette, alors que ce dernier ne fait aucun cas des paroles du brigadier, l'interrompant ou tournant les talons. À la réplique sèche du commissaire, il ne manifeste plus sa mauvaise humeur et ne répond nullement à l'officier du Châtelet. Le comportement de Defresne est équivalent lorsque les employés lui suggèrent de réagir devant l'attitude suspecte des trois hommes qui essayaient de fuir. Mais, les trois individus ne sont pas surpris avec des marchandises en fraude et n'ont utilisé aucune violence ; il n'y a donc pas de raison objective de les incarcérer. On peut supposer que les trois hommes auraient été emmenés *manu militari* à la Conciergerie si le commissaire n'avait pas été présent. Pourtant, dans les premiers moments, le commissaire semblait totalement absent, comme s'il n'existait pas. Sa présence devenait symbolique et cela suffisait pour que la légalité ait un sens. Mais ce n'est pas cette démarche qu'arbore Defresne. Il intervient lorsque les dérapages s'enveniment ; il ne se laisse pas influencer par les divers personnages. Villette ne lui manque pas de respect ; ce dernier est certainement stupéfait de l'autorité naturelle qui émane du commissaire. Même les trois passeurs sont écoutés. L'officier du Châtelet use de son pouvoir et calme les divers protagonistes, en recourant à son impartialité qui fait justement de lui, un homme considéré.

Son confrère, le commissaire Jacques-Marie-Stanislas Berton, semble adopter la même attitude, privilégiant le dialogue et évitant la surenchère. L'officier est installé rue Pavée, dans le quartier de Saint-Denis depuis 1783. En janvier 1785, le sergent de la garde près de la barrière Saint-Martin amène un homme soupçonné d'avoir voulu passer en fraude de l'eau-de-vie en baril[201]. Le militaire est accompagné du sous-brigadier du bureau. L'homme arrêté joue la transparence et répond aux questions, sans nier sa participation à la tentative de fraude. L'individu avoue « qu'il transportait un baril d'eau-de-vie, et qu'il l'a fait pour gagner sa vie ». Sous le regard médusé de l'employé, le commissaire décide de relaxer l'homme. Quelques jours plus tard, Berton est de nouveau sollicité à la tombée de la nuit hivernale. Ce sont des commis de la barrière Montmartre et la garde qui lui amènent deux hommes qui cachaient dans leurs sous-vêtements quelques vessies d'eau-de-vie. Les deux individus, un charpentier et un maçon, répondent sans animosité au commissaire. Ils ne connaissent pas le nom de l'homme qui leur a demandé de transporter les vessies, mais ils l'ont croisé à plusieurs reprises. Le commissaire décide de la saisie des vessies, mais, comme il l'a fait précédemment, il relâche les deux individus[202].

L'attitude bienveillante du commissaire ne se reproduit pas nécessairement. En juillet 1788, une situation identique se reproduit. Le quartier dans lequel se déroule l'incident est tout proche de la barrière Sainte-Anne. Les employés confisquent à une femme une vessie d'eau-de-vie, cachée sous ses vêtements. Marie-Angélique Bidault (Bidaut ou Bideau) se perd en développement superflu, se montre extrêmement précise, peut-être même trop bavarde. Elle avoue connaître de vue l'homme qui lui a confié la vessie ; il lui avait promis 6 sols lorsqu'elle

---

[201] AN, Y 11102, office du commissaire Berton, procès-verbal de la garde relatif à un passage de baril d'eau de vie passé en fraude, 14 janvier 1785.

[202] AN, Y 11102, office du commissaire Berton, procès-verbal au sujet d'eau-de-vie passée en fraude, 20 janvier 1785.

aurait franchi la barrière[203]. L'interrogatoire est rapide et quelques minutes suffisent au commissaire pour trancher. Arrivée à midi à l'office, Marie-Angélique est écrouée à la Conciergerie à 13h[204]. Un tableau analogue, des circonstances comparables et pourtant deux résultats qui divergent radicalement. La femme semble calme, elle ne montre aucune agressivité lorsqu'elle s'adresse au commissaire lors de son interrogatoire. Les explications qu'elle donne ne sont pas en contradiction avec ses propos et elle n'a manifesté aucune velléité au moment de son interpellation. Une vie qui bascule pour la femme Bidault; le commissaire en a-t-il pleinement conscience ? De sa seule décision, de sa propre autorité, il tient entre ses mains le destin de cette femme qui passera trois mois de son existence à la Conciergerie.

La fraude et les quartiers périphériques : surveiller davantage

Un nombre important de personnes vit, travaille, tient une boutique ou un débit de boissons aux limites de la ville. Plus que d'autres lieux, ces espaces sont l'objet d'une opposition, sans cesse réactivée, entre la Ferme générale et la population parisienne. Un contrôle des employés dans une maison, une vérification des marchandises aux barrières peuvent dégénérer rapidement en une bataille rangée. Les habitants du quartier ont souvent l'avantage numérique sur les employés. Les tensions sont vives, les rapports de force s'établissent et c'est une lutte de chaque instant qui se déroule aux portes de Paris. Les territoires qui demandent une attention particulière appartiennent à ces franges périphériques de la ville. Tout en ne faisant pas partie fiscalement de Paris, ces espaces sont cependant intégrés à la ville. Chaque habitant expérimente quotidiennement cette situation pour le moins étonnante juridiquement. Lorsque le commissaire du Châtelet enquête à l'extérieur de la ville, il n'a nul besoin d'une commission spéciale pour franchir les barrières. Lorsqu'il s'agit de mettre à exécution une sentence de l'Élection, l'huissier à cheval franchit les limites

[203] AN, Y 11104, office du commissaire Berton, procès-verbal de la garde et des employés de la barrière Sainte-Anne [ou Poissonnière], au sujet d'eau de vie trouvée sur la fille Bidault en fraude de droits, 9 juillet 1788.
[204] APP, AB 129, écrou de Marie-Angélique Bideau, 9 juillet 1788, à 1h de relevée ; la femme restera en prison près de trois mois, jusqu'au 1er octobre 1788.

administratives. Les commis de la Ferme n'hésitent pas à investir des lieux situés dans les faubourgs à l'extérieur de la ville. La Ferme sait où frapper, connaît les quartiers, identifie les maisons qui sont susceptibles de contenir des marchandises illicites. Certaines rues sont synonymes de fraude. Pendant que la ville dort, les fraudeurs se risquent au-dehors et sortent l'attelage qui transporte des tonneaux. Mais l'entreprise n'est pas sans risque. Durant la nuit que les employés redoublent de vigilance et ont des effectifs plus fournis.

La rue Bellefond concentre à elle seule ces divers aspects. Voici une voie à l'extérieur de la ville, éloignée de quelques pas de la capitale, à proximité immédiate d'un des axes les plus fréquentés de la capitale, joignant le Nord et le Sud, et regorgeant de plusieurs dizaines de débits de boissons. De part et d'autre de l'artère, parallèle à la rue de Montholon, deux barrières en ferment l'accès : la barrière Sainte-Anne, à l'est ; celle de Rochechouart, à l'ouest. La rue Bellefond, en pente, aboutit dans la rue Sainte-Anne. Les travaux de l'édification du mur et des bâtiments n'ont pas encore débuté dans cette partie de la capitale en 1786. Ces entrées frontalières dans la ville sont l'objet d'une attention particulière de la Ferme où des patrouilles veillent étroitement sur les faux passages et inspectent les maisons. Sur une toute petite portion de territoire, les cabarets, les bureaux de l'octroi et la garnison de la caserne de la Nouvelle-France sont distants de quelques centaines de mètres (figure 10).

Figure 10. Les barrières au nord de Paris vers 1785

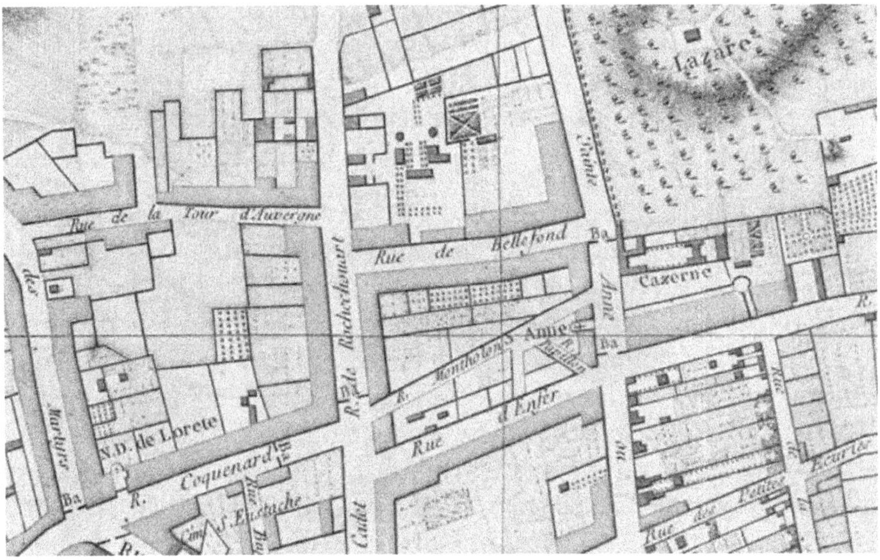

AN, N/III/Seine/1249, *Nouveau plan de Paris avec les augmentations et changemens (sic) qui ont été faits pour son embellissement, par M. Brion de la Tour*. À Paris, chez les Campions frères, rue St-Jacques. Grav. par G. Tulpin, 1784.
© Archines nationales, Paris.

[Dans ce secteur, au-delà des rues Coquenard, Montholon et de la caserne de la Nouvelle-France, commence la banlieue. Les barrières, bien visibles sur la carte, sont représentées par les lettres « Ba »].

Le voisinage immédiat des militaires n'est pas un frein aux incidents. Les ingrédients sont ainsi explosifs. La violence fait partie intégrante et il serait presque anormal qu'elle n'en constitue pas un moteur. Comment concevoir que les accrochages ne puissent pas exister, alors que la législation fiscale produit des situations qui aboutissent à des incidents ? C'est devenu une habitude de voir dans les rues parisiennes ces diatribes verbales, menaçantes. Il se passe rarement une journée où l'on peut dire que le calme a régné aux abords de la ville. Un banal contrôle dans la rue sur un individu suffit pour envenimer la situation. Il faut être constamment sur le qui-vive et nul employé ne peut dire s'il pourra terminer son service ce soir-là, sans une égratignure, sans un coup-de-poing. Les commis se doivent d'être en nombre suffisant, prêts à riposter. Armés de leur sabre tranchant et de leur fusil, ils représentent une force. En face, c'est le nombre qui peut imposer sa loi et faire reculer les commis ; si un individu est intercepté, il suffit que celui-ci appelle à l'aide. Les cris sont immédiatement entendus ; on accourt, désertant les boutiques et les chambres. La vigilance est donc extrême.

Voilà nos commis, en cette nuit d'été, vers 22h30, surveillant cette section de la banlieue au nord de la ville. Ils sont quatre, se cachant des regards indiscrets, attendant qu'une porte s'ouvre, guettant le premier venu qui transporte un objet suspect. Ils voient arriver du côté de la rue Rochechouart un homme qui porte un baril sur l'épaule[205]. Ils ont enfin leur fraudeur ! Il suffit de le suivre sans attirer l'attention, observer et attendre le bon moment. L'individu s'engouffre à l'intérieur d'un cabaret de la rue de Bellefond. L'endroit est fréquenté malgré l'heure tardive. Le lieu est notoirement réputé pour abriter la fraude. Le débit de boissons, *l'Aventure,* appartient à un certain Boyer. Demandant au marchand de vin à perquisitionner, c'est une fin de non-recevoir qui cingle. Boyer n'a guère le temps de rétorquer, son épouse le fait à sa place et se dresse devant les employés, leur refusant l'accès à son domicile. La femme, « s'emportant comme une furieuse », leur demande de manière véhémente de sortir. Les clients, accoudés au comptoir ou attablés, réagissent et font front commun. Certains se lèvent, entourent les employés et leur barrent le passage vers une hypothétique entrée en force. Après les signes de mécontentement, voilà les insultes qui fusent, suivies de menaces. Le garçon du marchand de vin s'empare d'un gros bâton ; son maître, Boyer, sort un « couperet » de sa veste. Les employés reculent et sortent du cabaret où la porte est aussitôt refermée. Les commis ont renoncé provisoirement à investir les lieux, à cause d' « une infinité de particuliers et de particulières buveurs, dont une « partie [est composée] des fraudeurs habituels ». Le sous-brigadier des Fermes fait appeler les gardes-françaises de la rue Poissonnière qui débarquent quelques minutes plus tard. À leur tête, le brigadier de la section, accompagné de quatre hommes, frappe à la porte du cabaret. L'ambiance est tout autre. L'épouse Boyer continue à vomir des insultes à l'encontre du chef des employés, mais plus personne ne bouge dans la salle. L'uniforme et la présence des forces de l'ordre

[205] AN, Z^{1G} 211, information contre Boyer, sa femme, un de leurs garçons, et un voisin, boulanger ; affaire du 21 aout 1786.

calment temporairement les ardeurs des buveurs qui regardent, interloqués, l'intrusion des employés. Talbot peut enfin mener son inspection comme il l'entend, protégé par les militaires. Ses pas le mènent à l'arrière du bâtiment. Là, où l'illicite se cache, où les manipulations de barriques, de barils et de vessies sont soustraites au regard inquisiteur des employés. Chaque bâtiment ou maison possède de l'autre côté de la façade son univers clos : un jardin qui donne sur d'autres édifices ou sur des terres maraîchères (les marais de Montholon) et sur des prés où les animaux paissent paisiblement. Mais le jardin sert à bien d'autres pratiques, moins respectables. Le sous-brigadier subodore la fraude qui s'exerce sur ces terrains. À peine entrés dans le jardinet, les commis et les gardes-françaises remarquent une échelle posée sur un mur contigu qui permet d'opérer en toute discrétion et de se mouvoir de maison en maison à l'arrière et dans les cours intérieures. Près du mur, 8 barils remplis n'attendaient que leur déménagement vers d'autres directions du quartier et de la ville. Continuant leur investigation, dans la cave, puis dans la serre, les employés n'ont aucun mal à dénicher au total 26 barils, pour la plupart, remplis. C'est une nouvelle fois la femme que l'on entend grommeler. L'épouse Boyer prend au collet le brigadier qui se débat. La mise en scène commence. La femme, tout à coup, se met à crier et accuse le brigadier de l'avoir frappé. Les témoins sont nombreux à assister à la scène et prennent la défense de la femme. Les clients ne se ruent pas sur Talbot, mais font jouer la procédure légale, disant « qu'il fallait rendre plainte » de cet acte. Tous sont prêts à témoigner des coups imaginaires ou réels qu'a reçus l'épouse. Devant un juge, chaque personne est potentiellement un témoin à charge. Tous affichent leur solidarité vis-à-vis de la femme Boyer. Une masse d'individus qui fait corps, car chacun éprouve le même rejet contre la Ferme.

La situation baisse d'intensité, les gardes-françaises calment ce petit monde. La saisie peut s'opérer sous les yeux des clients et du sieur Boyer. Son épouse tout à coup disparaît, se sentant faible, clame tout haut « qu'elle allait se coucher ». Quelques minutes plus tôt, la femme semblait virulente, la voilà maintenant, presque, agonisante. Est-ce l'émotion de voir s'envoler tous ces barils, embarqués par les employés ? C'est un dommage financier important, au vu des investissements opérés. Doit-on y percevoir autre chose, un jeu qui s'enclenche bien avant la procédure ? L'épouse Boyer sait déjà qu'une action va être engagée au nom de l'adjudicataire des Fermes. Il faut alors placer des atouts dans son camp et rivaliser avec les témoignages des employés pour emporter la différence, avoir gain de cause, en demandant la restitution des marchandises et éventuellement obtenir des dommages et intérêts. L'épouse Boyer peut prétendre avoir reçu des coups, ce qui peut jouer en sa faveur. Le brigadier de la Ferme a sans doute compris ce qui se tramait et il doit devancer toute accusation de mauvais traitement. Le chef de la brigade demande à un de ses hommes d'aller chercher un médecin. La nuit est déjà bien avancée lorsque ce dernier arrive à 3 h du matin. Il ausculte la dame et distingue une « fracture malléolaire ancienne » sur le tibia qui a eu comme conséquence un « vice dartreux ». Mais, le praticien ne voit aucun hématome ou coup récent sur le corps de la femme[206].

Deux ans se sont écoulés depuis l'intervention des employés chez les époux Boyer, mais la Ferme reste vigilante. La rue de Bellefond, deux ans plus tard, en 1788, n'a pas changé de physionomie : les cabarets foisonnent, toujours plus nombreux. Mais, le fameux mur des Fermiers se dresse à l'ouest de la ville ; ce n'est plus qu'une question de temps avant que la clôture n'enferme la partie nord. La Ferme se déploie davantage et, telle une armée, cerne l'espace et s'introduit de plus en plus fréquemment dans les maisons, boutiques et jardins du secteur. En plein après-midi du mois d'août 1788, la rue est le théâtre d'une opération d'envergure. Plusieurs maisons et cabarets sont investis par les employés, secondés par la Garde de Paris. Ils rentrent dans les propriétés, escaladent les murs des jardins mitoyens, cassent les portes des celliers et s'emparent de 12 feuillettes de vin de Bourgogne (environ 120 litres). Le sieur Boyer, que nous retrouvons, n'est pas le seul à voir s'envoler son vin qui est escorté sous bonne garde dans les entrepôts de l'hôtel de Bretonvilliers; deux confrères, marchands de vin, Mintier (Maintier) et Chavinot, subissent des pertes identiques. C'en est trop pour Boyer et Chavinot qui se rendent en même temps chez le commissaire Defresne pour porter plainte. L'officier de police les reçoit individuellement et enregistre les réclamations des deux hommes qui estiment avoir subi une « violation d'asile et de violence, d'outrages et d'attentat à la propriété »[207].

---

[206] AN, Z^{1G} 211, *ibid.*, comparution de Barthélemy Delmas, maître-chirurgien, 11 septembre 1786.

[207] AN, Y 12078, office du commissaire Defresne ; plainte de pierre Boyer, habitant rue Bellefond, bourgeois de Paris, contre les commis, 19 août 1788 ; plainte de Jean

Deux mois après cet incident, les commis se retrouvent de nouveau devant la porte du cabaret que tiennent Boyer et sa femme[208]. Si la Ferme s'attaque à tout fraudeur, elle s'attache davantage à ceux qui tirent les ficelles, les donneurs d'ordre, ceux qui engrangent des sommes d'argent importantes et en font perdre par conséquent à la Ferme. Les cabaretiers et les marchands de vin sont ainsi la proie idéale. Entre ceux qui tiennent les rênes du trafic des boissons et ceux qui déplacent les fûts, les remplissent ou les transvasent, la Ferme n'hésite pas à frapper l'adversaire le plus coriace et essaie de remonter en amont le trafic, s'attaquant à ceux qui détiennent le pouvoir. Une nébuleuse verticale s'installe où chaque groupe tient un rôle. Ce sont aussi des individus qui vivent grâce au trafic, car l'octroi alimente la fraude. Aussi, les marchands de vin jouent-ils un rôle de premier plan, car personne ne se satisfait des intrusions répétées dans leur quartier, car tous pâtissent des pertes d'argent dues aux marchandises saisies.

Trois cabarets, distants de quelques mètres, se situent dans le même prolongement de la rue ; voilà de quoi exciter bien plus que de la curiosité parmi les employés. Non seulement Boyer est régulièrement suspecté de faire venir du vin et de l'eau-de-vie chez lui en toute illégalité, mais le voisinage immédiat avec un autre cabaretier, le sieur Ador, présage une complicité entre les deux hommes. Cachés, les commis épient tout mouvement douteux. Ce 6 octobre 1788, une voiture, attelée d'un cheval, s'arrête devant le cabaret de Boyer. Aussitôt, deux hommes se précipitent pour décharger les 12 demi-queues de vin, destinées à un certain Lefevre. Le sous-brigadier reconnaît sans peine l'homme qui vient à sa rencontre, ce dernier « ayant été commis aux entrées de Paris » peu de temps auparavant. Jean-François Lefevre a depuis basculé dans l'illicite. Après avoir traqué la fraude, le voici fraudeur à son tour. On ne sait précisément quelles sont les circonstances qui ont valu son départ ou son licenciement de la Ferme. Jusqu'en décembre 1787, Lefevre fait partie de la compagnie et on le rencontre à plusieurs reprises, emmenant des individus à la

---

Chavinot, marchand d'eau-de-vie en gros, demeurant rue de Bellefond, contre les commis, 19 août 1788.

[208] AN, Z^{1G} 209, procès-verbal des commis de la Ferme, 6 octobre 1788 ; information et répétition des commis, à l'encontre du sieur Lefevre, le sieur Boyer et sa femme, le sieur Ador et sa femme, 20 octobre 1788.

Conciergerie[209]. Lors de l'interrogatoire mené par le magistrat Marye, le juge indique que Lefevre est « un ancien commis révoqué ». Le premier président de l'Élection lui demande « s'il a été renvoyé de la Ferme ou s'il l'a quittée volontairement »[210]. L'accusé répond qu'il est parti de son propre gré. Le juge ne pointe pas cette contradiction évidente entre les propos de Lefevre et la mise en accusation initiale. Homme aux multiples occupations professionnelles, Lefevre ne compte plus ses divers emplois. Outre son ancienne activité à la Ferme, il se dit, au gré des diverses procédures, marchand de vin, employé ou plombier à la pompe à feu. Lefevre affirme louer à Boyer une salle, un cellier dans la cave et une chambre à l'étage. Le défaut de bail confirmé par les époux Boyer renforce la conviction des employés ; il s'agit bien d'une introduction frauduleuse pour le compte des Boyer et non une consommation personnelle. Les époux Boyer, jamais bien loin, arrivent prestement et s'insurgent une fois de plus de l'enlèvement des pièces de vin blanc. Madame Boyer fait un esclandre et ameute les voisins. Le boucan terrible qu'elle provoque fait réagir le brigadier de la Ferme qui, peine perdue, ne s'adresse plus à l'épouse, mais au mari, lui demandant « qu'il lui impose silence et ne point troubler les commis dans leurs fonctions ». Le brigadier a pris des précautions extrêmes en s'entourant d'une section des gardes-françaises et de la garde de Paris afin de mener la voiture remplie de fûts à l'hôtel de Bretonvilliers. Estimant leur présence inutile les gardes-françaises se replient vers la caserne, laissant sur place quelques soldats de la garde. Il n'en faut pas plus pour que des incidents physiques se déclenchent. Les bâtons sont sortis et les coups pleuvent sur les commis qui abandonnent la cargaison[211]. Les chocs physiques, les mauvais traitements, loin de calmer l'ardeur des combattants, alimentent la bataille où les tensions grossissent, mais peuvent aussi retomber en intensité, grâce à l'action des gardes-françaises qui s'interposent et jouent le rôle de tampon. Les deux camps adverses dénoncent mutuellement les agissements inacceptables dont ils ont été les victimes. Victor Ador, le voisin de Boyer, affirme avoir

[209] APP, AB 128, écrou de Jean Dizy conduit à la Conciergerie par plusieurs commis dont Lefevre, 20 avril 1785 ; APP, AB 129, écrou de Marie Chatelain conduite à la Conciergerie par les commis Lambert, Perrin et Lefevre, 11 septembre 1787.

[210] AN, Z^{1G} 209, interrogatoire de Jean-François Lefevre, 15 décembre 1788 ; l'homme signe *Lefebvre* et se retrouve écroué depuis qu'un décret de prise de corps a été pris à son encontre par l'Election le 29 octobre 1788 ; APP, AB, 129, écrou de Jean-François Lefevre amené par un huissier à verge, 15 décembre 1788.

[211] AN, Z^{1G} 209, P-V. des commis de la Ferme, 6-7 octobre 1788.

reçu un coup-de-poing dans l'estomac administré par un commis, alors qu'il se rendait tranquillement chez son ami Choppart, transportant « un morceau de pain et du fromage »[212]. La version est diamétralement opposée dans la bouche du commis qui se plaint lui aussi de coups violents, assénés au ventre. Les chocs deviennent presque banals et la violence est acceptée par les parties en présence, car aucune des deux victimes supposées ne porte plainte. Fataliste, Victor Ador indique au magistrat qu'il n'intentera aucune action judiciaire, n'ayant pas l'argent pour entamer une procédure. Le marchand de vin et l'employé consentent à recevoir des coups du moment qu'ils sont rendus, cela fait partie de la norme. Les risques encourus restent acceptables et, d'ailleurs, ni l'un ni l'autre ne sont gravement blessés. On s'en tire avec des égratignures, une côte fêlée ou des lèvres gonflées. Chacun frappe et ne retient pas toujours ses coups[213].

Il suffit d'une perquisition pour que l'émeute se dessine et s'impose dans l'espace public. Il n'est pas nécessaire que la nuit tombe, la capitale ne dort jamais de toute façon ; on entend le tumulte qui gronde dans la ville. Les attelages tirés par les chevaux claquent sur les pavés parisiens. En cet après-midi d'automne 1788, les commis voient arriver deux charrettes remplies de 14 demi-queues. La lourde charge est tirée par quatre chevaux qui se sont engouffrés dans la rue des Martyrs et montent difficilement la côte qui mène à Montmartre[214]. À la vue des deux voitures, les employés s'interposent et demandent aux deux conducteurs la présentation des expéditions, c'est-à-dire les lettres de congé qui ont été délivrées au bureau d'Étampes, dont la destination est le quartier de la Nouvelle-France. À première vue, la légalité des congés n'est pas mise en doute, si ce n'est que les deux destinataires de ces abondantes marchandises ne sont ni des cabaretiers ni des marchands de vin. La suspicion est vite établie lorsque le chef des employés constate que les barils doivent être déchargés, décidément, au domicile de Boyer. Les conducteurs n'ont rien à se reprocher, mais le fait de remonter la rue des Martyrs, puis de redescendre par la rue de la Tour-d'Auvergne, avant d'aboutir dans la rue de Bellefond, constitue déjà

212 AN, Z^{1G} 209, affaire du 6 octobre 1788 ; interrogatoire de Victor Ador, marchand de vin, demeurant rue de Bellefond, 8 novembre 1788.
213 Arlette Farge, *Effusion et tourment, le récit des corps. Histoire du peuple au XVIIIe siècle*, Paris, Fayard, 2007.
214 AN, Z^{1G} 216, Information à l'encontre du sieur Guitton et sa femme, se disant locataires du sieur Boyer, la femme de Boyer, cabaretier rue Bellefond, Martineau et sa femme, cabaretier, dans la même rue, 27 octobre 1788.

une anomalie géographique. Les employés n'ignorent plus les routes contournées et n'hésitent pas à se positionner plus en avant, au nord. Les limites fiscales n'épousent plus les limites de la ville depuis quelque temps déjà. Arrivé au cabaret des époux Boyer, le sous-brigadier annonce à la tenancière que ses commis ont intercepté deux voitures qui devraient arriver incessamment. Il demande à parler aux individus à qui sont destinées les boissons. Le premier est sorti, mais le second, accompagné de son épouse, vient à la rencontre du sous-brigadier. Les époux ne se démontent pas devant l'assurance de l'employé. Évidemment, répliquent-ils, « le vin était pour eux et pour leur consommation domestique et qu'ils en feraient boire à leurs amis ». Le sous-brigadier, loin d'être dupe, fait remarquer que ces quantités sont trop importantes pour une consommation personnelle. Les noms apposés sur les congés ne sont qu'une mystification, les boissons sont simplement destinées à Boyer. Voilà aussitôt l'épouse Boyer qui se dresse, furieuse. On peut assurément saisir les voix qui montent d'un cran, au travers des témoignages figés sur les papiers[215]. Les échanges vifs ne passent pas inaperçus dans le quartier. La rue, si vivante en temps normal, décuple son intensité. Des têtes sortent des ateliers qui donnent sur les rues. Les clients attablés dans les débits de boissons glissent un œil au-dehors en ce milieu d'après-midi. La confrontation perdure de plus belle, chacun y allant de sa diatribe persuasive. La discussion ne peut aboutir, c'est une succession de monologues. C'est la propriétaire des lieux qui investit l'espace de la parole ; après tout, n'est-elle pas chez elle ? lance-t-elle aux commis. Le sous-brigadier met fin au semblant de dialogue et informe qu'il procède à la saisie des charrettes et des boissons. Au moment où Montmignon veut saisir le vin blanc en tonneaux, il lui est nécessaire d'effectuer le transport avec l'aide des voituriers. Dans un premier temps, Montmignon rassure le maître conducteur ; il n'est pas question « de saisir ni les chevaux ni les charrettes, d'autant qu'ils s'étaient rendus à la destination portée aux congés ». Le sous-brigadier ne reproche rien aux voituriers et sollicite seulement leur aide. Prétextant une blessure réelle au nez qu'il a subie en route et qui provoque une « hémorragie considérable », le chef voiturier estime ne pas pouvoir aller plus loin et repousse la demande formulée par le sous-brigadier. Le refus n'est pas direct, mais il correspond à l'entraide existante à l'intérieur de ces groupes, car tout le

---

[215] Arlette Farge, *Essai pour une histoire des voix au dix-huitième siècle*, Paris, Bayard, 2009.

monde aux alentours entend distinctement la demande du sous-brigadier. De plus en plus nombreux, les habitants investissent l'espace de la rue. Les huit employés de la Ferme voient, sentent ces individus les presser. Des cris fusent, des insultes éclatent. C'est donc sans l'intervention des conducteurs que les gardiens des barrières se décident à descendre la rue Bellefond et se dirigent vers le bureau Sainte-Anne. Le trajet, pourtant court, n'est pas sans danger. Les employés escortent les attelages, sachant qu'ils peuvent être à tout moment bombardés de pierres et molestés de coups. La caserne de la Nouvelle-France se trouve à deux pas du bureau des employés. Si les voitures parviennent jusque-là, c'en est fini du vin. Le schéma classique de l'enlèvement des marchandises se met progressivement en place : les chevaux à l'arrière d'un des véhicules sont détachés ; deux commis rattrapent les équidés sous les rires et les huées de la population. Les chevaux à peine récupérés, c'est le tour du cheval limonier d'être dételé à l'avant, alors qu'une « grêle de cailloux » s'abat sur les employés. Le jeu peut débuter, mais l'amusement n'est pas réciproque. L'hilarité de la population fait place à la colère. Nicolas Martineau, marchand de vin et traiteur dans la même rue, sort de son débit de boissons et se dirige vers le sous-brigadier. Les deux hommes se connaissent. L'échange est vif, ponctué d'insultes unilatérales. Le marchand de vin rentre précipitamment dans le cabaret et, quelques instants plus tard, c'est une nuée d'individus qui en ressortent, munis de bâtons, de manches à balai et de planches de bois. Les coups pleuvent sur les employés. L'échauffourée s'arrête net lorsque, dans la confusion, un des commis crie qu'il va réclamer l'appui des gardes-françaises. Aussitôt, les outils, servant d'armes, disparaissent. Ce n'est pas tant la peur des forces de l'ordre qui stoppe le manège agressif, mais le fait d'être pris en flagrant délit de rébellion et d'être en possession d'objets, considérés comme des armes. Devant un juge, le témoignage d'un militaire emporte la décision face à un simple individu. De fait, quelques minutes plus tard, une section des gardes survient sur les lieux. Si le calme ne s'est pas encore installé, du moins les violences physiques s'estompent pour disparaître totalement. Les charrettes avec leur cargaison peuvent enfin être escortées à l'hôtel de Bretonvilliers.

Chapitre 5
Le face-à-face : violences verbales, violences physiques

Paroles de femmes : résister

La place des femmes, épouses ou jeunes filles, n'est pas négligeable ; très souvent, celles-ci montrent qu'elles ont un rang et qu'elles le tiennent. On les retrouve souvent aux premières loges, aux côtés de leurs époux, parées à défendre bec et ongles leurs biens. Mais, ces femmes ont également un rôle modérateur dans des situations d'extrême tension. Juridiquement, elles existent puisqu'elles sont appelées à témoigner, à comparaître et peuvent ainsi être condamnées à une peine. Socialement, leur position compte tout autant que celle de l'homme et leur rôle ne se réduit nullement à être la subordonnée du sexe masculin. Devant le juge, les femmes montrent une hardiesse sans pareille, ergotant sur les mots, sachant être précises et ne semblent pas être confuses ni embarrassées lors d'un interrogatoire. Pourtant, avant même l'information judiciaire menée par le président de l'Élection, la femme n'a de réalité réelle qu'à travers celle de son époux. Elles ne sont point nommées par leur patronyme originel, pas davantage par leur prénom. Elles ne sont pour l'instant que des *filles, épouses ou femmes de* quelqu'un. Au moment de la comparution des individus lors de cette affaire du 29 octobre 1788 dans la rue de Bellefond, tous (toutes) sont accusés de « troubles, d'injures, excès, menaces, violences, voies de fait et rébellion envers les commis ». Marmottant, le procureur du roi à l'Élection, met en cause les « nommés Guitton et *sa femme*, la *femme* Boyer, Martineau et sa *femme* »[216]. Ce n'est que lors de leur comparution, après avoir prêté serment et au moment de décliner leur identité, que les femmes peuvent réellement exister[217].
L'épouse Martineau se révèle être une femme solide. Âgée de 28 ans, elle tient avec son époux le cabaret. Les griefs que les employés lui

[216] C'est nous qui soulignons.
[217] Outre l'ouvrage de Dominique Godineau, *Citoyennes tricoteuses : Les femmes du peuple à Paris pendant la Révolution française*, Aix-en-Provence, Alinéa, 1988 ; on y ajoutera Jean-Clément Martin, *La révolte brisée. Femmes dans la Révolution française et l'Empire*, Paris, Armand Colin, 2008 ; l'historien montre notamment le

imputent sont graves, car elle est accusée d'avoir injurié les commis et avoir dit à Talon, un commis de la Ferme, qu'elle trouverait quantité de témoins qui jureraient avoir vu l'employé la frapper avec le plat du sabre. Jeanne André, tel est son nom de jeune fille, s'insurge devant de telles accusations, et renouvelle sa dénonciation à l'encontre des commis qui seraient venus la toiser devant la boutique, la menaçant ouvertement. La femme ne démord pas dans ses propos. Le juge ne revient pas sur la teneur du procès-verbal ni sur les dépositions des employés qui contredisent la version de Jeanne André. À quoi bon, il sait déjà qu'il ne tirera pas grand-chose de l'épouse Martineau qui tient, mot pour mot, le langage de son mari. Jeanne André signe au bas de la page que lui tend le greffier. La signature est nette, élancée, aucune marque d'hésitation n'est visible lorsque celle-ci prend la plume [218].

Marguerite Leclerc, l'épouse Boyer, est un peu plus jeune. La jeune femme de 25 ans, native de Paris, est interrogée le même jour que sa voisine[219]. L'état d'ajournement personnel à son encontre est suffisamment dissuasif et la femme a tout intérêt à adoucir ses propos, au risque de souffrir un décret de prise de corps. La stratégie, relativement simple, mais efficace, consiste à déjouer les questions du magistrat. L'intimidation face au juge n'est aucunement perceptible et la riposte indique un aplomb tangible. Les graves accusations de *rébellion et voies de fait* impliquent une mise en accusation immédiate qui risque d'aboutir à une détention. Ses réponses ne se contentent pas de s'insurger en faux contre les allégations des employés, elle les contredit en opposant une autre vérité. Quel intérêt Marguerite Leclerc aurait-elle lorsqu'elle affirme n'avoir aperçu qu'une seule charrette au lieu des deux, indiquées dans le procès-verbal ? Répondre par la positive à la question du magistrat équivaut pour la femme à admettre que les cargaisons des deux charrettes sont réservées à Guitton et Lefevre. C'est reconnaître que le nommé Lefevre demeure chez elle et qu'elle n'ignore certainement pas les combines suspectes de son locataire, que son époux et elle-même entretiennent et favorisent probablement la fraude des boissons. La femme précise qu'elle était à

rôle des femmes durant les journées révolutionnaires et les violences exercées à leur encontre.

[218] AN, Z^{1G} 216, Information…, interrogatoire de Jeanne André, épouse du sieur Martineau, 14 novembre 1788.

[219] AN, Z^{1G} 216, Information…, interrogatoire de Marguerite Leclerc, épouse de Pierre Boyer, 14 novembre 1788 ; la femme signe Leceler sur le procès-verbal de l'interrogatoire.

ce moment dans la boutique et non sur le seuil de la porte d'entrée ; elle n'a donc pas vu voir la voiture arriver. Marguerite Leclerc sait pertinemment que le magistrat attend qu'elle avoue que ces deux individus sont ses locataires. Elle ne prononce jamais le nom de Lefevre qui n'est, d'ailleurs, pas mentionné par le magistrat. Seul le couple Guitton est cité. Leur présence est attestée par plusieurs personnes, dont le sous-brigadier qui sait que les époux demeurent chez les Boyer. Il n'y a donc pas à nier que ceux-ci occupent et louent depuis plus de trois ans, sans bail certes, deux salles dans la boutique et deux chambres à l'étage[220]. Nier ne suffit pas, il faut également argumenter et laisser subsister un doute dans l'esprit du juge. À l'accusation d'avoir incité un des voituriers à dire que, s'il saignait, cela était dû aux coups qu'il aurait reçus de la part des employés, la femme dément catégoriquement avoir tenu de tels propos. Elle reconnaît avoir entendu ces paroles, mais elle les attribue à une autre dame du quartier ; les employés, dans la confusion, ont dû la confondre avec cette personne. Le juge renonce à demander à quoi ressemble cette supposée femme.

Les réponses ne sont jamais vagues, les questions ne sont pas éludées, les mots sont choisis avec pertinence et l'argumentation reste solide. Ces trois dames (la 3ème, Madeleine Alexandre a 59 ans), ne perdent pas leur sang-froid devant le juge Marye et savent raisonner à bon escient. Leur discours, loin d'être décousu, dénote une familiarité avec la langue (ou est-ce le greffier qui transforme les propos ?) et une connaissance poussée de la procédure judiciaire. Il est important pour ces femmes de tenir un argumentaire cohérent. Si les femmes sont supposées être plus virulentes dans des situations de désordre et d'émeute, ne mâchant pas leurs mots, prêtes à se confronter et à batailler avec les employés, elles savent aussi fait preuve de discernement et de retenue et calmer les hommes. Elles évitent ainsi tout débordement et peuvent rétablir le calme. On les entend s'adresser aux hommes ; on les écoute. Les gardes-françaises, avant d'utiliser la force et les armes, essaient d'endiguer la population, font appel aux femmes et les sollicitent pour qu'elles rétablissent le calme. Valorisées, elles entrent dans le jeu de la négociation. Mieux que quiconque, sans doute, les femmes savent utiliser les bons mots afin de rompre le cycle naissant de la violence[221].

---

220 AN, Z^{1G} 216, Information…, interrogatoire de Madeleine Alexandre, épouse du sieur Guitton, 14 novembre 1788 ; la femme signe Aleuxandre.

221 AN, Z^{1G} 216, Information…, comparution du sous-brigadier Montmignon, comparution de Talon, brigadier ; ces deux employés, exerçant des responsabilités, reconnaissent sans difficulté qu'ils ont sollicité les femmes afin de ramener le calme.

Toutes, cependant, n'ont pas cette capacité à œuvrer fermement face à la justice. Françoise Piot, femme de Jean Antoine Martin, est déjà sous les verrous à la Conciergerie, lorsqu'elle est appelée à comparaître devant le magistrat Marye, le 5 novembre 1788[222]. Le décret de prise de corps courait depuis plusieurs jours avant qu'un huissier de justice l'arrête à son domicile, rue du faubourg du Temple[223]. La justice lui reproche d'avoir escorté un individu qui a balancé un paquet suspect par-dessus le mur d'un jardin dans la rue Saint-Maur. Pourtant, le délit semble bien minime. La femme âgée de 43 ans, originaire de Saint-Dizier, subit les foudres du juge Marye. Lors des interrogatoires précédents, les questions paraissaient bénignes et avaient peu de rapport avec le procès-verbal et les auditions des employés ; le juge traitait les femmes avec plus d'égard. Avec Françoise Piot, Marye n'a pas le même comportement et apparaît agressif. Le procès-verbal de l'interrogatoire contient évidemment les expressions classiques du type « à elle remontré » ou « sommée de nous répondre » et caractérise une mise en scène par laquelle le magistrat contredit, tente de piéger l'inculpé(e) et met une pression sur l'individu. Les propos tenus par la femme Piot agacent manifestement Marye. Quand ce dernier pointe un aspect qui la met en cause, celle-ci, invariablement, répond qu'il « est possible qu'elle y fût, demeurant près de la barrière [Saint-Louis] », mais « ne sait ce que l'on veut lui dire » et « ne se rappelle pas » les faits. La femme ne nie ni n'occulte son rôle éventuel dans l'affaire, mais elle se joue de la justice, faisant mine de ne rien comprendre ou d'avoir tout oublié d'une affaire veille de quelques jours. Ne rien dire qui puisse se retourner contre elle, c'est une façon machinale et spontanée d'adopter une défense. Mais, se dérober indéfiniment comporte des risques et, au lieu de recouvrer sa liberté, c'est tout le contraire qui peut advenir. L'irritation qu'éprouve le juge peut se concevoir. Il a déjà eu l'occasion d'entendre l'épouse Martin quelques semaines plus tôt pour des faits similaires, arrivées en septembre 1788. Françoise Piot se retrouve pour la deuxième fois devant l'Élection. Elle sait que la situation est plus grave. Le magistrat ne se contentera pas d'une simple admonestation ou d'un décret d'ajournement personnel. Il ne s'agit pas là d'une simple fraude, mais d'un acte considéré comme séditieux. Elle est arrêtée en compagnie de son époux. Le procès-verbal rédigé le 10 octobre 1788

---

[222] APP, AB 129, écrou de la femme du nommé Martin, loueur de carrosses de place, 2 novembre 1788.

[223] AN, Z^{1G} 216, interrogatoire de Françoise Piot, femme Martin, le 5 novembre 1788, sur un décret de prise de corps décerné par l'Election le 29 octobre 1788.

par la brigade ambulante du faubourg de Gloire donne le ton : « rébellion et voies de fait »[224]. Certes, ce ne sont pas les seuls à être inquiétés, mais cela n'arrange pas autant leurs affaires. Charles Saint-James, le commandant de la brigade, prend soin de mettre en évidence certaines données en les soulignant dans le rapport, à commencer par le nom des émeutiers qui sont connus pour être « fraudeurs de profession, ainsi qu'il appert par différents procès-verbaux rendus contre eux, tant pour fraude que pour rébellion ».

Marie-Madeleine Doyen est une enfant du cru. Née à Belleville, « elle est du quartier et n'en est jamais sortie ». Cette jeune femme de 21 ans, pleine d'assurance, défend bec et ongles son époux. Ce dernier, Jean-Baptiste Horlier dit *la jeunesse*, âgé de 28 ans, est né à Chambly dans le diocèse de Beauvais. L'homme cumule un impressionnant catalogue de suspicions de fraude, de violences physiques à l'encontre des employés, de procès-verbaux de rébellion, de condamnations et de plusieurs emprisonnements à la Conciergerie[225]. Son époux et elle-même sont accusés d'avoir facilité la fraude près de la barrière de la Courtille, d'avoir injurié et administré des coups à des employés. Lors de l'interrogatoire, elle ne conteste pas le passé de fraudeur de son mari, elle « a entendu dire qu'il s'était mêlé de fraude avant son mariage », mais depuis, affirme-t-elle, son homme a une vie respectable ; la fougue de Horlier se serait évanouie avec l'union officielle qu'il contracte avec Marie-Madeleine. N'a-t-il pas un vrai travail comme estampeur chez un fondeur, rue Saint-Martin, rétorque l'épouse au juge ? Mais croire en l'innocence de la femme Horlier, soupçonnée d'avoir frappé les commis avec son époux, demeure une idée difficile à accepter pour le juge Marye. L'épouse est déjà condamnée moralement par le magistrat

[224] AN, Z^{1G} 216, P-V. de rébellion et voyes de fait, contre les nommés Horlier dit la Jeunesse, Hime, Cadet Regnault, Le Cordonnier, Martin et sa femme ; brigade ambulante du faubourg de Gloire, 10 octobre 1788 ; [La brigade ambulante inspecte le secteur compris entre les barrières du Temple et celle de Saint-Louis].

[225] APP, AB 129, écrou de Jean-Baptiste Horlier, les 17 octobre et 4 novembre 1788 ; pour ce personnage, voir AN, Z^{1G} 216, procès-verbal de la brigade ambulante du faubourg de Gloire, 10 octobre 1788 ; interrogatoire de Jean-Baptiste Horlier, 21 novembre 1788 ; AN, Z^{1G} 215, conclusions du procureur à l'Élection : contre Jean Baptiste Horlier, dit la jeunesse, marchand de beurre et d'œufs, demeurant à la Haute Courtille, paroisse de Belleville ; Marie Madeleine Doyen, sa femme, Marie Simone Lejeune, femme de Leonard Prudhomme, elle chiffonnière, demeurant rue du Fg du Temple, paroisse de Belleville, 12 octobre 1789 ; AN, Z^{1G} 174, P-V. des commis de la Ferme, 26 septembre 1788 ; AN, Z^{1G} 174, sentence de l'Élection à l'encontre de Jean-Baptiste Horlier, Claude Paguin, Marie-Aimée Baratin, femme Manguin, 3 avril 1789.

qui ne conçoit pas que la femme ne coopère pas aux agissements de son mari. Le juge le lui signifie sans détour, car « son mari faisant la fraude, il ne serait pas étonnant qu'elle s'en fût mêlée aussi ». Idée implacable qui laisse aux gens du peuple une marge de manœuvre quasi inexistante : si l'homme est coupable, la femme l'est également. Le réquisitoire de Marmottant, le procureur du roi à l'Élection, est sévère à l'encontre des époux. Pour Horlier, il réclame qu'il soit attaché au carcan et exhibé pendant trois jours à la barrière du Temple, son quartier originel, avec l'inscription « rébellionnaire envers les commis des Fermes » et qu'il soit condamné à un bannissement de trois ans ; pour Marie-Madeleine, il demande qu'elle soit enfermée à la Salpêtrière pour une durée de trois ans[226].

Blessures et coups : ne plus accepter

Il est temps que la justice entende les réclamations de la compagnie des Fermiers. À quoi bon surveiller, traquer la fraude et arrêter des prévenus si la justice s'empresse de les relâcher ? Pourquoi répandre un discours d'ordre si celui-ci n'est pas suivi d'effet ? Avec l'année 1788, il semble que les plaintes de la Ferme soient entendues en haut lieu. Les diverses proclamations royales durant cette période sont devenues plus rigoureuses et elles interdisent l'installation de cabarets dans les secteurs au nord de la capitale. Les procès-verbaux, par leur insistance sur la fraude pratiquée, le montrent clairement ; tout en relatant les faits, ils sont plus incisifs. Les propos sont martelés et perdent en objectivité. Plusieurs passages dans les procès-verbaux sont mis en évidence, insistant sur la place démesurée que prend la fraude. Au-delà du récit détaillé, les employés mettent l'accent sur les gestes accomplis, sur les paroles prononcées, les outrages proférés à l'encontre des commis. Les sommations d'usage semblent dérisoires à un moment où de grosses pierres saillantes volent en direction des commis, les blessant gravement. Il n'y a plus de honte à battre en retraite, car, en face, on ne pratique plus seulement la fraude, on s'attaque à des représentants officiels de l'État. C'est l'ordre social qui se trouve malmené. Les discours dénoncent des comportements déviants, à la limite de la légalité. Les individus vocifèrent qu'ils « se f...[foutent] d'eux [les

[226] Il s'agit, rappelons-le, du réquisitoire du Parquet et non du jugement de l'Élection ; nous n'avons pas retrouvé la sentence de la cour.

commis] et de leur procès-verbal, et de tous les fermiers généraux, qu'ils ne formaient qu'une bande de voleurs, et qu'à la première occasion, ils leur feraient comme ils avaient fait à Baudrier et Le Lorrain [des employés de la Ferme] et autres voleurs comme eux, que le procès-verbal était tombé à l'eau, et que s'ils entendaient parler du leur, ils les tueraient à la première occasion »[227]. Certes, un décalage existe entre des menaces qui ne sont que des paroles énoncées et des gestes, mis à exécution. Le passage à l'acte ne se produit pas toujours. Cependant, on ne doit plus évoquer des conduites impulsives, dictées par une émotion. Il ne s'agit plus seulement d'effrayer les employés, mais de rendre sensible et visible un sentiment enfoui dans un recoin de sa conscience justement, qui éclate devant le sentiment d'injustice que vit la population. Les menaces verbales se transforment en actes violents. Ce qui est en jeu dépasse une relation conflictuelle classique. L'inversion des rôles rend la situation encore plus dramatique. Les fraudeurs retournent la posture en leur faveur. Ils ne peuvent accepter d'être considérés comme des malfaiteurs, surtout pour avoir essayé de passer en fraude une motte de beurre. Les voleurs sont ceux qui empêchent le peuple, non de vivre, mais de survivre. Alors, pour y parvenir, il faut ruser, tricher.

En juillet 1789, la population insurgée ne s'abat pas sans raison sur les bâtiments de l'octroi. Un contentieux ancien oppose les employés de la Ferme et les habitants des quartiers voisins des barrières. Si les premiers traquent la fraude et perçoivent l'octroi, les seconds tentent par tous les moyens de se soustraire à cet impôt. Les visites domiciliaires menées dans les quartiers du nord de la ville sont des inspections aussi bien préventives que punitives. La recherche de tout mouvement suspect dans une maison aboutit à un étalage de la force, où une masse d'employés, accompagnée de la garde, arrive à l'improviste chez l'habitant. Lorsque la fraude est avérée, la saisie des biens s'effectue sous le regard médusé de la personne. C'est l'image la plus lisse, effectuée sans violence, mais elle ne gomme pas pour autant les tensions ni les rancœurs qui s'accumulent tout au long des années. Il est des situations qui ne se déroulent pas calmement et chacun sait que l'usage de la force devient le seul moyen de se faire entendre.

[227] AN, Z^{1G} 216, requête de Jean-Baptiste Mager, adjudicataire général des Fermes du Roy, vu le procès-verbal des employés de la Ferme, 17 octobre 1788 ; P-V. de rébellion et voyes de fait, contre les nommés Horlier dit la Jeunesse....

Durant l'année 1788, le mur et les bâtiments s'édifient inexorablement, enveloppant la ville, mais créant un déséquilibre entre les parties septentrionale et méridionale. S'il est plus aisé pour la Ferme de contrôler le sud de la ville, il est beaucoup plus laborieux d'imposer les droits d'entrée au nord. La Ferme avait déployé une armada d'employés dans les secteurs du Nord parisien, surveillant un large territoire, s'étalant sur plusieurs kilomètres, entre le bas de la rue de Clichy jusqu'au clos Saint-Lazare, jusqu'à la barrière du faubourg Saint-Denis. Une autre portion, à l'est, vers le faubourg du temple et la Courtille, était soumise au contrôle. Ce n'est pas un hasard si l'année 1788 voit culminer les incidents aux barrières de Paris. Si le printemps et l'été 1788 furent annonciateurs de dérèglements climatiques qui affectèrent les campagnes de nombreuses provinces, l'année 1788 fut également une année record et faste pour la Ferme qui gagna de nombreux procès, put saisir des quantités importantes de boissons et pratiqua une répression démesurée.

L'agression verbale, les jets de pierres, les coups de bâtons sont monnaie courante de la part des fraudeurs. Les individus ne peuvent se laisser prendre sans réagir. Du côté de la Ferme, une trame analogue se dessine ; les commis ne vont pas de main morte et usent régulièrement de violence, sans que celle-ci soit nécessaire. Il ne s'agit plus de *violence symbolique*, chère à Pierre Bourdieu, où la Ferme chercherait à imposer un système sans user de coercition physique ; la domination d'un groupe s'exprime par cette socialisation, ancrée et acceptée par chaque individu. Mais l'acceptation de cette situation est de moins en moins valable à la fin des années 1780. Les deux parties adverses - population et employés - entrent dans un engrenage qui puise dans la réalité de la vie parisienne où la succession des incidents va en augmentant. L'expression âpre des formes belliqueuses prend une ampleur aiguë et place les deux camps dans une situation de conflit permanent. Par la violence, chacun essaie d'asseoir son autorité. En utilisant la force brutale, ce n'est pas seulement la volonté de se défendre, en répondant avec la même intensité, c'est aussi mettre en exergue le pouvoir de la force qui reste une solution de domination. Ce tableau sombre doit être quelque peu nuancé ; la loi du talion ne s'applique pas tout à fait, car on ne peut évoquer des ripostes et vengeances continuelles. Mais les corps portent les marques des stigmates que les uns et les autres font subir. Oublier ces traces reviendrait à pardonner ou tout du moins accepter son infériorité. La douleur endurée et exercée sur la chair laisse des marques de flétrissure qui finissent par s'estomper avec le temps, mais l'affliction morale peine à se tarir et elle ressurgit face à l'adversité.

Sans fraudes, point de fraudeurs et pas davantage d'employés pour l'empêcher. Tautologie classique qui répond à cette dualité et à cette opposition entre le règne de la loi et de l'illicite, qui s'exprime par divers moyens. Mercier notait déjà cette lutte incessante où les heurts entre les commis de la Ferme et le monde de fraudeurs envahissent les rues parisiennes. Ce n'est pas toujours sous l'angle du contrôle de la cité ou de la répression qu'il faut envisager ces rapports. Les historiens montrent, pour une région ou un espace plus restreint, que les actions prohibées sont inscrites dans la durée et qu'elles revêtent une importance de la mainmise du pouvoir sur ces impôts trop précieux qui ne souffrent pas de retard dans leur perception. La nécessité de briser toute tentative de révolte antifiscale est fondamentale. C'est aussi une manière pour la royauté d'asseoir sa domination sur tout le royaume y compris les territoires nouvellement annexés ou les régions qui bénéficiaient d'exemptions fiscales, comme pour la Franche-Comté[228]. Ce sont des terres marginales qui sont à la fois des territoires contestataires aux marges du royaume. Les frontières restent encore instables dans ces contrées où le sel est abondant. Ces limites ne doivent plus être envisagées comme des frontières-ruptures, mais deviennent, par leur proximité et les échanges réguliers, des « frontières-point de rencontre »[229]. La relation opposant contrebandier/fraudeur et les employés des Fermes se voit trop souvent à l'aune des actions violentes qui peuvent s'exercer contre les services de la Ferme. Les employés n'existent alors que parce qu'il y a des contrebandiers. Ils n'ont pas de vie propre et le filtre de leur existence est fréquemment trop réduit à une portion vide de sens. Le quotidien des employés reste encore à écrire. Combien sont-ils, comment sont-ils recrutés ? Comment

---

228 André Ferrer, *Tabac, sel, indiennes. Douane et contrebande en Franche-Comté au XVIIIe siècle*, Besançon, PUFC, 2002.

229 Pour la contrebande et la fraude au XVIIIe siècle, une sélection d'ouvrages qui permet d'avoir une idée générale de ces trafics dans l'espace français : Catherine Denys (éd.), *Frontière et criminalité, 1715-1815,* Cahiers de l'Université d'Artois, n° 18, Arras, Artois Presses Université, 2001; Gérard Béaur, Hubert Bonin, Claire Lemercier (dir.), *Fraude, contrefaçon et contrebande, de l'Antiquité à nos jours*, Genève, Droz, 2007 ; Françoise de Person, *Bateliers: contrebandiers du sel XVIIe-XVIIIe siècle*, Rennes, Editions Ouest-France, 1999; Jean-Claude Hocquet, *Le sel et le pouvoir. De l'an Mil à la Révolution française*, Paris, Albin Michel, 1985 ; sans oublier Jean Nicolas, *La Rébellion française, op. cit.,* notamment les chapitres 2 à 4, pour ce monde de passeurs.

travaillent-ils ? Quels sont leurs ordres de mission ? On parviendrait probablement mieux à cerner ce corps qui bénéficie par le biais de son statut de quelques maigres privilèges[230]. On peut lire de plusieurs façons les archives de la répression, en se focalisant sur les procès-verbaux des employés, en décrivant le quotidien et les sentiments qu'éprouvent les commis. Les mots et expressions étalent leur mal-être : *gabelous, gâpians, foutus voleurs, foutus bougres de gardes, bandes de foutre, chiens, fripons*… ; ils composent le vocabulaire des procès-verbaux. Les mots, les paroles blessantes laissent quelquefois la place à l'irréparable, à la mort, qui se propage dans les deux camps[231]. Pourtant, à lire Benoît Musset, les décès ne font pas partie de l'univers de la Champagne où, toutefois, le discours de haine de la population avec son corollaire agressif s'abat quelquefois sans retenue sur les employés[232]. Les propos de l'État et celui de la Ferme laissent entrevoir que les employés sont régulièrement maltraités par les fraudeurs. Cette vision n'est pas fausse. Cependant, une autre réalité existe où les employés subissent la justice, soupçonnés d'avoir dérobé de l'argent dans l'exercice de leurs fonctions, ou sont accusés de maltraitance, quand ils ne passent pas du côté des fraudeurs[233].

La toute-puissance de la Ferme, mise à mal, apparaît dans l'affaire suivante qui débute, comme toujours, par un procès-verbal des employés. Celui-ci est rédigé en juin 1785. Aucune bagarre, nulle violence physique n'est mise en avant et pourtant deux employés se retrouvent à la Conciergerie quelques heures, le temps nécessaire de purger leur décret de prise de corps. C'est donc une situation qui n'est pas aussi insignifiante qu'il y paraît. Tout commence dans le voisinage

---

[230] Vida Azimi, *Un modèle administratif de l'Ancien Régime. Les commis de la Ferme générale et de la régie générale des aides,* Paris, CNRS, 1987 ; Sébastien Evrard, *Gabelous et contrebandiers. Histoire des Fermiers généraux de Dijon (1760-1780),* Paris, L'Harmattan, 2015.

[231] Jean Nicolas, *La Rébellion française, op. cit.*, p. 64 ; l'historien dénombre 800 tués lors d'incidents graves entre commis et contrebandiers, la balance penchant négativement du côté des contrebandiers.

[232] Benoît Musset, « Chiens de maltôtiers : les commis des aides en tournée dans les élections de Reims et Epernay au XVIIIe siècle », dans Marc Delaplace (dir.), *Les discours de la haine. Récits et figures de la passion dans la cité*, Villeneuve d'Ascq, Septentrion, 2009.

[233] Une douzaine de personnes est incarcérée à la Conciergerie ; ce sont des hommes, tous des employés de province ou de Paris. De nombreux arrêts et sentences des cours de l'Election et des Aides peuvent être consultés sur le site de *Gallica* ; ceux-ci concernent des employés de la Ferme, couvrant tout le XVIIIe siècle ; on y trouve toutes sortes de jugements, de la simple amende à la peine de mort.

immédiat de la propriété du duc de Chartres, entre la barrière de Monceau et celle de Courcelles. Trois commis en embuscade voient arriver vers 21h un cabriolet qui aboutit dans la rue de Courcelles et s'arrête devant une porte cochère fermée ; les employés surgissent et exigent du conducteur d'en faire la visite. L'homme, Havet, descend de l'attelage et répond aux commis « qu'aussitôt qu'il aurait donné la main à une dame qui était avec lui, il allait continuer son chemin vers la barrière où il leur serait libre de faire la visite »[234]. Le cabriolet n'est pas vide et contient des dizaines de pièces de toile. La marchandise saisie est transportée au bureau. Très rapidement, François Joseph Havet (Avé) lance la procédure de l'inscription en faux, contestant la teneur du procès-verbal[235]. L'acte en lui-même est assez onéreux (84 livres) et il n'est pas permis à tout le monde de pouvoir consigner cette somme. L'acte est déclaré recevable par les conseillers de l'Élection qui permettent à Havet « de faire informer du dit faux par les témoins ». L'information peut alors débuter quelques jours plus tard et le premier président de l'Élection entend les quatre témoins désignés par le négociant. Alors que les employés prétendent que Havet voulait forcer le passage et pénétrer dans la cour et ainsi se soustraire à l'inspection, les quatre témoins, à l'unanimité, tiennent un langage diamétralement opposé[236]. Ils s'insurgent contre les dires des employés : ces derniers ont tenu la bride du cheval, ont invectivé le sieur Havet, mais celui-ci n'a pas répondu aux offenses des employés et a conservé son calme. Les conseillers de l'Élection donnent ainsi raison à Havet. Qu'il y ait eu fraude sur des toiles ou non, là n'est pas le point essentiel. Les employés se frottent à des personnages, socialement plus élevés qu'eux, qui maîtrisent l'écriture (hormis la demoiselle Gentilhomme qui signe plus maladroitement). Deux individus se disent *bourgeois* ; leurs revenus leur permettent de s'offrir les services d'un coiffeur ou d'un maître de langues. Les employés souffrent-ils de la façon dont se comporte Havet qui les ignore, les dédaigne peut-être, certes poliment,

---

[234] AN, Z^{1G} 209, inscription de faux du sieur Havet contre les commis de la Ferme, 12 juillet 1785 ; Information, témoignage de Pierre Villette, sieur Dogerville (d'Ogerville, d'Augerville).

[235] Le procès-verbal date du 2 juin 1785 et l'inscription en faux date du 9 juin. Havet se dit négociant et vit à Paris, rue Jean Pain Mollet (disparue depuis le milieu du XIXe siècle avec la création de la rue de Rivoli ; elle se situait près de la rue de la Verrerie).

[236] Outre le sieur Villette, (déjà indiqué, mais désigné comme *bourgeois de Paris* et vivant sur place), on trouve Jean-Louis Joseph Coulon (maître de langues, qui vient donner un cours à Villette), Vincent Beinse (coiffeur pour dames), qui vient coiffer la demoiselle Gentilhomme, *bourgeoise*, demeurant dans l'immeuble.

sans animosité, mais montre qu'il n'est nullement impressionné ? Le négociant est posé, et la façon avec laquelle il s'adresse aux commis (tel que le relate Villette) indique une aisance verbale. Dès lors, il n'est pas étonnant que, un mois plus tard, en août, deux des employés soient écroués, quoique temporairement. Havet, décidément, manie l'inscription en faux. En 1788, il a tronqué l'appellation de négociant, au profit de celle de *bourgeois de Paris*, au statut plus élevé. Il a quitté son domicile dans le centre de Paris et s'est installé tout près des barrières du nord, dans la rue du faubourg Poissonnière[237]. Havet, dans son nouveau quartier, possède un ensemble de plusieurs bâtiments, entourant une cour, où logent plusieurs personnes. Mais il ne s'agit pas dans ce cas d'un délit léger et l'Élection considère l'affaire comme relevant d'un règlement à l'extraordinaire, c'est-à-dire une procédure criminelle. Au début de l'année 1788, cette dernière débute avec la comparution des témoins, l'interrogatoire des prévenus, et se poursuit avec les employés de la Ferme, décrétés d'assigné. Les événements se sont déroulés au début de l'été 1787, à la suite d'une inspection menée chez un débitant de vin qui en refusait l'accès et demeurait chez le sieur Havet. La garde fut alors appelée en renfort. Havet, propriétaire des lieux, refusa le passage aux forces de l'ordre, s'indignant que l'on puisse pénétrer ainsi, en force, chez un particulier, sans aucune commission. Un employé, Jean-Charles Antoine Morel, frappa violemment le bourgeois d'un coup de bâton sur la tête, occasionnant une grave blessure. Les récits des trente-trois témoins sont accablants pour la garde et plus particulièrement pour un des employés, « porteur d'un habit rouge » (le commis Morel) qui est jugé responsable de l'incident et des violences perpétrées sur Havet. L'interrogatoire mené par Marye en octobre 1788 conforte la position du juge[238]. Trois des camarades de Morel confirment les témoignages : c'est bien lui qui a frappé Havet. Enfin, c'est au tour de Morel d'être interrogé le 13 novembre[239]. L'homme réitère les propos qu'il tenait lors du premier interrogatoire, un an plus tôt, en septembre 1787 : il a essayé de se

[237] AN, Z^{1G} 212, inventaire des pièces de la procédure instruite par l'Élection de Paris, à la requête de François Joseph Havet, bourgeois de Paris, 20 mai 1788 ; plainte de Havet contre Mager et ses commis.

[238] AN, Z^{1G} 212, interrogatoire de Jean Denis Villumier, Dominique Gabriel, Claude Prevost, Jean-Pierre Montmignon, le 23 octobre 1788.

[239] *Ibid.,* interrogatoire de Jean Charles Antoine Morel, 32 ans, natif du diocèse de Laon, 13 novembre 1788 ; APP, AB, écrou de Morel le 13 novembre 1788, constitué volontairement prisonnier pour purger le décret de prise de corps.

dégager de l'emprise de Havet en lui donnant un coup de bâton. Morel ne fait plus partie de la compagnie depuis plusieurs mois. A-t-il été licencié ou a-t-il démissionné ? Il indique au juge qu'il « a quitté la Ferme et déménagé ». Morel, à part un passage éclair à la Conciergerie, s'en tire plutôt bien.

À croire que la sanction est proportionnelle à la qualité de l'agressé ; jugeons plutôt avec l'affaire suivante. L'employé Garrault à la barrière Saint-Martin ne s'est pas privé de rouer de coups un homme, le 13 août 1786. Florent Bouquet de Saint-Laurent, écuyer du contrôleur général des finances, rentre dans la ville ce soir-là par la barrière Saint-Martin, en compagnie de sa femme et de son enfant. Son cabriolet est inspecté par un employé qui ne trouve rien de suspect. Un deuxième employé, Garrault, exige d'examiner de nouveau la voiture. Florent Bouquet ne comprend pas l'insistance ni la raison d'une nouvelle exploration du cabriolet. Les paroles prononcées par l'écuyer sont-elles le déclenchement de la fureur de l'employé lorsque ce dernier entend dire « qu'il ne savait pas à qui il avait affaire »[240]. Ces mots impliquent-ils une menace, un rapport de force ? Garrault monte sur le marchepied et réplique « et toi, qui es-tu ? ». Bouquet le repousse avec la main. C'est le geste de trop, insupportable au commis. Il empoigne l'homme qui réussit néanmoins à se libérer et descend chercher le sous-brigadier au bureau. Garrault n'est plus maître de soi : il récupère une sonde en fer et roue l'individu qui s'écroule au sol. Les interrogatoires des autres commis sont légèrement différents, mais tous ont une trame similaire. Aucun ne défend véritablement leur camarade, mais tous insistent sur les paroles prononcées de part et d'autre qui ont déclenché la violence. L'écuyer n'a-t-il pas une attitude condescendante vis-à-vis de l'employé ? Pour arrêter le cheval, Garrault crie « oh, oh, oh, en levant les bras devant l'animal », ce que n'apprécie guère l'écuyer qui le lui fait remarquer. Très rapidement, Bouquet porte plainte et se rend chez le commissaire Michel. L'employé est ensuite constitué prisonnier à la Force, puis libéré par la suite. Le procureur Marmottant requiert à l'encontre de Salzard, l'adjudicataire, la somme de 60 000 livres de dommages et intérêts et réclame la peine capitale contre Garrault[241]. Le jugement définitif n'a pas été retrouvé, mais la condamnation ne fut pas effective, Garrault étant jugé par contumace. Pour le magistrat, il ne s'agit pas de comprendre l'agression en se demandant quelles peuvent

[240] AN, Z^{1G} 211, information faite par Charles Nicolas Marye ; interrogatoire de Jean Millet, employé des Fermes, le 24 août 1786.

[241] AN, Z^{1G} 211, réquisitoire de Marmottant, procureur de l'Election, 14 février 1787.

être les raisons de l'emportement de l'employé. L'accent est mis sur les actes incontrôlés qui montent d'un degré ; l'employé « tient la bride du cheval, il [a] invectivé [puis est] monté sur le marchepied de son cabriolet pour le frapper et lui a porté un coup-de-poing dans l'estomac... ». On y trouve un découpage de la scène et une volonté délibérée de molester Bouquet. Les torts énoncés par le procureur rejettent la responsabilité sur l'employé uniquement. C'est une attaque brutale et injustifiée qui mérite une punition exemplaire. Les témoignages de ses camarades de la barrière laissent percevoir une autre réalité des faits. Les collègues ne gomment pas la violence de Garrault, mais ont tendance à expliquer ce qui a probablement poussé le commis à ces actes brutaux. C'est seulement quand Bouquet écarte de la main Garrault, « qu'à cet instant Garrault l'a pris par le collet ». Une deuxième fois, pour se défendre évidemment, Bouquet « le repousse de nouveau avec sa canne », mais Garrault saisit l'objet et le casse. Les paroles de l'écuyer, qui s'adresse au sous-brigadier, mais qu'entend Garrault, déclenchent totalement la violence qui n'est plus dominée : « vous avez un employé qui est un gredin, un drôle, il n'est pas en état de faire son service, je le ferai renvoyer »[242]. Le *je le ferai renvoyer* est sans doute le déclencheur extrême qui renvoie à la position socialement importante d'une personne qui possède un pouvoir certain, pensant pouvoir passer outre certaines règles. On pardonne d'autant moins aux hommes qui œuvrent pour l'État, car ils sont censés faire respecter la loi. Les cours de justice attendent d'eux une conduite irréprochable. Au moindre manquement, la sanction, lourde, tombe. Les agressions que les employés subissent sont régulières, mais ne doivent pas être un prétexte pour se permettre des pratiques contraires. L'employé doit savoir dominer sa colère et supporter les vexations de la population.

Les plaintes de particuliers pour mauvais traitements et abus d'autorité témoignent d'un profond ressentiment envers la Ferme. Alors que L'Hérault, marchand de vin et bourgeois, rentre tard chez lui vers 2 h du matin en ce début de printemps 1788, par la rue d'Anjou, il frappe à la porte du bureau, demandant qu'on lui ouvre l'accès de la barrière. Plusieurs employés sortent du bureau et commencent à l'injurier, lui reprochant sans doute le dérangement à cette heure inconvenante de la nuit. Ils lui prennent la canne qu'il tenait à la main et le rouent de coups. Dans la bousculade, L'Hérault réussit à se dégager et à courir alors que

[242] AN, Z[1G] 211, information faite par Charles Nicolas Marye ; interrogatoire de Jean Millet, employé des Fermes, le 24 août 1786 ; ces paroles sont soulignées dans l'interrogatoire.

les employés lui balancent des bâtons dans les pieds qui le font tituber et tomber. L'homme se relève et s'enfuit à toutes jambes[243]. L'Hérault se résout à aller voir le commissaire et demande réparation en montrant ses blessures à l'officier de police, lui « déclarant ressentir beaucoup de douleur ». L'Hérault a parfaitement identifié un des agresseurs en la personne de Michel Privat, le brigadier. Il le connaît et la réciproque doit être vraie également. Le marchand, en prenant ses jambes à son cou, a subi cette humiliation au plus profond de lui-même, la ressentant dans ses membres meurtris qu'il exhibe. Les bâtons jetés à la volée n'avaient d'autre but que d'avilir cet homme dont le seul tort était de rentrer tard et de déranger les employés, assoupis peut-être. Les cinq employés ont-ils bien ri en voyant L'Hérault rouler à terre, se relevant maladroitement, la peur au ventre ? Voilà au moins un homme que le marchand n'oubliera pas de sitôt : le brigadier Privat. Avant que la situation ne devienne violente, l'Hérault espérait un soutien du chef des commis. Celui-ci représente l'ordre et l'autorité. Le brigadier sort à ce moment, mais, au lieu de s'interposer, il s'associe à ses collègues et incite ses hommes à se saisir de l'individu. Le brigadier ne cherche nullement « à leur imposer et à faire cesser ces mauvais traitements ». Le brigadier a donc failli à son rôle et a permis que l'injustice s'installe, il l'a même favorisé. Le souvenir ne peut que rester vivace. Rentré chez lui, le marchand de vin a mis du temps à se décider et aller frapper à la porte du commissaire dont l'accès reste ouvert.

C'est un tout autre cortège qui vient se présenter quinze jours plus tard devant le commissaire Defresne[244]. Timoléon de Coron, écuyer et ancien mousquetaire du roi, est accompagné de son épouse et d'une amie. Les affronts, les violences que tous trois ont subies exigent prestement une plainte qu'il faut enregistrer malgré l'heure extrêmement tardive. Il est minuit passé quand on frappe à la porte, mais le commissaire ouvre son office. Les trois personnes n'ont guère tardé à faire le déplacement, suivies de la garde, appelée par les plaignants. Les incidents tout récents révoltent Coron, encore sous le choc. La prestance et le vocabulaire de l'homme en font un personnage moins ordinaire. Coron s'exprime avec aisance et signale que « l'un des particuliers semblait être le chef de cette expédition téméraire, vexatoire et injurieuse ». De Coron désigne les assaillants : ce sont des employés

[243] AN, Y 12077^{A}, plainte de l'Hérault contre plusieurs commis et l'adjudicataire des Fermes, 5 avril 1788 (office du commissaire Defresne).
[244] AN, Y 12077^{A}, plainte par le sieur de Coron et autres contre les commis de la Ferme, 15 avril 1788 (office du commissaire Defresne).

de la Ferme qui se sont livrés à des « actes vexatoires » et les « ont tâtés indécemment ». La fouille, indique l'écuyer, s'est poursuivie au bureau de la barrière, mais les commis n'ont trouvé aucune vessie cachée sous les vêtements. Un des commis, selon l'écuyer, invente des coups imaginaires dont il aurait été la victime. L'argument, effectivement, ne tient guère et le caporal de la garde, présent sur les lieux, confirme que la blessure à l'œil du commis en question est bien antérieure aux incidents relatés. Les deux femmes et l'homme se sont retrouvés au mauvais moment, au mauvais endroit alors qu'ils revenaient de Montmartre où ils avaient fait une excursion champêtre, tout en profitant certainement des délices des cabarets du quartier.

C'est cette hargne à démasquer la fraude, à abuser du pouvoir, estimant être dans la toute-puissance qui déclenche l'aversion de la population. Le passif existe depuis plusieurs années. C'est une suite de procès-verbaux des commis, suivis d'inscription en faux et de longues procédures judiciaires qui opposent la population à la Ferme. Dans ce combat juridique, tous les processus pour avoir gain de cause sont mis en œuvre par les diverses parties. Une défaite est toujours partielle et entraîne rarement l'arrêt des hostilités. Mais le conflit ne peut être innocent et les dégâts peuvent s'avérer durables, comme dans le cas de violences physiques où les blessures subsistent. À l'atteinte corporelle succède très souvent une souffrance morale indélébile qui marque les esprits. La rancœur est exacerbée et la lutte entre les hommes de la Ferme et la population prend des allures de guérilla. Les chocs font partie de ce socle commun qui est intégré dans l'esprit des habitants des faubourgs. Une sorte de mémoire collective, récente certes, mais qui fixe les antagonismes. Le point névralgique se situe continuellement dans deux zones hautement dangereuses : en premier lieu, le quartier des Porcherons, aux abords de la rue Saint-Lazare, et le faubourg Poissonnière ; en deuxième lieu, le quartier de la Haute et de la Basse-Courtille. Ces deux ensembles humains et géographiques forment la limite de perception des taxes au nord et au nord-est de la capitale et créent des risques d'affrontement élevés. Là, interviennent les mêmes personnages, si fréquemment rencontrés. Tout un réseau solidement installé existe depuis plusieurs années où l'on veille et maintient cette tradition de fraude qui fait partie intégrante de la vie des habitants de ces quartiers limitrophes.

Chapitre 6
L'attaque des barrières de l'octroi à Lyon

Parallèlement aux troubles de subsistance durant le printemps 1789, les difficultés à maintenir des droits d'entrée dans les villes se font sentir. Paris n'est évidemment pas la seule ville qui possède ses bâtiments de l'octroi où les incidents entre les fraudeurs et les employés de la Ferme prennent une tournure tragique[245]. La ville de Lyon fait partie de ces métropoles où les heurts sont fréquents aux barrières. Alors que le Tiers-Etat se proclame Assemblée nationale en juin 1789, c'est d'une aspiration franche du peuple que le malentendu va naître et engendrer une répression implacable qui s'abat sur la population lyonnaise en juillet 1789 qui était convaincue que les députés allaient supprimer les taxes aux entrées des villes. L'octroi est au cœur du conflit. Le désenchantement est net, se traduisant par le divorce consumé dans la douleur entre les édiles locaux et une grande partie des Lyonnais. Dans l'historiographie de la Révolution française, peu de villes ont une « identité politique » aussi forte que Lyon[246]. Cette image repose en grande partie sur l'opposition qui a éclaté entre Lyon et la Convention nationale durant l'été 1793.

[245] Pour l'octroi et les incidents dans d'autres villes, voir, Jean Clinquart, *Les services extérieurs de la Ferme générale à la fin de l'Ancien Régime. L'exemple de la direction des fermes du Hainaut,* Paris, Comité pour l'histoire économique et financière de la France, 1996 ; Serge Lesmanne, *L'octroi de Pontoise et de Saint-Ouen l'Aumône*, Mémoires de la société historique de Pontoise, 2008, tome XC ; Monique Gebhart, Claude Mercadier, *L'octroi de Toulouse à la veille de la Révolution*, Paris, Bibliothèque nationale, 1967.

[246] Bruno Benoit, *L'identité politique de Lyon. Entre violences collectives et mémoire des élites (1786-1905)*, Paris, L'Harmattan, 1999 ; sur le rôle des villes dans la participation de la Révolution, voir Michel Vergé-Franceschi et Jean-Pierre Poussou (dir.), *Ruptures de la fin du XVIIIe siècle. Les villes dans un contexte général de révoltes et révolutions*, Paris, PUPS, 2005.

La ruée sur les barrières

Une crise économique et sociale touche la population depuis de nombreuses années. Après une relative opulence grâce à l'industrie de la soie jusqu'au début des années 1780, la fermentation ouvrière gagne du terrain en 1786 où le fonctionnement de la Fabrique est touché de plein fouet et engendre des mouvements sociaux, les ouvriers réclamant une augmentation du prix de façon (ils sont payés à la pièce). Les ouvriers, ceux de la Fabrique, les chapeliers, et d'autres, se massent devant l'hôtel du prévôt des marchands, Tolozan de Montfort. C'est un échec pour les ouvriers qui n'obtiendront pas gain de cause[247]. Le souvenir de ce revers reste peut-être gravé dans les mémoires, encore intactes, en 1789, au moment où la Révolution éclate.

Pourtant, c'est à partir d'un fait anodin qui semble n'avoir aucune cause sérieuse que des événements inquiétants se propagent à travers la ville et les faubourgs, déclenchant des violences extrêmes. À Lyon, une folle rumeur parvient aux oreilles des habitants ; pour fêter la réunion des trois ordres à Versailles, le roi aurait autorisé son peuple à n'acquitter aucun droit aux entrées des villes pendant plusieurs jours. Des commettants du Tiers de Lyon s'empressent d'envoyer un courrier dans lequel ils relatent les péripéties depuis la séance royale du 23 juin[248]. Le 29 juin, en fin d'après-midi, la lettre arrive à Lyon, au Cercle des Terreaux, le « rendez-vous de la bourgeoisie libérale »[249]. L'allégresse se propage alors rapidement parmi les membres qui font des copies de la lettre, puis la font imprimer et distribuer dans les principaux lieux publics de la ville. Ils allument des bougies aux fenêtres de leur local, situé près du pont Morand, juste à côté de l'hôtel de ville. La liesse gagne bientôt plusieurs quartiers où de jeunes gens, un peu tapageusement, vont cogner aux portes des maisons et, aux cris

---

[247] La Fabrique, organisation corporative, est censée garantir la qualité des tissus de soie, tout en préservant les intérêts des ouvriers ; pour une présentation d'ensemble de la ville et du système de la Fabrique lyonnaise, voir Maurice Garden, *Lyon et les Lyonnais au XVIIIe siècle*, Paris, Belles Lettres, 1970 ; Louis Trénard, « La crise sociale lyonnaise a la veille de la Révolution », *RHMC*, n°1, 1955, p. 5-45.

[248] BM Lyon, 350825, lettre de MM. les Députés des Communes de Lyon, à leurs commettans (sic), Paris, 27 Juin à minuit.

[249] BNF, LB39-1912, récit sanglant de ce qui s'est passé à Lyon, le 3 Juillet, au sujet des réjouissances occasionnées par la réunion des trois ordres, le 8 juillet 1789 ; Albert Metzger et Joseph Vaesen, *Lyon en 1789, notes et documents*, Lyon, 1882.

de « Vive Monsieur Necker, vive le Tiers-Etat, éclairez », réclament des illuminations. Le lendemain, mardi 30 juin, l'exaltation de la veille reprend et le Consulat décide officiellement, afin de reprendre les choses en main, de célébrer à son tour la réunion des trois ordres à Versailles. La municipalité proclamait que les édifices publics de la ville seraient éclairés à la tombée de la nuit et invitaient les Lyonnais à en faire de même[250]. Vers minuit, une foule énorme avait envahi les places, les quais et les grands axes. Certains groupes, armés de masses, cognaient bruyamment sur les portes des maisons, invitant ainsi la population à fêter l'heureux événement. Un groupe d'individus se dirigea vers l'hôtel du prévôt des marchands, Tolozan, absent de la ville pendant ces quelques jours, se trouvant en mission à Versailles. Devant l'hôtel du prévôt, sur le quai Saint-Clair, se dressait, depuis « l'affaire des deux sous » en 1786, un arbre de mai, au faîte duquel, les écussons du prévôt flottaient. Le groupe avait projeté de mettre le feu à l'arbre. Imbert-Colomés, l'échevin principal, commandant du guet et de la milice bourgeoise, avait placé à plusieurs endroits stratégiques des troupes pour pallier tout trouble éventuel. Mais devant la détermination des individus, il préféra laisser faire. L'échevin estimait que « le moindre acte de sévérité eut été un signal de ralliement qui aurait occasionné la réunion de tous les gens malintentionnés, dont on ne pouvait calculer le nombre »[251]. L'arbre fut abattu et la foule commença à y mettre le feu. Un poste de surveillance en bois, placé devant l'hôtel, fut également incendié sans que la garde intervienne. Un peu plus loin, « une autre partie de ce peuple effréné » se rendait à la porte Saint-Clair. La foule pilla, dévasta les bureaux de perception, prit l'argent et détruisit les registres. La population se dirigea ensuite dans le bureau voisin, à la porte du Rhône, mais le Guet, présent sur les lieux, empêcha tout débordement et la foule se dispersa peu à peu, sans d'autres incidents. Le reste de la nuit fut calme. Dès le 1er juillet, Imbert-Colomés fit placarder une seconde ordonnance dans laquelle, sans interrompre les illuminations, il interdisait toute musique, prohibait tout attroupement, tout port de flambeaux et chandelles à l'intérieur de la ville[252]. En même temps, l'échevin demandait officiellement le renfort

---

[250] AN, H^1 1453, de par le roi, et messieurs les prévôts des marchands et échevins de la ville de Lyon, 30 juin 1789 (affiche imprimée). A Versailles, la même décision fut prise dès le 27 juin, en illuminant la ville pendant trois jours consécutifs.

[251] AN, H^1 1453, lettre d'Imbert-Colomés.

[252] AN, H^1 1453, de par le roi, et messieurs les prévôts des marchands et échevins de la ville de Lyon, 1er juillet 1789 (affiche imprimée).

de 200 dragons, stationnés en garnison à Vienne, et fit appel aux différentes forces de la maréchaussée. Imbert espérait que la force armée arriverait à Lyon avant la fin de l'après-midi. La population se porta à l'entrée du pont de la Guillotière et vida les entrepôts. Les bureaux furent totalement dévastés et la garde, préposée aux bureaux, ne s'interposa pas. Vers 19h, les forces armées pénétraient dans la ville. Les émeutiers se replièrent ensuite vers Perrache où se trouvaient les bureaux des directeurs des Fermes où ils furent incendiés. Les troupes suivirent à distance les émeutiers qui, bombardés de jets de pierre, ripostèrent en ouvrant le feu sur la foule. Celle-ci se dispersa aussitôt, mais les dragons et la maréchaussée interceptèrent six individus qu'ils remirent immédiatement au guet qui les conduisit au poste de garde de l'Hôtel-de-Ville. Mais la foule continua à se rendre aux autres portes de la ville, sur la colline de la Croix-Rousse. Sur les hauteurs, les troupes eurent le soutien de la garde bourgeoise. Une vingtaine d'émeutiers furent arrêtés et incarcérés à la prison Saint-Joseph. Quelques personnes furent libérées qui « paraissaient les moins coupables ». Les jours suivants, les troupes stationnées aux abords des bureaux de la place Royale montaient la garde, mais ne s'opposèrent pas à la population qui passait des marchandises sans acquitter les droits d'entrée. L'échevin avait estimé qu'il fallait agir avec circonspection, en évitant à tout prix le retour d'une flambée de violence. Ainsi, sur les places et carrefours de la ville, le vin se vendait aux cris de « vin du Tiers-Etat, à 4 sols la bouteille ». Les portes de la ville restaient toujours sous la menace d'incidents violents qui se produisirent les 2 et 3 juillet où des groupes, armés de bâtons, se rendirent à de nombreuses barrières et facilitèrent l'accès des produits de consommation courante.

Le dimanche 5 juillet, soit six jours après le début des troubles, le Consulat reprenait le contrôle de la ville. Les 350 Suisses, arrivés de Grenoble, venaient compléter le dispositif militaire. La ville fut quadrillée par quelque 4000 hommes armés qui patrouillèrent dans les quartiers les plus sensibles. L'étalage de cette force impressionnante calma les ardeurs de la population. Le bilan, comme très souvent, est difficile à établir avec précision. *Le Journal de l'émotion* évoque plusieurs centaines de morts, essentiellement des émeutiers, alors qu'Imbert-Colomés comptabilise cinq personnes tuées et une douzaine de blessés, emmenés à l'hôpital[253]. Selon *le Journal de l'émotion*, les émeutiers auraient balancé les corps de leurs compagnons morts

[253] AN, H[1] 1453, lettre d'Imbert-Colomés, le 2 juillet 1789.

directement dans le fleuve. Clapeyron, prévôt et lieutenant-colonel de la maréchaussée, eut à instruire, comme président du Présidial, le procès. Dès le mardi 7 juillet 1789, la cause était entendue et le jugement, sévère, se voulut exemplaire. Neuf personnes furent traduites devant la justice ; un individu fut mis hors de cour, cinq eurent droit à un plus ample informé. Trois individus furent jugés coupables d'actes séditieux : Pierre Villarme fut arrêté le 2 juillet ; il était accusé d'avoir, durant la nuit du 1er au 2 juillet, forcé et incendié les bureaux de l'octroi de la chaussée Perrache. Au moment de son arrestation, la garde trouva sur Villarme plusieurs serrures provenant de la barrière. André Gervais, arrêté le 2 juillet, aurait attaqué et injurié un membre de la milice bourgeoise. Philippine Comte fut appréhendée le 5 juillet ; alors qu'une patrouille circulait dans la rue, elle cria « capons, soutiens de gâpians ». La femme Comte fut condamnée à être bannie à perpétuité de la généralité de Lyon ; André Gervais fut condamné à 9 ans de galères et Pierre Villarme fut pendu et étranglé sur la place des Terreaux, portant l'écriteau « étranger séditieux ». Gervais et la femme Comte assistèrent au supplice de leur compagnon, ayant eux aussi un écriteau sur la poitrine. Afin de prévenir tout trouble, Imbert avait placé des troupes le long des axes principaux. Il n'y a pas « eu le moindre mouvement », se félicitait l'échevin, espérant que « cet exemple achèvera de rétablir l'ordre et préviendra tout nouvel effet de fermentation »[254].

La bourgeoisie contre le peuple

Plus que la narration des faits, graves et sanglants, une certaine perception se dégage où l'échevin Imbert livre sa conception d'une certaine société, telle qu'il la conçoit. Les nombreuses relations écrites, qu'entretient Imbert-Colomés avec l'intendant de Lyon et avec Laurent de Villedeuil, le secrétaire d'État à la maison du roi, indiquent que l'échevin a le sens de la hiérarchie. En prenant le commandement militaire de la ville, Imbert doit prendre les mesures les plus promptes qu'il juge nécessaires, afin de mettre un terme aux troubles qui culminent. Qu'Imbert se soit totalement impliqué dans ce rôle auquel il n'était pas préparé, en raison de l'absence de Tolozan, cela ne fait guère de doute. En tenant les plus hautes autorités de l'État au courant de la situation jour après jour, l'échevin manifeste aussi une implication sans

[254] AN, H^1 1453, lettre d'Imbert, le 8 juillet 1789.

faille. Imbert a très vite compris que les événements pouvaient dégénérer et qu'il ne disposait pas de moyens humains pour s'interposer efficacement. Dès le premier soir, il ne se pose pas comme un simple spectateur, mais comme un acteur principal avec lequel on doit compter. Certes, les décisions du Consulat sont en principe communes, Imbert en partage la collégialité avec trois autres collègues qui signent avec lui les actes officiels. Mais la signature d'Imbert-Colomés est mise en évidence. Souvent, les courriers débutent collectivement : « le Consulat a eu l'honneur de vous instruire par deux courriers extraordinaires des malheurs que notre ville a éprouvés. Il vous a rendu compte des principaux détails... »[255]. Et puis, très vite, la forme glisse au *je* ; l'échevin montre qu'il tient les rênes de l'administration municipale. Dans les lettres, l'homme souligne son investissement, sans ménagement pour sa santé, car son temps a été « absorbé par le travail qu'ont exigé [de lui] les circonstances qui [l'ont] obligé à passer debout trois nuits consécutives et à ne prendre pendant les autres nuits que deux ou trois heures sans [se] mettre au lit ». Imbert se glisse dans la peau d'un personnage que les hautes responsabilités n'effraient pas dans ces moments dramatiques. Lorsque les premiers incidents ont lieu sur la place de l'hôtel de ville le 29 juin, il fait la différence entre des jeunes qui manifestent leur joie énergiquement, en jetant des pierres sur les fenêtres des maisons, avec d'éventuels émeutiers. Pour l'échevin, ce ne sont que des « étourdis et point de la canaille ». Néanmoins, quelques indices l'inquiètent et il doit réagir promptement en convoquant le guet, la compagnie franche (placée aux ponts de la ville) et les arquebusiers. Des rumeurs d'attaque aux barrières se répandent à travers la ville. L'échevin apprend que des groupes sont prêts à se diriger vers l'hôtel de Tolozan de Montfort. Il anticipe et place une grande partie du guet sur les lieux. Présent personnellement devant la résidence du prévôt des marchands, Imbert n'hésite pas à donner de sa personne et s'avance au-devant du groupe armé de haches, prêt à scier l'arbre de Mai. Les individus lui donnent l'assurance qu'ils ne veulent s'en prendre qu'à l'arbre et non à la maison du prévôt des marchands. Deux jours plus tard, Imbert comprend désormais que le risque de contagion émeutière se situe à un degré maximum. Les forces disponibles ne peuvent venir à bout d'une population déterminée. Imbert essaie encore d'éviter un affrontement. Le chef de la ville temporise, essayant de récupérer

---

[255] AN, H^1 1453, lettre du 7 juillet 1789

l'allégresse de la population lorsqu'il se résout à accepter les illuminations dans la ville.

L'émotion, sans objectif apparent, ne correspond plus aux faits qui se mettent en place. L'échevin ne comprend peut-être pas encore ce qui se joue ici. La victoire du Tiers-Etat à Versailles ouvre de nouvelles perspectives : le menu peuple laisse éclater sa jubilation, estimant sans doute que le simple éclairage aux fenêtres ne répond nullement à ses attentes. Imbert, peu à peu, se prépare à l'épreuve de force qu'il juge inévitable. Il s'y résout, prend les devants en demandant de l'aide aux forces de la maréchaussée de la généralité et aux troupes soldées, casernées dans les villes de Vienne et de Grenoble. Il faut, selon Imbert, casser la spirale de l'identification : le Tiers-Etat ne peut seul parler au nom du peuple de Lyon. La bataille qui se profile ne doit pas admettre cette césure trop franche entre, d'un côté, les ordres privilégiés et, de l'autre, le troisième ordre. Si la différence est significative entre les deux premiers ordres et le Tiers-Etat, l'opposition n'en est pas moins nette à l'intérieur même du Tiers. C'est cette lecture des événements qu'il faut prendre en considération lorsque l'échevin tente de rassembler la milice bourgeoise. Imbert peut compter sur 560 hommes dans les rangs de la milice. Mais le 1er juillet, seuls quelques-uns sont au rendez-vous à l'Hôtel-de-Ville. L'échevin regrette cette attitude d'insubordination qui subsiste depuis 1786, date à laquelle, le Conseil d'État avait décidé d'instituer un service de guet dans la ville au lieu de conserver des troupes soldées. La milice bourgeoise ne peut donc être efficace devant des émeutes et Imbert justifie le recours « d'avoir des troupes du Roy dans [les] casernes »[256]. Face à la défection en masse des bourgeois de la milice, Imbert ne désarme nullement et invite « les citoyens de bonne volonté » à le rejoindre pour maintenir l'ordre. L'ordonnance eut un succès inespéré, car 1200 volontaires se présentèrent et, parmi eux, un nombre important de Chevaliers de Saint-Louis, c'est-à-dire selon les mots de l'échevin, « tout ce qu'il y avait de mieux dans la ville ». Les paroles de l'échevin reflètent la représentation qu'il a du monde. L'appel à ces hommes démontre, selon Imbert, que la tranquillité s'établit, et « en impose à la populace qui a vu qu'une partie du Tiers s'armait contre elle, tandis qu'elle croyait n'avoir à faire qu'avec la noblesse ». Les propos commencent à refléter une position intransigeante. Les premières lettres envoyées montraient

[256] AN, H1 1453, lettre de l'intendant Terray à Villedeuil, 10 juillet 1789 ; AN, H1 1453, lettre d'Imbert, le 7 juillet 1789.

une légère inquiétude face à l'agitation, mais elles excusaient les gestes des manifestants. À mesure que la situation s'envenime, les paroles de l'échevin se modifient et le vocabulaire opère un glissement. Les étourdis sont devenus des malfaiteurs, des « méchants » dans sa bouche. Imbert justifie la répression puisqu'il a tout essayé pour éviter une tragédie. Désormais, « la ville est parfaitement tranquille et il est presque sûr qu'on fera justice [...] de deux criminels de cette sédition... ». Le Consulat et la prévôté ne peuvent frapper tous les individus arrêtés. Ce n'est pas le but, d'ailleurs. Il faut chercher de parfaits coupables qui ne font pas partie de la communauté et marquer les esprits par un exemple fort. Imbert indique clairement que le procès est couru d'avance ; il s'entretient avec les juges, échange des courriers dans lesquels il leur demande « à s'engager à faire tomber le sort sur des étrangers dont il y en a de très criminels et qu'ils le sont plus comme moteurs du trouble que les malheureux citoyens qui se sont laissés séduire ».

Alors que le calme n'est pas totalement revenu dans la ville, Imbert fait distribuer un imprimé dans les paroisses des villages et de la ville. Il invite les curés à lire la déclaration dans laquelle il stigmatise certaines catégories de la population qui ne sont, selon lui, que des marginaux et des exclus. L'échevin possède, écrit-il, la « preuve qu'il s'est introduit dans cette ville une foule de voleurs, de brigands, gens qui ont la marque sur l'épaule, lesquels ne font pas d'autres métiers que de courir de ville en ville pour exciter le peuple à des séditions, dans l'espoir de trouver l'occasion de voler et piller impunément »[257]. Le coupable est formellement identifié. Qu'il y ait eu lors de cet épisode émeutier des exclus, des marginaux et autres vagabonds, cela est probable, mais ne change pas vraiment la donne. Ce qui est plus important, c'est le discours que véhicule le Consulat qui cherche un bouc émissaire, toujours le même d'ailleurs. En identifiant ces modèles de marginaux, la société établit une catégorisation qui reste conforme aux règles de l'Ancien Régime, de tous ceux qui ne se fondent pas dans un groupe, dans ce corps organique héritier de la tradition[258]. Ceux-là veulent détruire l'équilibre de la société. Imbert désigne clairement les responsables, alors que les artisans et les ouvriers, à force de travail, sont le nerf de la nation naissante. Le travail éduque incontestablement. Mais ceux qui composent ce bas Tiers sont trop malléables, car ces

---

[257] AN, H^1 1453, A messieurs les curés de la ville et des campagnes, le 4 juillet 1789.

[258] Deborah Cohen, *La nature du peuple. Les formes de l'imaginaire social (XVIIIe-XXIe siècles)*, Seyssel, Champ Vallon, 2010.

brigands les « trompent indignement [...] ». Sous prétexte de supprimer les droits d'entrée dans les villes, ces « scélérats » forment « le complot d'incendier les maisons de tous les particuliers indistinctement et de mettre leurs effets et leur argent au pillage ». Mais cela ne suffit pas encore, il faut charger le trait et mettre le compte des désordres sur les étrangers qui ont tout intérêt à déstabiliser le royaume lancé dans son processus de régénération. Le condamné à mort, Villarme n'est-il pas étranger à la cité de Lyon ?
Une apologie de l'ordre se profile nettement dans cette déclaration, même si Imbert comprend la nécessité « d'une diminution sur les impôts », mais qui ne peut venir que de la loi, du Roi et des Etats-Généraux, assemblés à Versailles. Le peuple est encore immature, on peut facilement le tromper et lui dicter sa conduite. Indéniablement, ce Tiers-Etat, du moins celui qui est composé du menu peuple, n'est pas encore prêt à exister politiquement. La dialectique classique du combat entre le Tiers et les privilégiés, qui constituait le moteur majeur des mois de mai et juin 1789, disparaît totalement ici. La lutte oppose les « braves patriotes » qui doivent « courir sur les brigands ». C'est donc tout naturellement que le principal notable de la ville ne manque pas de louer le courage et la loyauté de ces fils de bourgeois, cette « jeunesse dorée », expression qui entrera dans le vocabulaire quelques années plus tard. La population, cette multitude effrénée, effraie Imbert qui ne recourt qu'à une seule voie, dont l'issue inévitable aboutit à la répression. Ce discours, cette approche et les résultats sont l'œuvre d'un seul homme. Mais, Imbert ne parle pas uniquement en son nom. Les idées qu'il véhicule, beaucoup les partagent. Tous ceux qui appartiennent au Tiers-Etat, mais une partie seulement de cet ordre qui continue d'exister en juillet 1789, est appelé à diriger le nouvel État qui se met en place. L'élite intellectuelle, dont fait partie Imbert, souhaite prendre les rênes du pouvoir, partager celui-ci éventuellement, mais en aucun cas le laisser aux mains du menu peuple. L'alliance se dessine progressivement dans la ville de Lyon entre ces nouvelles autorités bourgeoises et une partie de l'ancienne noblesse.

Deuxième partie

La Révolution aux barrières à Paris en juillet 1789

La répression lyonnaise à peine terminée, ce sont des faits similaires qui se produisent dans la capitale. Par l'ampleur et par les conséquences, les événements prennent cependant une autre dimension. Pourtant, en forçant le trait et en reprenant la phraséologie d'Imbert, c'est encore et toujours ce peuple, accusé de tous les vices, composé de gens malveillants et sans aveu, de brigands même, qui se répand avec impétuosité sur les barrières de l'octroi. Ces femmes et ces hommes s'attaquent au despotisme le plus criant, le plus inégalitaire : l'impôt. Certains y voient le désordre total, absolu, alors que quelques-uns considèrent qu'abattre les barrières relève de la première offensive contre l'Ancien Régime.

Les protagonistes sont prêts à présent. Ils ne demandent qu'à entrer sur scène et jouer la partition. Si j'use de métaphores théâtrales et musicales, c'est parce que les circonstances s'y prêtent. L'unité d'action ne fait pas de doute ; les incidents qui se déroulent aux portes de la ville en juillet 1789 culminent en intensité jusqu'à l'objectif atteint, à savoir la destruction et l'incendie des barrières de l'octroi. Les saccages touchent toutes les parties de la ville et se prolongent durant cinq jours sans discontinuité, donnant à la population l'illusion qu'elle serait enfin entendue, que l'impôt indirect serait définitivement supprimé. Il faut effacer de sa vie ces maudits droits d'entrée dans la ville. Au-delà des dégradations des bureaux, des pillages et des incendies, la colère s'exprime autant que l'espoir d'une nouvelle ère qui s'ouvrirait avec un souffle de liberté. Les habitants manient des massues, des marteaux, en même temps qu'ils utilisent des instruments de musique. La violence se mêle au son du tambour, accompagné de défilés. Les nombreux accrochages des années antérieures indiquent la volonté d'une partie de la population de ne plus se laisser faire sans réagir. À sa manière, la déferlante sur les bureaux de l'octroi participe de cette volonté libératrice.

Le déroulement de l'attaque aux barrières a un double sens. C'est un mélange de deux éléments qui ont leur place dans cette histoire du 14 juillet, mais dont un composant (la prise de la Bastille) est glorifié alors que, le deuxième, l'assaut sur les barrières est négligé, voire nié. Autant il est délicat de nommer ceux qui s'attaquent au mur des Fermiers, autant il est épineux de désigner les actions sur les bureaux. Les verbes d'action choisis ne véhiculent-ils pas déjà une certaine conception dans cette sensationnelle et subversive attaque ? Utiliser le verbe *attaquer* plutôt que *détruire*, *saccager ou dévaster* ne se résume pas à distinguer seulement une nuance. À quel moment durant l'attaque des bureaux devrait-on utiliser tel verbe plutôt qu'un autre ? Car nommer c'est déjà catégoriser les actions, c'est établir des degrés dans les gestes accomplis. Le récit des destructions oblige à manier avec circonspection un vocabulaire où le chaos semble l'emporter, où la soif d'une destruction déchaînée s'empare des individus. Les mots *dommages*, *groupe* ou *bande* semblent être plus neutres dans la notion qu'ils véhiculent ; dans ce cas, ce serait un ensemble formé d'êtres humains plus ou moins nombreux qui détériore quelque chose. Si on devait, au contraire, évoquer des bandits ou des brigands, il n'y a guère de doute quant à l'éventuelle légitimité que ce type d'individus pourrait avoir ; autant dire, aucune. Si le choix se dirige vers une notion plus distinguée, doit-on utiliser le mot *émeutier* qui laisse entendre une certaine organisation de la part des groupes d'individus avec un (des) objectif(s) ?

L'anathème date dès les premiers moments de cette phase insurrectionnelle parisienne. Le pouvoir qui se crée avec la commune provisoire soutient et encourage les Parisiens et les gardes-françaises qui se dirigent vers les Invalides, allant chercher des armes. Lorsque les incidents se généralisent à la périphérie de la ville, les Électeurs prennent aussitôt des dispositions pour freiner l'élan destructeur aux barrières et ordonner le maintien de la perception. Cela reflète pleinement la position des Électeurs parisiens, issus pour la plupart des couches supérieures du Tiers-Etat, qui ciblent des objectifs. Après tout, la Bastille ne rapporte financièrement plus rien, c'est plutôt une dépense inutile, ce qui est l'inverse de l'octroi. Le but, indirectement proclamé, assigne à la population une cible précise qu'il faut anéantir, mais on invite le peuple à détourner son courroux de certains lieux stratégiques, comme les barrières. On peut et on doit même prendre la Bastille, mais on ne s'empare pas des bureaux de l'octroi. C'était sans compter sans la détermination de la population qui n'entend guère ce message ; et les forces de l'ordre et la milice bourgeoise ne peuvent enrayer la lame de fond qui déferle sur les bureaux.

Les acteurs durant ces journées sont multiples et appartiennent à des horizons différents. Pour celles et ceux qui assaillent les barrières, la composition des foules n'est guère différente des masses populaires qui battent le pavé durant les journées révolutionnaires jusqu'à l'an III. À une différence près - de taille - car les individus déclarés responsables des dégâts sur les bâtiments de l'octroi sont désignés comme des habitués du trafic illicite, des familiers des exactions et des violences commises aux barrières. Ce sont, pour la justice, des *fraudeurs de profession*. Oui, ceux-ci existent et ils sont présents durant ces journées de juillet. Ils sont souvent au premier rang, semblant diriger des groupes qui se ruent sur les édifices du mur. Oui, ils mettent le feu aux objets, mobiliers et bâtiments de la Ferme. Oui, ils profitent des troubles pour faire main basse sur les bouteilles de vin, entreposées dans les caves des bureaux. D'ailleurs, la cour des Aides n'oubliera pas d'exploiter ces faits quelques mois plus tard, rappelant de manière univoque que ce sont des fraudeurs qui mènent les opérations. Mais sont-ils les seuls à ébranler ce vieux monde et à mener des actions supposées répréhensibles sur la périphérie de la ville ? Peut-on raisonnablement penser qu'une infime minorité du peuple parisien, de surcroît des délinquants, réussit à saper une monarchie vieille de près de 1500 ans ?

Une source essentielle, divisée en deux séries, permet d'appréhender les assauts aux barrières ; elle constitue *L'Information concernant l'incendie des barrières, 29 mars 1790 et jours suivants*[259]. Il est possible alors de dresser une chronologie précise des espaces parisiens qui subissent les attaques et les incendies. Elles furent, nous l'avons déjà mentionné, exploitées de façon fragmentaire, en fonction des démonstrations que les historiens voulaient mettre en valeur. Ces données ont l'immense avantage de n'être point dispersées dans les dépôts d'archives et composent un ensemble remarquable de plusieurs centaines de documents, conservés sur le site parisien des Archives nationales. Leur état de conservation ne permet plus de les consulter librement et c'est sous forme de microfilms, de piètre qualité, que ces volumineuses pièces s'offrent au chercheur.

La première série, *les procès-verbaux des employés de la Ferme*, est dressée au moment des faits, dès les premiers incidents sur les bâtiments. Sans ces pièces, il n'est guère possible de raconter les

---

[259] AN, Z^{1A} 886, Information concernant l'incendie des barrières, 29 mars 1790 et jours suivants. Il semble qu'il y ait eu à l'origine 60 procès-verbaux établis par les employés de la Ferme. Dans l'Information..., nous n'avons retrouvé que 49 pièces, dont plusieurs proviennent également des bureaux sur les ports de Saint-Paul, de la Tournelle, des Miramiones.

événements. Les employés, même chassés de leur bureau de perception, continuent de consigner les faits auxquels ils sont confrontés. La peur les tenaille lorsqu'ils voient surgir des bandes de plusieurs dizaines de personnes, armées de gourdin. Ils fuient et se retrouvent dans une maison voisine, à l'abri, hébergés par une personne compatissante ; le brigadier prend la plume et dresse alors le procès-verbal. Tout naturellement, la réprobation est immédiate. Aucun serviteur de la Ferme ne pense un seul instant que ce qui se passe sous ses yeux est un mouvement de liberté. Les employés relatent avec abondance les faits, nomment les individus dont ils connaissent les noms, décrivent ceux qui leur sont inconnus, exposent les railleries dont ils sont les victimes, détaillent les pertes subies, retracent minute après minute le déroulement des attaques aux barrières. Ils écrivent abondamment, fourmillant de détails. Les employés sont à la fois acteurs et témoins. Ils sont de bonne foi probablement. L'affolement passé, le récit devient plus sobre et ils n'hésitent pas à écrire qu'un tel leur a permis de quitter le local avec les affaires sans les mettre au feu ; ils se disent menacés, mais ne subissent pas de violence physique. Qui s'exprime en définitive ? Est-ce le professionnel qui effectue sa tâche avec sérieux et zèle, malgré les circonstances ? Est-ce l'être humain qui divulgue certains éléments, montrant sa sensibilité malgré l'apparence de l'anarchie ? Ce faisant, quelle que soit l'hypothèse, les employés brossent le portrait de cette masse humaine, de ce peuple de Paris, qui s'invite aux barrières.

La deuxième série contient le témoignage de 81 témoins, tous des employés de la Ferme (à l'exception de quatre personnes). Établies au printemps 1790, ces auditions serviront directement à la procédure entamée par la cour des Aides. Les témoignages deviennent plus succincts, sans verve. Le discours est indirect, le temps est passé par là, huit longs mois se sont écoulés depuis les destructions. La mémoire des uns et des autres est-elle encore fiable ?

Chapitre 7
La prise des barrières : la déferlante

Depuis le début de l'année 1789, de nombreux heurts opposent des bandes de fraudeurs à la Ferme. Les accrochages sont circonscrits aux limites de la ville, au nord et à l'est là, où, une fois de plus, les ouvriers s'attellent quotidiennement à ériger le mur, censé être infranchissable pour les trafiquants de l'illicite. Ces derniers s'évertuent à faire passer des marchandises à l'intérieur de la ville, mais se heurtent aux forces de l'ordre. En février, des employés de la Ferme, escortés de gardes-françaises, se rendent dans un cabaret à la Haute Courtille, où ils sont agressés à coups de pierres, lancées d'un étage de l'immeuble. Pénétrant dans le bâtiment, une empoignade mortelle éclate entre les employés et une dizaine de personnes. Les commis dégainent les sabres et sortent les fusils. Le bilan se solde par plusieurs blessés du côté des forces de l'ordre et un tué parmi les fraudeurs[260]. Le 4 mai, au nord de la capitale, une quinzaine d'individus essaie de passer en force, voulant introduire des produits, mais se heurte à la brigade de Saint-Denis[261]. Deux semaines plus tard, des attroupements se produisent à la barrière Clichy, où la population refuse de payer les droits d'entrée[262]. Le pouvoir est inquiet de cette situation et la Ferme sollicite l'appui des gardes-françaises, demandant la création de corps de garde supplémentaires aux barrières dans les quartiers périphériques de la ville[263]. La réaction des autorités est proportionnelle à la densité des incidents aux barrières de la ville. La course contre la montre est déjà engagée sur le pourtour septentrional de la capitale où il faut à tout prix terminer la clôture fiscale. Alors que les Etats-Généraux siègent à Versailles depuis le mois de mai, les tensions entre les différents ordres ne s'estompent nullement et Paris est en effervescence en ce début d'été. Dès le 22 juin 1789, le roi a donné des ordres aux troupes afin de se concentrer autour de Versailles et de Paris. Tout en continuant les préparatifs en vue d'un coup de force les jours suivants, Louis XVI

---

260 AN, Z 1G 217, information à la requête de Mager, adjudicataire des Fermes du Roy contre Cœur de Bois l'aîné et autres.

261 AN, Y 18795, les individus arrêtés sont écroués à la prison de La Force.

262 AN, O1 500, incidents du 19 au 22 mai 1789.

263 AN, O1 500, f. 81, 2 février 1789, création d'un corps de garde au niveau de la barrière Monceaux ; AN, 01 500, f. 132, 162, 179, 20 février-2 mars 1789, augmentation des effectifs des gardes-françaises aux barrières de Monceaux et Clichy.

balayait les craintes de l'assemblée le 10 juillet, affirmant que la présence des troupes n'était « destinée qu'à [...] prévenir de nouveaux désordres ». À Paris, en effet, les incidents se font de plus en plus nombreux au cœur de la capitale, dans ce Palais-Royal acquis aux patriotes et sujet aux rumeurs les plus folles. Les 6, 8 et 9 juillet, la fermentation est vive dans la propriété du duc d'Orléans. Les limites de la ville, les barrières, continuent à avoir leur lot d'accrochages alors que les troupes du Royal-Allemand s'emploient à aider les commis de la Ferme à repousser la population qui tente de faire pénétrer dans la ville des denrées alimentaires[264].

Il ne s'agit pas de réécrire ici les tensions et la fermentation qui agitent la ville en ce début d'été ; celles-ci sont connues et elles furent abondamment relatées. Néanmoins, l'imbrication des épisodes devient la règle durant cette période et il est toujours malaisé de différencier les faits qui jouent un rôle plus important que d'autres. Il faut ainsi se garder de penser qu'un seul événement serait la cause de l'embrasement. La réalité est plus complexe et il est nécessaire de distinguer les divers moments afin de rendre plus intelligible le déroulement des journées. Une certitude, au moins, laisse penser que la population parisienne a les mains libres. Pendant les premiers jours de juillet 1789, les Parisiens comprennent que les gardes-françaises sont, cette fois, du côté de la population ; celle-ci perçoit que les forces de l'ordre ne se risqueront pas dans une répression sanglante comme lors de l'émeute Réveillon qui avait causé, deux mois plus tôt, la mort de plusieurs centaines de personnes. Dans ce climat tendu, aucun camp n'a encore pris le dessus. Les forces militaires envoyées par Louis XVI n'ont pas reçu un ordre clair ; doivent-elles empêcher toute agitation sérieuse qui dégénérerait en révolte armée, en usant de leurs armes, ou leur seule présence devrait-elle suffire à dissuader les esprits les plus frondeurs ! Personne ne s'est encore décidé à agir, jusqu'à ce que tombe la nouvelle, tant redoutée, annonçant l'éviction de Necker. Le renvoi du populaire ministre, connu à Paris dans la matinée du 12 juillet, précipite les événements. Mais si l'impact de la démission forcée de Necker semble être le moment déclencheur du réveil du peuple parisien qui se rue sur la prison royale, d'autres faits, qui ont lieu au même moment,

---

264 Jacques Godechot, *op. cit.*, p. 282-293 ; pour un récit plus complet des troupes qui se massent autour de Paris sous les ordres de De Broglie et de Besenval, voir Pierre Caron « La tentative de contre-révolution de juin-juillet 1789 », *RHMC*, vol. 8, n°1, 1906-1907, p. 5-34.

ne s'inscrivent pas dans cette logique. Pendant que se déroule l'attaque sur la forteresse de la Bastille, d'autres actions, certes moins symboliques que le despotisme arbitraire, ont déjà submergé la capitale. La population n'a nul besoin d'être entraînée par une quelconque « main invisible ». Les Parisiens n'ont pas à attendre que certains donnent un prétendu ordre pour s'attaquer aux barrières. Il serait faux de penser que des individus ont emmagasiné délibérément dans des hangars et dans des remises des quantités de vin et d'eau-de-vie à l'extérieur de la ville, attendant un moment favorable afin de pouvoir transiter leurs marchandises en toute impunité à l'intérieur de la capitale, sans payer les droits d'entrée. Il est vrai que cette impression se dégage à la lecture des procès-verbaux. Effectivement, aux limites de la ville, les débits de boissons et entrepôts sont nombreux ; les fraudeurs et passeurs guettent toute occasion propice pour s'engouffrer dans la capitale, chargés de marchandises. Mais cela n'est pas nouveau en cet été 1789 et cette situation se rencontre depuis fort longtemps, du moment qu'une frontière fiscale existe. Dès que la Ferme commence à réaliser le mur antifraude en 1785, les habitants savent à quoi s'en tenir ; il leur sera dorénavant plus compliqué de déjouer la surveillance des employés. Il faut que les marchandises soient stockées à proximité de la clôture. Ainsi, en profitant des zones qui ne sont pas encore murées ou en utilisant les faux passages et les souterrains des immeubles qui communiquent de part et d'autre de la rue, il est bien plus facile de tromper la vigilance de la Ferme. Ce qui peut donc apparaître comme un plan préconçu en juillet 1789 n'est pas autre chose qu'une simple opportunité, exploitée par les trafiquants et fraudeurs, dont les marchands de vin et cabaretiers seraient les donneurs d'ordre. Ce serait leur prêter un pouvoir d'organisation et des moyens d'action qu'ils ne possèdent probablement pas, qu'ils n'ont tout simplement pas imaginés encore moins voulus. Pendant que les trafiquants se livrent, comme à leur habitude, à leur commerce clandestin, la population parisienne s'unit involontairement à ces derniers. Elle profite de l'expérience acquise des fraudeurs, habitués à se heurter aux employés, pour entrer sur la scène et prendre le pouvoir sur la Ferme. De fait, de nombreux groupes, animés par des objectifs différents, convergent vers le mur. Des dizaines de fraudeurs et leurs sbires côtoient le peuple parisien et tous se ruent sur les bâtiments de l'octroi. Quelques jours plus tard, alors que les barrières sont toujours prises d'assaut, d'autres Parisiens se portent vers la Bastille. C'est cette opacité, ce mélange des genres, qui rend peu lisibles les événements de ces journées de juillet 1789.

Comment alors raconter *la prise des barrières* ? En d'autres termes, quel parti prendre dans la narration ? Faut-il se contenter d'évoquer quelques assauts aux barrières de l'octroi et se satisfaire de ces exemples dans la mesure où le mode opératoire fut sensiblement identique ? Ne doit-on pas plutôt, au risque de sembler répétitif, dévoiler, sans exception, tous les incidents qui ont lieu aux portes de la ville ? Cette dernière démarche a notre préférence, car elle révèle toute l'originalité du mouvement qui se porte aux limites de la capitale ; ce ne sont pas quelques bâtiments qui sont visés et dégradés, mais la totalité des édifices qui forment le Mur des Fermiers généraux. La population se rue aux barrières, les investit, les saccage ; elle se rend maîtresse de ces lieux tant décriés, où les incidents et les brimades furent monnaie courante depuis la construction de la clôture fiscale. Les bandes menacent les employés qui n'ont pas réussi à fuir. Rien n'est épargné ; les groupes pénètrent à l'intérieur des bureaux de perception, dévastent, balancent les objets et le mobilier, puis ils mettent le feu. Paris brûle sous le regard médusé des Parisiens. L'anxiété est réelle, les employés craignent pour leur vie ; les habitants des immeubles voisins du mur s'alarment d'un embrassement qui se propagerait à la ville entière. Les scènes décrites véhiculent un désordre généralisé, une anarchie totale. Cependant, si la frayeur est présente dès les premiers soubresauts de l'attaque, le désarroi laisse peu à peu la place à une inquiétude moindre. Ceux qui s'abattent sur le mur font preuve de discernement, de mansuétude ; c'est là, la deuxième originalité de ce mouvement, car la violence est loin d'être extrême. La brutalité, la bestialité n'ont pas leur place dans cette impulsion ; la prise des barrières se répand inexorablement à travers la capitale, mais sans un déchaînement de la force physique. Cet aspect tranche fondamentalement avec la fureur et la puissance du feu que subissent les Parisiens le 14 juillet lorsqu'ils tombent au pied de la Bastille, mitraillés par les Invalides et les gardes suisses ; rage qui n'épargnera pas, quelques heures plus tard, le gouverneur de la Bastille.

Il ne suffit pas de dire que toutes les barrières sont attaquées ; il faut présenter les motivations des différents acteurs et indiquer les stratégies qui sont utilisées. Il est nécessaire, avant tout, de raconter l'histoire de *la prise des barrières*. Il faut examiner le déroulement de ces journées de juillet et rendre compte de la dynamique qui rend possibles les événements à venir. La démarche qui consiste à intégrer les incidents aux barrières à la prise de la Bastille noie la singularité des actions de la population sur le mur des Fermiers. Cette approche ne rend pas compte de l'enchevêtrement des actes ; le saccage des barrières apparaît alors comme un simple épisode parmi d'autres. Ce n'est pas une émeute sans lendemain qui s'estompe, épuisant ses ressources, s'essoufflant par manque de combattants. Les attaques perpétrées ne cessent pas, elles sont sans cesse réactivées, d'heure en heure, d'un jour à l'autre. Faute d'être entendue, la population s'exprime ouvertement, en passant par une palette d'actions classiques, expérimentées depuis de nombreuses années.

C'est dans ce climat insurrectionnel qu'éclatent les incidents aux barrières de l'octroi. Mais à vouloir se focaliser principalement sur les journées des 12, 13 et 14 juillet, on en vient à oublier l'épisode du saccage des barrières. La fragmentation des incidents a une conséquence fâcheuse sur la trame narrative. C'est comme si l'on attribuait à chaque péripétie une autonomie propre, sans liens l'une avec l'autre. Pourtant, le déroulement des faits ne peut être intelligible que si l'on tient compte de tous les incidents survenus aux barrières. Ceux-ci sont liés et forment alors un ensemble cohérent qui s'articule autour de la question de l'octroi et plus généralement sur le poids fiscal que subissent les Parisiens. Il n'est pas étonnant que la nuit des 12-13 juillet soit la date « officielle » de l'attaque et de l'incendie des barrières, au vu de la densité des événements qui s'accumulent lors de ces deux journées. C'est vrai en partie, car un très grand nombre de barrières sont effectivement assaillies à ces dates. Plus de la moitié des bureaux sont saccagés à ce moment. Mais, il faut distinguer plusieurs cycles dans le saccage des barrières de l'octroi qui se déroulent entre le 10 et le 14 juillet (voir figures 11, 12, 13 et 14)[265]. Le nord de la capitale reste le

[265] Les figures 11 à 14 (toutes des extraits) sont tirées de la carte « *Plan de la ville de Paris en 1789 : plan exécuté conformément à la décision prise par le conseil municipal de Paris dans sa séance du 30 décembre 1887* », BHVP, Gr-PLA-0010. J'ai fait le choix de prendre quatre exemples des assauts, répartis sur le pourtour de la capitale. La carte, dressée plus d'un siècle après la Révolution, semble plutôt exacte malgré quelques différences avec les cartes des années 1790 ; ainsi, la rue Coquenard, sur la figure 11, est appelée rue des Porcherons sur les cartes de l'époque révolutionnaire. Dans la partie orientale (figure 13), la rue Saint-Maur se prolonge jusqu'à la rue des Amandiers ; cette portion, sur des cartes plus anciennes, prend le nom de plusieurs rues comme la rue du Chemin Saint-Denis ou du Bas-Popincourt. Les procès-verbaux de juillet 1789 utilisent les dénominations des rues qui seront reprises sur la carte de 1887. Le deuxième avantage de cette carte réside dans la représentation figurée des barrières qui correspondent à leur emplacement exact. Nous

secteur originel, initial, où tout commence dès le 10. Jusqu'au 12 juillet, pas moins de huit bureaux sont attaqués sur une distance extrêmement courte. Puis, la partie nord-est, entre les postes d'observation de Pantin jusqu'à la barrière des Amandiers, est touchée à son tour le 12 juillet. Là encore, un nombre similaire de barrières est touché. Tous ces bureaux sont âprement détériorés durant la nuit. La troisième phase de dégradations correspond au 13 juillet et on ne peut déterminer une préférence horaire, car les bureaux subissent les assauts durant toute la journée, dès le matin, et se prolongent la nuit. Les barrières de l'Est parisien et toutes celles de la partie méridionale sont investies à partir de la barrière de la Râpée, au bord du fleuve, jusqu'à celle de la Cunette, en aval. Une petite frange au Nord-Ouest, qui ne touche que trois bureaux (Monceau, Courcelles et Roule), connaît un sort identique. Enfin, l'ultime stade des déprédations s'amplifie sur le côté septentrional, à partir de l'Étoile, et se prolonge jusqu'à la barrière de la Conférence le 14 juillet, pendant que d'autres Parisiens se dirigent vers le faubourg Saint-Antoine et se lancent à l'assaut de la forteresse. Aucun emplacement où sont disposés les bureaux n'est négligé par la population. Les pataches, ces embarcations légères et rapides sur la Seine, patrouillant sur le fleuve sont, comme les bureaux, prises d'assaut et brûlées. Sur les quais, les ports Saint-Nicolas et Saint-Paul, ceux des Miramionnes et de la Tournelle ne sont pas épargnés le 13 juillet au matin. Ainsi, aucune zone où se perçoivent les taxes n'est ménagée par la colère de la population. Jamais une telle situation ne s'était produite dans la capitale, pas même durant la *Guerre des Farines*. Ce ne sont plus les troupes en ligne qui encerclent Paris et qui investissent les points stratégiques, c'est la population parisienne qui enveloppe littéralement la ville. La défense de la capitale ne s'opère pas uniquement aux Invalides ou à la Bastille, en allant chercher de quoi s'armer. La sauvegarde de la liberté passe inévitablement par les barrières. La révolte n'a plus de nom, et elle gagne en autonomie. L'attaque aux barrières, la dévastation des bureaux, est un événement en soi, libéré du carcan et de l'ombre que lui fait la prise de la Bastille.

---

avons placé sur les extraits de plan le jour et la période horaire des assauts sur les barrières (dégradations ou incendies) en juillet 1789.

L'attaque des barrières au nord de la capitale

Le premier accroc, s'il est d'importance, ne fait pas partie, à proprement parler, de l'attaque contre les barrières, car il n'y a pas une action directe contre les bureaux. Néanmoins, il inaugure et marque le déclenchement des nombreux incidents qui se déroulent pendant plusieurs jours et nuits, sans entracte, et dont l'acte final s'achève dans la partie occidentale de la capitale le 14 juillet où les derniers bâtiments de l'octroi sont assaillis par la foule. Dans la nuit du 9 au 10 juillet, un incident se produit en dehors des limites fiscales de Paris, près de la barrière Montmartre. L'inspection menée dans une maison par les employés de la Ferme tourne à la déroute[266]. À première vue, rien d'exceptionnel, car depuis de nombreuses années les employés traquent la fraude sur les boissons qui se commet au niveau de la banlieue et la ville. Le scénario classique est planté : le vin et l'eau-de-vie, passés en fraude (grâce à des vessies) à l'intérieur de la ville, sont transvasés dans des barils, puis transportés chez les cabaretiers qui l'écoulent auprès des consommateurs. Il est une heure du matin, mais cela n'empêche point les employés d'être présents. Il faut aussi se préparer au pire afin de pouvoir alerter rapidement la garde de Paris, stationnée rue de Provence, ou demander le renfort des gardes-françaises, casernés rue de la Pépinière ou dans le quartier de la Nouvelle-France. Les commis pénètrent dans la maison et font face à un individu, le nommé Bataille, qui manipule les barils. Les employés saisissent la vingtaine de tonneaux, mais ne font plus attention à l'homme qui s'éclipse et qui revient quelques minutes plus tard, ameutant plusieurs centaines d'individus, probablement des ouvriers des ateliers, armés de pelles et de pioches. Les commis fuient promptement, laissant les charrettes chargées. Ce n'est pas un quelconque personnage qui se manifeste ce 9 juillet. Le nom de cet individu résonnera plus d'une fois au moment de la procédure judiciaire contre les incendiaires des barrières. Pour l'instant, ce n'est qu'un fraudeur, affublé du titre prestigieux de « chef des fraudeurs ». L'homme en question, Pierre Bataille, « connu pour être transporteur de barils » réside à proximité de la barrière. Son domicile se situe à l'ouest, en dehors de la ville, au village de Monceau.

---

266 AN, Z^{1G} 217, procédure à l'Élection de Paris contre Pierre Bataille, garçon marchand de vin, un quidam se disant domestique de Bertin de Blagny, le nommé Trévinal se disant maître d'hôtel du sieur Blagny et 4 à 500 ouvriers ; information du 14 août 1789.

Il demeure dans la maison d'un charron, un certain Cologne. Les employés savent parfaitement où réside l'individu. Ce Cologne, pour le moment, n'a rien à se reprocher ; son nom n'apparaît que pour mieux notifier la résidence de Bataille afin de l'appréhender avec certitude, ce qui témoigne de la part des commis d'une connaissance poussée de l'individu. Sans dévoiler la suite, Cologne sera aussi sur la ligne de front de l'incendie des barrières.
À moins que des travaux de terrassement au niveau du mur se déroulent encore à cette heure tardive, comment Bataille a-t-il pu, en si peu de temps, avertir et convaincre une masse assez considérable de personnes à le suivre ? Le simple fait de leur indiquer que des employés ont saisi des boissons suffit-il pour obtenir l'adhésion de ce groupe ? Les boissons reconquises sont triomphalement transportées et passent sans encombre la barrière Blanche, sous le regard médusé des employés du bureau qui ne manifestent aucun mouvement de protestation. La victoire est flagrante, le nombre et l'assurance l'emportent. Cette réussite ne peut que décupler l'audace de la population.

C'est véritablement le lendemain, le 10 juillet, que l'épisode des barrières prend une ampleur mouvementée. Ce ne sont plus des actes isolés, mais une suite de péripéties qui se succèdent pendant plusieurs jours d'affilée pour aboutir à la destruction partielle ou totale des bureaux de l'octroi. Les premiers incidents se déploient sur un espace réduit, limité à quelques centaines de mètres, au nord de la capitale. Les bureaux de l'octroi ne sont pas les seuls éléments à subir le grondement de la population. Aux dégradations des bâtiments viennent se mêler des rancœurs accumulées au fil du temps contre la Ferme. Les agressions s'exercent alors contre des employés dont le zèle excessif a conditionné les actes des habitants, victimes de procédés arbitraires. La chute des barrières permet aussi cette libération, où les corps et les actes furent trop longtemps bridés. La population des quartiers périphériques a appris, depuis de nombreuses années, à se familiariser avec les tensions entretenues avec les gens de la Ferme. En juillet 1789, la mise en veille des esprits allume le feu qui couvait depuis un certain temps.

Les premiers bureaux touchés sont attaqués au nord durant les 10-12 juillet, aux endroits où le mur en moellons n'est pas encore édifié (figure 11). À la place de la pierre, c'est une palissade en planches de bois qui fait office de séparation entre la banlieue et Paris. Dans cette zone, les barrières s'étirent entre le bas de la rue de Clichy et la rue Sainte-Anne. Sur un intervalle d'un kilomètre de longueur, pas moins

de huit barrières longent la clôture. Près de ces lieux fixes de perception, la Ferme a installé des roulettes d'observation en bois (des guérites) qui sont des postes supplémentaires. Ainsi, au coin de la rue de La Rochefoucauld et de la rue des Porcherons (ou Saint-Lazare) une guérite est positionnée. En fonction des aléas frauduleux et des tentatives de passage en force, les guérites se déplacent aisément et peuvent être disposées au-delà de la limite fiscale.
Le vendredi 10 juillet, vers 21h, au niveau de la barrière Papillon, à l'angle de la rue Riboutté et de la rue Montholon, des pierres, lancées d'un immeuble, atterrissent sur les employés alors que ceux-ci fouillent un individu, soupçonné de porter des vessies remplies d'eau-de-vie. Les employés, devant l'avalanche de pierres, abdiquent[267]. Ce même soir, vers 23h, à quelques centaines de mètres à l'ouest, à la barrière Saint-Georges et des Trois-Frères, les employés avaient placé, depuis quelque temps, deux roulettes d'observation dans la rue Saint-Lazare. Ils avaient constaté que des mouvements suspects se produisaient la nuit. Les roulettes sont à peine positionnées que plusieurs individus s'approchent calmement, d'un pas décidé. Sur un ton narquois, l'un des hommes s'adresse au sous-brigadier et lui signifie que, dans moins de 24h, les roulettes n'y seraient plus[268]. Des habitants du voisinage s'approchent des roulettes, regardent cette scène, jaugeant la réaction des uns et des autres. Le ton n'est pas insultant, mais l'intimidation est réelle. Les employés ne réagissent pas. Après tout, aucune insulte n'est proférée, aucun geste déplacé n'est esquissé qui justifierait une quelconque intervention des employés.
Le samedi 11 juillet, en plein milieu de la matinée, à la barrière Saint-Martin, un banal contrôle sur un individu dégénère[269]. Au passage de Jean Cerf devant le bureau, les commis suspectent une fraude. Ils invitent l'homme à se rendre dans le bâtiment pour y subir une inspection. Les commis trouvent cinq vessies de liqueur et six pintes d'eau-de-vie, cachés sous les vêtements de l'homme. Ce compagnon serrurier, sans ouvrage et habitant à la Haute Courtille, dit avoir rencontré un inconnu dans un cabaret qui lui proposa d'introduire de

[267] AN, Z[1A] 886, Information..., 30ème témoin, à la barrière Papillon ; ce bureau se situe au niveau de l'actuelle rue La Fayette, en face du square Montholon, dans le 9ème arrondissement.
[268] AN, Z[1A] 886, Information…, 27ème, 28ème témoin, à la barrière Saint-Georges et des Trois-Frères.
[269] AN, Z[1A] 886, P-V. des commis de la barrière Saint-Martin, 11 juillet 1789 ; Information…, 37ème témoin.

l'alcool à l'intérieur de Paris. Cerf ajouta que c'était « la misère qui l'exposait » ainsi. Faute de pouvoir payer l'amende fixée à 12 livres, les commis s'apprêtent à l'arrêter. L'homme sait que sa marge de manœuvre est réduite. Il lui faut trouver un subterfuge pour se tirer de ce mauvais pas. Il annonce aux employés qu'une de ses connaissances pourrait s'acquitter de la somme d'argent exigée. Les commis acceptent « par humanité » ; Cerf demande à un gagne denier, présent sur les lieux, d'aller solliciter la femme Masson. Une trentaine de minutes plus tard, accompagnée de deux hommes, voilà la dame qui pénètre dans le bureau et écoute les commis exposer les faits. L'explication terminée, la femme Masson demande aux employés de lui accorder du temps afin qu'elle puisse aller chercher cette somme. Une heure plus tard, comme promis, la femme Masson est de retour, mais elle est loin d'être seule. Derrière elle, un groupe considérable d'hommes et de femmes, armés de bâtons, de pelles, de pierres, criant « vive le Tiers-Etat » se rue sur le bureau. La « multitude » pénètre à l'intérieur du bâtiment aux mots de « exterminons et brûlons tous ces malheureux commis, mais ne volons rien parce qu'il y a des témoins et on pourrait être reconnus ». La foule exige que le passeur soit remis en liberté, puis arrache les grilles des croisées donnant sur la rue, brise les vitraux et commence à casser les cloisons à coups de massue ». Les individus vident les armoires et foulent aux pieds les effets des employés, mais laissent sortir ces derniers. Le bureau aurait été probablement incendié si les gardes-françaises n'étaient pas arrivés sur les lieux. Aucune échauffourée ne se produit pourtant, mais des voix se font entendre, promettant de revenir bientôt finir le travail commencé.

Généralement, les employés ne s'embarrassent pas autant de ce « principe d'humanité » martelé dans le procès-verbal. La plupart du temps, l'individu est conduit *illico* à la Conciergerie, même si un arrangement financier légal peut être trouvé. Laisser un individu s'expliquer, c'est lui permettre de gagner du temps ; retarder l'arrestation, c'est donner à l'homme la possibilité de trouver des appuis parmi la population. La capacité de réaction est d'autant plus fulgurante. À aucun moment, depuis 1785, date du début de la construction du mur des Fermiers, il n'y eut invasion d'un bureau de l'octroi. La trame de l'incident à Saint-Martin est classique, mais c'est le résultat qui peut paraître surprenant. La violence, soudaine, envahit le bureau. Le déchaînement est rapide et inattendu, d'autant que les employés ne s'acharnent pas sur Cerf. Au contraire, une négociation s'engage calmement et les commis font même traîner le compromis,

comme si les employés voulaient à tout prix éviter une arrestation. Il n'y a ainsi aucune provocation ni incitation qui puisse expliquer que l'émeute éclate. Là, tout est différent et nouveau en même temps. Jusqu'à présent, quand la population utilisait des gourdins et autres massues, elle le faisait pour protéger ses intérêts, comme si un état de légitime défense était notifié. Enfin, c'est la première fois que l'on entend distinctement aux barrières ces mots de « Tiers-Etat » qui proclament une appartenance à un groupe déterminé.
À deux reprises donc, et à deux endroits différents, les groupes avaient résolument signifié à la Ferme leurs intentions belliqueuses et leurs dispositions incendiaires. Les avertissements proférés n'allaient pas tarder à correspondre à la réalité. Si l'assaut sur le bureau de Saint-Martin fut un demi-échec, la troisième offensive allait ouvrir le champ à une série inouïe d'incendies que la capitale française n'avait jamais connus. À partir du 11 juillet, les assauts aux barrières sont marqués par les premières flammes. Là encore, c'est la partie septentrionale qui subit les assauts originels.

Situé à l'angle de la rue Saint-Lazare et de la rue de la Chaussée d'Antin (près de l'actuelle église de La Trinité), la barrière Blanche, fut le premier bureau à être incendié dès le 11 juillet. La population se remémore probablement l'incident arrivé deux jours plus tôt dans la nuit du 9 au 10 juillet, où plusieurs centaines d'ouvriers empruntèrent la rue Blanche, prêts à se frotter aux employés ! On y retrouve le nommé Bataille qui y joue un rôle de premier plan. Vers 21h, un grand nombre de « particuliers des deux sexes » se présente à la barrière. Les employés distinguent à la tête de la foule une femme « connue d'eux de vue » qui précède le cortège. Quelques-uns portent une effigie qu'ils destinaient au feu, censée représenter un sous-brigadier de la Ferme. La foule apporte toutes sortes d'objets hétéroclites en bois qu'elle dispose près du bureau. Des « brigands » avaient démonté la barrière (comprenons ici, l'assemblage de bois, c'est-à-dire le pivot) et la jetaient au feu, n'oublient pas les roulettes qu'ils avaient soulevées à l'aide de leviers et les avaient transportées près du bureau. Beaucoup de ces individus, dont de nombreuses femmes, portent et brandissent des pinces, des merlins, des marteaux. Un homme, muni d'un flambeau, mit le feu aux objets en bois, sous les applaudissements d'une foule, de plus en plus dense. La guérite, démembrée totalement, fut mise dans le brasier. La clôture en bois fut démontée et arrachée. Le bureau fut ensuite investi à son tour. Le saccage à l'intérieur commence : la porte d'entrée est éventrée ; les deux tables, l'armoire, les chaises et le poêle en faïence sont jetés à l'extérieur. Les émeutiers se saisissent des registres de perception. Tout est balancé dans un brasier. Les flammes crépitent. Les menaces fusent sur les employés à qui on promettait de « leur faire un très mauvais parti ». Ces intimidations furent prises au sérieux et les commis quittèrent les environs de la barrière pour aller se réfugier un peu plus loin, dans un autre poste d'observation, encore intact, rue Saint-Lazare. Ce n'est que vers minuit que deux cents gardes-françaises arrivent sur place. Ne demandant pas leur reste, évitant un affrontement direct, les incendiaires se replient aussitôt vers la barrière Montmartre. La garde ne resta pas longtemps et repartit vers deux heures du matin. La voie était de nouveau libre et, une heure plus tard, un certain Monnier, assis sur le siège d'une voiture, entrait tranquillement dans Paris par la barrière Saint-Lazare, « chargée de futailles masquées avec de la paille » et qui « vraisemblablement se rendait dans ses magasins, accompagné du nommé Bataille » [270]. La destruction du bureau revêt une signification hautement symbolique, où l'action d'anéantir la barrière se confond avec la volonté de se libérer du carcan fiscal. Quelle est la cause directe de l'attaque du bureau de recette ? Y a-t-il même une origine qui déclenche l'agression ? En réalité, la population n'a plus besoin d'une raison ou d'un prétexte quelconque. Les composants explosifs se concentrent autour de la barrière avec l'effigie portée et brûlée qui rappelle des moments de fête rurale. On prend soin de préparer minutieusement les objets qui alimentent le feu tout en montrant sa supériorité aux employés ; il suffit ensuite de pénétrer dans la ville avec les chargements.

Les barrières limitrophes, celles de Saint-Georges et de Montmartre, sont les prochains objectifs sur la route des incendiaires. Les mots hostiles proférés la veille près de la barrière Saint-Georges ne sont point des paroles en l'air. La promesse de revenir est tenue ce 11 juillet. Il est 23h lorsque les commis voient arriver des « séditieux inconnus ». Ils sont au courant des dégradations que subit la barrière Blanche, éloignée de quelques dizaines de mètres, où une « émotion populaire » avait éclaté[271]. Ne prenant aucun risque, les employés laissent l'accès libre au peuple qui se déplaçait sans encombre, chargé de vessies d'eau-de-

---

[270] AN, Z^{1A} 886, P-V. des commis de la barrière Blanche, 11 juillet 1789, 38ème pièce ; les témoignages sont légèrement divergents sur l'heure exacte de l'attaque contre la barrière Blanche ; certains parlent de 20h, d'autres font débuter l'attaque à 21h ; AN, Information..., 1er, 2ème, 3ème, 4ème et 5ème témoin.

[271] AN, Z^{1A} 886, P-V. des employés de la barrière Saint-Georges et des Trois Frères, 11 juillet 1789 ; Information..., 27ème, 28ème, 29ème témoin.

vie, traversant les limites fiscales de la ville. Une section de gardes-françaises survint et leur présence empêcha, pour l'instant, tout débordement, mais n'arrêta nullement le trafic. Les militaires n'esquissèrent aucun geste pour décourager les entrées en fraude des boissons et autres marchandises. Ils patrouillèrent dans la rue puis, vers 2h du matin, repartirent. Coïncidant avec leur départ, une soixantaine d'individus, répartis en plusieurs groupes, se rassemblent devant le bureau. Un noyau d'une vingtaine de personnes se détache, « la plupart déguisés et couverts » (pour ne pas être reconnus ?), provoque un « vacarme épouvantable », frappant à coups de bâton et de barres de fer sur les édifices. S'adressant aux commis, ils sollicitent du café et de l'eau-de-vie, leur demandant « s'ils étaient du Tiers-Etat ». En partant, malgré la réponse positive des employés, les individus dévastèrent sur leur passage la roulette en bois, non sans donner le titre de « vrais compatriotes » aux employés. Les deux formations se rejoignent et se dirigent vers les barrières Montmartre et Cadet (de la Voirie). La distance n'est pas bien longue pour arriver au carrefour de la rue des Martyrs et du faubourg-Montmartre où se dresse le bureau de perception. Il est minuit passé dans la nuit du 11 au 12 juillet (certains témoignages font état de 2h du matin) et les commis ont déjà abandonné le bâtiment, ne voulant pas attendre l'inévitable. Ils ne sont pas bien loin et repèrent parfaitement ce qui se déroule. Les quarante individus qui surgissent ne laissent planer aucun doute sur leurs desseins : « où sont ces coquins de commis, il faut les détruire tous ainsi que leurs barrières et leurs bureaux », clament-ils haut et fort alors qu'ils éventrent la porte d'entrée et vident l'intérieur[272]. À 300 mètres de là, dans le prolongement de la rue Coquenard, le petit bureau de la rue Buffaut est attaqué dans les mêmes conditions par une douzaine de personnes[273]. On ne connaît pas davantage l'heure précise de l'assaut au bureau de la Voirie. Les « séditieux » sont sur place au petit matin du 12 juillet. Ils s'engouffrent dans les locaux, cassent le mobilier, les portes et fenêtres puis repartent, là encore, en criant « c'est le Tiers-Etat ». En début de soirée, quelques personnes reviennent. Les meubles sont, cette fois, sortis et balancés dans le feu. Certains individus en profitent pour emporter des paquets avec eux. Le pillage s'arrête bien vite à l'arrivée d'une patrouille des gardes-françaises. Un des soldats

---

272 AN, Z^{1A} 886, P-V. des employés du 12 juillet 1789, 3ème pièce ; Information..., 42ème, 43ème témoin.

273 AN, Z^{1A} 886, Information..., 42ème, 43ème, 44ème témoin ; l'attaque se produit dans la nuit du 11 au 12 juillet (là encore, les horaires divergent).

blesse mortellement un homme qui s'enfuyait muni d'un objet sous le bras. Les jours suivants, le feu consume toujours les débris du mobilier[274].

La présence des gardes-françaises avait empêché la destruction totale du mobilier et l'incendie de plusieurs barrières dans le nord de la capitale. Les employés avaient compris que le répit était temporaire. De « braves gens » accouraient, prévenant les employés que la barrière voisine de Cadet était en feu et qu'ils avaient entendu plusieurs « brigands » annoncer qu'ils se dirigeraient vers le bureau Sainte-Anne. Rapidement, les commis jugèrent bon de déménager leurs effets personnels (matelas, traversins, coussins...). Les collègues du bureau voisin vinrent les aider, mais, surpris par un groupe, ils se voient contraints de rebrousser chemin, se calfeutrant dans le bureau de Sainte-Anne. Il est environ 3h du matin en ce lundi 13 juillet ; « le ciel est clair et, à la faveur de la lune, » les employés « entendent du bruit et se risquent un œil au-dehors »[275]. Ils peuvent aisément identifier les bureaux voisins incendiés. Ils aperçoivent des gardes-françaises qui tentaient « vainement de disperser la populace ». La foule se pressait aux abords des bureaux, contemplant ce feu de joie. Un deuxième détachement de gardes se présenta. Aucun autre dégât ne se produisit tant que les forces de l'ordre restèrent sur place.

Légèrement excentré au nord par rapport aux autres barrières, le bureau de Saint-Denis était touché à son tour. Avant même qu'un assaut n'ait frappé leur local, les employés s'alarmaient du sort qui les attendait. Ils « savaient que la barrière Blanche et les autres bureaux adjacents étaient pillés et [les employés] menacés par une troupe de gens malintentionnés pour les intérêts des droits du Roy ». Ils voyaient les flammes s'élever dans le ciel et entendaient « des quantités de cris ». Des gens du voisinage leur assuraient que ce « désastre était causé par des bandes de fraudeurs et de brigands qui allaient incessamment se jeter sur [le] bureau et que certains [employés] étaient plus particulièrement menacés ». L'avertissement est entendu et la décision de quitter au plus vite le bureau est prise. Mais, déjà, un petit groupe, armé de gros bâtons, se « fait hardiment connaître pour être de la bande des incendiaires ». Mais, nulle attaque ne se produit ; ces individus venaient tout simplement prévenir les employés que leur bureau allait

---

274 AN, Z^{1A} 886, P-V. des désordres et excès commis à la barrière de la Voirie (ou Voierie, Cadet) le 12 juillet 1789.

275 AN, Z^{1A} 886, P.V. du bureau de Sainte-Anne, acte rédigé pour l'incendie du bureau de Sainte-Anne qui s'est passé le 12 juillet 89 ; 7ème pièce.

être dévasté. Pendant ce temps, des dizaines de personnes pénétraient dans la « ville avec des marchandises et des denrées et refusaient de payer les droits ». De nombreuses charrettes chargées de tonneaux, des voitures pleines de veaux, de paille, de foin passaient la barrière, restée sans surveillance. La nuit venue, un groupe plus imposant progresse vers le bureau et les roulettes en bois. En quelques minutes, tout fut ravagé à coups de haches et de merlins[276].

Le flot continu des incidents ne doit pas faire oublier que certains bureaux subissent un deuxième assaut. Après que les bâtiments ont été dévastés dans un premier temps, ces derniers sont ensuite incendiés quelques heures plus tard, lorsqu'il n'y a plus de menaces d'intervention des troupes. Ainsi, le dimanche 12 juillet à 6h du matin, un groupe composé d'une quarantaine d'individus revient au bureau de recettes de la barrière Blanche, se rue à l'intérieur du bâtiment, vide totalement le bureau en jetant les débris dans le brasier, allumé pour la circonstance[277].

Entre le 10 et dans la nuit du 12 au 13 juillet, la partie nord-ouest de la capitale subit les premières attaques. Les huit bureaux dans cette zone sont tous attaqués et le mobilier incendié. Un seul bureau, celui de la barrière Blanche, est totalement incendié. Tous ces bâtiments sont, en juillet 1789, des bureaux provisoires, en attendant que les nouveaux édifices, plus au nord, soient totalement construits et opérationnels. En moins de quatre jours, le saccage des barrières et des bureaux est total dans la partie nord de la ville. Cela se fait de manière méthodique où l'improvisation n'a guère de place. Après s'être débarrassé des commis, sachant que les gardes-françaises ne réagiront pas, le peuple parisien commence à dévaster les bureaux. Aucune force ne vient s'interposer ; les bandes peuvent allégrement faire entrer dans la capitale toutes sortes de marchandises sans crainte d'une quelconque réaction de l'adversaire.

Une deuxième vague d'assaut submerge les bureaux dans le secteur du Nord-ouest parisien entre le 12 et le 14 juillet. Dans cet espace géographique, le mur des Fermiers est terminé et compte dix bureaux. Cette fois-ci, la population mène son action offensive contre des groupes de bâtiments tout neufs, bâtis depuis quelques années ou érigés depuis peu. Si la rotonde dite de Chartres est un simple poste

---

[276] AN, Z^{1A} 886, P-V. des employés de la barrière de Saint-Denis, 12 juillet 1789, 4ème pièce.

[277] AN, Z^{1A} 886, P-V. des commis de la barrière Blanche.

d'observation (c'est aussi l'unique édifice à être épargné), les neuf autres bâtiments ont la caractéristique d'avoir une double fonction, celle d'être des bureaux de perception en même temps que des lieux de vie dans lesquels résident les employés. Cette portion commence par la première barrière de la rive droite, celle des Bonshommes (ou Conférence), et se prolonge vers les barrières de Sainte-Marie et de Longchamp (figure 12). Le mur continue vers le nord et aboutit à la barrière de l'Étoile là où sont érigés deux bâtiments symétriques. L'enceinte se termine au niveau du bureau de Clichy ; à partir de ce dernier pavillon, l'enceinte devient une simple palissade en bois.

Figure 11. L'attaque des barrières au nord de Paris

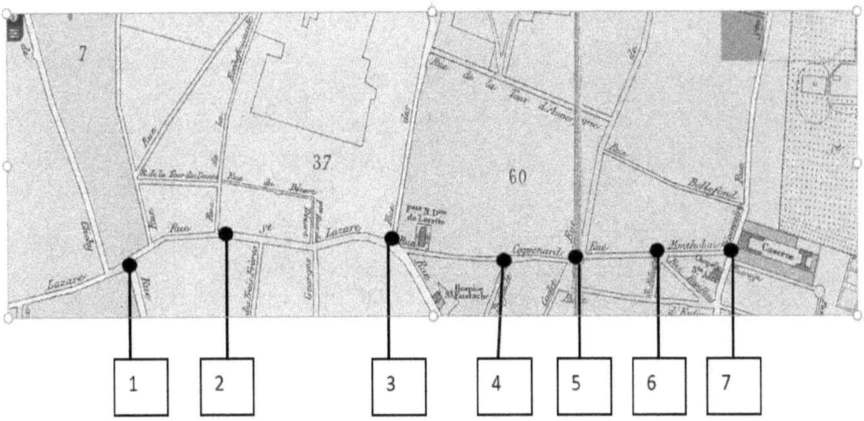

Lucien Faucou, *Plan de la ville de Paris en 1789 : plan exécuté conformément à la décision prise par le Conseil municipal de Paris dans sa séance du 30 décembre 1887.*
© Ville de Paris/BHVP.

1. B. Blanche : 11 juillet, soir
2. B. Saint-Georges et des trois frères : 10 juillet, soir
3. B. Montmartre : nuit du 9 au 10 juillet
4. B. Buffaut : 11 juillet, soir
5. B. Voirie, 12 juillet : matin
6. B. Papillon, 10 juillet : soir
7. B. Sainte-Anne, 12 juillet : soir

Figure 12. L'attaque des barrières dans l'Ouest parisien

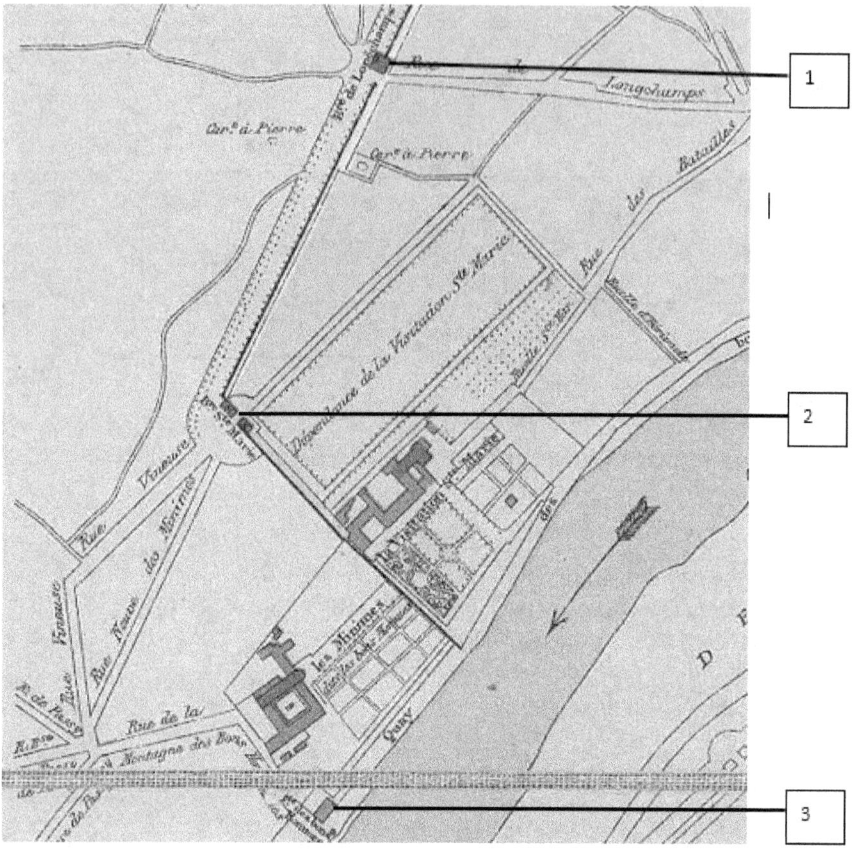

Lucien Faucou, *Plan de la ville de Paris en 1789 : plan exécuté conformément à la décision prise par le Conseil municipal de Paris dans sa séance du 30 décembre 1887.*
© Ville de Paris/BHVP.

1. B. Longchamp : 14 juillet, matin
2. B. Sainte-Marie : 14 juillet, après-midi
3. B. de la Conférence (Bonshommes) : 14 juillet, après-midi

Le bureau, au bout de la rue de Clichy, sur l'actuel boulevard du même nom, inaugure les incidents dans la partie nord-ouest de la ville. Une quinzaine de personnes s'arrête devant la barrière Clichy le 12 juillet en plein après-midi. Armés de haches et de massues, ne laissant pas le temps aux employés de réagir, les individus s'introduisent dans le bâtiment, cassent le mobilier, pendant que d'autres, arrivant du village de Clichy, introduisent plusieurs charrettes chargées de futailles de vin. Le lendemain, 13 juillet, il est environ 16h ; arrive alors une « cinquantaine d'individus armés de bâtons, de piques et de pioches » qui exige des employés qu'ils se retirent au plus vite. Sans plus attendre, le groupe démonte les barrières, saccage le bâtiment tout neuf, entre dans les chambres et casse frénétiquement tout ce qui peut être démoli. Puis, les individus rassemblent tout le mobilier devant le bureau et y mettent le feu[278]. Les individus sont déjà aux portes de la barrière de Monceau (ou Mousseaux) au milieu de l'après-midi du 13 juillet. Les employés s'esquivent rapidement alors qu'une « quantité considérable de particuliers » fait voler en éclats les fenêtres du bâtiment. Pendant près d'une heure, le feu est alimenté grâce aux débris qui sont éjectés du bureau[279]. Les hommes restent là, fixant invariablement le brasier, se servant dans la cave et « boivent du vin de Malaga, à la santé de la Ferme ». La nuit est tombée depuis peu lorsque ce groupe, ayant dévasté la barrière de Monceau, pénètre dans le bureau du Roule (ou Roulle)[280]. Mais à ce moment, d'autres personnes sont déjà sur place, venant du village de Monceau. Ils franchissent allégrement la barrière, munis de « gros bâtons », prêts à asséner des coups, prévenant néanmoins, au loin, les commis de leurs dispositions. Ceux-ci déguerpissent et vont se réfugier chez des voisins. Sans hésitation, les deux formations se concentrent sur le bâtiment et se répandent dans les diverses parties de l'édifice. Le sac peut alors commencer, avant que le feu ne démarre. Les deux bâtiments suivants, installés entre la rue de Lévis et la rue de Courcelles - le poste d'observation de la rotonde de Chartres et la barrière de Courcelles -, ne semblent pas avoir subi des

---

278 AN, Z[1A] 886, P-V. des employés de la barrière de Clichy, 13 juillet 1789, 39ème pièce ; Information…, 4ème, 5ème, 6ème témoin.
279 AN, Z[1A] 886, P-V. des employés de la barrière de Monceau, 13 juillet 1789, 40ème pièce.
280 AN, Z[1A] 886, P-V. des employés de la barrière du Roule, 13 juillet 1789, 44ème pièce.

dégâts considérables[281]. L'actuel parc Monceau ne porte pas encore ce nom en 1789 et la zone arborée ne couvre pas une superficie aussi vaste. La rotonde porte deux dénominations : rotonde de Chartres ou d'Orléans, signe du titre qui changea à la mort de Louis-Philippe, son père. Le duc d'Orléans avait acquis cet espace aux limites de la ville. En 1787, la rotonde est clairement identifiée sous le nom de « bureau d'observation sur la plaine de Monceaux », alors que la future barrière de Courcelles porte la dénomination de « bureau de Chartres au coin de la rue de Courcelles. La rotonde est assurément le bureau au niveau de Monceau et, à cette date, les architectes, en charge de l'immense chantier, négocient avec le futur Philippe-Egalité. Le souci d'économie l'emporte à ce moment et le duc d'Orléans accepte « verbalement [...] que l'escalier et la pièce du second étage soient construits à ses frais »[282]. Les employés occupent-ils le rez-de-chaussée alors que l'étage est réservé au prince de sang ? Le fait que la rotonde appartienne au duc n'implique pas nécessairement que le bâtiment n'ait pas subi de détériorations. Mettre cette dernière sur le compte d'une quelconque sympathie vis-à-vis du duc d'Orléans qui jouit d'une bienveillance auprès de la population n'est évidemment pas à exclure totalement[283]. En tout état de cause, aucun document existant ne permet d'envisager qu'une action particulière ait été entreprise par le duc qui lui aurait évité des dévastations dans sa propriété.

Le 14 juillet ne met pas seulement un terme à l'existence de la Bastille, il marque également la fin des destructions des barrières. Mais, si la forteresse est prise définitivement, cela ne présage pas d'un arrêt total sur les bâtiments de l'octroi. Au matin du 14 juillet, il reste des barrières qui ne sont pas encore touchées, toutes situées sur la rive droite, à l'ouest de la ville, en direction de Versailles. Ces bureaux s'étirent entre

---

[281] Je n'ai pas trouvé trace d'un quelconque procès-verbal des employés de la Ferme pour ces deux bureaux. Aucun témoignage issu de l'Information judiciaire ne relate davantage des incidents qui se seraient produits dans ces deux endroits. C'est de manière indirecte uniquement qu'apparaît la rotonde de Chartres « appartenant au duc d'Orléans » qui, selon un employé, « avait appris que la rotonde d'Orléans avait subi des dégâts » ; AN, Z^{1A} 886, Information..., 19ème témoin.

[282] AN, Q^1 1101, décisions générales sur l'ordre et la marche des travaux de la clôture de Paris, 6 juillet 1787 ; en septembre de la même année, les architectes inspectent l'avancement des travaux et nomment toujours ainsi les deux bureaux ; voir AN, Q^1 1101, résultat des visites des 1er, 3, 5 et 7 septembre 1787, réalisées par Chevezzy.

[283] Evelyne Lever, *Philippe Egalité*, Paris, Fayard, 1996 ; voir les p. 298-318 où l'historienne montre la sympathie dont jouit le duc qui subvient aux besoins des pauvres, en distribuant du pain notamment.

les barrières de Passy et de l'Étoile. Sur la rive gauche, le bureau de la Cunette, au bord du fleuve, fut saccagé le 13 au matin. Pourquoi alors attendre plus d'une trentaine d'heures avant de mener une offensive sur ces bâtiments de la partie occidentale ? Deux explications peuvent être avancées. Le franchissement de la Seine est plus délicat dans cette partie de la ville, les forts courants empêchant une navigation aisée ; par ailleurs, il n'existe pas encore un ouvrage à cet endroit, le pont le plus proche, celui de la Concorde, est encore en construction. Une autre raison permet de comprendre pourquoi les bâtiments ne sont pas touchés dans l'immédiat, car la proximité des troupes de Besenval, basées au Champ-de-Mars, freine sans doute la progression des bandes sur les barrières. La crainte d'un choc direct contre des soldats, armés et entraînés, refroidit sans doute les esprits. N'ignorant pas les périls, le brigadier de la barrière de Chaillot (Neuilly, Saint-Germain ou de l'Étoile) donne congé à ses subordonnés dès le 13 juillet au soir, vers 21h. Une première tentative d'incendie de l'édifice échoue dans la nuit grâce, semble-t-il, à la détermination d'un garde suisse, qui s'interpose. Aucun autre incident ne vint troubler la nuit. Mais, dès les premières heures de la matinée du 14 alors que les employés s'attellent à déménager diligemment leurs affaires, une « vingtaine de brigands vint annoncer qu'ils venaient brûler la barrière et le bureau ». En quelques minutes, le feu emporte les registres et les meubles entreposés à l'extérieur ; puis, les insurgés pénètrent dans la cave, dérobant 600 bouteilles de vin[284]. Au bureau voisin de Longchamp, les employés imitent leurs collègues de Chaillot et se hâtent de mettre leurs effets personnels à l'abri, mais « des individus connus comme étant des habitants de Chaillot, des manœuvriers et des fraudeurs » leur interdisent de déménager toutes leurs affaires[285].

[284] AN, Z1A 886, Information..., 9ème, 10ème, 11ème témoin ; on peut s'étonner qu'un seul garde-suisse ait pu stopper l'ardeur incendiaire d'un groupe ; néanmoins, les trois témoins sont formels et donnent la même version ; à noter qu'il existe une erreur de transcription dans le témoignage du 10ème témoin où le greffier note que les faits relatés datent du 14 juillet 1790 ; il faut évidemment lire 1789.

[285] AN, Z1A 886, P.V. du bureau de Longchamp, du 17 juillet 1789 ; il relate les faits des 14-17 juillet.

L’attaque des barrières dans l’Est parisien

Cette suite de dévastations se répète à l’envi dans le quart-est de la capitale. D’abord, parce que le mur est loin de produire son effet dissuasif, car il subsiste, entre le bureau Saint-Louis et celui du Trône, comme dans le nord de la capitale, de larges portions non équipées de l’ouvrage en maçonnerie. En second lieu, les cabarets et guinguettes occupent l’espace avec des densités élevées, tout comme dans la partie nord. Ces lieux de sociabilité et de détente populaire sont encore à l’extérieur de la limite fiscale. Cela ne constitue pas un obstacle pour la Ferme qui a construit des avancées, des zones de surveillance, en dehors du tracé de la future enceinte. Les dégradations s’abattent autant sur les bureaux de l’enceinte fiscale provisoire que sur les bâtiments nouvellement édifiés. À partir du dimanche 12 juillet, le sac des barrières débute dans cette partie de l’Est parisien (figure 13). Aucune rupture ne se manifeste dans la chronologie. L’avancée des désordres et des dégradations se poursuit inexorablement. La fin de l’après-midi semble être le moment privilégié où les bandes organisées se déplacent de bureau en bureau. Le saccage, puis les incendies se scindent dans deux directions opposées et se fractionnent dans le temps. Dans la partie nord-est, à partir de la barrière de la Courtille (et du Temple), des groupes s’aventurent vers le nord, en direction de la barrière Saint-Martin, pendant que d’autres bandes s’orientent vers le sud, se dirigeant vers la barrière du Trône. Dans le secteur nord de la ville, le saccage initial des bureaux et des barrières permettait ensuite la libre circulation des marchandises. Le contraire devient presque la règle dans la portion orientale. Là, les denrées agricoles, le bétail, le matériel et, évidemment, le vin et l’eau-de-vie sont acheminés à l’intérieur de Paris et, seulement ensuite, les dévastations des bureaux ont lieu. Les employés essaient bien de soumettre ceux qui se présentent aux barrières à une vérification et au paiement des droits d’octroi. Mais, un simple rejet de l’individu contrôlé suffit bien souvent pour laisser le passage libre. La pratique quotidienne, toute récente, aux barrières du Nord et du Nord-ouest révèle qu’il est inutile, voire risqué, de se dresser contre la population. C’est sans adversité que la foule peut ensuite laisser éclater sa colère et dévaster les bureaux dont il ne reste que des débris calcinés. La population ne s’attarde jamais trop longtemps à un bureau. Ce sont des frappes rapides qui font penser à des guérillas urbaines : le but étant de déployer sa capacité à surprendre l’adversaire et à lui faire subir des dégâts irréversibles. L'adversaire affaibli, il suffit par la suite de revenir et asséner le coup de grâce, montrant ainsi son aptitude à assommer totalement les forces qui s'opposeraient encore. Quand les bandes se manifestent de nouveau dans les lieux dans lesquels elles ont sévi, la bataille est déjà remportée. Le saccage des bureaux peut alors reprendre en toute impunité. Mettre le feu est le signe ultime de l'action. Le bureau n'a plus de raison d'être et il devient alors inutile de retourner dans un bâtiment déjà incendié.

À la Courtille, le 12 juillet, alors que la nuit n'est pas totalement tombée, le contrôleur aux entrées de Paris qui s'était réfugié, en compagnie de ses collègues, à l'étage du bureau, se souvient « qu'un nombre considérable de fraudeurs passait des barils sur l'épaule » ; il entendait distinctement des cris au-dehors et des bruits de vitres cassées ». Les employés prennent peur et courent se réfugier dans une maison voisine. La nuit est agitée et ils ne peuvent s'empêcher de « sursauter à chaque fois qu'ils entendaient du vacarme »[286]. Le sous-brigadier de la barrière Saint-Louis invite ses subordonnés à rentrer chez eux. Le bureau est abandonné. Arrivé chez lui, penché à la fenêtre d'un immeuble de la rue du faubourg Saint-Martin, le responsable du bureau observe le feu mis aux postes d'observation, ainsi qu'au bureau dont les flammes s'échappent jusqu'au petit matin[287]. Au bureau de la Croix et du Marais, au sud de la Courtille, les employés ont déjà déserté leur poste quand certains hommes, « connus pour être des fraudeurs », devancent un groupe important. Cachés, ils peuvent voir quatre individus qui s'en prennent à la roulette en bois, pendant que d'autres, plus nombreux, entrent dans le bureau et mettent le mobilier en pièces. Dès le début de la matinée, les passages en fraude se multiplient impunément[288].

La modeste palissade, qui fait office de séparation entre la zone taillable et la ville, est totalement détruite. Les bandes organisées qui longent la clôture au nord et au sud ont pour point de mire cette

[286] AN, Z^{1A} 886, Information..., 39ème, 40ème, 41ème témoin ; l'heure de l'attaque de la barrière de la Courtille et du Temple se déroule le 12 juillet vers 20h.

[287] AN, Z^{1A} 886, P-V. des employés de la barrière Saint-Louis, 12 juillet 1789, 6ème pièce ; Information…, 46ème, 47ème témoin ; le feu est mis au bureau Saint-Louis le 12 juillet vers 22h.

[288] AN, Z^{1A} 886, P-V. des employés de la barrière du Marais, 12 juillet 1789 ; 15ème pièce ; Information…, 48ème, 49ème témoin ; la barrière est incendiée le 12 juillet vers 21h.

palissade qui s'étire sur plusieurs kilomètres. Régulièrement, la clôture se trouvait interrompue par des bâtiments provisoires de perception, eux-mêmes entrecoupés par les postes d'observation qui sillonnaient les quartiers. En marchant le long de la palissade, c'est le symbole du mur que la population rencontre sans cesse. Ces planches de bois assemblées font partie de ces représentations exécrées, qu'il faut faire disparaître à tout jamais. En quittant la Courtille, les groupes, qui rasent le mur en direction du sud, arrachent ces planches et les incendient au niveau de la rue Saint-Maur, avant d'atteindre la barrière de la Haute-Borne (ou de Ménilmontant). Arrivés devant le bureau, ils joignent la parole au geste en menaçant verbalement les commis et en brandissant des objets contondants et coupants. Il n'y a pas besoin d'organiser les dévastations, c'est comme si chacun avait une fonction assignée : les uns cassent la porte d'entrée, les cloisons et les fenêtres, pendant que d'autres vident les lieux et, à partir des débris, fabriquent un amoncellement, livré au feu[289]. Toujours au sud de la palissade, la progression continue le 12 juillet à 22h avant que deux formations n'atteignent la barrière des Amandiers. L'une suit la rue Saint-Maur pendant que le deuxième groupe s'introduit dans la ville par la rue des Amandiers. La rencontre a lieu devant le bureau. Après quelques avertissements sommaires, quatre personnes s'approchent du bureau, « jurant et tempêtant ». Les trois premiers, munis « de gros pieux », s'attaquent au mobilier du bureau alors que le quatrième tient « un morceau de bois enflammé et très ardent ». Le feu est alimenté avec les meubles, les paillasses des employés et les roulettes en bois démantelées. Ils s'attaquent alors aux portes des bureaux à coups de barres de fer. Ce groupe réduit est rallié par une bande plus conséquente, formée de 200 personnes environ. À quelques pas du bureau des Amandiers, le modeste poste d'observation de la Folie-Regnault est taillé en pièces un peu plus tard dans la nuit du 12 au 13 juillet[290].

À cette date, plus personne ne peut ignorer ce qui se passe dans cette portion du territoire entre l'hôpital Saint-Louis et la barrière du Trône. Les bandes parviennent au niveau de la rue du faubourg Saint-Antoine. La forteresse de la Bastille qui domine l'horizon est toute proche. Les

[289] AN, Z[1A] 886, P-V. des employés de la barrière de la Haute-Borne, 12 juillet 1789, 16ème pièce ; Information…, 55ème, 56ème témoin. La barrière de la Haute-Borne est saccagée vers 21h.

[290] AN, Z[1A] 886, P-V. des employés de la barrière des Amandiers, 12 juillet 1789, 25ème pièce.

soldats et le gouverneur de Launay, immanquablement, du haut des remparts, aperçoivent au loin les bureaux qui flambent. En partant de la Bastille, trois routes mènent dans la campagne et aboutissent aux barrières : deux sont directes (la rue de la Roquette et la rue du faubourg Saint-Antoine) et la troisième – la rue de Charonne – rejoint le faubourg. Si les bureaux de la barrière du Trône (de Picpus ou de Vincennes) sont quasiment achevés, les travaux des autres bureaux au nord du Trône sont seulement amorcés. Les anciennes barrières sont donc encore utilisées comme limite fiscale en 1789. Mais les deux bureaux symétriques du Trône ne sont pas encore en fonction et les bureaux de perception sont loin d'être opérationnels[291]. Comme les bureaux adjacents, la barrière de Picpus est entièrement ravagée. Les débris réunis en un seul amoncellement s'embrasent rapidement sous les huées du groupe qui s'excite davantage en « criant qu'il faut tout brûler sans distinction [aussi bien] ce qui appartient aux fermiers qu'aux autres [les employés] ». Les cloisons de séparation et le plancher sont ravagés et le feu est mis à la charpente qui se consume lentement jusqu'au lendemain matin[292]. À ces endroits, de nombreux bureaux sont aménagés comme ceux de la Roquette, les Rats, la Croix-Faubin, et Charonne, sans compter les guérites qui viennent s'ajouter à ce dispositif de surveillance. Durant la nuit du 12 au 13 juillet et pendant la matinée du 13, ces bureaux sont touchés. Tous ne subissent pas des dégâts aussi poussés et ravageurs, mais le principe est dorénavant acquis. À la Roquette, les bandes envahissent les différents niveaux de la bâtisse (le rez-de-chaussée et l'étage), alors qu'un groupe démonte la barrière en bois. L'incendie se déclare au même moment aux différents points[293]. Au bureau de Montreuil, le toit de la couverture est arraché ; à la Croix-Faubin, il ne reste plus grand-chose d'intact après le passage

---

[291] La barrière du Trône prendra réellement ce nom après 1789, même si la commission nommée en 1787 l'appelle déjà ainsi, en fonction du plan qui établit les bureaux et les barrières légèrement plus à l'Est de la place, vers l'actuel Cour de Vincennes. Les procès-verbaux désignent cette barrière sous la dénomination de Picpus (à ne pas confondre avec la barrière du même nom qui, à partir de 1790, se situe bien plus au sud, à l'angle actuel du boulevard de Picpus et de Reuilly).

[292] AN, Z[1A] 886, P-V. des employés de la barrière de Picpus, 13 juillet 1789, 24ème pièce ; Information..., 53ème, 54ème témoin. L'incendie se déclenche alors qu'il fait encore nuit, vers 4h du matin.

[293] AN, Z[1A] 886, P-V. de la brigade de la Roquette, 13 juillet 1789 ; l'incendie débute à 1h du matin.

des incendiaires : le parquet et les lambris au mur ont été arrachés et jetés avec les effets du personnel dans le brasier[294].

La Seine est toute proche. Il reste trois barrières avant d'atteindre les quais qui, au même moment, subissent un désordre indicible. La soif de destruction n'arrête ni la population ni les bandes incendiaires. Il faut tout raser, il faut poursuivre le saccage. Deux groupes distincts arrivent vers la barrière de Reuilly : la première formation emprunte la rue des Buttes, située à l'extérieur de la ville (c'est plutôt un chemin perpendiculaire entre les rues de Picpus et de Reuilly), pendant que l'autre groupe arrive de la rue des Boulets où l'on vient de détruire le bureau du Trône. Au total, c'est une soixantaine de personnes qui se rue sur le bureau. Une partie des individus reste sur place jusqu'à la combustion totale des objets, pendant que d'autres, aux cris de « A Rambouillet, à Rambouillet », partent d'un pas décidé vers ce bureau[295]. C'est ce groupe que les employés du bureau voient surgir. Ils n'ont que le temps de quitter hâtivement le bureau, laissant derrière eux leurs effets personnels[296].

Le bureau de Bercy est un petit édifice dans lequel n'exercent que trois employés. La bande leur recommande de décamper au plus vite, puis rase le bureau[297]. Enfin, le dernier bureau longeant la Seine, celui de la Râpée, subit la dernière charge dans la partie septentrionale. En plus des dépravations habituelles, le groupe s'empare des registres de perception qu'il balance promptement au feu et descend à la cave où il s'empare du vin et des liqueurs, boissons que les individus s'empressent de boire[298].

---

294 AN, Z^{1A} 886, P-V. des employés de la barrière de Montreuil, 13 juillet 1789, 12ème pièce. Il est 6h au moment des dévastations ; AN, Z^{1A} 886, P-V. des employés de la barrière de la Croix-Faubin, 13 juillet 1789, 21ème pièce. Les dégradations se déroulent vers 6h du matin.
295 AN, Z^{1A} 886, Information..., P-V., des employés de la barrière de Reuilly, 13 juillet 1789, 20ème pièce ; le titre exact est « p-v. d'incendie fait au dit bureau le 13 juillet 1789 par une bande de brigands ». L'horaire du saccage se situe entre 4h et 5h du matin.
296 AN, Z^{1A} 886, Information..., P-V., des employés du bureau de Rambouillet, 13 juillet 1789, 17ème pièce.
297 AN, Z^{1A} 886, Information..., 35ème témoin.
298 AN, Z^{1A} 886, P-V. des employés de la barrière de la Râpée, 13 juillet 1789. Le bureau est dévasté entre 9h et 10h.

Figure 13. L'attaque des barrières dans l'Est parisien

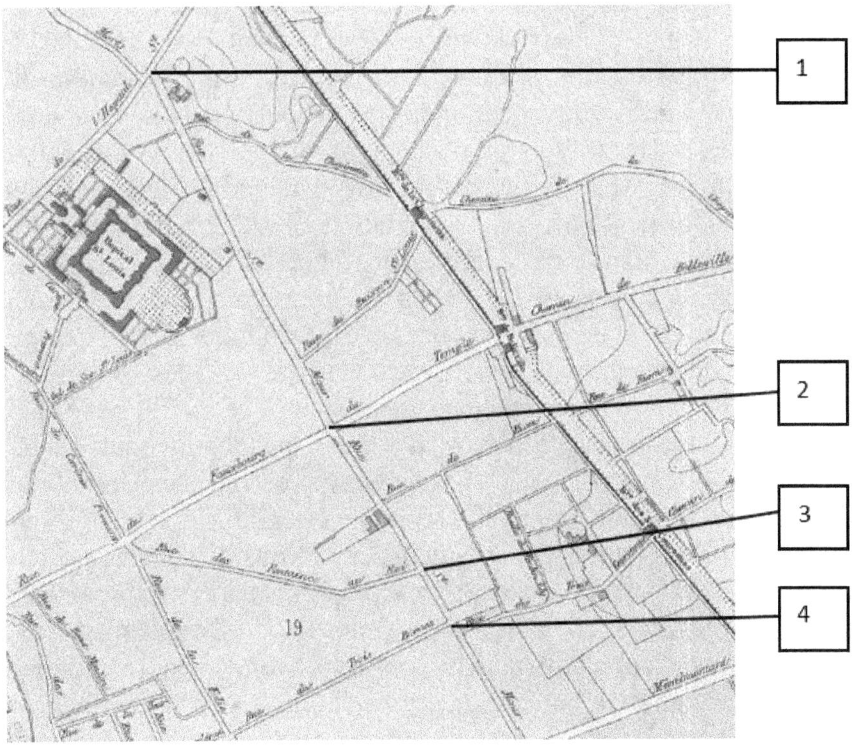

Lucien Faucou, *Plan de la ville de Paris en 1789 : plan exécuté conformément à la décision prise par le Conseil municipal de Paris dans sa séance du 30 décembre 1887.*
© Ville de Paris/BHVP.

1. B. Saint-Louis : 12 juillet, nuit
2. B. de la Courtille et du Temple : 12 Juillet, nuit
3. B. de la Croix : 12 juillet, nuit
4. B. du Marais : 12 juillet, nuit

L'attaque au bord du fleuve

Paris ne possède pas uniquement des bureaux d'octroi à la périphérie de la ville. D'autres lieux de passage sont équipés de bureaux de contrôle et de perception. Aucun mur, aucune clôture, aucune grille, aucune barrière ne marquent ces endroits qui sont néanmoins l'objet de l'attention de la Ferme. Ces emplacements se trouvent au cœur de la ville sur les bords de la Seine, proches des îles de la Cité et de Saint-Louis. Ce sont les ports de la ville et sont essentiels pour le ravitaillement de la ville en denrées, en combustibles et en toutes sortes de matériaux. Les bureaux fixés dans ces zones subissent des assauts analogues. Les ports des Miramionnes, de l'Hôpital et de la Tournelle sur la rive gauche servent de points d'amarrage pour les bateaux qui chargent et déchargent les marchandises. Le pont de la Tournelle est le seul qui permet le passage des deux rives entre le faubourg Saint-Marcel et le faubourg Saint-Antoine[299]. C'est dans ce secteur que de nombreux bureaux et des postes ambulants sont disposés afin d'y recevoir les « déclarations des marchandises sujettes aux droits de douane, pour les tuiles, ardoises, briques et carreaux… ». Ces locaux, transportables comme les guérites, sont posés sur des traîneaux[300]. Dans la matinée du 13 juillet, « une troupe de brigands, gens sans aveu, et mal intentionnés ont brisé, incendié les bureaux et les roulettes ». À proximité de ces deux ports, un troisième, le port de la halle au vin, est vite déserté par les employés qui aperçoivent « une troupe nombreuse de brigands et de séditieux mal intentionnés [qui] a fondu avec violence sur [le] bureau »[301]. De l'autre côté de la rive, entre les îles Saint-Louis et Louviers, se trouve le port Saint-Paul. Le contrôleur du bureau et les commis distinguent le feu qui s'échappe du bureau de la Gare. Au même moment, leur regard s'arrête sur une troupe nombreuse de jeunes

---

299 Haïm Burstin, *Le faubourg Saint-Marcel à l'époque révolutionnaire : structure économique et composition sociale*, Paris, Société d'études robespierristes, 1983 ; Reynald Abad, *Le grand marché…, op. cit.* ; Isabelle Backouche, *La trace du fleuve. La Seine et Paris (1750-1850)*, Paris, éditions de l'EHESS, 2000.

300 AN, Z^{1A} 886, P-V. du pont de la Tournelle, 13 juillet 1789 ; le procès-verbal est très précis, indiquant les dimensions des roulettes en bois et décrivant minutieusement l'état des lieux et le contenu de la roulette avant sa destruction. Ainsi, on apprend que la roulette a une longueur de 6 m sur 2 m de largeur ; elle est équipée d'une porte et de trois croisées et d'un toit couvert en ardoise. Tout est prévu pour une utilisation quotidienne : table, tabourets, poêlon, armoire, etc.

301 AN, Z^{1A} 886, P-V. des employés du port de la halle au vin, 13 juillet 1789.

enfants d'une quinzaine d'années, suivis « d'un nombre plus grand de gens mal vêtus, armés de piques, haches, fusils, bûches »[302]. Les employés optent pour la fuite avant l'arrivée de la bande. Les émeutiers enfoncent les portes et fenêtres, puis ils introduisent à l'intérieur de la paille et y mettent le feu.

D'autres endroits, sur la Seine, servent également au recouvrement des taxes des marchandises. Il existe ainsi sur le fleuve, des embarcations, les pataches, qui contrôlent les navires mouillant sur les quais. Celles du quai de la Râpée subissent des dévastations le 13 juillet. Plusieurs dizaines d'individus montent dans plusieurs bachots (embarcations sans gouvernail) dans lesquels ils avaient emporté des pelles remplies de braise, et tenaient des torches. Les employés à bord des pataches avaient compris la manœuvre et appelaient au secours leurs camarades, restés sur l'autre rive au bureau de la Râpée. Peine perdue, les bachots glissaient et se rapprochaient prestement. Rapidement, les deux embarcations sont abordées et incendiées diligemment[303]. Si les barques de la Râpée coulent, il en va autrement des embarcations au bord du bureau de la Cunette. Dans ce déluge de feu, les employés réussissent à sauver une patache. Les commis ont d'ailleurs fait preuve de clairvoyance. La partie ouest de la ville, sur la rive droite, n'est pas encore atteinte par les dégradations le 13 juillet. Les employés, « prévoyant des suites dangereuses pour la patache [...] qui devait être placée au bord de Passy », prirent la résolution de couler les deux embarcations, quitte à les remonter à la surface lorsque tout danger serait écarté. L'opération se déroule en début de soirée, à l'abri des regards. Les deux pataches, toutes neuves et spacieuses, pouvaient accueillir 12 employés à leur bord. Revenus le 14 juillet, à l'aurore, les commis constataient amèrement qu'un vieux bateau disposé sur les berges servant de bureau était calciné. Néanmoins, la patache au fond de l'eau semblait intacte[304].

À la confluence de la Marne et de la Seine se dresse le pont de Charenton qui permet le passage entre les rives gauche et droite de la Marne. Les villages de Charenton, de Saint-Maurice et d'Alfort font partie de la banlieue et sont alignés le long du fleuve. Dans cette zone

302 AN, Z^{1A} 886, P-V. des employés du port aux coches, au port Saint-Paul, 13 juillet 1789, 30ème pièce.

303 AN, Z^{1A} 886, Information..., 31ème, 32ème et 33ème témoin.

304 AN, Z^{1A} 886, P-V. des employés à la patache des Bonshommes, 13 juillet 1789, 34ème pièce.

se dresse le bureau du pont de Charenton dans lequel les employés de la Ferme perçoivent les *droits rétablis* ; cet impôt fut créé au milieu du XVIIIe siècle avant d'être supprimé, puis rétabli par Louis XV en 1756. Le bois, l'étain, les matériaux, les toiles et les boissons sont concernés par ces droits. Ce ne sont plus les habitants de Paris ou des faubourgs qui s'invitent dans la destruction des bureaux de perception, mais ceux de la banlieue qui ont également un intérêt à la disparition des taxes. Malgré une distance plus éloignée de l'épicentre des dégradations, les employés du bureau des droits rétablis du pont de Charenton sont informés des nombreux incidents qui perdurent dans la capitale. Ils savent que la barrière de Rambouillet a subi des dégâts et les commis s'en inquiètent, car « la clameur publique [annonçait qu'il y avait] tout à craindre de la fureur du peuple »[305]. Ceux qui se jettent sur le bureau de Charenton ne sont pas des inconnus ; des déchargeurs et des ouvriers des ports sont mêlés aux habitants des villages dont les activités sont orientées autour de la vigne notamment. Certains s'approchent du procureur fiscal de Saint-Maurice avec lequel ils discutent de façon véhémente. Une vingtaine d'individus s'attroupent et lancent des pavés sur le bureau ; ils fracturent les caisses posées dans la courette et repartent avec des bouteilles entreposées dans la cave. Au rez-de-chaussée, certains récupèrent les registres de perception posés sur la table.

L'attaque des barrières du Sud

Les barrières septentrionales furent dévastées et incendiées entre le 10 et le 13 juillet, mais celles de la partie sud sont ravagées et enflammées durant un seul jour, le 13 juillet. Elles sont moins nombreuses, mais les dégâts sont plus importants. Les bureaux de la partie méridionale sont en activité depuis plusieurs années et les incursions se déploient directement vers les nouveaux bureaux. Les dommages atteignent des proportions considérables dans cette zone et les travaux de réparation prendront plus de temps. La barrière d'Orléans (ou d'Enfer) se trouve être le point de jonction des colonnes incendiaires, bureau vers lequel les groupes armés convergent. Il existe cependant une rupture dans le rythme des dévastations à partir de la barrière d'Orléans. Dans le nord, les bureaux étaient investis les uns après les autres ; les dégradations

[305] AN, Z[1A] 886, P-V. des employés du bureau des droits rétablis situé au bout du pont de Charenton, 13 juillet 1789, 46ème pièce.

s'effectuaient selon une continuité en fonction de leur disposition sur le terrain, d'est en ouest par exemple. Dans la partie méridionale, la foule, si elle longe le mur, s'abat sur les bureaux en ordre dispersé. Telle barrière est attaquée, alors que le bureau limitrophe est épargné, du moins temporairement. Le voisinage immédiat des troupes aux abords des Invalides semble expliquer le ralentissement des saccages. La population patiente et attend que les militaires décampent. Mais d'autres groupes, rassemblés au sud-est, continuent la destruction des bureaux dans le faubourg Saint-Marcel (figure 14).

Les bureaux de la Râpée sont détruits aux premières heures de la matinée du 13 juillet. Au même moment, sur la rive gauche, la barrière de la Gare succombe aux assauts. Les employés voient « venir du dehors et du dedans une foule importante, armée de bâtons et autres instruments, qui s'arrête devant notre bureau »[306]. Les assaillants surviennent des communes voisines (Ivry, Gentilly, Choisy), mais aussi de plusieurs quartiers parisiens. La population se livre aux dévastations : on brise le mobilier, puis le tas pyramidal est enflammé, pendant que d'autres incendient les postes d'observation. Lorsque quatre individus, armés de bâtons et conduisant des cochons, se présentent à la barrière de renvoi de l'Hôpital, située aux abords de la Salpêtrière, les commis leur demandent de se diriger vers la barrière principale de Fontainebleau, lieu dans lequel la perception doit s'effectuer. Furieux et menaçants, les hommes s'adressent aux employés : « vous ne voulez pas que nous entrions, mais vous allez voir un beau travail »[307]. Cela suffit pour que les hommes de la Ferme laissent le passage libre. Deux heures plus tard, à midi, des particuliers leur conseillent vivement de quitter le bureau, car « bientôt ce sera à [leur] tour [de flamber] ». Les employés transportent hâtivement leurs effets chez des voisins. Il était temps, car deux groupes surviennent simultanément de la banlieue et de la barrière de Fontainebleau et commencent le saccage.

La barrière de Fontainebleau, à l'emplacement sud de l'actuelle place d'Italie, est touchée à son tour. Encadrées par deux grands bâtiments en pierre, rectangulaires et symétriques, aux toitures à quatre pans, ces bâtisses se font face, laissant un passage assez important par lequel les marchandises transitent. Le rez-de-chaussée comporte une ouverture à

---

306 AN, Z^{1A} 886, P-V. d'incendie du bureau de la Gare, 13 juillet 1789, 49ème pièce.
307 AN, Z^{1A} 886, P-V. des employés de la barrière d'Ivry, 13 juillet 1789, 50ème pièce.

arcades voûtées et l'étage regorge de nombreuses pièces, destinées au logement des employés. Deux guérites en pierre, lieu de contrôle à l'extérieur de Paris, complètent cet ensemble architectural. La barrière, considérée comme une entrée principale de la ville, ouvre vers le sud et, à ce titre, elle est empruntée par une population nombreuse. Les employés disposent de plusieurs hangars et d'une écurie, situés à proximité des pavillons. Le 12 juillet au soir, le receveur des entrées de la barrière Fontainebleau se rend sur place, voulant vérifier par lui-même si les bureaux avaient subi des dégâts. Il n'en était rien à ce moment, mais les familles logeant dans les bâtiments n'étaient cependant pas rassurées. Le receveur comptait sur la maréchaussée de Villejuif pour parer à toute éventualité. Tôt dans la matinée du 13 juillet, une voix de femme le réveille en sursaut, l'informant que des hommes se dirigeaient vers le bâtiment. « Nous sommes tous perdus », ajoute-t-elle. Sortant sur le perron, il vit une « troupe de brigands ayant l'air très déterminé ». Les employés peuvent à ce moment distinguer les flammes qui s'élèvent dans le ciel, provenant des bureaux limitrophes, situés à quelques centaines de mètres : à l'ouest, la barrière du Clos-Payen (Croulebarbe) ; au nord-ouest, celles de l'Hôpital (des deux Moulins) et d'Ivry et enfin le bureau de la Gare au bord de la Seine. Des individus, munis de quelques armes à feu, pénétrèrent dans le bâtiment et s'emparèrent des fusils de service des employés. Pendant que les uns s'introduisaient dans les bureaux, un homme « bien couvert », avec « une perruque sur la tête et monté sur un cheval blanc », s'arrête devant la barrière et exige du sous-brigadier les clés des cadenas qui fermaient les grilles d'entrée. Aussitôt après le départ des employés, accompagnés de leur famille, qui purent récupérer quelques effets, le saccage commença par les fenêtres qui volèrent en éclats ; les cloisons de séparation furent totalement démolies et le feu, mis à l'escalier central, embrasa le mobilier encore épargné[308].

C'est une foule bigarrée qui se rend vers le bureau du Clos-Payen, dans le quartier des Gobelins dans l'après-midi du 13 juillet. Hommes, femmes et enfants se pressent devant la barrière avant de l'assiéger totalement, ravageant l'intérieur, sans que le bâtiment soit incendié dans un premier temps ; mais, en début de soirée, « le feu est mis au bureau,

---

[308] AN, Z^{1A} 886, P-V. des employés de la barrière de Fontainebleau, 13 juillet 1789 ; Information..., 45ème, 58ème, 59ème témoin.

faisant tomber le plafond »[309]. L'itinéraire des insurgés les conduit à l'ouest devant le bureau de Saint-Jacques où « les brigands effrénés », après avoir réalisé un amoncellement des débris, mettent le feu qui détruit rapidement la construction, « ce qui a rendu le bâtiment absolument inhabitable »[310]. Il est un peu moins de 20h à la barrière d'Orléans (ou d'Enfer) lorsque des groupes d'hommes et de femmes abordent les deux pavillons. Ils se ruent à l'intérieur. Une partie du mobilier est détruit alors que d'autres meubles sont emportés soigneusement. Une poignée d'individus, équipés de tisons et de torches, crient à tue-tête : « il faut brûler tous les bureaux ». Les employés découvrent des bâtisses dont « il ne reste que les gros murs »[311]. Les dégradations dans le Sud-ouest débutent le matin. Les barrières de la Cunette (« la barrière au bord de l'eau ») et des Ministres (Grenelle) sont attaquées le 13 juillet. La veille, « huit vagabonds » s'étaient déjà présentés devant le corps de garde du bureau des Ministres, signifiant « qu'ils voulaient faire subir [au] bureau le même sort que les autres ». Le lendemain, « un particulier connu [des employés] vint le matin prévenir du danger qu'il y avait à rester dans les locaux ». Effectivement, quelques minutes plus tard, un groupe s'élança à l'assaut du bureau des Ministres, le dégradant à peine[312]. Jusque-là, le rythme des saccages demeurait effréné et peu de temps s'écoulait entre les destructions des barrières. Avec la fin de la matinée du 13 juillet, une accalmie dévastatrice se dessine et il faut attendre le début de la soirée avant que les ravages reprennent dans la partie méridionale. Ce n'est que vers 19h que la barrière de l'École Militaire voit affluer un nombre saisissant d'hommes et de femmes qui investissent les bâtiments et y mettent le feu[313].

[309] AN, Z^{1A} 886, P-V. des employés de la barrière du Clos-Payen, 13 juillet 1789, 48ème pièce.
[310] AN, Z^{1A} 886, P-V. des employés de la barrière de Saint-Jacques, 13 juillet 1789, 55ème pièce.
[311] AN, Z^{1A} 886, P-V. des employés de la barrière d'Orléans, 13 juillet 1789, 60ème pièce.
[312] AN, Z^{1A} 886, P-V. des employés de la barrière des Ministres, 13 juillet 1789, 36ème pièce.
[313] AN, Z^{1A} 886, P-V. des employés de l'Ecole Militaire, 13 juillet 1789, 37ème pièce.

Figure 14. L'attaque des barrières dans le Sud parisien

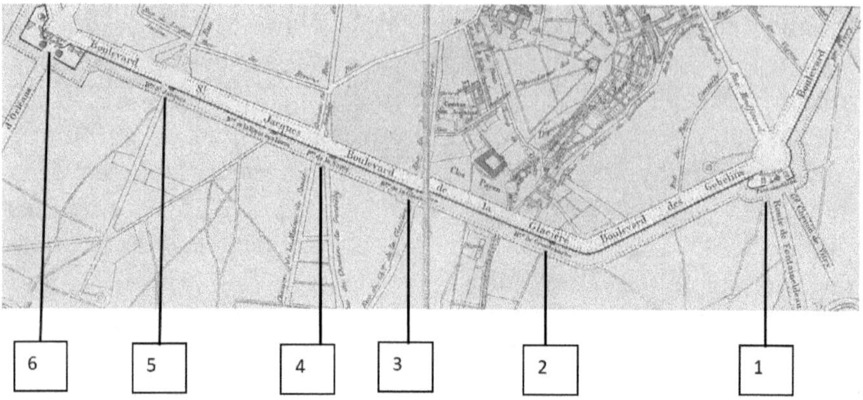

Lucien Faucou, *Plan de la ville de Paris en 1789. : plan exécuté conformément à la décision prise par le Conseil municipal de Paris dans sa séance du 30 décembre 1887.*

1. B. de Fontainebleau : 13 juillet, après-midi
2. B. de Croulebarbe : 13 juillet, soir
3. B. de la Glacière : 13 juillet, soir
4. B. de la Santé : 13 juillet, soir
5. B. Saint-Jacques : 13 juillet, soir
6. B. d'Enfer : 13 juillet, soir

[La barrière de la Fosse aux lions, intercalée entre les barrières de la Santé et de Saint-Jacques, n'existe pas en juillet 1789].

La liberté aux barrières

Les barrières sont proches les unes des autres, éloignées de quelques centaines de mètres. Les mouvements de foule sont aisément perceptibles et le feu qui se dégage se voit d'assez loin. Si les 10 et 11 juillet, l'effet de surprise est indéniable, il en va tout autrement les jours suivants et les commis distinguent donc ce qui se passe et peuvent ainsi se mettre à l'abri. Le mode opératoire est sensiblement similaire à toutes les barrières de l'octroi. Lors d'un passage initial, les différents groupes se portent aux barrières, manifestant aux employés leur détermination, étalent leur force et leur supériorité numérique. Cela suffit dans la plupart des cas pour que les employés déguerpissent. Prévenir les commis que l'on va revenir plus nombreux ou que l'on souhaite faire passer des marchandises permet d'apprécier si la riposte adverse sera à la hauteur. Devant la reculade des employés, les fraudeurs et la population comprennent vite qu'ils ont le champ libre. Ils peuvent ainsi revenir le soir même et mettre à exécution leur dessein, en incendiant les meubles, les bureaux et en se servant dans les caves.

Les émeutiers avaient quitté, à regret, le bureau Blanche le 11 juillet, à l'arrivée des gardes-françaises; ils peuvent en toute impunité revenir par la suite. Désormais, ils parachèvent le travail et introduisent dans la ville des dizaines de tonneaux pendant que d'autres individus chargent des pièces métalliques (les grilles ?) dans une charrette qui prend la direction de la campagne[314]. Un autre groupe, dirigé par Bataille, se détache et prend la direction des bureaux de Clichy. L'homme, sans ambages, prévient les employés qu'une charrette remplie de tonneaux de vin allait arriver. Une heure plus tard, une deuxième voiture, en provenance du village de Monceau, effectue le même trajet et pénètre dans la ville, sans encombre, par la barrière de Clichy[315]. Au Roule, le 14 juillet, alors que l'aurore pointe à l'horizon, des individus reviennent dans les locaux. À l'étage du bâtiment, les premières flammes montent dans le ciel alors que les caves sont immanquablement vidées de leurs marchandises[316]. Les employés de Chaillot reviennent le 14 juillet dans le bureau qui fut préservé la veille. En chemin, ils aperçoivent un corps sans vie qui gît sur le bas-côté de la chaussée « mort, par l'excès de boisson qu'il avait prise ». Ils s'approchent prudemment, mais ne vont

---

314 AN, Z^{1A} 886, Information..., 1er, 2ème, 3ème témoin.
315 AN, Z^{1A} 886, Information..., 4ème, 5ème témoin.
316 AN, Z^{1A} 886, Information..., 22ème témoin.

pas plus loin, apercevant un groupe « qu'ils crurent être les mêmes que ceux de la veille » qui s'acharnait sur la roulette et les deux bâtiments[317]. À la barrière Saint-Martin, l'arrivée de gardes-françaises le 11 juillet en fin de matinée n'est qu'un sursis. En partant, nombre d'émeutiers avaient promis qu'ils reviendraient. Vingt-quatre heures plus tard, « les brigands qui, la veille, avaient pillé, volé et commis des excès violents » formaient des attroupements « pour fondre de nouveau » sur le bureau[318]. Ce ne sont pas seulement des adultes qui s'assemblent devant le bureau, les roulettes ou la clôture en bois. Au niveau des bureaux de Montmartre et Buffaut, un jour après les premiers méfaits, les commis aperçoivent « des polissons, âgés de 12 à 15 ans » qui accompagnent leurs aînés[319].

Les employés des bureaux du Nord et du Nord-est parisien se seraient bien passés d'une deuxième incursion. Certes, un grand nombre de commis avaient pris leur disposition, sauvant leurs effets avant qu'une deuxième vague n'affecte leur barrière. Les intrusions agressives de la population les avaient marqués. Si la présence de plusieurs détachements de gardes-françaises pouvait les rassurer, ce n'était qu'un répit provisoire. L'attitude de plusieurs employés aux différentes barrières du Sud déconcerte le peuple parisien qui y voit un excès de zèle. Alors que les commis ont manifesté une défection dans la quasi-totalité des barrières septentrionales, d'autres tentent encore de faire respecter les règles aux entrées de la ville. La population ne tolère plus les procédés des employés et vit cela comme une provocation insupportable. Le sous-brigadier de la barrière Vaugirard, secondé par ses hommes, voit arriver de la banlieue un individu portant un baril, accompagné de six compagnons. Ceux-là indiquent clairement qu'il n'était pas question de les arrêter : « vous n'avez que faire ici », leur lancent-ils. Un autre cortège similaire aboutit à la barrière un peu plus tard ; les employés esquissent un geste, mais ils sont aussitôt bombardés de pierres, jetées par des hommes et des femmes qui s'étaient regroupés autour de l'édifice[320].

La fête est présente ; on célèbre ce que l'on croit être la fin d'un monde inégalitaire. La musique fait partie de ces réjouissances. Le son des

---

[317] AN, Z^{1A} 886, Information..., 9ème, 10ème témoin ; les employés, en découvrant le corps, perçoivent-ils une blessure quelconque sur l'homme ? Tient-il une bouteille à la main qui justifie cette réflexion ?

[318] AN, Z^{1A} 886, Information..., 36ème, 37ème, 38ème témoin.

[319] AN, Z^{1A} 886, Information..., 43ème, 44ème témoin.

[320] AN, Z^{1A} 886, Information..., 57ème, 58ème témoin.

tambours et violons guide la destruction des bâtiments et des barrières[321]. Du côté de Clichy, « une vingtaine d'individus de tous âges » se dirigent vers la barrière de Monceau ; à leur tête, un tambour de basque et un violon rythment les pas de ces hommes et femmes[322]. Il n'y a pas encore de violences ni d'introductions frauduleuses de denrées. Ailleurs, à la barrière Saint-Martin, la cadence est légèrement différente. Le son des tambours se fait plus menaçant, suivi par des hommes qui tiennent à la main des torches enflammées[323]. Le fracas des vitres cassées se confond quelquefois avec la tonalité du tambour[324]. L'analogie avec un défilé militaire peut être avancée : un ordre de bataille ordonné et réglé avec les combattants qui sont précédés ou suivis des musiciens et des soldats (ici, les fraudeurs notamment), puis les armes (torches, flambeaux…), nécessaires à la bataille. Ces processions font appel à la mémoire collective du charivari. Mais, elles les dépassent aussitôt, et ces cortèges véhiculent un autre aspect où la prise de conscience des actes demeure le moteur. La population ameutée donne du sens aux événements.

L'occupation des bâtiments de l'octroi est totale (figure 15). L'occupation des barrières a permis à la population de montrer qu'elle est une force solide qui sait s'organiser devant le danger. En ayant décrit la situation entre le 10 et le 14 juillet, nombre d'éléments peuvent apparaître comme des doublons. Une fréquence des faits, des gestes similaires, aux conséquences identiques, se retrouve à toutes les barrières. La démarche est volontaire, quitte à produire une répétitivité qui pourrait lasser le lecteur. Mais, la méthode permettait ainsi de montrer que tous les bureaux, sans exception, ont été la proie de dévastations et d'incendie, y compris dans le cœur de la ville, sur les bords de la Seine. Une volonté indéfectible mène la population sur le mur des Fermiers.

---

321 Sur le charivari, la révolte et le lien avec la violence, voir, Yves-Marie Bercé, *Fête et révolte, Des mentalités populaires du XVIe au XVIIIe siècle,* Paris, Hachette/Pluriel, 2006 ; Jacques Le Goff et Jean-Claude Schmitt (dir.), *Le charivari, Actes de la table ronde organisée à Paris (25-27 avril 1977)*, Editions de l'EHESS, 1981 ; William Beik, « The violence of the french crowd from charivari to Revolution », *Past and Present*, 2007, vol. 197-1, p. 75-110.

322 AN, Z1A 886, Information…, 19ème témoin.

323 AN, Z1A 886, Information…, 37ème témoin.

324 AN, Z1A 886, Information…, 39ème, 79ème témoin.

Figure 15. La prise des barrières en juillet 1789

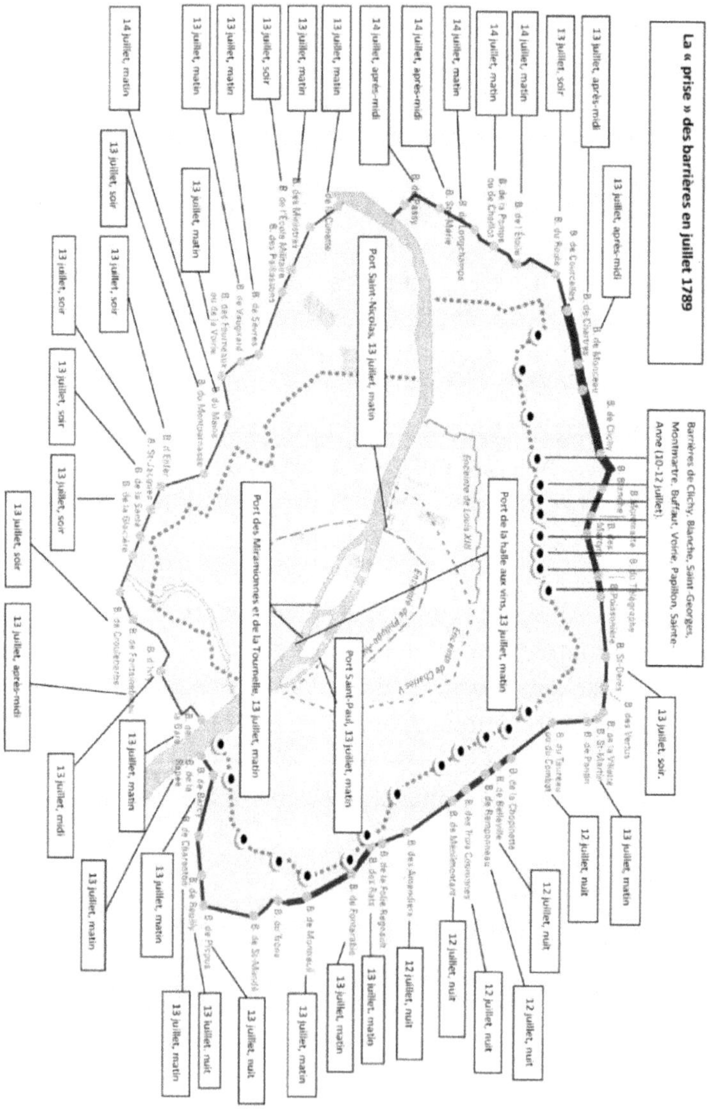

La carte originelle (figure 15) est tirée de, Émile Ducoudray, Raymonde Monnier, Daniel Roche (dir.), *Atlas de la Révolution française, Paris,* volume 11, Paris, École des Hautes Études en Sciences Sociales, 2000, p. 15, « Anciennes enceintes et périmètres fiscaux, 1783-1790 ».
Cette carte correspond aux limites fiscales parisiennes de 1790 ; celles-ci ne changeront qu'en 1860.

[J'ai attribué à la carte un autre titre « La prise des barrières en juillet 1789 » ; j'ai représenté les limites fiscales avant 1789 en indiquant les dates des destructions et incendies des barrières ainsi que les incursions et dégâts commis dans les bureaux des ports et quais].

Les pointillés alignés à l'intérieur de la ville représentent les limites des barrières ; les cercles noirs ● signalent les bureaux de perception en juillet 1789 ; enfin, les traits de grosseur variable sur le pourtour de la ville indiquent à quelle date le Mur des Fermiers est en fonction (par exemple, les droits d'octroi sont établis dès la fin de 1785 pour toute la partie méridionale ; la perception est effective dès le début de l'année 1789 entre les barrières de Passy et de Courcelles).

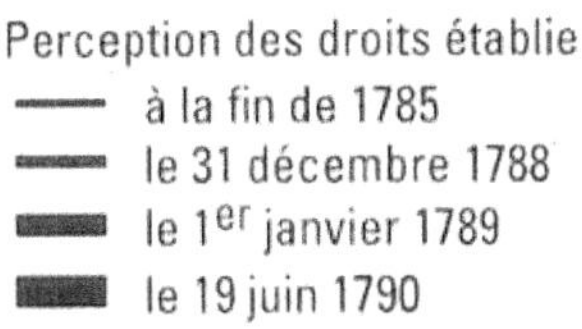

Les dates indiquent les assauts sans distinguer les barrières saccagées ou incendiées. L'heure des attaques est mentionnée ; par commodité, j'ai choisi de simplifier ces tranches horaires :

Matin : 8h-12h ; après-midi : 12h-18h ; soir : 18h-22h ; nuit : 22h-8h.

Les barrières existantes en juillet 1789, où l'on perçoit les droits d'entrée, ne correspondent pas aux limites de juin 1790 ; c'est le cas dans les parties septentrionale et orientale. Afin de ne pas alourdir la lisibilité de la carte, je n'ai pas mentionné le nom des anciennes barrières (Saint-Louis, Courtille ou Temple, Croix, Marais, etc…). Lorsqu'il n'y a pas d'indication de date, cela signifie que les procès-verbaux initiaux n'existent pas (ou bien sont perdus et détruits), mais nous savons que ces bureaux (Courcelles, Trône, etc…) ont bel et bien été attaqués.

Chapitre 8
L'attaque ultime du 14 juillet 1789 : la barrière de la Conférence

Le dernier édifice qui met fin aux destructions du Mur des Fermiers est le bureau de la Conférence détruit et incendié, selon Prieur, le 12 juillet 1789 (voir la page de couverture)[325]. L'estampe, à tout jamais immortalisée par Jean-Louis Prieur, a traversé les siècles. D'autres représentations graphiques mettent en scène les dommages occasionnés aux bâtiments de l'octroi en ce mois de juillet 1789, mais le dessin de Prieur est largement privilégié par les auteurs ; il sera donc utile ultérieurement de nous pencher sur cet aspect et nous demander quelle fut la raison d'un tel engouement de la part des contemporains et des historiens actuels pour ce dessin.

La destruction et l'incendie de la barrière de la Conférence : le 12 ou le 14 juillet 1789 ?

La question posée n'est pas anodine ; les deux dates indiquées (12 ou 14 juillet) revêtent une signification diamétralement différente, selon que l'on opte pour l'une ou l'autre version. Pour l'instant, c'est la désignation de la barrière qui nous interpelle. Les dénominations attribuées à la grande majorité des bureaux - et celui de la Conférence n'échappe pas à la règle - restent problématiques, car des noms différents désignent un même bureau. D'un auteur à un autre, l'appellation change régulièrement. Pour la barrière qui nous intéresse, Prieur utilise la dénomination « barrière de la Conférence ». Ce bâtiment est le premier qui longe la Seine sur la rive droite dans la partie septentrionale. L'artiste avait, sans doute, en mémoire l'emplacement de l'ancien bureau de la Conférence, édifié au début du XVIIIe siècle, plus en amont, près du fleuve sur le quai des Tuileries ; selon les auteurs du XVIIIe siècle, le nom donné fait référence aux conférences qui ont eu lieu en 1659, à l'issue du traité des Pyrénées. De nos jours, si le

---

325 Jean-Louis Prieur, *La barrière de la Conférence incendiée, le 12 juillet 1789* ; pour les dessins de Prieur, voir, Philippe de Carbonnières, *Prieur, les Tableaux historiques de la Révolution. Catalogue raisonné des dessins originaux*, Paris, Association Paris-Musées, 2006.

bureau et la porte de la Conférence ont disparu, il subsiste sur le quai, entre les ponts de l'Alma et des Invalides, le port de la Conférence où sont amarrés les bateaux-mouches. L'habitude aidant, le nom est resté même s'il ne correspond plus à une réalité géographique en 1789, puisque le bureau, à cette date, se situe plus en aval du fleuve, aux limites de la ville. Prieur n'est d'ailleurs pas le seul à appeler ainsi la barrière. Plusieurs dessins réalisés à la même période continuent de nommer cette limite fiscale parisienne du vocable « barrière de la Conférence ». C'est le cas du dessin inséré dans *les Révolutions de Paris* montrant le roi se rendant dans la capitale trois jours après la chute de la Bastille, et qui porte le titre de « Journée mémorable du 17 juillet ou entrée du roi à Paris par la barrière de la Conférence… ». Deux ans plus tard, en 1791, à l'occasion de la suppression des droits d'entrée dans les villes, Abraham Girardet, dessinateur et graveur suisse, met en scène la liesse populaire dans *« Les premiers jours de may (sic) à Paris en 1791 ou la liberté des entrées... : vue de la barrière de la Conférence* ».

Une autre appellation fréquemment utilisée, dès le XVIIe siècle, s'appuie sur l'emplacement du couvent des Minimes de Chaillot dont le fondateur de l'ordre, Saint-François de Paule, entretenait de bonnes relations avec Louis XI. Le roi appelait les religieux les Bons Hommes (ou Bonshommes), en considération de leur douceur et de leur simplicité, d'où le nom « la barrière des Bonshommes ». Cette mention se retrouve dans trois dessins, datant de 1797, montrant les façades principales et latérales du bâtiment de la barrière des Bonshommes. Néanmoins, dès la fin des années 1780, les employés de la Ferme désignent, plus volontiers, le bâtiment sous le vocable du « bureau de Versailles » ou « la grille du bureau de Versailles » et, plus rarement, ils usent de l'expression « le bureau de la route de Versailles ». Ainsi, ici, c'est la direction vers la résidence royale qui est retenue. Tout au long du XIXe siècle, les plans de la ville adoptent, une nouvelle fois, une autre dénomination : celle de « la barrière de Passy ». L'utilisation de cette appellation peut prêter à confusion ; en effet, de nombreux employés, appelés à témoigner, au printemps 1790, sur les incendies des barrières de l'octroi, mentionnent plus d'une fois la barrière de Passy. On pourrait penser que celle-ci se confond avec la barrière de Versailles ; il n'en est rien et, dans la bouche des employés, la barrière de Passy correspond à la barrière Sainte-Marie, située dans le voisinage immédiat du bureau de Versailles. Un témoin, sous-brigadier de la Ferme, indique clairement qu'il était « en service à la barrière de Passy dite de Sainte-Marie le jour où fut mis le feu à la barrière de Versailles »[326]. On le voit, il n'est pas facile de procéder à une identification toujours claire des bureaux, car les employés et les autorités nommaient de diverses façons les bâtiments de l'octroi. Mais nul doute à avoir : le bureau de Versailles est bien celui de la Conférence[327].

Plus qu'un nom aléatoire donné au bureau, c'est la date affichée qui questionne, car, selon le titre du dessin, la barrière de la Conférence est incendiée le 12 juillet. Cette date, ancrée solidement dans nos esprits, circule depuis plus de deux siècles. À la suite de Prieur, tous les auteurs colporteront cette date. Pour tous, écrivains comme historiens, le 12 juillet demeure incontestablement la date de l'incendie de la barrière de la Conférence. L'image relaye alors une sorte d'éternité qui est fermement établie, et pour laquelle il est difficile de s'opposer. La contradiction perdure entre les récits officiels de la Ferme et l'estampe qui martèle une autre conviction multiséculaire. Cependant, au vu des documents existants, il faut avouer que la date du 12 juillet ne résiste pas à l'épreuve de l'analyse. Les dégradations et l'incendie de la barrière ont eu lieu le 14 juillet et non le 12. Il nous faut souligner, et oser dire que Jean-Louis Prieur s'est fourvoyé. Est-ce une erreur du dessinateur, ou s'agit-il d'un acte délibéré de sa part, une écriture de l'histoire qu'il aurait imposée ? Il est impossible de répondre, à ce stade, à la question. Pourquoi vouloir se focaliser à tout prix sur une date ? Deux jours avant ou deux jours après, cela change-t-il la réalité des faits qui se déroulent aux portes de la ville ? Pourtant, en ces temps où les événements forment une chaîne chronologique inextricable, liés les uns aux autres, il est fondamental de clarifier certaines zones d'ombre. Affirmer que le bureau de la Conférence est saccagé le 14 revient d'abord à rétablir la véracité et la matérialité des faits. Ensuite, il est utile de rappeler que le saccage de la barrière n'est pas la conséquence immédiate de la démission de Necker, mais qu'elle est simplement la suite logique de ce vaste mouvement à la périphérie de la ville où les habitants détruisent toutes les barrières. Aussi, l'examen minutieux du temps des dévastations souligne formellement que la barrière est ravagée le même jour que la Bastille.

Plusieurs éléments plaident en faveur du 14 juillet. En premier lieu, il convient de placer la destruction de la barrière dans son

---

[326] AN, Z^{1A} 886, Information…, 15ème témoin.

[327] Par convention, nous utiliserons l'appellation « barrière de la Conférence ».

contexte général, car il existe une logique de la progression de la foule sur les bâtiments. Les barrières sont attaquées de manière méthodique ; d'ouest en est, ou inversement, la population progresse le long du Mur des Fermiers et, à chaque bureau atteint, elle le saccage, le pille ou l'incendie. La barrière de la Conférence matérialise la ligne de démarcation du mur et des bureaux dans la partie septentrionale, séparée par la Seine. Toutes les barrières, sans exception, à partir du Roule jusqu'à Sainte-Marie, sont investies par la population dans la soirée du 13 juillet et le 14 en fin de matinée. Il ne reste alors qu'une centaine de mètres avant d'atteindre la barrière de la Conférence. Il est donc cohérent que la population continue son avancée au sud, vers ce bureau, le seul à ne pas avoir été touché à ce moment de la journée. Si l'on retient la date du 12, le bureau de la Conférence serait le seul à être saccagé, alors que tous les autres bâtiments limitrophes seraient épargnés et ne subiraient des dégradations que deux jours plus tard. Dans ces conditions, il est difficile de comprendre les raisons d'un arrêt brusque dans la destruction des barrières.

En second lieu, cette pause dans les ravages ne se retrouve nulle part sur la périphérie de la clôture fiscale. En d'autres termes, les dévastations ne connaissent pas d'interruption dans le temps pendant cinq jours d'affilée. Les attaques sur le Mur des Fermiers débutent le 10 juillet et ne s'interrompent aucunement sur les autres zones de l'enceinte fiscale ; les dévastations sont permanentes, continues. Mais surtout, aucun témoignage officiel ni aucun procès-verbal rédigé sur le vif, au moment des destructions, ne mentionnent la date du 12. Si nous avons fait, jusqu'à présent, confiance aux archives pour narrer et expliquer, pourquoi douterions-nous des rapports officiels concernant la barrière de la Conférence ? Il nous restera à comprendre pourquoi le 12 juillet est devenu la « date officielle » de l'incendie de la barrière.

Le 15 juillet, un procès-verbal est signé par un nombre conséquent d'employés (ils sont 13 à apposer leur signature sur l'acte officiel), tous de service au bureau de la Conférence. Le 16, le personnel de la Ferme se rend au domicile du procureur du roi, rue de la Chaussée-d'Antin, pour *affirmer* l'acte. Le procureur étant absent, c'est devant le Comité provisoire de l'Hôtel de Ville que l'acte est reconnu véritable, une semaine plus tard, le 23 juillet[328].

---

[328] AN, Z^{1A} 886, P-V. des employés de la barrière à la grille de Versailles, 14 juillet 1789, 42ème pièce ; Information…, 12ème, 14ème témoin ; ces derniers affirment que les statues sur les piédestaux sont mutilées le 14.

Que relate le rapport ? Celui-ci débute en indiquant la date du 14 juillet ; ce jour-là, en fin de matinée, « les employés de la grille de Versailles » (la barrière de la Conférence) s'inquiètent des dégâts qui se propagent aux portes de leur bureau. Ils craignent pour leurs biens propres et pour leur vie, car « les bureaux de la Pologne et du Roule étaient incendiés et [...] cette bande de particuliers effrénés continuait l'incendie à Chaillot ». Les employés devaient donc craindre une incursion imminente « pour la grille de Versailles ». Ils se décident à transporter les nombreux meubles dans des habitations voisines. Vers 15h, « cette bande d'incendiaires s'est jetée sur le bureau ». Les meubles et les affaires, balancés par les fenêtres, jonchent le sol et forment un entassement auquel un groupe met le feu. Plusieurs brasiers sont allumés au rez-de-chaussée et à l'étage du bâtiment, à cinq endroits différents, pendant que « d'autres effrénés ont *mutilé et ont renversé en partie les deux statues* portées sur les deux bureaux, *représentant l'effigie des armes des provinces de Bretagne et de Normandie* »[329]. Puis, un petit groupe composé d'une douzaine de personnes est descendu sur la berge et « est allé incendier la patache qui se trouvait en face [du] bureau ». Les statues mutilées confirment qu'il s'agit du bureau de la Conférence (une des deux statues est bien visible sur le dessin de Prieur). Les témoignages des employés au printemps 1790, présents sur les lieux en juillet 1789, corroborent ces faits[330].

Deux versions s'affrontent alors : la première variante, officielle, à partir des procès-verbaux, émane de la cour des Aides ; la deuxième variante provient de l'estampe de Prieur. Il est vrai que l'écrit énoncé ne peut paraître que terne et insipide face à l'image, exposée dans son intensité dramatique par l'artiste. C'est cette deuxième interprétation qui remportera la bataille de la mémoire ; elle est publiquement reconnue, le temps de l'histoire jouant en sa faveur. Il est donc délicat de rivaliser avec l'intemporalité de l'estampe et heurter de front des générations d'auteurs et d'historiens. Nous espérons, néanmoins, avoir démontré que l'attaque de la barrière de la Conférence s'est bien déroulée le 14 juillet.

---

[329] Souligné par nous.

[330] Z^{1A} 886, Information..., P-V. des employés du bureau de Neuilly, 14 juillet 1789 ; 9ème, 10ème, 11ème témoin.

L'image et le récit : la confrontation

Les procès-verbaux ne montrent qu'un aspect des dévastations, celles que vivent et subissent les employés. Partiel, mais pas forcément partial, le récit est débarrassé de toute envolée lyrique, car il répond à des objectifs précis. La littérature exprimée doit être mise au service de la justice. Il faut alors faire preuve d'imagination et tenter de traduire une ambiance aux odeurs âcres, empreintes de fumées. Comment rendre compte du feu qui s'empare de la ville à toutes les barrières parisiennes ? L'estampe et la gravure peuvent prendre le relais, car elles possèdent le double avantage d'être à la fois des images descriptives d'une situation et permettent l'analyse d'un discours, ce qui ne signifie pas pour autant que la relation est étroite et symbiotique entre le moment figuré et le discours énoncé[331]. La représentation renvoie à une atmosphère unique, irremplaçable où tous les acteurs forment une cohorte impressionnante, chaque être étant dévolu à une fonction particulière.

Pour le Paris en Révolution, de nombreuses estampes représentent les barrières dans un cadre champêtre et furent réalisées pour la plupart dans le premier tiers du XIXe siècle[332]. Ici, la ville tentaculaire, bruyante, grouillante de monde, a disparu. Les images sont débarrassées des tensions, des heurts et des violences qui avaient affecté la capitale en 1789. Ce sont des paysages paisibles, au ciel serein, à peine voilé, où quelques rares personnages déambulent le long de la clôture fiscale. Étrangement, Paris, cette cité gigantesque, est totalement désertée ; les bâtiments de l'octroi, fidèlement dessinés, ne reflètent nullement une quelconque activité. Outre l'estampe de Prieur, d'autres furent achevées dès les premiers temps de la Révolution et représentent directement les dégâts et l'incendie des barrières de l'octroi. Le premier dessin, *L'incendie de la nouvelle barrière des Bons hom[m]es près Paris, la nuit du 12 au 13 juillet 1789,* est une planche de l'hebdomadaire *Les*

---

[331] Cela renvoie à la conceptualisation de l'événement et, plus généralement, à la notion de « l'événement discursif » analysé notamment par Jacques Guilhaumou, *1793. La mort de Marat*, Paris, Complexe, 1999 ; du même, *Discours et événement. L'histoire langagière des concepts*, Besançon, PUFC, 2006.

[332] Voir la riche iconographie sur *Gallica* ; il suffit d'entrer dans la barre de recherche *barrières d'octroi.*

Révolutions de Paris de Louis-Marie Prudhomme[333]. L'éditeur s'entoure de plusieurs illustrateurs qui croquent les moments clés, décrivant les foules en action qui s'attaquent aux symboles de l'injustice et de l'inégalité. Les événements qui enflamment la capitale entre le 12 et le 17 juillet sont minutieusement relatés et analysés. La première image ouvre sur les « motions du Palais-Royal » ; puis, quelques pages plus loin, apparaît le dessin qui met en scène l'incendie de la barrière des Bonshommes. Comme pour l'estampe de Prieur, c'est également la date du 12 juillet qui est assénée ; décidément, la barrière de la Conférence se doit d'être attaquée ce jour-là précisément, aucun autre espace chronologique ne pouvant venir interférer avec la prise de la Bastille. On est en droit de s'interroger sur la date de publication de l'hebdomadaire dont la date du 12 juillet correspond au premier numéro ; en effet, on sait que le journal, fort de son succès, fut réédité à de nombreuses reprises. Nous avons consulté la 9ème édition, diffusée en janvier 1790. Or, il est matériellement impossible que le numéro du 12 juillet, à peine publié, montre les destructions du bureau des Bonshommes qui n'ont pas encore eu lieu, d'autant plus que le titre du dessin signale les dévastations dans la nuit du 12 au 13 juillet. Il n'y a donc rien de probant et la date martelée n'apporte aucune preuve que l'incendie de la barrière se serait déroulé le 12. Ajoutons que la légende du dessin, au contraire du titre, mentionne la barrière des Gobelins, alors qu'il s'agit de toute évidence de la barrière des Bonshommes. Les erreurs ou omissions sont trop nombreuses pour que l'on puisse se fier aux renseignements fournis.

Un deuxième illustrateur pérennise les dégradations d'un bâtiment de l'octroi. L'homme, Janinet, considéré comme un des plus grands dessinateurs et graveurs de son époque, réalise une estampe d'une barrière incendiée. Il témoigne ainsi son intérêt pour l'événement[334]. Janinet délaisse le bord de Seine et pose ses pas sur la rive gauche, au sud de Paris. Il opte pour le bureau des Gobelins, mais reste focalisé, comme ses deux confrères, sur la date du 12 juillet. Cependant, il n'y a pas officiellement un bureau qui s'appelle les *Gobelins*. Aucune barrière ne porte ce nom dans les procès-verbaux ni sur les cartes des années 1780. Les employés utilisent là encore plusieurs dénominations

---

333 *Les Révolutions de Paris*, n°1, 12-17 juillet 1789, p. 6.

334 BNF, département Estampes et photographie, réserve, QB-370 (23)-FT 4 [De Vinck, 3894], *Evénement du 12 juillet 1789 : incendie de la nouvelle barrière des Gobelins ;* Philippe De Carbonnieres et Daniel Jouteux, *Les gravures historiques de Janinet*, collections du musée Carnavalet, Paris-Musées, 2011.

(Mouffetard, Choisy, d'Italie ou Fontainebleau), mais le dernier vocable, barrière de Fontainebleau, revient plus régulièrement sous la plume des commis de la Ferme. Sur le dessin, ce que confirment les procès-verbaux, le bâtiment est investi par la foule dans la nuit du 12 au 13 juillet, certainement à l'aurore ; à l'étage, la lueur des flammes fait contraste avec l'obscurité de la nuit. Un groupe décidé, composé de quelques hommes, s'approche du bureau, muni de gourdins et de torches enflammées. Le bureau attaqué n'est pas le seul élément qui a la faveur de l'artiste, car la violence ne cible pas uniquement la bâtisse. Une autre réalité éclate dans laquelle les déchaînements perpétrés sur les commis de la Ferme sont pointés. L'homme à terre (un employé, sans doute), semble écrasé par le pied gauche d'un individu qui le menace avec un gros gourdin. Chez Janinet, point de tricorne sur la tête des personnages et l'habillement se distingue plus nettement avec un pantalon et une veste, alors que le dessin *des Révolutions de Paris* suggère un uniforme.

La grande majorité des dessins laisse découvrir la barrière de la Conférence du côté de la banlieue ; l'esquisse réalisée par Le Veau, vers 1786, a le mérite de proposer une vue du bureau à partir de la ville, au bord du fleuve, inversant ainsi le regard[335]. Le bâtiment n'est d'ailleurs pas le point central de l'œuvre ; on distingue au loin le bâtiment de l'octroi, avec ses quatre niveaux et, sur la droite, le couvent avec sa flèche dressée.

Prieur a réalisé deux autres dessins dont l'action se déroule aux barrières. L'artiste, comme un metteur en scène, sait admirablement camper un paysage fait de tensions exacerbées, au milieu duquel son héros préféré, le peuple, joue le premier rôle. L'actualité aidante, ce sont des temps forts qui jalonnent la première législature. Dès le mois de mai 1791, Prieur s'attache avec *L'entrée des barrières libres, le premier mai 1791* à peindre l'immense joie de la population, fêtant la suppression des droits d'entrée dans les villes. Il choisit la barrière du Maine dans la partie sud de la capitale pour illustrer l'allégresse générale. Un mois plus tard, avec la rupture politique majeure de la fuite du roi, des milliers de Parisiens escortent la berline royale, de retour à Paris. Prieur ne peut ignorer la trahison de Louis XVI et il dessine le cortège qui passe devant l'imposante barrière du Roule. L'estampe *Retour de Varennes. Arrivée de Louis seize à Paris, le 25 juin 1791* sera gravé à

---

335 BNF, Département estampes et photographies, RESERVE FOL-VE-53(H), Jean-Jacques Le Veau, *Bords de la Seine. Vue du couvent des Bonshommes à Passy.*

l'eau-forte par Jean Duplessi-Bertaux. Deux autres dessins de l'artiste évoquent de manière indirecte les barrières de l'octroi : le premier représente *Le roi arrivant à Paris avec sa famille, escorté de plus de trente mille âmes*, alors que le deuxième retrace le *Massacre à La Chapelle par les chasseurs des barrières.* Pour *Le roi arrivant…*, Prieur nous fait découvrir le cortège royal, flanqué du peuple parisien qui ramène le roi à Paris le 6 octobre 1789. L'image ne dévoile pas le bureau de la Conférence, mais celui-ci est tout proche, on l'imagine à droite de l'image. Prieur dépeint l'édifice religieux des Minimes, appelé plus communément le couvent des Bonshommes, situé sur le quai bordant la Seine[336]. La deuxième image, le *Massacre à La Chapelle...*, témoigne de la fusillade qui opposa le 24 janvier 1791 les chasseurs aux barrières à la population du petit village de La Chapelle, suspectée de se livrer à la contrebande[337].

Cinq dessins, au total, ont un rapport immédiat avec les barrières de l'octroi, ce qui est loin d'être négligeable. Au-delà d'un aspect documentaire et topographique des lieux disparus ou transformés par l'urbanisation, Prieur souligne le rôle du peuple parisien, qu'il exalte et pour lequel il voue une véritable sympathie. Quatre estampes (*la barrière de la Conférence..., le roi arrivant à Paris..., l'entrée des barrières libres..., le retour de Varennes...*) indiquent la mainmise ou du moins le contrôle de la population sur les événements, alors que la 5ème *(Le Massacre de La Chapelle...)* montre la duplicité du pouvoir municipal et de ses chefs, Bailly et La Fayette, qui s'opposent au peuple parisien. Le vrai révolutionnaire, c'est la foule, compacte et résolue. La population décide de ne plus subir les événements, n'attend pas un sauveur. Au contraire, la foule se prend en main ; elle agit en construisant sa propre histoire libératrice et se libère des dominations ancestrales.

---

[336] Propriété de l'Etat français sous la Révolution, le couvent et ses dépendances sont vendus au belge Liévin Bauwens en l'an IV qui les transforme en une manufacture de coton ; voir la notice biographique consacrée à l'industriel dans Patrick Verley, *La Révolution industrielle*, Paris, Gallimard, Folio histoire, 2013 ; Paul Marmottan, « La vente du couvent des Bonhommes en l'an IV », *Bulletin de la Société historique d'Auteuil et de Passy*, 1904, t. 5, n°11, p. 309-312.

[337] Momcilo Markovic, « La fusillade au village de La Chapelle en janvier 1791 : un drame aux conséquences politiques », *AHRF*, n° 386 (4/2016), p. 53-75.

La barrière de la Conférence : une histoire singulière

Avec la *barrière de la Conférence incendiée le 12 juillet 1789*, nous atteignons une autre dimension. La barrière mérite que l'on s'y arrête, car elle a une histoire singulière et fait partie d'un patrimoine qui n'est plus architectural, mais mémoriel. Les panneaux « histoire de Paris » installés aujourd'hui devant de nombreux édifices relatent sommairement quelques épisodes qui ont trait à l'incendie des barrières de l'octroi. La signalisation existe toujours pour les bureaux du Trône sur la place de la Nation ou ceux de Denfert-Rochereau. Pour la barrière de la Conférence, si souvent reproduite sur les estampes, les gravures et les peintures, aucune borne, malheureusement, ne vient matérialiser ce lieu, car l'édifice a disparu en 1860. Le paysage a considérablement changé depuis ; les deux ponts, ceux d'Iéna et de Bir-Hakeim, qui encadrent l'emplacement n'existaient pas alors. Personne ne soupçonne qu'au sud des jardins du Trocadéro, à l'angle de l'avenue de New York et de la petite rue de Beethoven, s'élevait un petit bâtiment, théâtre de violences en 1789, où la population en masse avait clairement signifié qu'elle était excédée par le poids des impôts. L'œuvre de Prieur ne se borne pas seulement à restituer l'ambiance de l'incendie de la barrière. Le décor que propose l'auteur ressemble à une reconstitution, mais la réalité se confond aussi avec la vision de l'artiste. Ce dernier a opéré un choix, où le nombre s'impose, suggérant une adhésion à ce qui se produit. Les voitures chargées de marchandises traversent en toute liberté cet espace fiscal le 14 juillet, mais Prieur ne croque pas cette situation. Il se focalise sur la colère qu'éprouve la population. Si l'on tente de superposer le récit des employés avec l'estampe, on peut effectivement y percevoir des similitudes incontestables. Mais, on peut aussi se demander si *l'incendie de la barrière de la Conférence* n'est pas une représentation idéalisée, tant le scénario est analogue à une grande majorité de bureaux, si ce n'est à l'intégralité des locaux, touchés de plein fouet par les dévastations et par l'incendie. Le premier plan de l'estampe, légèrement à droite, montre à l'évidence les mutilations que subissent les statues. Des armoires brisées, des coffres éventrés, des éléments de lit fracassés, des chaises cassées jonchent le sol, pendant que certains individus transportent sur les épaules des sacs (contiennent-ils les registres des perceptions ?) et les balancent à l'extérieur de l'édifice, près du mobilier. L'impression de multitude est tellement évidente, la masse humaine est omniprésente aux abords du bâtiment ; à l'intérieur du bâtiment, des individus tiennent chacun une torche. Si les hommes sont majoritairement représentés, les femmes ne sont pas totalement absentes. Quelques-unes forment un cercle, discutant avec des hommes, mais on ne détecte aucune femme près du bureau, emportant ou sortant des objets. Toutes les catégories d'âge sont dessinées par Prieur comme ces deux enfants au centre de l'image qui courent et regardent en arrière, comme si les blocs de pierre allaient leur tomber dessus. À droite de l'estampe, un personnage (plus vieux ?) assis sur un gros bloc de pierre et tenant un bout de bois (un gourdin ? Une canne ?) vient compléter l'aspect horizontal d'une société qui regroupe plusieurs générations, unie autour d'une même lutte.

Qu'a voulu signifier Prieur à travers l'image ? Est-ce le témoignage visuel d'un observateur attentif qui décrit fidèlement une scène d'un nouveau genre, destinée à se perpétuer ? En évoquant le peuple dans sa totalité, dans la figuration d'un être collectif en pleine action, où la destruction est nécessaire afin de rétablir la justice et de régénérer la nation, Prieur insiste sur la réalité telle qu'elle s'est produite et renouvelée maintes fois pendant plusieurs jours et nuits. L'artiste livre une interprétation et donne du sens à des événements, l'actualité est ce « nouvel horizon artistique »[338]. La description, même détaillée, ne demeure qu'un aspect pour saisir ce bouleversement politique et social. L'estampe affiche une ampleur où l'intensité dramatique culmine à son paroxysme. L'artiste réussit à saisir la virulence du moment. La finesse du dessin et la technique du clair-obscur renforcent cette scène mouvementée. Ce n'est plus une quinzaine d'individus qui s'attaquent au bureau – du reste, magnifiquement dessiné – mais une foule innombrable, agglutinée aux abords du bâtiment, qui l'investit jusque sur le toit. Le parapet en pierre qui surplombe la Seine prolonge la ligne d'horizon et, au loin, le dôme des Invalides laisse entrevoir la ville sur l'autre rive du fleuve. La population se presse aux grilles de chaque côté, venant de la ville et de la banlieue. À l'arrière-plan, un autre bâtiment assez haut se profile au loin, où se dégage de la fumée –signe de bureaux incendiés ? Le feu, mis à l'intérieur du bâtiment, s'échappe par les fenêtres et monte au ciel. Il est tentant de faire une comparaison entre deux représentations de la réalité, exécutées dans un temps similaire. L'estampe éclaire-t-elle le récit administratif, judiciaire d'un

[338] Pour la reconstitution et la représentation d'un événement, voir Philippe Bordes, *Représenter la Révolution : Les Dix-Août de Jacques Bertaux et de François Gérard*, Lyon, Fage Editions, 2010.

procès-verbal ou d'un témoignage ? En dessinant l'extérieur, le spectateur ne sait pas ce qui se passe à l'intérieur du bâtiment. Il ne peut avoir qu'une conscience partielle des dégâts, non visibles. Il peut supposer que, derrière les mots : « ils [« les bandes effrénées »] mirent le feu à l'intérieur du bâtiment à quatre ou cinq endroits différents », c'est une réalité d'un désordre profond que le dessinateur tente de dégager. L'escalier, jusqu'au premier étage, est entièrement brûlé. Prieur ne dessine pas les bâtiments annexes, qui ne sont pas encore achevés en juillet 1789. Cela n'empêche pas la population de les détruire par le feu. Les « statues sont mutilées » nous disent les employés, mais les amputations ne sont pas décrites par ces derniers. Prieur, en revanche, dévoile ces mutilations. Les employés désignent « une bande d'incendiaires », mais quel est leur nombre ? Ne sont-ils qu'une poignée ? La bande n'est-elle composée que d'hommes ? Prieur étale une vision sans équivoque, où toutes les couches de la population participent aux destructions.

La représentation graphique est aussi un instantané d'une situation, jugé par l'artiste comme un moment fort, singulier. Le discours sur l'événement immédiat, sorte d'actualité historique, permet d'avoir un autre regard, avec une légère distanciation par rapport aux faits. Comment un discours interprète-t-il une image, quelle synthèse un texte réalise-t-il à partir d'un dessin ? Le projet des *Tableaux de la Révolution française*, entrepris dès le début de la Révolution est, selon le directeur du musée de la Révolution française de Vizille, la plus importante série commerciale de gravures événementielles sur la Révolution française[339].

[339] Voir les trois ouvrages initiés par Claudette Hould à partir des *Tableaux de la Révolution française*, vaste entreprise éditoriale qui s'étala de 1791 à 1817 ; Claudette Hould, Annie Jourdan, Rolf Reichardt et Stéphane Roy, *La Révolution par la gravure : Les Tableaux historiques de la Révolution française, une entreprise éditoriale d'information et sa diffusion en Europe (1701-1817),* Vizille, RMN, 2002 ; Claudette Hould et Alain Chevalier, *La Révolution par l'écriture : Les Tableaux de la Révolution française*, , Vizille, RMN, 2005 ; Claudette Hould, *La Révolution par le dessin : Les dessins préparatoires aux gravures des Tableaux historiques de la Révolution*, Vizille, RMN, 2008. Les enjeux de la contribution des cinq rédacteurs aux *Tableaux…*, exposés dans le second ouvrage, sont repris par Claudette Hould, dans « Les discours des Tableaux de la Révolution française : écriture d'une histoire immédiate et passions contemporaines (1791-1817) », p. 171-198, dans Philippe Bourdin (dir.*), La Révolution (1789-1871), op. cit. ;* on s'intéressera ici plus particulièrement au second volume sur les « discours » qui accompagnent les gravures

Chamfort inaugure la série des discours ou commentaires des *Tableaux historiques de la Révolution française*. Dès le 2ème tableau, avec l'émeute Réveillon, Chamfort ne veut pas voir les actes violents perpétrés par les Parisiens comme « un mouvement généreux du peuple vers la liberté ». Le bon peuple s'oppose au mauvais peuple. Son approche ne diffère guère lors de son analyse du 10ème tableau : « la barrière de la Conférence incendiée ». Si l'ennemi est aux portes de la ville, il est également, selon l'auteur, présent à l'intérieur de la cité, car :

« On avait rassemblé depuis peu, dans les faubourgs, une foule de brigands sous le nom d'ouvriers ; on avait pris, pour ce rassemblement, le prétexte honorable de les occuper à des travaux publics et de soulager leur misère. Mais si leur misère était réelle, l'utilité de leurs travaux n'était pas également évidente. Cette multitude d'hommes, la plupart sans domicile, sans aveu, sans profession, menaçaient la capitale d'une invasion d'autant plus formidable, qu'il était impossible de leur en interdire l'entrée ».

Le peuple, c'est la pègre, mais point tout le peuple parisien, car, d'autres,

« Au milieu de ce chaos, les principaux habitants, les hommes honnêtes, et tous ceux qui avaient quelque chose à perdre s'empressèrent d'arrêter, autant qu'il était possible, ce brigandage et cette dévastation. Les ouvriers des ports, les forts de la halle, accoururent, armés de bâtons, et tombèrent sur tous ceux qui leur parurent des vagabonds et des gens sans aveu : ils les chassèrent hors de la ville ».

L'opposition est nette entre une majorité des habitants, vertueux, et une faible minorité, désignée comme dangereuse. Chamfort établit la distinction entre l'ivraie et le bon grain, à la recherche de la pureté du

---

et notamment les commentaires de Chamfort qui remplace l'abbé Fauchet en 1791. Sur Sébastien-Roch-Nicolas Chamfort, voir Cyril Le Meur, « L'agrandissement du regard : Chamfort journaliste dans les Tableaux historiques de la Révolution française », dans Raymonde Monnier (dir.), *A Paris sous la Révolution. Nouvelles approches de la ville*, Paris, Publications de la Sorbonne, 2008, p. 181-192.

peuple. Prudent, Chamfort ne peut mettre toutefois sur le seul dos des « contrebandiers » le poids entier de ces exactions, car, « dans ce bouleversement universel, diverses causes, agissant à la fois, tous les effets ne peuvent se rapporter à une seule ». Mais le spectacle est effrayant des hauteurs de la capitale et « un grand nombre de citoyens [...] étaient saisis de terreur en la voyant environnée d'un cercle de feu, tandis que du centre il s'élevait un nuage épais de fumée ». Nul commentaire sur le poids fiscal ni sur les enjeux de la construction du mur des Fermiers, mais un regret sur la destruction des statues colossales, figures allégoriques de la Bretagne et de la Normandie.

L'amateur d'art s'indigne du vandalisme perpétré par cette plèbe ignorante, prête à toutes les outrances[340]. Sous la plume de Chamfort qui rédige ces commentaires à partir d'août 1791, soit deux après l'incendie des barrières, c'est un regard sombre sur le peuple qui est dévoilé. L'irruption du populaire sur le théâtre de la Révolution n'est pas mise en doute, pas plus réfutée. Il y a bien deux figures distinctes du peuple, une image vertueuse à l'antithèse d'une perception impure de certaines catégories, ceux qui s'excluent volontairement. Mais le peuple angélique doit être guidé dans ces temps où la déchéance du pouvoir et l'absence d'une autorité manquent cruellement. Chamfort conclut en appelant à la sagesse des Français, espérant que le pays sera fort, débarrassé de toute anarchie. L'inquiétude se lit sans ambages dans ses propos, car « une ville livrée à elle-même, et qui se trouva soudain sans roi, sans gouvernement, sans police » ne peut incarner la Révolution. À peine née, elle risque de s'autodétruire. La lecture ne se veut pas descriptive et Chamfort essaie de trouver un sens, donnant une traduction aux événements présents, en les érigeant en une sorte de morale républicaine. L'incendie du bâtiment qu'il relate devient un prétexte et, on l'a vu, ce n'est pas cela qui l'interpelle. La France n'est pas *Une* et Chamfort rend compte de la complexité des êtres humains, car parmi cette population qui se rue sur les barrières, des rancœurs et

[340] Sur les dégradations des bâtiments et les œuvres (tableaux, sculptures royales...), voir Gabriele Sprigath, « Sur le vandalisme révolutionnaire (1792-1794) », *AHRF*, n°242, 1980, p. 510-535 ; Daniel Hermant, « Destructions et vandalisme pendant la Révolution française », *Annales ESC*, n°4, 1978, p. 703-719 ; Simone Bernard-Griffiths, Marie-Claude Chemin, Jean Ehrard, *Révolution française et « vandalisme révolutionnaire »,* Clermont-Ferrand, PUBP, 1992 ; pour un renouvellement de la question, Emmanuel Fureix (dir.), *Iconoclasme et Révolutions, XVIIIe-XXIe siècles*, Ceyzérieu, Champ Vallon, 2014.

des haines particulières ont pu se glisser. Le peuple n'est pas plus unique que ne l'est la bourgeoisie. Il faut donc bannir cette lutte des catégories sociales (d'aucuns diraient « lutte de classes ») qui opposerait les premiers aux seconds. Tout le peuple n'est pas vertueux, élevé au rang d'une sainteté absolue, mais tous les bourgeois ne sont point immoraux, tel le manufacturier Réveillon, jugé par Chamfort comme un « citoyen estimable ». La Révolution pour Chamfort réside dans la recherche d'un compromis viable, où le peuple aurait des droits, mais où la gouvernance appartiendrait à une couche éclairée de la population.

Il nous reste à répondre à la question posée en ce début de chapitre : pourquoi la barrière de la Conférence a-t-elle autant obsédé les artistes ? Pourquoi ce bâtiment qui, architecturalement, n'a rien d'exceptionnel, s'est-il imposé à travers les siècles ? La bâtisse n'est pas plus haute qu'un autre bâtiment du mur des Fermiers ; l'édifice n'est pas mis en valeur, ni placé sur un monticule dominant le paysage, mais plutôt coincé dans un espace restreint, noyé avec d'autres édifices qui sont proches les uns des autres, comme le couvent des Bonshommes. Bien d'autres bâtiments ont des dimensions massives et des proportions imposantes ; il suffit de se transporter au niveau de la rotonde de la Villette pour s'en apercevoir. D'autres barrières, pourtant, se détachent des autres par leur caractère royal et forment un axe bien connu qui commence sur la place de l'Étoile, puis se prolonge par les Tuileries avant d'aboutir sur la place du Trône : à l'ouest, les deux monuments symétriques de l'Étoile, élevés dans un style dorique à bossages ne font pas encore de l'ombre au futur Arc de Triomphe ; à l'est, sur la place du Trône, les deux colonnes élevées sur un soubassement précèdent les deux bâtiments qui possèdent un porche ouvert, formant une arcade.

Dans le premier tiers du XIXe siècle, le célèbre peintre anglais William Turner, en tournée dans l'Europe continentale, peint les rives des principaux fleuves. Pour la Seine, il choisit la barrière de la Conférence[341]. L'angle de la prise de vue est légèrement décalé par rapport au dessin de Prieur, mais le bureau est visible en partie, avec, au premier plan, la statue sur son piédestal ; au deuxième plan, on distingue nettement le palais des Tuileries qui fait face au Louvre et, à l'arrière-plan, on devine la colline de Montmartre. Mais ce qui captive

[341] Joseph Mallord William Turner, *Paris from the barrière de Passy*, 1833, Tate Gallery, Londres ; à noter qu'il s'agit évidemment de la barrière de la Conférence et non celle de Passy.

Turner, c'est bien l'octroi. Sur la rive, des barques sont amarrées et des douaniers inspectent la cargaison ; sur le parapet, à même le sol, des personnes ont déballé leurs affaires sous le regard inquisiteur des employés de l'octroi. Sur la chaussée, une file incessante de voitures entre, passant par la petite grille, unique point d'accès près de la Seine. Une autre peinture, anonyme celle-ci, datant du milieu du XIXe siècle, est conservée au musée Marmottan Monet à Paris ; elle décrit à l'identique le bureau des Bonshommes[342]. Cependant, la rue est pratiquement vide et l'accès, à Paris, par les grilles, est désert. La statue a retrouvé sa tête et, devant la base, une petite guérite en bois fait face au fleuve. Avec l'apparition de la photographie au milieu du XIXe siècle, on fixe dorénavant l'image des monuments avant qu'ils disparaissent définitivement ; c'est toujours le cas de la barrière des Bonshommes, appelée à être abattue sous les coups des pioches en 1860, et photographiée par Auguste Gouviot[343]. La vue de la barrière, avant sa destruction, ressemble fortement à l'estampe de Prieur.

Pourquoi alors représenter cette barrière plutôt qu'une autre, sachant que le bureau des Bonshommes n'est ni celui qui subit les incidents originels ni celui qui est affecté par des dégâts plus conséquents qu'ailleurs ? Il est difficile d'émettre des conjectures convaincantes. Deux interprétations nous semblent plausibles : on peut tout d'abord se demander quel effet aurait produit sur les lecteurs une simple bâtisse en bois qui brûle, sans ornements ni symboles particuliers, ne personnifiant aucunement l'autorité royale, puissance régalienne par excellence, en matière de fiscalité. On rappelle que les bureaux détruits dès le 10 juillet au nord de la ville sont tous des bâtiments temporaires ou loués à des particuliers. La représentation doit être spectaculaire, elle doit frapper l'imagination, ce qui n'aurait pas été le cas avec une simple bâtisse en bois. Une deuxième interprétation vient étayer nos remarques précédentes où l'attribut du pouvoir est mis en exergue. E. Fureix souligne qu'en « situation révolutionnaire, les atteintes aux signes et aux images permettent de contester des relations de pouvoir entre des individus, un État et diverses communautés, et d'en projeter de nouvelles, radicalement autres »[344]. En effet, le signe le plus évident

[342] On peut voir cette peinture au 1er étage à l'angle d'une fenêtre qui donne sur le jardin du Ranelagh.
[343] BHVP, 4-EPR-00228, *L'enceinte de Paris jusqu'en 1859 : la barrière de Passy* ; la BHVP conserve cinq autres clichés des barrières, photographiées par Gouviot.
[344] Emmanuel Fureix, « Introduction », dans Emmanuel Fureix (dir.), *op. cit.*

semble la position occupée par le bureau de la Conférence, car c'est la porte d'entrée et de sortie de la ville. À partir de cet emplacement, la route mène à Versailles, au cœur de la résidence royale, centre du pouvoir déjà fortement contesté, en ce début d'été, par la toute jeune Assemblée nationale. Il nous faut rappeler que trois jours après la chute de la Bastille, le cortège royal emprunte déjà cette artère qui le conduit ensuite à l'Hôtel-de-Ville où le roi reçoit des mains du maire de Paris les clés de la ville. À la fin du mois d'août 1789, dans un sens inverse, Saint-Huruge prend cette direction – avant que La Fayette l'intercepte – alors qu'il se rendait à la tête d'une délégation armée, craignant que l'Assemblée octroie au roi un droit de veto. Lors des journées d'octobre 1789, en direction de Versailles, le cortège des femmes passe par cette barrière.

Lieu symbolique par excellence, l'iconoclasme peut alors s'exprimer ; les émeutiers ne souhaitaient-ils pas « donner à leur geste de violence une signification plus large », car « décapiter une statue [...] pouvait être interprété comme un rejet du contrôle du roi sur l'État » [345] ? Jusqu'à présent, tous les dessins de la barrière de la Conférence ne recouvrent pas l'intégralité du bâtiment ; on y figure toujours l'édifice, mais on ne voit qu'une seule des deux statues qui encadrent le bureau d'octroi. À notre connaissance, il n'existe qu'un seul document qui révèle la totalité des édifices, attestant de l'existence des deux statues[346]. Celle de gauche, figure allégorique de la Bretagne, est l'œuvre de Lucas de Montigny ; celle de droite, allégorie de la Normandie, fut sculptée par Jean-Guillaume Moitte. Grâce aux procès-verbaux, il est attesté que les deux statues furent dégradées, mais les estampes ne dévoilent les mutilations que pour la statue de la Normandie. Le dessin de Prieur ayant un format assez réduit, il est ardu de voir précisément ce qui arrive à la figure féminine allégorique ; néanmoins, grâce à une numérisation de qualité, il est possible de distinguer plus clairement l'image. Que voit-on ? Plusieurs individus grimpent sur une échelle afin d'accéder au socle sur lequel repose la statue ; celle-ci, en position assise, est bien plus haute que les personnages qui s'affairent à la démonter ou à la casser plutôt ; deux hommes tiennent la tête décapitée de la sculpture aux bras manquants,

[345] Richard Clay, « Iconoclasme et violence ; la transformation des signes dans le Paris révolutionnaire, 1789-1794 », dans Emmanuel Fureix (dir.), *op. cit.*
[346] BNF, RESERVE VE-53 (C)-FOL, J.-L. G.-B Palaiseau, *Barrière de Passy* ; l'aquarelle est datée de 1819.

déjà enlevés. Selon certains auteurs, la statue tenait un bouclier ; s'agit-il de cet élément visible au centre de l'estampe, balancé au sol sur des débris ? On perçoit plus qu'on ne voit sur cet écu un portrait qui représente vraisemblablement Louis XVI. Enfin, sur le fronton, deux anges, en bas-relief, encadrent un écusson ovale, sur lequel sont gravées probablement trois fleurs de lys, surmonté d'une couronne.

Plus qu'un symbole spectaculaire, les dévastations commises sur le bâtiment témoignent d'une lutte acharnée contre le pouvoir royal et ses agents fiscaux et indiquent un retournement de l'autorité, au profit de la Nation. La barrière de la Conférence réunit ainsi plusieurs métaphores, toutes orientées vers la destruction d'un régime politique qui a régné plus de 1400 ans. Ce système, comme le rappelle P. Serna, demeure « à ce point prégnant qu'il était fondé sur la religion, qu'il était d'essence divine… » comme l'atteste le fronton de l'édifice[347].
Plus généralement, c'est l'impôt qui est critiqué, car supposé injuste, malgré les tentatives de réformes depuis le milieu du XVIIIe siècle. Les barrières de l'octroi deviennent l'expression de cette colère qui s'abat dès les premiers jours de juillet. Les bâtiments qui forment le Mur des Fermiers seront dévastés et détruits, ou, à défaut, tout ce qui rappelle la mainmise de la Ferme sera réduit en cendres comme le mobilier ou les papiers. Pendant que le peuple français crie famine, la Ferme s'autorise à embellir la périphérie de la ville, en dépensant plusieurs millions de livres, tout en pressurant d'impôts la population. Mettre le feu aux bâtiments est la réponse donnée par la population à la royauté et à la Ferme. La pierre calcinée des édifices sur la clôture fiscale rappelle les enjeux : une volonté de détruire dans un premier temps, mais qui s'accompagne d'une résolution à créer une nouvelle ère. Le feu si présent lors de la *Grande Peur* est déjà un acteur incontournable sur le pourtour de la ville ; les chartriers brûlent dans les châteaux, tout comme les registres dans les bureaux de l'octroi.

N'en voulons pas trop à Prieur qui réécrit l'Histoire et qui situe les dévastations sur la barrière de la Conférence le 12 juillet. Ne retenons que la valeur symbolique, celle d'un édifice fiscal saccagé et incendié par une masse homogène. Pour toutes les raisons développées plus haut, il ne pouvait y avoir un autre choc qui puisse brouiller la visibilité

[347] Pierre Serna, « Introduction » de la première partie : Iconoclasme et régénération sous la Révolution française, dans Emmanuel Fureix (dir.), *op. cit.*

incontournable que représente la date du 14 juillet ; aucun autre événement ne devait occulter la prise de la Bastille et en altérer le sens. Pourtant, ce 14 juillet, la barrière de la Conférence (Bonshommes, Passy) n'est pas la seule à être détruite ; quatre autres barrières, toutes situées à proximité (l'Étoile, Chaillot, Longchamp et Sainte-Marie), sont ravagées ou incendiées. Il nous faut bien l'admettre, Prieur dénature la chronologie et l'histoire de la prise des barrières, en réinterprétant l'événement !

Chapitre 9
L'incendie aux barrières

Identifier les barrières dégradées et brûlées

Le 24 février 1790, Clément de Barville, le procureur général de la cour des Aides, relatant les incidents survenus aux barrières en juillet 1789, rend « plainte à la cour du désordre le plus scandaleux qui soit jamais arrivé dans cette capitale... »[348]. L'information judiciaire évoque clairement « *l'incendie des barrières* » comme l'atteste le titre sur la liasse qui contient la procédure. Pourtant, si l'incendie occupe une place non négligeable, il ne détient pas une part prépondérante. Dans l'énonciation des faits, l'incendie volontaire des bureaux et du mobilier est noyé parmi les autres incidents. Certes, de Barville évoque le feu dans certains bureaux. Le procureur passe en revue la quasi-totalité des bureaux de l'octroi, mais ne détaille pas les dégradations, car le but de la plainte n'est pas de rentrer dans les détails ; c'est à l'instruction de préciser les faits et de conduire les débats.

Lorsque le magistrat dresse l'inventaire des détériorations, il le fait sur la base des procès-verbaux établis au mois de juillet 1789. Une autre source nous renseigne sur la nature des dégâts. Depuis le début de l'année 1790, l'architecte Antoine, chargé d'inspecter la clôture de Paris, établit un diagnostic précis sur les travaux à mener afin de terminer le mur et les bureaux de l'octroi[349]. Un chapitre l'amène à identifier les bâtiments touchés par l'incendie de juillet 1789. Antoine évoque pour les barrières Blanche, Royale et Montmartre (ou Martyrs) des « bureaux faiblement endommagés ». L'architecte ajoute que les bureaux, dans la portion nord et nord-est, n'ont subi que « peu de dégâts » et « le feu n'a été mis dans aucun ». Le 33ème bureau, celui du chemin de Montmartre, fait partie de ces bâtiments qui n'ont subi aucun dommage selon Antoine, alors que Clément de Barville signifie clairement que le bureau a été lourdement attaqué[350]. Les dépositions des employés de la Ferme confirment les propos du procureur. Les bureaux de Saint-Louis et du Temple sont dans le même cas de figure :

---

[348] AN, Z^{1A} 886, Plainte du procureur général de la cour des Aides, 20 février 1790.
[349] AN, Q^{1} 1101, Etat de situation de la clôture de Paris, 3 février 1790, 21 pages ; les dégâts causés par les incendies sont largement tributaires de cette source.
[350] Nous reprenons ici la numérotation des bureaux, établie par Antoine.

l'architecte ne mentionne aucunement ces deux bureaux, car, pour lui, aucun incident n'est à déplorer alors que Barville affirme que les ravages dans ces bâtiments y sont considérables.

La contradiction semble flagrante entre les deux versions. Cependant, les deux hommes ne parlent pas de la même situation. Antoine ne s'intéresse qu'aux bâtiments qui font partie de la clôture fiscale, telle qu'elle fut élaborée et décidée par la Ferme. Ces bâtiments doivent constituer le mur des Fermiers avec l'installation de la nouvelle délimitation fiscale dans le courant de l'année 1790. Ce sont donc des bureaux déjà construits ou en voie de l'être. De Barville, le procureur, fait état d'une autre réalité. Il met en avant les destructions et les incendies qui sont consignés en juillet 1789 par les employés. En définitive, les deux hommes tiennent des discours qui ne s'opposent pas, mais rendent compte de deux matérialités différentes, racontant des événements similaires (la destruction des bureaux de perception), mais qui sont décalés dans l'espace géographique parisien. L'architecte ne se préoccupe que des éventuelles dégradations des bureaux élevés par Ledoux et il évoque tous les bureaux qui se situent sur le nouveau tracé du Mur qui sera en activité jusqu'en 1859, avant que Napoléon III ne le supprime et décide l'annexion de plusieurs villages. À l'inverse, Clément de Barville dresse les dégâts des bâtiments et note les violences commises à l'encontre des employés ; ce sont donc des portions du territoire qui délimitaient déjà l'ancien tracé de la clôture fiscale et intégraient aussi un nombre important de bâtiments récents du futur Mur (c'est le cas surtout de toute la partie septentrionale).

En citant la barrière Montmartre, Antoine la situe au niveau du chemin de Montmartre et de la rue des Martyrs, au croisement actuel des boulevards de Clichy et de Rochechouart. Pour les employés, la barrière, dans laquelle ils exercent leurs fonctions, se trouve 500 mètres plus au sud, au niveau de la rue des Porcherons et Coquenard (actuellement, rues Saint-Lazare et Lamartine). Ainsi, les deux barrières, pour les deux responsables, portent un nom identique, mais sont situées à deux emplacements différents. Les barrières Buffaut et Papillon qu'évoque le procureur n'apparaissent nullement dans le mémoire de l'architecte - et pour cause -, ce ne sont que des bureaux provisoires, attendant que le mur, les grilles et les bâtiments soient totalement construits à partir de la barrière Clichy (figure 16).

Figure 16. Les anciennes et les nouvelles barrières en 1789

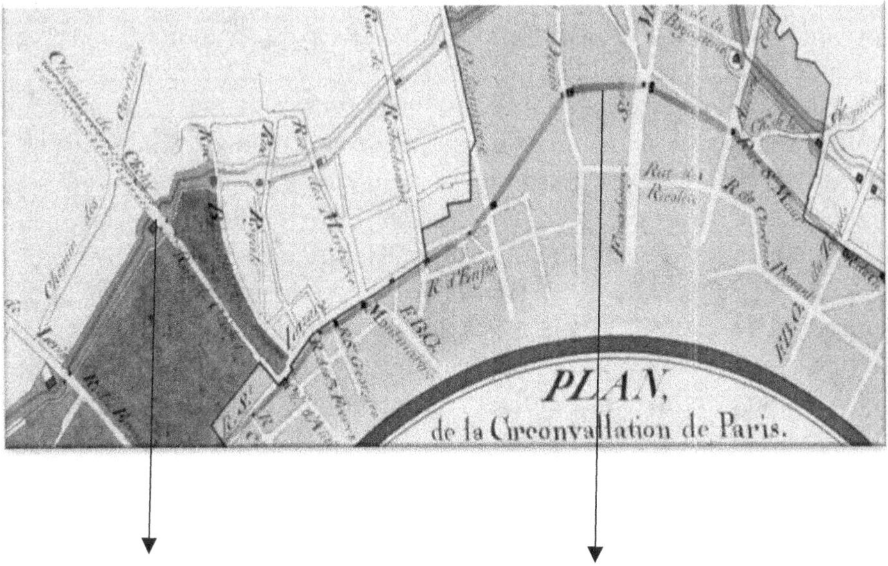

Tracé des nouvelles barrières   Tracé des anciennes barrières

AN, N/III/Seine/885/1, *Ancienne et nouvelle enceinte de Paris dite des Fermiers généraux, indiquant l'emplacement des nouveaux bureaux. 1788.*

[L'extrait du plan représente le nord de Paris, entre la barrière du Roule, située à l'ouest, jusqu'à celle de Belleville, à l'est. La limite des anciennes barrières (en fonction en juillet 1789) est établie plus au sud. À partir de juin 1790, les limites fiscales sont « remontées » officiellement plus au nord et elles correspondent au tracé actuel de la ligne 2 du métropolitain].

Depuis 1785, au commencement de la clôture en maçonnerie, la Ferme, en accord avec la royauté, avait conçu le projet d'agrandir la ville. La compagnie des financiers avait levé des cartes. Il ne faisait pas de doute que de nombreux quartiers et leurs habitants, épargnés jusqu'alors par la fiscalité de l'octroi, allaient du jour au lendemain basculer à l'intérieur des nouveaux murs et devenir Parisiens. Pendant toute la durée de la construction du mur, les anciennes limites fiscales conservaient leurs barrières et leurs bâtiments « provisoires » (bâtisses en bois) ; le provisoire, ici, ne signifiant évidemment pas un bâtiment qui serait remplacé par un autre, définitif, au même emplacement. Les barrières sont ensuite « déplacées » au niveau du mur final. En d'autres termes, les anciens bureaux sont facilement démantelés ou détruits, car ils ne seront plus d'aucune utilité. Le mur est fini, les bâtiments sont équipés de mobilier. Les cloisons, à l'intérieur, délimitent les espaces de vie et de travail. Tout est prêt pour recevoir les employés. Il n'y a donc aucune contradiction entre les deux versions. Il faut avoir à l'esprit cette donnée essentielle et ne pas confondre les bureaux et barrières qui sont en activité en juillet 1789 et qui cessent tout fonctionnement en juin 1790, à la suite d'une nouvelle délimitation fiscale.

Le déplacement officiel des barrières ne se fera que plus tard, durant l'été 1790. Entre cette dernière date et jusqu'en 1860, pendant près de soixante-dix ans, le mur des Fermiers conservera sa physionomie, tel que le montrent les plans et cartes de la ville de Paris. Ce sont une quinzaine de bureaux de l'octroi qui ne sont pas encore achevés dans cette partie nord et nord-est de la capitale à la fin de l'année 1789. Le contrôle et la perception des droits ne sont pas établis dans cette zone où les travaux sont incessants, mais le recouvrement subsiste bel et bien, en retrait, à l'intérieur de la ville, dans ces bureaux provisoires. Ainsi, le nord de la ville, entre l'angle de la rue de la Chaussée-d'Antin et la rue Sainte-Anne, en passant par la rue de Porcherons, est équipé de nombreux bureaux de perception ; ce sont ces édifices qui sont attaqués dès le 10 juillet. Plus au nord, le mur est en travaux et les bâtiments sont en cours d'achèvement. Des portions de la clôture restent vides de toute construction verticale. De manière générale, les bureaux de la partie orientale, entre la rotonde de la Villette et la barrière de la Râpée, souffrent des mêmes conditions d'inachèvement. Le mur, on l'aura compris, n'est pas achevé, principalement, dans la partie septentrionale. À chaque barrière, une « porte », ou plutôt un ou plusieurs édifices qui encadrent les entrées dans la ville. S'il existe 55 barrières (54 bureaux construits et un seul en attente), il existe, en revanche, bien plus de bâtiments. Certains bureaux sont composés de plusieurs édifices auxquels on doit leur ajouter des hangars, des entrepôts et des postes d'observation, des guérites en bois ou en pierre, qui font la jonction entre le territoire taillable de la banlieue et la partie soumise à l'octroi. Les bâtiments de l'octroi arborent deux édifices symétriques le long de la chaussée comme c'est le cas pour les bureaux du Trône (place de la Nation) ou ceux d'Enfer (place Denfert-Rochereau).

Partons de l'affirmation de J. Godechot, reprise par la suite par tous les historiens. Il y aurait eu 40 barrières sur les 54, emportées par les flammes les 12-13 juillet. Quelles sont les barrières incendiées et celles qui furent épargnées ? Sont-elles partiellement ou totalement calcinées ? Si 14 barrières semblent avoir été ménagées par le feu, il nous faut les identifier. Disons-le nettement, aucun bâtiment ne fut totalement incendié, même si les dégâts demeurent sérieux. La population s'attaque essentiellement à l'intérieur des édifices. Les escaliers en bois menant aux étages demeurent une cible privilégiée et le feu y est systématiquement mis ; un escalier embrasé devient un foyer difficilement contrôlable et permet une propagation rapide des flammes. Aucune pièce n'est épargnée et les portes, croisées de fenêtres, meubles, cloisons de séparation et registres de perception subissent la foudre du peuple parisien. Les incendiaires peuvent ensuite escompter que le feu se répande aux parties dures des bâtiments.
S'agissant de la future clôture fiscale que nous dit Antoine ? La partie méridionale du mur s'avère la plus touchée avec 18 barrières sur les 20 incendiées. Les deux bâtiments ménagés par le feu, néanmoins ravagés, se situent près de Vaugirard : les barrières des Fourneaux (ou de la Voirie) et de Grenelle. L'architecte Antoine ne détaille pas toujours les dommages ; il se contente de mentionner que les bureaux sont incendiés « de fond en comble » ou que « les murs sont calcinés »[351]. Les bureaux de Saint-Jacques, de Fontainebleau, de la Santé, d'Orléans et de l'École Militaire subissent plus de détériorations que d'autres et la charpente, attaquée par le feu, est fragilisée. Les bureaux sur les routes de Fontainebleau (de Choisy ou d'Italie) sont fortement dégradés et « tout a été brûlé de fond en comble » note l'architecte. Les façades principales et latérales sont calcinées, le toit et les parquets ont été entièrement consumés par le feu. Deux hangars et un petit bâtiment

[351] AN, Q[1] 1101, Etat de la clôture de Paris en janvier 1790, 5ème chapitre : du nombre des bureaux incendiés et du dégât qui en est résulté. La description des bureaux saccagés et incendiés provient de cette source essentielle.

indépendant jouxtant les édifices principaux n'échappent pas au ravage du feu. Les grilles sont arrachées systématiquement le long des deux bâtiments pendant que plusieurs individus brisaient les cadenas des barrières qui en fermaient l'accès[352].
Le 8ème bureau, celui de Saint-Jacques (ou de la route d'Orléans), à l'instar du précédent, a été incendié ; l'escalier, les cloisons, les portes et les fenêtres furent totalement brûlés. Les bureaux d'Enfer ou d'Orléans (les deux bâtiments actuels de la place Denfert-Rochereau) étaient composés de deux bâtiments principaux, symétriques. Si les bâtisses ont pu résister aux destructions de l'annexion de 1860, il faut imaginer, en 1789, plusieurs pavillons additionnels, avec de très grands hangars qui composaient ce vaste ensemble, détruits par le feu. Les murs semblent avoir résisté malgré la violence des flammes. En continuant le périple vers le fleuve, à l'arrière des Invalides, le bureau de l'École Militaire (composé également de deux bâtiments principaux et des annexes) « a été très maltraité par le feu » et « tout ce qui est combustible a été détruit ». Huit barrières dans la partie méridionale sont ainsi agencées, comprenant plusieurs bâtiments aux fonctions diverses. Tous ces bâtiments sont supposés être des bureaux de perception et ont un rôle capital. Les bureaux « de renvoi » (ou postes d'observation), comme ceux de la Voyerie (ou Voierie, situé près de l'hôpital), ou le bureau d'Ivry, qui sont intercalés entre ces entrées monumentales, ne sont pas épargnés et prennent feu. Ce sont au total dix-huit barrières qui sont dévastées et consumées par le feu dans la partie méridionale. Si on tient compte des barrières avec les bâtiments doubles (sans les hangars), ce sont en définitive vingt-six édifices touchés par les flammes. La concordance est alors parfaite entre les propos de l'architecte et les procès-verbaux. Là, chacun parle des mêmes bureaux, car il n'existe pas de bureaux provisoires dans la partie méridionale, la limite fiscale existant depuis le début de l'année 1787. Seuls les noms attribués aux barrières se différencient, ce qui rend toujours la localisation quelque peu problématique.

Pour la partie septentrionale, le décompte des barrières incendiées obéit à une autre règle. Il faut comptabiliser les dégâts constatés par l'architecte et ceux qui sont enregistrés par les employés de la Ferme. La partie septentrionale est bien plus longue que la portion méridionale, ce qui explique l'inflation du nombre de bureaux. Dans cette première

---

352 AN, Z1A 886, Information..., 64ème, 65ème, 66ème témoin.

zone, on dénombre officiellement 35 barrières, soit deux fois plus que sur la clôture sud. Elles s'étirent sur la rive droite, entre la barrière de Versailles (ou de la Conférence) jusqu'à la barrière de la Râpée au bord de la Seine[353]. Les bureaux secondaires s'intercalent entre les édifices majeurs. Cependant, les barrières composées de plusieurs bâtisses se font plus rares ; on en recense cinq unités seulement : la barrière de Passy (ou de Sainte-Marie), celles de la route de Saint-Germain à l'Étoile (sur l'actuelle place éponyme), celles du faubourg du Temple (ou de Belleville), les deux bâtisses du chemin de Ménilmontant, et enfin l'ensemble monumental que forme la barrière du Trône. L'importance de la barrière Saint-Martin (la rotonde de la Villette) est indéniable ; son classement en 1ère classe, selon la formule des architectes, entre la route du Bourget au nord (route ou chaussée de la Villette) et le chemin de Pantin au sud, positionne la barrière sur un axe primordial, au cœur d'une bissectrice qui se prolonge vers la Flandre et l'Allemagne. De part et d'autre de ces routes charnières, deux petits bâtiments en pierre – les guérites ou postes d'observation – parachèvent cet ensemble imposant et forment les barrières de la Villette et celle de Pantin. Les guérites devaient être couronnées par des sculptures dans le projet initial de Ledoux. Jusqu'en 1790, les barrières de la Villette et de Pantin sont confondues avec la rotonde. Aucun architecte - Raymond ou Antoine – ne fait une claire distinction et les deux spécialistes considèrent ces guérites comme des parties dépendantes de l'actuelle rotonde.

Les bureaux dégradés et brûlés, toujours selon Antoine, sont relativement peu nombreux dans la partie septentrionale. Il n'est pas utile de nous attarder sur le 21ème bureau (la barrière de la Conférence) pour lequel nous avons rappelé les nombreuses détériorations. Plus au nord, si la barrière Sainte-Marie (ou du haut de Passy) semble épargnée, ce n'est pas le cas du bureau de Longchamp (ou de Chaillot), où un groupe cassa « les croisées des portes, tables, lits, lambris, armoires, dont ils firent un monceau au pied de l'escalier et mirent le feu »[354]. L'escalier et la charpente ne résistèrent pas aux flammes et s'écroulèrent durant la nuit. Le bureau limitrophe de la Pompe de

---

[353] A l'exception de Poissonnière, non construit en 1790, dont l'emplacement est défini et où les travaux de terrassement ont débuté en 1789. Pendant de nombreuses années, ce sera un bureau provisoire qui ne sera achevé qu'à la fin des années 1820, mais la perception est effective bien avant cette période.

[354] AN, Z^{1A} 886, Information..., 17ème témoin ; P-V. des employés du bureau de Longchamp, 14 juillet 1789.

Chaillot eut un début d'incendie, vite maîtrisé cependant. Sur l'actuelle place de l'Étoile, avant que l'Arc de Triomphe vienne supplanter définitivement les deux bâtiments moins hauts et moins impériaux, la route de Saint-Germain à l'Étoile empruntait l'axe bien connu des Champs-Élysées. Le bureau de l'Étoile (ou Neuilly) composé de deux pavillons a été rudement malmené, mais la charpente a résisté aux flammes[355]. Plus au nord, à quelques centaines de mètres, l'imposant édifice de la barrière du Roule (ou Roulle) est en grande partie dévasté. Les dégradations ne sont pas discernables sur l'estampe de Prieur (*Retour de Varennes. Arrivée de Louis XVI*), mais Antoine, au début de l'année 1790, constate que « les pierres des façades ont été tellement attaquées par les flammes qu'il y aura beaucoup de réparations à y faire » ; le gigantesque escalier incendié étant probablement la cause du brasier qui s'étendit à une grande partie du bâtiment. Les bureaux de Monceau (ou Mousseaux) et de Clichy sont les derniers de la partie nord à pâtir du sinistre. Les incendiaires mirent le feu au rez-de-chaussée du bureau de Monceau et l'embrasement gagna les colonnes du péristyle à l'extérieur. Enfin, dans l'axe du faubourg Saint-Antoine, à l'opposé de la Bastille, la barrière du Trône (ou Vincennes) a été « considérablement brûlée et mutilée ».

Paris en flammes

Le décompte total pour la nouvelle clôture laisse apparaître que 26 barrières furent incendiées alors que 28 échappèrent au feu (on ne compte évidemment pas le bureau de Poissonnière). Une barrière sur deux est en proie aux flammes, plus ou moins gravement. Si on comptabilise tous les pavillons brûlés, on arrive à 35 bâtiments malmenés par le feu. La zone sud étant davantage frappée que le nord. De la barrière Clichy jusqu'au bureau du Trône, 18 bureaux sont peu touchés et, à partir du bureau de Saint-Mandé jusqu'à la barrière de la Râpée, au bord du fleuve, six bureaux n'ont nullement été frappés par les incursions. Les zones géographiques du Nord, du Nord-est et de l'Est sont épargnées par la frénésie de la population. Là, les bâtiments sont légèrement affectés par les incursions et « faiblement endommagés » ; l'architecte déplore seulement « des croisées et portes

[355] AN, Z^{1A} 886, Information…, 9ème, 12ème témoin ; P-V. des employés du bureau de Neuilly, 14 juillet 1789, 41ème pièce.

brisées et des pierres mutilées » et, satisfait, il ajoute que « le feu n'a été mis à aucun [bureau], car ceux-ci « n'étant pas terminés comme les précédents, ils [les bureaux] n'invitaient pas autant les brigands à la destruction. D'ailleurs, quelques gardiens de ces bâtiments se sont montrés avec fermeté et ont écarté les incendiaires »[356].

Le relevé est aisé à établir : 8 barrières furent atteintes par le feu dans la partie septentrionale sur les 34, auxquelles il faut ajouter les 18 barrières au sud de la ville. Le bilan se solde par 26 barrières incendiées sur les 54 que comptait la capitale en 1789, soit moins de la moitié, ce qui paraît bien mince. On serait tenté de minimiser largement les raids sur les barrières, sachant que les 2/3 des barrières du Nord sont pratiquement intactes. Que doit-on alors penser du chiffre avancé par J. Godechot qui estime que 40 barrières sur 54 furent incendiées ? Pourquoi cette énorme différence entre les chiffres, avancés par l'historien et l'architecte en chef ? Antoine atténue-t-il la portée des incendies ? J. Godechot accentue-t-il la réalité du feu sur les bureaux ? En vérité, cette question n'a pas de raison d'être. En effet, nous avons expliqué la façon de procéder de l'architecte ; celui-ci ne semble pas déformer les faits, il est plutôt rigoureux dans le décompte des bureaux incendiés. Il délivre une vérité qui ne doit pas être remise en cause. Nous avons également rappelé la position du procureur de la cour des Aides qui choisit une autre démarche, basée sur la matérialité des procès-verbaux en sa possession. Il nous est plus difficile de savoir d'où l'historien tient ses chiffres ; dans son ouvrage, les sources sont peu citées (format du livre oblige), et J. Godechot évoque essentiellement les travaux de G. Rudé sur les foules, mentionnant la procédure contre les incendiaires.

Est-il légitime de parler de frénésie et de victoire de la population sur le mur des Fermiers alors qu'une barrière sur deux seulement est incendiée ? L'attaque des barrières est-elle un échec cuisant ? Nous l'avons déjà souligné, aucun bâtiment de l'octroi ne sera totalement incendié, comme ce fut le cas pour le palais des Tuileries un siècle plus tard lors de l'épisode de la Commune. Il faut avancer plusieurs explications afin de comprendre pourquoi le feu est inexistant dans de nombreux lieux. La première remarque est fournie par l'architecte ; si les édifices dans la partie septentrionale sont peu touchés par les flammes, c'est parce qu'ils sont « bien moins avancés dans leur

[356] AN, Q^1 1101, Etat de la clôture de Paris…

construction »[357]. Pourquoi s'acharnerait-on sur des bâtiments dont les murs sont à peine érigés et qui ne servent pas ? Aucun service de perception des droits n'y est installé ; aucun employé n'y est en fonction ; aucun corps de garde n'y est établi. Pourtant, des groupes ont surgi dans ces bureaux et ont commis des dégâts, plus ou moins importants. Là où les commis sont en nombre, en activité, installés dans les bâtiments de perception, contrôlant et fouillant les passants qui entrent en ville, là, est le danger, là, s'installent le conflit et les heurts. Ce sont ces endroits qui, les premiers, sont assaillis par la population. Que les bâtiments soient en pierre, à colonnades, à péristyle, à plusieurs étages, habités par des employés qui œuvrent à la perception, cela signifie qu'ils sont donc opérationnels. Il n'en faut pas davantage à la population pour mener des attaques. Que les bureaux soient provisoires, constitués de baraquements en bois ou qu'ils soient des maisons louées à des particuliers, cela ne change rien, ils sont tout aussi frappés. C'est bien la limite fiscale, quelle que soit sa position dans l'espace parisien, qui détermine les attaques et les incendies sur les barrières. Lorsque les employés parlent des bâtiments incendiés, ils évoquent leur propre situation, ils décrivent ce qu'ils voient, ce qu'ils subissent, et ne mentionnent pas les dévastations hypothétiques sur les nouveaux bureaux, vides et éloignés de plusieurs centaines de mètres. Les récits insistent davantage sur les violences physiques subies, la perte du mobilier et des effets personnels, sans oublier l'introduction frauduleuse des denrées dans la capitale. Les incendies ne sont pas minimisés et les procès-verbaux insistent sur les dégâts à l'intérieur des bureaux qui sont saccagés. Tout ce qui peut brûler est balancé dans le brasier. Les attaques sur les bureaux Blanche, Saint-Georges, Montmartre, Buffaut, de la Voirie, Papillon (ou Sainte-Anne) sont rapides et les postes d'octroi, en bois, sont incendiées. Les bureaux de la partie orientale connaissent une infortune analogue : les barrières de Saint-Louis, du Temple et de la Courtille, de la Croix, du Marais ou de la Haute-Borne souffrent de semblables dégradations et n'échappent pas aux incendies. La palissade en bois, faisant office de séparation fiscale, installée entre les bureaux provisoires de la Courtille et la place du Trône, est arrachée et mise au feu. Néanmoins, les procès-verbaux des employés ne permettent pas toujours de déterminer avec exactitude l'intensité des incendies. Si l'évaluation du nombre des bureaux provisoires, touchés par l'incendie, semble difficile à apprécier,

[357] Q^1 1101, Etat de la clôture de Paris…

néanmoins une fourchette de 20 à 25 barrières brûlées (y compris les bureaux sur les ports et les pataches) semble être une donnée acceptable.

Une cinquantaine de barrières sont ainsi incendiées non sur les cinquante-quatre initiales, mais sur soixante-dix environ en comptant les bureaux implantés sur la nouvelle enceinte fiscale, et ceux, moins nombreux, placés sur l'ancienne limite. J. Godechot, on l'aura compris, comptabilise probablement - et seulement - les barrières qui seront totalement en activité à partir du deuxième semestre de l'année 1790 (au nombre de 54) ; il n'a pas intégré dans ce chiffre les bureaux provisoires qui existaient depuis plusieurs années, bien avant le début de l'édification du Mur des Fermiers. On peut donc se demander si l'historien avait connaissance de l'existence de ce premier tracé fiscal, moins étendu que celui de 1790. Dans cette hypothèse, les chiffres qu'il avance de « 40 barrières sur 54 » incendiées correspondent alors à une partie de la réalité.

Mais plus que le nombre ou une vaine querelle sur des chiffres incertains, c'est tout autre chose qu'il faut mettre en avant. De nombreux bureaux, non opérationnels, placés sur le tracé de la future enceinte, échappent aux destructions, mais - insistons sur cet aspect - aucune barrière située sur l'ancienne limite de perception, c'est-à-dire celle qui est attaquée en juillet 1789, n'est épargnée ; elles sont toutes dévastées ou incendiées. Sur un espace de 800 mètres de largeur sur près de 4 kilomètres de longueur dans le nord de la capitale, les Parisiens sont cernés par les saccages et les incendies. Entre la barrière Clichy et la rotonde Saint-Martin (ou Villette), sur une ligne qui s'étend entre le bas de la rue de Clichy, le couvent Saint-Lazare et le faubourg Saint-Laurent, des centaines, voire des milliers de Parisiens détruisent et brûlent les barrières. Un phénomène identique se retrouve sur l'Est parisien : entre la rue des Morts (ou des Maures), de Saint-Maur et jusqu'à la place du Trône, la population s'acharne sur les bureaux en activité et saccage également les barrières nouvellement créées. Là aussi, cet espace forme une zone réduite où la concentration des incidents bat son plein. Grâce aux procès-verbaux, il est possible de cartographier les zones dans lesquelles les barrières sont touchées ; on peut également préciser le jour et l'heure des dévastations des bureaux. Mais, concernant les dégradations des nouveaux bâtiments qui ne sont pas encore en service, au nord et à l'est de la capitale, ces informations nous manquent cruellement. On ne sait si les barrières anciennes et nouvelles sont touchées simultanément. S'attaque-t-on d'abord aux bureaux dans lesquels la perception est effective ? progresse-t-on du nord vers le sud, afin de détruire tous les bâtiments ?

Notre regard sur la prise et l'incendie des barrières n'est-il pas faussé par la mémoire des événements tragiques de 1871 ? Le Paris qui brûle en mai 1871 durant le siège de la Commune n'est pas circonscrit en un seul lieu. De nombreux quartiers sont touchés par les incendies, plus particulièrement dans le cœur de la ville, près de son artère fluviale[358]. Les représentations picturales, l'abondance des récits et des témoignages dans les deux camps ennemis – autant les *Versaillais* que les *Fédérés* -s'accompagnent d'une riche iconographie où la photographie naissante supplante les voies traditionnelles artistiques[359]. Ces moments qui se veulent des temps de vérité au service de la propagande versaillaise cherchent à faire rejaillir la responsabilité incendiaire exclusivement sur les communards. Celui qui perd a toujours tort ! C'est la version du vainqueur qui l'emporte. En juillet 1789, déjà, la légitimité ne fait aucun doute : le peuple parisien ne peut être victorieux et il doit s'effacer devant la bourgeoisie naissante. Ceux qui dévastent, ceux qui incendient ressemblent trop à une horde de Huns. Les pouvoirs qui se mettent en place durant l'été 1789 ne peuvent laisser le bas peuple occuper une place trop élevée. Pourtant, ce qui se produit aux barrières ne doit pas masquer la formidable énergie déployée sur les bâtiments de l'octroi ; c'est une volonté de détruire, mais pour mieux reconstruire. Non de nouveaux édifices, mais édifier une nouvelle société où la prise en compte des difficultés et des malheurs du peuple « d'en-bas » serait réellement prise en compte dans ce nouveau partage des rôles et des pouvoirs.

---

[358] Pour une synthèse sur les incendies durant la Commune de 1871, Jean-Claude Caron, *Les feux de la discorde. Conflits et incendies dans la France du XIXe siècle*, Paris, Hachette Littératures, 2006 ; Éric Fournier, « Les photographies des ruines de Paris en 1871 ou les faux-semblants de l'image », *Revue d'histoire du XIXe siècle*, 2006, n°32, p. 137-151.

[359] Lire le passionnant travail de Bertrand Tillier, *La Commune de Paris, révolution sans images ? Politique et représentations dans la France républicaine (1871-1914)*, Seyssel, Champ Vallon, 2004.

Chapitre 10
La foule aux barrières : des brigands sans foi ni loi ?

Dans sa longue introduction consacrée aux violences politiques et à la criminalité dans le Midi pendant la Révolution, V. Sottocasa rappelle la fascination qu'a pu exercer, tout au long du XVIIIe siècle, la figure romanesque du brigand. Ce serait un marginal qui vit en groupe, en bandes organisées, s'attaquant à l'ordre établi, étant volontiers un rebelle ou un « bandit social » qui refuse l'injustice sociale, imposée par les puissants[360]. Dans son étude sur *La Grande Peur*, G. Lefebvre a montré que plusieurs mouvements de panique se produisent dès le mois de mai 1789 dans plusieurs provinces du royaume, et insiste sur le rôle des rumeurs où des brigands, à la solde des aristocrates, sont payés pour détruire les champs de céréales juste avant leur récolte[361]. L'important n'est pas de se demander si ces bruits sont fondés, ajoute G. Lefebvre, il suffit que les habitants des campagnes ressentent ces rumeurs comme réelles.

Il existe une autre façon de considérer ces brigands qui seraient des hommes sans foi ni loi, de simples criminels. En effet, au moment où les Parisiens s'attaquent au mur des Fermiers, les procès-verbaux des employés réitèrent très souvent ce terme de *brigand*. À la lecture de ces récits, ceux et celles qui affluent sur les barrières sont des bandes inquiétantes, composées de plusieurs dizaines d'individus déterminés à détruire tout sur leur passage. Lorsque les commis les voient arriver, munis de gros gourdins, de haches, de merlins, de torches incendiaires, le désarroi guette les employés. Ces individus, perçus comme des brigands, des frénétiques ou des scélérats se ruent sur les bureaux. Ils sont prêts à commettre les pires dévastations et les plus abjects desseins. Ils ne sont motivés que par le gain que rapporte la fraude et profitent ainsi de l'agitation pour se livrer à leur commerce illicite. Derrière ce portrait peu flatteur, à mille lieues du révolutionnaire idéal, les employés désignent une certaine catégorie de la population. Ils font, à leur manière, un classement de tous ceux qui s'attaquent aux bureaux, en différenciant leurs actes. Ainsi, les termes de *populace, peuple, brigands, séditieux, canaille, gens sans aveu* reviennent régulièrement

---

[360] Valérie Sottocasa, *Les brigands et la Révolution. Violences politiques et criminalité dans le Midi (1789-1802)*, Ceyzérieu, Champ Vallon, 2016 ; Eric. J. Hobsbawn, *Les Bandits*, Paris, Zones La Découverte, 2008 [1969].

[361] Georges Lefebvre, *La Grande Peur, suivi de…, op. cit.*

dans leurs bouches. Ce vocabulaire n'est pas nouveau, tant les correspondances des autorités et les archives judiciaires évoquent ce phénomène.

Paroles d'employés : des brigands et des fraudeurs attaquent

En bonne place figure le mot *particulier*. Il devance largement les autres termes. Comme si le témoin ou celui qui rédige le procès-verbal voulait établir une distanciation, souhaitant rester neutre dans ses déclarations, s'attachant à une description fidèle, ne relatant que des faits avérés. Le vocable *particulier* n'est jamais au singulier, il est toujours au pluriel. C'est toujours un groupe d'individus qui agit. Les employés prennent soin de noter qu'à la barrière Clichy, c'est « une troupe de particuliers » qui se dirige vers le bureau ; son collègue précise qu'il a vu « une douzaine de particuliers » [362]. Alors qu'il regagne son bureau, le brigadier de la barrière Passy distingue à Monceau « une quantité considérable de particuliers »[363]. Les employés de Chaillot ne sont pas en mesure de donner le nombre exact de ces individus ; ils se contentent d'indiquer « qu'une bande de particuliers » arrive[364]. Faut-il penser que les employés sont prudents et qu'une certaine indulgence verbale s'avère nécessaire ? Il n'en est rien, car, très souvent, les adjectifs ou les verbes, accolés au mot *particulier*, énoncent une volonté d'exactions. Ainsi, Languedoc, à la barrière du Roule le 14 juillet, constate « qu'une dizaine de particuliers » met le feu au bureau[365]. À la barrière de Charenton, « une quinzaine de particuliers balancèrent des pavées contre la porte du bureau et essayèrent de soulever la porte avec une barre de fer »[366]. Les mêmes gestes sont accomplis à la barrière de Fontainebleau le 13 juillet au matin où « la troupe de particuliers s'est mise à casser, briser les meubles et effets du bureau avant de les brûler »[367]. Les exemples de ces dévastations sont nombreux et ces saccages touchent toutes les barrières de la capitale. Le *particulier* véhicule cette image de brigand, un bandit qui sème la panique, le désordre et la terreur. Ainsi, le mot est utilisé à tout venant

[362] AN, Z^{1A} 886, Information…, 4ème et 5ème témoin.
[363] AN, Z^{1A} 886, Information…, 6ème témoin.
[364] AN, Z^{1A} 886, Information…, 10ème témoin.
[365] AN, Z^{1A} 886, Information…, 22ème témoin.
[366] AN, Z^{1A} 886, Information…, 23ème témoin.
[367] AN, Z^{1A} 886, Information…, 63ème témoin.

par les employés. Pour désigner des individus assemblés en grand nombre, le vocable *multitude* s'applique au peuple. Le terme possède généralement un sens péjoratif ; alors que le sous-brigadier à la barrière de la Croix souhaite rétablir la perception, il y renonce « vu la multitude qui accompagnait les séditieux »[368]. Les employés du bureau de la chaussée du Maine tentent de circonscrire le feu à leur bâtiment, mais « cette multitude croissait rapidement et la garde nationale se trouva en sous-nombre [...] »[369].

On ne doit donc pas s'étonner de l'utilisation du terme *brigand* qui vient accentuer ce phénomène de désordres et de déprédations. Le mot *brigand* utilisé abondamment dans les procès-verbaux et les dépositions des témoins, –une soixantaine d'occurrences renvoie à une certaine représentation de ces hommes qui vivent en marge de la société, en bandes. Ce sont, au sens moderne, des malfaiteurs qui volent et pillent à main armée. Cette définition n'a guère évolué depuis plus de deux siècles et, déjà au milieu du XVIIIe siècle, le terme désigne un « vagabond qui court les campagnes pour piller & voler les passans (sic) »[370]. L'article de Mallet dans *l'Encyclopédie* n'innove pas véritablement avec ce que proposait *le Dictionnaire universel* de Furetière à la fin du XVIIe siècle[371]. Ce sont ainsi des hors-la-loi, mais on doit accepter un sens plus large dans la bouche des employés qui considèrent les contrebandiers et les fraudeurs faisant partie de cette catégorie[372]. D'autres mots comme *bandits* ou *scélérats* sont repris par les employés, mais restent sous-représentés, tout comme l'expression *gens sans aveu*, peu utilisée, alors que dans le langage judiciaire l'association *brigands/gens sans aveu* reste très souvent combinée.

---

368 AN, Z1A 886, Information..., 48ème témoin.

369 AN, Z1A 886, P.V. des employés de la chaussée du Maine, 14 juillet 1789, 56ème pièce.

370 *L'Encyclopédie ou dictionnaire raisonné...*, vol. 2, p. 240.

371 Le Dictionnaire définit le brigand comme « un voleur de grands chemins et à main armée » qui est associé à une bande qui sévit aussi bien dans les campagnes que dans les villes. Ce sont ainsi diverses formes de criminalité.

372 Pour une synthèse sur les brigands, Benoît Garnot, *Être brigand, du Moyen-Âge à nos jours*, Paris, Armand Colin, 2013 ; le bon et le mauvais brigand s'y côtoient à côté du brigand idéalisé. Pour les brigands pendant la période révolutionnaire, Valérie Sottocasa (dir.), *Les brigands. Criminalité et protestation politique (1750-1850)*, Rennes, PUR, 2013 ; Lise Andries (dir.), *Cartouche, Mandrin et autres brigands au XVIIIe siècle*, Paris, Les éditions Desjonquères, 2010 ; Catherine Denys (dir.), *Frontière et criminalité, 1715-1815*, Arras, APU, 2000.

À la barrière Blanche, « les brigands démontent la barrière et la jettent au feu » sans ménagement[373]. Là, « les brigands étaient revenus entre-temps [à la barrière du Roule] et avaient causé d'autres ravages »[374]. Au bureau de Saint-Georges, « 50 à 60 brigands s'emparèrent de la roulette qu'ils dévastèrent [puis reviennent], armés de pioches, merlins, marteaux, bâtons et détruisirent tout dans les deux bureaux des barrières[375]. À la Haute-Borne, « une troupe de brigands [...] incendia la palissade le long de la rue Saint-Maur[376]. Un peu plus au nord, à la barrière Saint-Martin, « les brigands qui, la veille, avaient pillé, volé et commis des excès violents » formaient des attroupements « pour fondre de nouveau », projetant d'y voler la recette et y mettre le feu[377]. Le receveur des entrées à la barrière de Fontainebleau comprend rapidement que la « troupe de brigands a l'air déterminée et qu'il ne fallait opposer aucune résistance »[378].

Le témoignage de Chagniaud, avocat au Parlement et receveur de la barrière, est par ailleurs assez éloquent. L'audition est longue, plus fournie que les autres témoignages. Il décrit minutieusement, dix mois après l'incendie des barrières, ce qu'il a vu : des individus tenaient des gourdins, des massues, alors que d'autres, plus menaçants, brandissaient « des piques, et avaient accroché des mouchoirs au bout des pointes, comme un drapeau », signe d'un ralliement. Ces individus « portaient des armes des soldats du guet et s'étaient emparés de celles qui appartenaient à la Ferme ». L'avocat, exerçant des responsabilités, se permet de rentrer dans des considérations politiques, au contraire des employés ; le magistrat ne lui coupe pas la parole, il le laisse évoquer ses souvenirs. Revenant sur les lieux le lendemain, Chagniaud est horrifié devant le spectacle désolant qui se présente à ses yeux, constatant l'ampleur des dégâts dans les divers bâtiments et regrettant l'ancien pouvoir ; « cela formait une carcasse vide formant un tableau aussi triste qu'étonnant dans un gouvernement autrefois si policé », ajouta-t-il.

Tous ces vocables désignent la dislocation d'un monde : piller, voler, détruire, fondre, s'emparer, briser, dévaster... Tous ces verbes évoquent une violence extrême qui tend à souligner que les barrières et les

---

373 AN, Z^{1A} 886, Information..., 1er témoin.
374 AN, Z^{1A} 886, Information..., 20ème témoin.
375 AN, Z^{1A} 886, Information..., 27ème témoin.
376 AN, Z^{1A} 886, Information..., 56ème témoin.
377 AN, Z^{1A} 886, P-V. des employés de la barrière Saint-Martin.
378 AN, Z^{1A} 886, Information..., 79ème témoin.

bureaux sont devenus, avec une intensité variable, un champ de bataille. Pour les employés, il n'existe qu'une force, un seul adversaire qui fond sur eux ; ces derniers n'ont d'autres ressources que de battre en retraite devant la férocité et la sauvagerie de ces brigands.

Cependant, le mot *brigand* n'est plus assez suggestif. Ces troupes avides de destruction s'attaquent au fondement de l'État royal, ne reculant devant aucun agissement et fomentent des séditions. C'est ce dernier vocable qui prend la seconde position sous la forme de l'adjectif et du nom. Un glissement de sens s'opère. Le *séditieux* n'est plus celui qui détrousse les passants sous la menace d'une arme, mais il fait partie d'un groupe qui se soulève, se révolte contre la puissance légitime[379]. C'est ainsi une bande organisée qui s'attaque à l'autorité constituée. La sédition est assimilée à la révolte. À la barrière du Montparnasse, les employés « entendent un tumulte affreux qui n'annonçait rien moins qu'une révolte. Une sédition épouvantable [...] où l'alarme a toujours été en augmentant jusqu'à 10h du soir »[380]. Là, les mots *révolte* et *sédition* sont étroitement associés. L'effroi est saisissable. Le bruit audible, les armes brandies, les imprécations et les menaces proférées finissent de persuader les employés que leur vie est en péril. Le brigadier au bureau Montmartre ne « connaît personne parmi les séditieux, mais ils tenaient des propos contre les commis, disant qu'il fallait brûler les barrières et les commis »[381]. Le 11 juillet à la barrière Saint-Martin, les séditieux arrachèrent [...], brisèrent [...], menacèrent les commis [...][382].

Le peuple, décidément, est dangereux. Alors que les incidents se propagent à toutes les barrières, beaucoup d'employés continuent pourtant leur travail de manière ordinaire. Ces derniers « sont fort surpris de constater que les marchands de bois refusent les contrôles et le paiement des droits »[383]. Le garçon de chantier, entouré de compagnons, s'approche des employés à la régie du bois à brûler, « comme un furieux ». Il ne comprend pas que ceux-ci veuillent inspecter les marchands de bois, alors que toutes les barrières sont

---

379 *Dictionnaire de l'Académie française*, 4ème édition, 1762, article : sédition, séditieux.

380 AN, Z^{1A} 886, P-V. des employés de la barrière à l'angle du Montparnasse, 58ème pièce.

381 AN, Z^{1A} 886, Information..., 42ème témoin.

382 AN, Z^{1A} 886, P.V. des employés à la barrière Saint-Martin, 11 juillet 1789.

383 AN, Z^{1A} 886, P-V. des contrôleurs et commis ambulants aux chantiers du département de la Tournelle.

saccagées. Tout le monde refuse la visite des commis, la percevant comme une provocation inacceptable ; « tas de foutus de gueux », lance le garçon de chantier. Accablés de propos injurieux, les employés n'osent rétorquer et font profil bas, quittant les lieux. Au moment de la rédaction du procès-verbal une dizaine de jours plus tard, les responsables du département de la Tournelle relatent donc les faits survenus le 14 juillet. La dureté des propos s'exprime dans le récit, froidement, face à cette population « qui excite une forte sédition ». Les séditieux s'en prennent ouvertement, physiquement aux employés, mêlant avertissement et intimidation. Une poignée d'individus se saisit de Poitevin, employé au bureau de Picpus, et l'oblige à jeter lui-même ses effets au feu[384]. Les séditieux arrachent les grilles des croisées des fenêtres, éprouvant une intense fureur, mêlée d'un vif plaisir, à vider les armoires et à renverser au sol les affaires des commis, les foulant aux pieds, avec acharnement. Les mots résonnent de toutes les épouvantes imaginables, jusqu'à la menace réelle de mettre le feu au bâtiment et à la palissade en bois[385]. Tous les vocables sont réunis dans le procès-verbal du bureau des Aides au port de la Halle, où « la troupe nombreuse de brigands et de séditieux mal intentionnés a fondu avec violence sur notre bureau »[386].

La *populace* sévit également si l'on en croit les procès-verbaux. Voilà cette « populace qui vint au bureau [Montmartre] et brisa la cloison qui séparait le bureau des recettes avec la chambre des employés »[387]. Au sud de la ville, à la barrière d'Orléans, pendant plusieurs jours, entre le 13 et le 16 juillet au matin, « la populace est restée en partie à la barrière » après que les bâtiments furent saccagés et incendiés[388]. Cela faisait une semaine que la Bastille était tombée et la perception des droits d'entrée recommençait à s'établir dans quelques zones, mais des habitants osaient encore braver les employés. Face à ces derniers, « cette populace disait à haute voix qu'il fallait finir de démolir le bureau, l'ensevelir dans les ruines »[389]. Derrière des mots qui semblent plus neutres comme *particulier* et *multitude*, un dernier vocable, le *peuple*, doit être signalé. Cette fois, le terme désigne la population dans son ensemble. Au bureau Saint-Georges, devant l'affluence de la

---

[384] AN, Z^{1A} 886, Information..., 54ème témoin.
[385] AN, Z^{1A} 886, P-V. des employés de la barrière Saint-Martin.
[386] AN, Z^{1A} 886, P-V. des employés du port de la halle au vin, 31ème pièce.
[387] AN, Z^{1A} 886, P-V. des employés de la barrière.
[388] AN, Z^{1A} 886, P-V. des employés de la barrière d'Orléans.
[389] AN, Z^{1A} 886, P-V. des employés de la barrière Saint-Louis.

population, alors que les barrières ne sont plus surveillées, les commis « laissent le peuple aller et venir »[390]. À la barrière Saint-Jacques, les commis apprennent que les bureaux de la partie méridionale sont incendiés « par les cris du peuple »[391]. Si une partie de la population alerte les employés, elle peut aussi exprimer sa colère lorsqu'elle est réunie ; sur le pont de Charenton, « la clameur publique, nous [les employés] annonça que nous avions tout à craindre de la fureur du peuple [...]"[392]. Sur le port Saint-Paul, les commis s'enfuient « pour échapper à la fureur du peuple[393]. Au bureau de Vaugirard, « un particulier inconnu [se présente au bureau, avec des moutons] accompagné d'un nombre important du peuple armé »[394].

La nomenclature dressée rappelle le lexique des saccages, accompagnés de destructions. La fermeté verbale monte d'un cran lorsque les employés désignent une catégorie particulière qu'ils accusent d'être les principaux instigateurs de ces désordres. Ce ne sont plus de simples individus égarés, emportés dans la tourmente émeutière, qui s'attaquent aux bureaux ; ce sont des êtres qui commettent des actes illégaux et violents, car ils frappent directement l'État royal, en faisant tout pour se soustraire aux impôts indirects. Un seul mot suffit pour définir les outrances qui se commettent aux barrières ; les récits foisonnent alors du terme de *fraudeur*. Ce personnage ne fait pas irruption dans le paysage français, il est présent sur tout le territoire depuis longtemps, du moment où il peut faire passer des marchandises d'un pays à un autre, d'une province à une autre, sans payer des droits. Ces personnages sévissent notamment aux marges du royaume dans les zones frontalières, se jouant des *gabelous*. Le mot *fraudeur* abonde à l'envi dans les procès-verbaux et les auditions des employés. Les actes perpétrés par les fraudeurs portent délibérément atteinte aux intérêts de la Ferme. Les agents, d'ailleurs, ne se contentent pas de mentionner la fonction de ces individus, ils précisent leurs accomplissements qui entrent dans un champ pénal. Dans les bureaux, les « fraudeurs » redoublent d'activité et « chargent une bonne dizaine de pièces de vin qu'ils firent entrer dans Paris, forçant les employés à se retirer »[395]. À la Courtille, « il se présenta un nombre considérable

[390] AN, Z^{1A} 886, P-V. des employés de la barrière Saint-Georges.
[391] AN, Z^{1A} 886, P-V. des employés de la barrière Saint-Jacques.
[392] AN, Z^{1A} 886, P-V. des employés du bureau de Charenton.
[393] AN, Z^{1A} 886, P-V. des employés du bureau du port des coches.
[394] AN, Z^{1A} 886, P-V. des employés du bureau de Vaugirard.
[395] AN, Z^{1A} 886, Information..., 6ème témoin.

de fraudeurs qui passaient des barils sur l'épaule »[396]. Le brigadier à la barrière de la Croix identifie plusieurs fraudeurs ; il les « voit passer des barils sur les épaules, escortés de plusieurs individus armés de bâtons »[397]. En plus des fraudes avérées, un armement sommaire, des gros bâtons, vient compléter la panoplie du fraudeur. On ne sait si ces matraques sont longues, ferrées ni de quelle essence de bois elles sont confectionnées[398]. Aux barrières, quelques rares situations font état d'individus armés. Cela les expose clairement, en cas d'arrestation, à des poursuites sévères, car le port d'armes en bandes organisées est passible de la peine de mort. Nous n'avons plus affaire ici à des soldats qui pratiquent la contrebande en masse et qui, quelquefois, n'hésitent pas à se servir de fusils contre les employés de la Ferme. C'est particulièrement vrai au nord de la capitale à la barrière Monceau et, au sud, à la Chaussée du Maine. Très souvent, les armes à feu sont subtilisées aux agents lorsque les bandes investissent les bureaux. En s'emparant des deux bureaux de Fontainebleau, un groupe nombreux se saisit des fusils et sabres qui appartiennent aux employés[399]. Les agents des bureaux sur les rives de la Seine aperçoivent des enfants et « un nombre plus grand de gens mal vêtus armés de piques, haches, bûches et fusils »[400]. Dans la cohue, de tragiques incidents surviennent et un « incendiaire, note le procès-verbal, a le bras emporté par un de nos fusils »[401].

Ce ne sont pas des individus poussés par les nécessités de la vie, au chômage ou en situation précaire qui s'acharnent sur les bureaux, mais bel et bien des délinquants, selon les employés. Comme pour la nomenclature dressée concernant les assaillants sur les bureaux, une hiérarchie s'établit immanquablement et les agents identifient de manière plus efficace ceux qu'ils désignent comme des *fraudeurs de profession*. La formule n'est pas nouvelle et, déjà dans la première moitié du XVIIIe siècle, elle est largement répandue à l'encontre de « ceux qui font passer tous les jours des marchandises en fraude »[402]. L'expression n'est en usage que dans la bouche des commis de la

---

396 AN, Z1A 886, Information…, 39ème témoin.

397 AN, Z1A 886, Information…, 49ème témoin.

398 Pour le vocabulaire imagé de ces massues, voir J. Nicolas, *La rébellion…op. cit. ;* p. 80 et suivantes.

399 AN, Z1A 886, Information…, 63ème, 71ème et 75ème témoin.

400 AN, Z1A 886, P.V. des employés du port des coches.

401 AN, Z1A 886, P.V. des employés du bureau de Charenton.

402 Jacques Savary des Brulons, *Dictionnaire universel de commerce : contenant tout ce qui concerne ...,* Volume 2 ; entrée « fraudeur ».

Ferme. Il faut donc opérer la différence entre un fraudeur occasionnel, « accidentel », comme l'énonce le *Dictionnaire de jurisprudence et des arrêts* qui " n'est qu'un malheureux excité par le besoin et tenté par un petit profit », alors que le *fraudeur de profession* « fait entrer pour son compte par-dessus les murs [...], par des chemins détournés, ou à travers d'autres effets. Plus souvent encore il se charge, moyennant une somme convenue, de vous rendre vos boissons en franchise de tous droits »[403]. Quelques lignes plus loin, l'auteur de la notice rend une sentence explicite et estime que le fraudeur « ne mérite ni égards ni grâce. Il faut l'emprisonner sur-le-champ, et le juger avec rigueur ».
Toutes ces marchandises qui transitent allégrement par les barrières sont escortées par une cohorte d'individus. Il n'est plus question de payer quoi que ce soit, puisque le passage est réputé être libre, débarrassé des employés indésirables. Ce sont de véritables réseaux de fraudeurs qui sont organisés et il faut bien rémunérer tous ceux qui participent à l'intrusion des denrées dans la capitale. La fraude nourrit du monde. Reste à savoir si ce sont les chefs fraudeurs qui ont recruté des hommes pour s'atteler à cette besogne ! Sont-ce d'autres personnes qui avaient un quelconque intérêt à faire régner le désordre dans la capitale ? L'interprétation classique est connue et a été avancée à maintes reprises. L'argent tient une place obscure où la volonté de déstabiliser le pouvoir est suggérée. On pense bien évidemment aux manœuvres supposées ou réelles du cousin de Louis XVI, le duc d'Orléans, qui avait l'estime de la population et permettait que sa propriété, le Palais-Royal, soit le forum des patriotes. Devant l'absence de témoignages probants, il est difficile de se prononcer en faveur de cette thèse, celle où le duc aurait organisé la destruction des barrières afin de récupérer le pouvoir. Cependant, si le nom du duc d'Orléans n'apparaît pas directement, du moins il est suggéré à travers sa résidence, au cœur de la capitale. Alors que de nombreuses personnes montent dans les chambres à l'étage du bureau Blanche, la femme d'un employé est prête à accoucher. On peut aisément imaginer son désarroi alors que les destructions au rez-de-chaussée et dans les chambres contiguës font rage. Un des hommes lui assure qu'il ne lui sera fait aucun mal. L'individu redescend et devant « la populace » clame haut et fort « que sur ordre du Palais-Royal, il ne sera fait aucun mal à cette

[403] Pierre-Jacques Brillon, Prost de Royer, *Dictionnaire de jurisprudence et des arrêts*, 1783 ; entrée « aides », p. 643.

dame »[404]. À plusieurs reprises, il est question d'argent. Le 13 juillet, à la barrière Clichy, les commis, postés près de leur guérite, voient arriver de la zone du taillable une voiture attelée par quatre chevaux, transportant plusieurs tonneaux, escortée par huit personnes, tous armées de gros bâtons. Comme à l'accoutumée, les employés leur demandent de présenter une quittance ou, à défaut, de payer les droits d'entrée. Peine perdue, les individus répliquaient d'un ton menaçant, disant qu'ils « avaient reçu des ordres pour se rendre maîtres des barrières » et ajoutèrent que, dans peu de temps, « d'autres hommes viendraient les brûler ». Effectivement, un peu plus tard dans la matinée, une troupe d'une quarantaine d'individus arriva et les employés purent entendre qu'ils « étaient payés pour faire ce travail »[405].

Deux autres témoignages viennent corroborer ces déclarations : ce sont des témoins qu'on ne peut soupçonner de parti pris, dans la mesure où il ne s'agit pas d'employés de la Ferme ; ces personnes n'ont aucun lien direct avec l'institution. À la barrière du Roule, le lundi 13 juillet, alors qu'il était à sa fenêtre, un maître d'hôtel surprend une conversation entre trois particuliers qui s'étaient légèrement éloignés du groupe. L'homme peut distinctement entendre un des hommes dire aux deux autres « qu'il « avait reçu douze livres » et qu'on lui avait « promis de bien payer s'il continuait à bien travailler »[406]. Le deuxième témoignage émane d'un marchand de vin, près du Roule. Le 14 juillet, celui-ci a ouvert normalement son cabaret. Deux individus attablés commandent de l'eau-de-vie et l'un d'eux sort de sa poche une somme assez rondelette d'une valeur de 1200 livres. Ces deux hommes proposent au cabaretier de se joindre à eux, pour aller brûler les barrières, ajoutant que « l'argent ne manquait pas »[407].

Peut-être est-il inutile de se focaliser autant sur cet aspect. Les instances du pouvoir ne voulaient-elles pas voir l'œuvre déstabilisatrice de brigands et de la pègre, comme ce fut le cas lors de l'affaire de l'enlèvement des enfants[408]. Élément qui se retrouve également en avril

[404] AN, Z^{1A} 886, Information..., 2ème, 3ème témoin. La suite des témoignages est confuse ; l'homme qui interpelle la population doit aussitôt fuir devant « la multitude » qui le rattrape rapidement rue Sainte-Croix (ou rue Sainte-Croix de la Chaussée d'Antin, c'est-à-dire à proximité de l'actuel lycée Condorcet) et le tue.

[405] AN, Z^{1A} 886, P.V. des employés à la barrière Clichy, le 13 juillet 1789.

[406] AN, Z 1 A 886, Information..., 62ème témoin.

[407] AN, Z 1 A 886, Information..., 61ème témoin.

[408] Arlette Farge et Jacques Revel, *Logiques de la foule, L'affaire des enlèvements d'enfants, Paris, 1750*, Paris, Hachette, 1988.

1789 et jusqu'à la fin de l'année, notamment lors de l'émeute Réveillon où les juges ne cessent de demander aux suspects s'ils ont été payés pour fomenter des troubles. Les interrogatoires demeurent courts, mais le juge n'omet jamais de poser cette question incontournable à l'individu suspecté : a-t-il reçu de l'argent pour susciter des troubles[409] ? Comme si ce déchaînement, comme si ces troubles ne pouvaient être provoqués que par des « mains invisibles », au moyen de l'argent, en vue d'ébranler le pouvoir en place.

Des brigands qui font preuve de mansuétude !

Ces brigands, ces séditieux qui se ruent telle une marée humaine sur les bureaux et leurs occupants ne peuvent être assimilés complètement à des individus remplis de rancœur et de haine. En définitive, ce vocabulaire négatif exprimé par les employés doit être nuancé. Le *brigand* est étonnamment associé à un être bienveillant ; ceux qui saccagent les bureaux font preuve d'une clémence assez inattendue. Ces brigands viennent avertir les employés que des dégâts vont incessamment se produire. Le contrôleur de la barrière des Bonshommes voit arriver une « vingtaine de brigands qui annonçaient qu'ils venaient incendier les barrières et les bureaux, mais », ajoute-t-il, « une partie des brigands aidèrent [les employés] à déménager »[410]. À la barrière de Montreuil, les incendiaires leur conseillent de partir avant que le feu ne soit allumé[411]. Le lundi 13 juillet, à la barrière de Fontainebleau, les employés se risquent à demander aux « brigands » s'ils peuvent emporter leurs effets personnels, ce qui leur est accordé sans contrepartie[412]. Garnier, le brigadier au bureau des Amandiers, craignant que le feu ne se propage à d'autres bâtiments, exprime le souhait de déplacer les meubles et les affaires plus loin. Il est entendu, non sans avoir menti sur son état. Plusieurs individus le questionnent :

---

409 Depuis l'émeute Réveillon, la Prévôté de l'Ile a en charge les affaires dites séditieuses (propos, feuilles et libelles, provocations, attroupements). Ces procédures se trouvent aux AN, Y 18766 ; ainsi, la Prévôté a en charge le lynchage du boulanger François et les attroupements au Palais-Royal à l'été 1789 ; rappelons qu'il s'agit d'une justice expéditive, sans appel, où les condamnations demeurent sévères.

410 AN, Z^{1A} 886, Information…, 12ème témoin.

411 AN, Z^{1A} 886, P.V. des employés de la Ferme à la barrière de Montreuil, 13 juillet 1789.

412 AN, Z^{1A} 886, Information…, 65ème témoin.

est-il « du Tiers-Etat et s'il est commis », à quoi il rétorque qu'il appartient bien au Tiers-Etat, mais nie toute appartenance à la Ferme, des propos que confirment les voisins qui connaissent pourtant la fonction du brigadier[413]. Lorsque le 14 juillet, un individu prend au collet un commis à la barrière de Chaillot et semble menaçant avec un sabre à la main, il lui demande avec une pointe d'humour s'il veut continuer à travailler à ses risques et périls ou s'il préfère partir sain et sauf ; sans attendre une réponse, on laisse l'homme décamper tranquillement[414]. Aux questions récurrentes et provocatrices des séditieux, il suffit que les employés des barrières répondent qu'ils sont du Tiers-Etat, pour déguerpir sereinement[415]. Au bureau Blanche, « les matelas furent remis » aux commis[416]. Près de la Seine, sur la rive droite, plusieurs personnes abordent un employé, de service à la barrière de Passy et « lui dirent que s'il avait quelque chose à sauver qu'il se hâte de l'emporter et qu'ils allaient l'aider ». Certes, pour les individus, le commis manquait d'empressement et, le sac à moitié rempli de linge, lui fut arraché des mains et jeté au feu[417]. Un des incendiaires à Monceau empoigne au collet l'employé Jurain, mais lui crie aussitôt « va-t'en » en le relâchant[418]. Cette foule qui gronde et fulmine à l'encontre des commis les prévient de leur arrivée. Les employés entendent au-dehors « sauvez-vous », alors qu'ils sont calfeutrés à l'intérieur du bâtiment[419]. À la barrière de Longchamp, un homme âgé de 25 ans environ, aux cheveux blonds, fait la différence entre les affaires qui appartiennent à la Ferme et les objets usuels des employés. Il détruit ceux de la compagnie, mais ne s'en prend pas aux vêtements des commis[420]. Les employés du Roule reviennent dans leur bureau au matin du 14 juillet, alors qu'ils sont observés par un groupe de plusieurs individus. Ces derniers leur intiment l'ordre de « déguerpir au plus vite », sans les toucher[421]. Les douze hommes qui s'approchent du bureau Buffaut réclament de l'eau-de-vie. Les employés ne peuvent leur proposer que de l'eau. En buvant, les individus leur recommandent

[413] AN, Z 1A 886, P-V. des employés de la barrière des Amandiers.
[414] AN, Z1A 886, Information..., 9ème témoin.
[415] AN, Z 1A 886, Information..., 29ème témoin.
[416] AN, Z 1A 886, Information..., 3ème témoin.
[417] AN, Z 1A 886, Information..., 15ème témoin.
[418] AN, Z 1A 886, Information..., 19ème témoin.
[419] AN, Z 1A 886, Information..., 20ème témoin.
[420] AN, Z 1A 886, Information..., 21ème témoin.
[421] AN, Z 1A 886, Information..., 22ème témoin.

de partir au plus vite[422]. La petite trentaine de personnes qui a assailli le bureau de Monceau insulte les employés, car, il « est temps de f[outre] le camp ». Les employés présents dans le bureau sortent et, à ce moment-là seulement, le saccage commence[423]. Au Clos-Payen, les commis discernent le tumulte qui progresse dans leur direction. Ils n'ont que le temps de se précipiter au-dehors, emportant avec eux « les papiers importants ». Mais, ils furent stoppés dans leur mouvement par un « homme âgé de 50 ans environ […] qui donnait des ordres », exigeant que les registres lui soient remis, mais laissèrent partir les employés[424]. La barrière de la Courtille dévastée, plusieurs personnes passent par le bureau de Saint-Louis. Ils s'arrêtent et hèlent les employés, leur préconisant de disparaître au plus vite, car « avant ce soir [les commis] seraient brûlés[425]. Le sous-brigadier du Clos-Payen est reconnu par la foule, alors qu'il rentre à son domicile. À son passage, il est insulté, mais on « l'invite à se joindre à un groupe qui s'apprêtait à y mettre le feu ». L'employé juge prudent « de ne point refuser, il marcha avec les individus et on lui mit entre les mains un tison »[426]. Dans le local, plus personne ne fait attention à lui et le sous-brigadier en profite pour s'éclipser.

D'autres employés sont étonnamment sereins, comme ceux de Ménilmontant, qui ont l'audace de laisser leurs effets sur place. Goutallier, le sous-brigadier, n'éprouve pas véritablement d'inquiétude. Il a beau savoir que plusieurs bureaux sont incendiés, mais il est informé « qu'on ménageait les effets des employés, et qu'on ne voulait que ceux de la Ferme »[427]. Les employés s'esquivent néanmoins et vont patienter dans les marais tous proches. Vers 21h, le 12 juillet, une troupe d'une quinzaine de personnes débarque, venant directement du bureau de La Croix, la barrière voisine. Mais, l'espoir fait place à la crainte lorsque les employés entendent des vociférations qui ne sont pas équivoques : « où sont ces coquins de commis, ces voleurs ? ». La troupe s'engouffre dans le bâtiment et n'épargne pas les affaires cette fois, ne faisant pas de différence. Il est vrai qu'à leur tête, un homme, au surnom de *Cœur de Bois*, n'est pas réputé pour être un tendre. Les employés de la barrière de l'Hôpital et d'Ivry continuent à occuper leur poste. Les mots

422 AN, Z^{1A} 886, Information…, 44ème témoin.
423 AN, Z^{1A} 886, Information…, 13ème témoin.
424 AN, Z^{1A} 886, Information…, 45ème témoin.
425 AN, Z^{1A} 886, Information…, 47ème témoin.
426 AN, Z^{1A} 886, Information…, 80ème témoin.
427 AN, Z^{1A} 886, Information…, 55ème témoin.

« d'imprudents et effrontés » lâchés par la foule finissent par persuader les commis qui sortent sans crainte, sans subir d'humiliations[428]. Dans son logement à l'intérieur du bureau de Fontainebleau, Borde, le contrôleur, attend avec impatience des femmes qui doivent l'aider à déménager ses affaires. Un homme, âgé d'une quarantaine d'années, « exerçant un métier de marteau » et « paraissant avoir bu » fait irruption et demande de l'argent au contrôleur. Sur ces entrefaites, quatre personnes pénètrent dans le logement et enjoignent à l'individu de laisser tranquille le contrôleur[429]. Le sous-brigadier au bureau de Fontainebleau a beau essayer de contrôler un cocher qui avance son véhicule jusqu'à la barrière, mais des hommes s'interposent et laissent passer le chariot, en « disant mille invectives » à l'employé[430]. Voilà Devaux, le sous-brigadier, qui troque son habit de fonction pour un vêtement moins voyant. Dans la rue, des bergers le reconnaissent et le forcent à trinquer avec eux dans le bureau d'Orléans, fraîchement saccagé. On propose même à Devaux de se joindre au groupe qui continue sa progression le long du mur. À aucun moment, une quelconque violence physique n'est exercée sur l'homme. Gourlet, le deuxième sous-brigadier au bureau de Fontainebleau, n'est pas plus maltraité que son compagnon. Certes, on lui arrache des mains les clés des cadenas des grilles qui ferment les barrières, mais on lui accorde le droit de récupérer ses affaires, avant de s'introduire dans les locaux[431].

L'hostilité s'affiche dans l'agressivité verbale ; quelquefois, on oblige tel employé à mettre le feu aux paillasses ou on menace de le « griller ». Les railleries sont coutumières, et elles s'expriment avec profusion. La crainte d'être soi-même victime des exactions pousse les employés à obéir. Cependant, ni les procès-verbaux ni les témoignages n'évoquent une quelconque agression violente où les employés auraient été rossés. La violence est réelle, mais elle est étrangement contenue et elle ne survient que sur des employés trop zélés[432]. Lorsque des altercations vives se produisent entre les hommes de la Ferme et la population, le souvenir n'en est que plus tenace. On n'a pas oublié les droits outrepassés, les amendes, la confiscation des marchandises,

---

428 AN, Z 1A 886, Information…, 75ème témoin.
429 AN, Z 1A 886, Information…, 78ème témoin.
430 AN, Z 1A 886, Information…, 71ème témoin.
431 AN, Z 1A 886, Information…, 74ème témoin.
432 On peut assimiler cette violence contenue à une certaine régulation de la société ; voir à ce propos, Guillaume Mazeau, « La violence évitée : citoyens ordinaires face à l'assassinat de Marat », *RHMC*, 2010/1 (n° 57-1), p. 47-68.

l'instruction devant l'Élection et l'éventuel emprisonnement. Certains ne peuvent alors échapper à la vindicte populaire, tel ce Liévin, sous-brigadier à la barrière de la Croix. Ses affaires sont jetées au feu sans ménagement, alors que celles de ses collègues sont épargnées. Des habitants du quartier et des « fraudeurs » crient « il faut brûler Liévin »[433]. L'homme n'est guère apprécié ; calfeutré dans le bureau avec ses collègues, Liévin voit arriver *Cœur de Bois* et Boulanger, à la tête d'un petit groupe. Boulanger, un ancien commis révoqué de la Ferme, frappe un grand coup de massue sur la porte en hurlant « gueux de Liévin, il faut que [tu] périsses [toi] et la barrière[434]. Le sous-brigadier affolé se fraie un passage et se « cache derrière la multitude ». Des hommes montent par une échelle au premier étage. Liévin les voit progresser jusqu'à son logement ; ils dévastent sa chambre et projettent son linge par la fenêtre. Le 13 juillet, Liévin erre dans les bureaux voisins, à la recherche d'un abri sûr. Si l'ancien employé radié n'est pas présent ce jour-là, son compère *Cœur de Bois* est là. Liévin est repéré, on se saisit de lui, on le force à jeter ses effets et à les mettre au feu[435]. Talbot, employé dans le nord de la capitale, à la barrière Saint-Georges, s'est éclipsé avant que le bureau ne soit ravagé. Des individus le recherchent activement et hurlent à qui veut l'entendre que « s'ils le retrouvaient, ils le pendraient »[436]. Jean-Baptiste Talbot, contrôleur des Aides, est une vieille connaissance des fraudeurs. Il est en poste dans cette portion de la capitale depuis plusieurs années et il a eu, dans le passé, des démêlés avec *Cœur de Bois* qu'il a conduit à la Conciergerie en octobre 1787[437]. Talbot, âgé de 34 ans en juillet 1789, est originaire de Saintes, près de La Rochelle. Son nom est associé à de nombreuses reprises à des incidents dans cette partie de la ville, entre les barrières Saint-Georges et Sainte-Anne. En septembre 1787, Talbot est assigné devant l'Élection de Paris, à la suite d'une inscription en faux du sieur Havet, bourgeois de Paris[438]. L'affaire pour laquelle le contrôleur est traduit en justice remonte à l'été 1786 ; l'homme est accusé d'avoir

---

433 AN, Z[1A] 886, Information…, 49ème témoin.

434 AN, Z[1A] 886, Information…, 50ème témoin ; le témoin en question est Lievin ; Information…, P-V. des employés à la barrière du Temple et de la Croix.

435 AN, Z[1A] 886, Information…, 54ème, 55ème témoin.

436 AN, Z[1A] 886, Information…, 28ème témoin.

437 APP, AB 129, écrou de Cœur de Bois à la Conciergerie, le 19 octobre 1787. A de nombreuses reprises, entre 1785 et 1789, Talbot avec ses collègues incarcèrent de nombreuses personnes.

438 AN, Z[1G] 212, Interrogatoire de Talbot par devant Marye, conseiller à la Cour de l'Election, le 14 septembre 1787.

frappé Havet dans la cour de sa maison, rue Poissonnière. Talbot s'était introduit dans la cour avec la garde à cheval qu'il avait requise pour contrôler le magasin, et « en imposer » à Havet. Le contrôleur s'en sort sans sanction. Deux ans après cette première affaire, en mai 1788, Talbot découvre des conduits souterrains, destinés à faire transiter du vin, rue Saint-Lazare, près de la barrière Montmartre. L'employé est sur place, guettant des expéditions louches[439]. Un mois après les événements de juillet 1789, Talbot et plusieurs autres employés sont accusés d'avoir falsifié un procès-verbal datant de 1787. Cette fois, ses compagnons et lui-même écopent d'une interdiction d'exercer pendant 6 mois[440]. Au début de l'année 1790, Talbot est toujours de service dans le quartier du clos Saint-Lazare et il procède à la saisie de nombreuses pièces de vin qui sont introduites dans l'enclos des Lazaristes[441].

Il est difficilement envisageable au vu de ces nombreux exemples de penser que la force brutale est inhérente à ces individus. L'effet de groupe ne transforme pas davantage ces agissements. Certes, les hommes qui s'emparent des bureaux, brisent le mobilier ou mettent le feu font preuve de violence. Ils apparaissent comme une puissance dévastatrice qui détruit sur son passage tout ce qui appartient à la Ferme. Pourtant, les commis ont compris l'état d'esprit qui anime ces individus. Ces derniers sont simplement des êtres ordinaires face à une situation extraordinaire. Loin de s'emballer, loin de saisir le prétexte de la domination fiscale exercée contre elle, la population fait preuve d'une maîtrise rarement égalée. Les pulsions que l'on prête souvent à la foule ne se retrouvent aucunement dans l'envahissement des bureaux. Pendant quelques jours, la population choisit son propre destin. Il n'y a pas d'abus, encore moins des actes de vengeance. Qu'il y ait eu, ici et là, des dérapages et une soif d'en découdre avec les autorités fiscales,

---

[439] AN, Y 11806^{A}, office du commissaire Danzel, P-V. de découverte de plusieurs conduits destinés à passer du vin en fraude, 1er juin 1788.

[440] AN, Z^{1G} 174, sentence du 12 août 1789 par devant Marye, Premier président de la Cour de l'Election de Paris. Les employés avaient indiqué dans le procès-verbal du 17 juillet 1787 que « rébellion leur avait été faite » au domicile du sieur Fortier, marchand de vin à la Nouvelle-France.

[441] AN, Z^{1G} 217, P.V. des employés de la Ferme contre le nommé Durand, marchand de vin au faubourg Saint-Denis, 24 janvier 1790. Talbot est toujours contrôleur à cette date ; la sentence de 6 mois de suspension aurait dû se terminer au plus tôt en février 1790. On peut donc supposer qu'un appel a été porté (que je n'ai pas retrouvé) devant la juridiction.

cela n'est guère étonnant. Mais c'est bien le sang-froid qui marque davantage les pratiques de la population.

S'il existe une accointance entre les supposés fraudeurs et les habitants des quartiers limitrophes aux barrières, cela n'implique pas que toute la population approuve les méfaits. Ce n'est pas tant les désordres et les ravages que certains réprouvent, mais le danger que les incendiaires font courir aux bâtiments, à un risque d'embrasement généralisé dans la ville. Des habitants s'opposent aux manœuvres jugées dangereuses et blâment ouvertement les individus qui ont un comportement excessif. L'entraide, si elle paraît contre-nature, est palpable entre une partie des employés et les habitants des quartiers avoisinants. Ceux-ci deviennent les garants de l'ordre et prêtent largement secours aux commis qui les sollicitent volontiers. Le sentiment d'un devoir moral ne s'exprime pas uniquement au sein d'une même communauté. La sociabilité populaire est bien plus complexe et les interactions entre les groupes, a priori, antagonistes, se manifestent aussi en fonction des intérêts de chacun.

Ainsi, la dame Bergeron, un des rares témoins à n'avoir aucun lien direct avec la Ferme, est auditionnée durant la procédure au printemps 1790. Elle manifeste un sentiment d'empathie vis-à-vis des employés. Elle accepte donc de témoigner en faveur des commis et charge les « brigands ». Qu'est-ce qui motive cette femme seule, au milieu de tous ces hommes appelés à raconter les désordres, à prendre le risque de se mettre à dos ses semblables ? Certes, près d'un an s'est écoulé ; l'appréhension qu'elle ressentait peut-être au moment des faits s'est estompée avec le temps. Aurait-elle eu le courage, devant le regard de ses voisins et amis, de se présenter, à chaud, devant le magistrat en juillet 1789 ? La dame Bergeron n'éprouve pas de l'anxiété ; elle n'est pas sur le banc des accusés. Les propos qu'elle rapporte sont censés être objectifs. A-t-elle un lien familial, amical, amoureux avec l'employé qu'elle a défendu au risque d'être malmenée ? Mardlez, le brigadier de la barrière du Temple, sollicite la dame afin qu'elle lui vienne en aide en sauvant ses effets personnels. Sans rechigner, Marie Bergeron accepte et se rend au domicile du brigadier. Alors qu'elle réunit des vêtements et d'autres objets, des coups violents sont assénés sur la porte d'entrée et « on essaya de la forcer »[442]. Elle alla ouvrir et « plusieurs brigands s'engouffrèrent et brisèrent les meubles dans la chambre ».

[442] AN, Z^{1A} 886, Information..., 81ème témoin ; Marie Bergeron est marchande de toilette et demeure au faubourg du Temple chez une boulangère. C'est le dernier témoin à être entendu par la cour des Aides.

Sans perdre son sang-froid, la femme stoppa les hommes et leur garantit « qu'elle était la propriétaire de ces effets et qu'ils n'appartenaient en rien aux commis ». Un troisième homme, resté sur le seuil de la porte, vint se mêler aux autres, doutant des propos de la femme. Il lui demanda « si elle ne protégeait pas les commis ? ». Sans s'affoler, elle réitéra ses propos qui convainquirent l'homme ; celui-ci lui assura qu'elle n'avait rien à craindre et « qu'elle pouvait dormir tranquille ».
Voici cette fois le nommé Lallemand, accompagné d'un ami et voisin, Mahu, jardinier de son état, qui court avertir les employés de la barrière de la Haute-Borne[443]. Existe-t-il une quelconque amitié ou un tout autre lien entre Lallemand et le sous-brigadier, il n'est pas possible de le dire. Mais, le témoignage de l'employé est tout en nuance et il semble apprécier la visite de Lallemand qui s'empresse de l'avertir d'une attaque imminente sur le bureau, car « s'il voulait sauver ses effets, il ne fallait pas qu'il tarde à partir ». Le sous-brigadier quitte les lieux ; dans la soirée, tapi sans l'ombre, il reconnaît Lallemand « qui semblait mêlé aux séditieux » ; certains lui proposent de « se rendre à la Conciergerie pour aller délivrer les prisonniers ». L'offre est déclinée par notre homme.
Alors que son bureau est en proie aux dévastations, Duquesnoy, le contrôleur à la barrière du Temple, se sauve et il trouve refuge « dans une maison voisine, où il y passa la nuit » avec ses collègues[444]. Les employés du Roule trouvent une personne charitable qui accepte de garder leurs affaires[445]. Au bureau de Neuilly, on n'attend pas les brigands et le bâtiment est totalement déserté dans la soirée du 13 juillet, les commis préférant se « réfugier chez un marchand de vin au village de Mousseaux »[446].

Tous les habitants aux abords des barrières ne réagissent pas favorablement aux dégradations. Nombreux sont ceux qui viennent prévenir les commis que le feu s'est déclenché dans de nombreux bureaux. Les voisins savent que les meubles entreposés dans les

[443] AN, Z [1A] 886, Information…, 56ème témoin ; un certain Lhomme dit Lallemand fait partie de la première liste des individus décrétés de prise de corps. Cependant, les informations rassemblées laissent apparaître qu'il ne s'agit pas du même personnage. Néanmoins, la liste complémentaire des individus appelés à être ouï (comprenons, pour être entendus comme simple témoins) mentionne un nommé Lallemand.
[444] AN, Z [1A] 886, Information…, 39ème, 40ème témoin.
[445] AN, Z [1A] 886, Information…, 18ème, 20ème témoin.
[446] AN, Z [1A] 886, Information…, 16ème témoin.

bâtiments sont détruits ou volés[447]. Les employés ont abandonné les bureaux et reviennent timidement quelques jours plus tard, le voisinage s'empresse alors de dénoncer les conduites malveillantes en fournissant l'identité de plusieurs individus[448]. Leurs habitations sont toutes proches de la palissade en bois dans les quartiers nord et nord-est. Les flammes qui montent dans le ciel de Paris sont impressionnantes. Le danger est immédiat. Il suffit que le vent souffle brutalement et le feu peut se propager à la ville. Là encore, les incendiaires font preuve de retenue et ne prennent pas le risque de voir le feu s'étendre. Pendant que la barrière de la Voirie est saccagée et brûlée, les gardes-françaises, présents sur les lieux, obtiennent de ces « malheureux » qu'ils brûlent les effets un peu plus loin à cause de la proximité d'autres habitations qui pouvaient à tout moment prendre feu. Ce fut une des priorités des gardes, celle d'éviter la propagation de l'incendie. Le feu a duré ainsi plusieurs heures jusqu'au petit matin du 13 juillet[449]. Le boulanger, près de la barrière de Picpus, s'alarme autant pour son commerce que pour le maintien de l'ordre. Les incendiaires, visiblement trop excités, ne font plus preuve de discernement. Le feu est inlassablement alimenté durant toute la nuit du 13 juillet. Au petit matin, les flammes continuent de consumer les débris amoncelés près du bureau. Les voisins s'organisent ; à l'unisson, le boulanger, le marchand épicier et le maître-perruquier, assistés par d'autres habitants, prennent le contrôle de la barrière de Picpus et, armes à la main, empêchent de nouvelles destructions[450]. Des habitants osent s'interposer et disent clairement ce qu'ils pensent. Il est vrai que la destruction des bureaux n'est pas la seule motivation qui anime quelques groupes de fraudeurs. Ces derniers pillent les réserves des caves du bureau Monceau, se partagent le butin et empochent les quelques centaines de livres trouvées dans les tiroirs d'un meuble. On entendait le chef, le nommé Bataille, encourager ses troupes. La femme du brigadier de la barrière voulut sauver quelques vêtements, mais un des hommes du groupe « la menaça d'un coup de massue sur la tête si elle s'opposait au pillage ». Bataille ne s'interposa

[447] AN, Z 1A 886, Information..., P.V. des employés du bureau de Sainte-Anne, le 12 juillet 1789.
[448] AN, Z 1A 886, Information..., P.V. des employés de la barrière Saint-Georges, le 13 juillet 1789 ; P.V. des employés de la barrière Saint-Louis, 12 juillet 1789.
[449] AN, Z1A 886, Information..., P.V. des employés de la barrière de la Voirie, le 12 juillet 1789.
[450] AN, Z1A 886, Information..., 54ème témoin.

pas et laissa faire. Les voisins, choqués par l'attitude de Bataille, s'adressent à lui, estimant « qu'il a une mauvaise conduite »[451].

Les maîtres des barrières : le Tiers-Etat entre dans l'histoire

Un inversement des rôles se produit en juillet 1789. La population, jusque-là, n'est pas maîtresse de la situation aux barrières. Certes, depuis longtemps des incidents opposent des fraudeurs et le voisinage qui, collectivement, affrontent les employés de la Ferme. Ces derniers détiennent encore la légalité voire la légitimité qui s'exprime par les nombreuses arrestations, les enfermements à la Conciergerie et les procédures judiciaires qui se concluent fréquemment par des saisies des marchandises, des amendes ou des condamnations sévères. Bon nombre de Parisiens goûtent à l'humidité et à l'obscurité de la fameuse prison parisienne sur l'île de la Cité. Vivre de la fraude est un moyen comme un autre, du moment qu'il permet de gagner quelques pièces, de nourrir sa famille, sans pour autant se considérer comme un criminel. Embourbé dans une atonie depuis de nombreuses années, le peuple parisien ose se lever, impose ses vues, et ne veut plus endurer ni le poids de ces taxations ni les contrôles aux barrières. Le maître n'est plus la Ferme ni les Fermiers qui manipulent des richesses extraordinaires et l'étalent avec éclat dans la Ville-Lumière, en se construisant de somptueux hôtels particuliers. La colère s'exprime ouvertement dorénavant. Tout ce qui symbolise la Ferme est mis à mal. Les mots proférés, les gestes accomplis s'abattent sur les employés, considérés comme les suppôts de la compagnie. Ceux-ci ne sont pas épargnés par la vindicte populaire. Les conditions ont changé et le pouvoir échappe totalement à ceux qui le détenaient la veille encore. En se présentant devant les barrières, les fraudeurs, mais également une bonne partie du peuple, peuvent impunément introduire dans la ville les boissons. Ce qui n'était nullement concevable quelques jours auparavant devenait subitement une évidence pour une grande partie de la population. Les fraudeurs et la population ne se cachent plus. Ils n'ont plus besoin d'opérer en pleine nuit ou attendre le moment favorable pour une intrusion en force dans Paris. L'arme principale demeure cette cohésion du groupe qui lutte, en utilisant au besoin la violence qui n'est pas une fin en soi, mais un moyen pour parvenir au but. Au demeurant, la force

---

[451] AN, Z^{1A} 886, Information…, 13ème témoin.

n'a pas toujours besoin d'être exposée, elle constitue déjà une menace et la démonstration de cette puissance suffit dans la plupart des cas[452]. Ce qui reste sans doute imprévu demeure la chute de la Bastille, mais non la détermination des Parisiens, appuyés par les fraudeurs qui ont une expérience de la lutte et de la stratégie à adopter dans les moments troubles. Indéniablement, face à une conjoncture explosive, une partie de la population a su tirer parti des événements, afin d'être en mesure de réussir cette formidable gageure, mettre à bas la Ferme et sa volonté d'enfermer les Parisiens.

L'ensemble des faits ouvre des perspectives inédites jusque-là. Nous sommes loin de ces explosions irrationnelles qui semblent caractériser les foules. Les actions menées peuvent être compréhensibles, car elles ont un sens et prennent une envergure politique. La foule n'est plus cet agrégat d'individus, pas plus qu'un attroupement plus ou moins spontané, mais elle est le résultat d'un rassemblement volontaire, car ceux qui s'unissent participent d'une volonté et d'un but qui vont dans le même sens[453]. À travers la narration que font les employés de ces émeutes, au plus près des événements, en les subissant, ils montrent, paradoxalement et inconsciemment sans doute, la profonde envie d'exister de tous ceux qui s'attaquent aux bureaux de l'octroi, excédés de subir continuellement le monde qui leur est imposé. Tous ne sont pas exempts de reproche et certains sont de parfaits coquins qui ne voient que leur intérêt personnel. Pourtant, une profonde humanité se dégage où les liens de solidarité s'expriment même parmi les *fraudeurs de profession*.

Un véritable cri de ralliement lie la population qui se porte aux barrières. Le vent de liberté souffle ; les paroles et hurlements se font entendre. « Êtes-vous du Tiers-Etat ? » clament haut et fort les émeutiers s'adressant aux commis de la barrière Saint-Georges dans la nuit du 11 au 12 juillet[454]. Les employés perçoivent, venant de loin, cette foule qui frappe sur les pavés parisiens de ses grosses massues et menace les employés ouvertement. « Où sont-ils [les commis] ? Il faut les tuer », « c'est le Tiers-Etat qui arrive » clame cette foule

---

[452] Richard Cobb, *La protestation populaire en France, 1789-1820,* Paris, Calmann-Lévy, 1975 [trad. fr.].

[453] Georges Lefebvre, *La grande peur de 1789, op. cit. ;* on renvoie également à George Rudé, *La foule..., op. cit.*

[454] AN, Z^{1A} 886, Information..., 27ème, 28ème, 29ème témoin.

compacte[455]. En venant libérer le nommé Cerf au bureau Saint-Martin, tout le monde perçoit distinctement ces groupes qui tonnent en chœur « vive le Tiers-Etat ». Les vibrations émises par le frottement des massues sur les barrières apeurent davantage les employés qui sont calfeutrés dans le bureau des Trois Frères. De l'intérieur, ceux-ci entendent les paroles « s'il y avait quelqu'un ? ». Anxieusement, les employés répondent « que s'ils voulaient passer ils pouvaient le faire ». « Êtes-vous du Tiers-Etat », demande alors la bande ? Sur la réponse positive, le groupe, a priori menaçant, lance un « bravo, tant mieux », s'éloigne de la barrière et progresse vers le bureau voisin de Saint-Georges. Cette fois, le groupe pénètre dans le bâtiment, demande du café et de l'eau-de-vie et exige que les employés crient « vive le Tiers-Etat », ce que ces derniers s'empressent de faire ; en sortant du bureau, le groupe leur lance qu'ils « sont des compatriotes », non sans avoir au passage dévasté la roulette d'observation[456]. Tôt dans la matinée du 13 juillet, une vingtaine d'individus, munis de cognées et de merlins, fonce sur le bureau de Rambouillet en poussant ce cri unanime qui se propage sur tout le périmètre de la clôture fiscale : « c'est le Tiers-Etat qui arrive, abattons les barrières et tuons les commis »[457]. Au même moment à la barrière de Montreuil, venant de la rue de Charonne, un groupe demande invariablement si « les employés étaient du Tiers-Etat »[458]. La veille, le 12 juillet, à la barrière de la Voirie, tout en s'acharnant sur le bureau, le groupe scande : « c'est le Tiers-Etat »[459]. Le jour n'est pas encore levé ce 13 juillet à la barrière de Picpus et les commis voient débarquer « une troupe de brigands qui [leur demande] s'ils sont du Tiers-Etat » et somme les employés « de travailler avec eux le plus malhonnêtement »[460].

Comment doit-on interpréter ces paroles que scande la population et qui dévoilent son appartenance à ce troisième ordre qui, jusqu'à présent, n'a été *Rien*. Ne cherchons pas à savoir, si tenté que cela soit possible, qui profère ces mots, appelés à une postérité prochaine. Est-ce une

---

455 AN, Z^{1A} 886, P-V. des employés de la Ferme à la barrière de Reuilly, le 13 juillet 1789 ; Information..., 40ème, 41ème témoin, barrière du Temple, le 12 juillet 1789 ; 42ème témoin.

456 AN, Z^{1A} 886, P-V. des employés de la Ferme à la barrière des Trois Frères et de Saint-Georges.

457 AN, Z^{1A} 886, P-V. des employés de la Ferme à la barrière de Rambouillet.

458 AN, Z^{1A} 886, P-V. des employés de la Ferme à la barrière de Montreuil.

459 AN, Z^{1A} 886, P-V. des employés de la Ferme à la barrière de la Voirie.

460 AN, Z^{1A} 886, P-V. des employés de la Ferme à la barrière de Picpus.

population vertueuse, respectueuse de la loi et de l'ordre ? Sont-ce ces fraudeurs, mêlés à des gens respectables, qui abusent de la situation ? Il y a quelque chose de factice intellectuellement à vouloir isoler ces groupes et à débusquer une quelconque moralité chez un groupe particulier ; en rapportant les faits, les agents de la Ferme ne s'embarrassent pas de ces considérations. Ceux qui se ruent sur les bureaux sont des brigands et des gens malintentionnés, selon la phraséologie du procès-verbal ; ce sont les mêmes qui poussent ce cri de liberté. Ils le vocifèrent pour être sûrs d'être entendus. Le « vive le Tiers-Etat », entendu d'innombrables fois, se généralise et n'est pas localisé à un seul quartier de la capitale. L'expression ne fait plus honte, elle ne désigne plus ceux qui courbent l'échine. La population manifeste avec fierté et conviction ces quelques mots. Certes, ce n'est pas la première fois, que l'on entend l'expression. Elle est présente en avril 1789, lors de l'émeute Réveillon[461]. Le libraire Hardy rapporte les propos des habitants qui empruntent le faubourg Saint-Marcel en scandant : « arrêt du Tiers-Etat qui juge et condamne les nommés Réveillon et Henriot à être pendus et brûlés en place publique ». H. Burstin note d'ailleurs la contradiction apparente du slogan qui s'en prend à deux figures d'entrepreneurs appartenant au Tiers-Etat de leur district. En mai 1789, alors que la population de Chatou s'attaque au château de leur seigneur, les habitants se heurtent à un maître-serrurier qui refuse de dire qu'il est du Tiers-Etat ; ce dernier n'est pas pour autant molesté[462]. Durant la *Grande Peur*, sur les routes, on interpelle des voyageurs, comme Arthur Young, en leur posant cette sempiternelle question : « êtes-vous du Tiers-Etat ?». Mais, à la grande différence de ce qui se produira quelques semaines plus tard dans les campagnes et les bourgs où la panique et la peur sont un des moteurs de l'entrée en scène des communautés villageoises, l'anxiété et l'affolement à Paris, en juillet 1789, n'ont pas cours dans les dévastations des barrières. La crainte de la réaction des aristocrates et des forces contre-révolutionnaires attise le feu dans les provinces ; la population est sur la défensive. Cela n'exclut pas des formes de solidarité, comme le souligne G. Lefebvre, entre les villages. Dans la capitale, les foules, au contraire, sont dans l'action et mènent une offensive généralisée sur les

[461] Sur l'émeute Réveillon, Jean Collot, « L'affaire Réveillon : 27 et 28 avril 1789 », *Revue des questions historiques*, 1934, n°121, p. 35-55 et 1935, n°122, p. 239-254 ; George Rudé, *op. cit.*, p. 50-61 ; Haïm Burstin, *Une Révolution..., op. cit.,*, p. 51-56.
[462] Georges Lefebvre, *La Grande Peur..., op. cit.*, p. 62.

bureaux de l'octroi. Ce n'est pas l'effroi qui les guide, mais l'espoir d'abattre des pans de cet « Ancien Régime ».

En vue de l'organisation des futurs Etats-Généraux décidés par le roi, Sieyès se retire à la campagne et écrit son célèbre pamphlet *Qu'est-ce que le Tiers-Etat ?*[463]. J.D. Bredin rappelle le succès fulgurant de la brochure qui s'est vendue à des dizaines de milliers d'exemplaires, passant de main en main, avec de larges extraits commentés. À ce moment, au début de l'année, Sieyès n'est pas encore un élu du Tiers de la ville de Paris. La population n'a-t-elle lu que son fameux plan sous la forme des trois questions extrêmement simples ? Que savent-ils, que comprennent-ils ces ignorants de la brochure de l'abbé Sieyès qui paraît dans sa première édition en janvier 1789 ? La réflexion constitutionnelle de l'abbé est-elle au centre des interrogations de la population ? Celle-ci distingue-t-elle le système de pensée dont les références aux philosophes récents et plus anciens affleurent l'ouvrage ? Sans doute, beaucoup ne savent pas lire ; mais peut-être suffit-il d'écouter ce qui se dit, sans avoir nécessairement consulté l'ouvrage pour saisir l'essentiel. Les formulations, courtes et tranchantes dans la brochure, sont suffisamment suggestives pour saisir la profonde inégalité et l'injustice qui touche les 9/10ème de la population, c'est-à-dire le Tiers-Etat. Celui-ci a une fonction sociale utile au contraire de la noblesse qui a accaparé les richesses et les fonctions, avilissant la très grande majorité du peuple. C'est par les abus et la confiscation des terres que cet ordre privilégié s'est hissé à la tête du royaume. Le « Tiers-Etat, « entravé et opprimé », ne peut aspirer à quelque chose, à la seule condition de se débarrasser des privilégiés ; là, il sera un « Tout, mais un tout libre et florissant ». Comment ressentir autrement, sinon un dédain réaffirmé à l'encontre du Tiers-Etat avec cette lettre datée du 9 juillet 1789, envoyée par l'épouse du lieutenant au bailliage présidial de Caen, au député Camus :

> « Le Tiers-Etat est tout, c'est vingt-trois millions contre un ; quelle folie ! Font-ils entrer en compte tous les gens à gages, tous les ouvriers, tous les mendiants, tous les criminels détenus dans les prisons ou les maisons de force, tous les jeunes gens, les femmes et les enfants ? Qu'ils soustraient cette multitude d'individus et on verra à

---

[463] Jean-Denis Bredin, *Sieyès. La clé de la révolution française*, Paris, Editions de Fallois, 1988 ; Pierre-Yves Quiviger, Jean Salem et Vincent Denis (dir.), *Figures de Sieyès : droit, histoire, philosophie,* Paris, Publications de la Sorbonne, 2008 ; Christine Fauré (présentation et édition des 1ère et 3ème édition), *L'ouverture de la révolution : Qu'est-ce que le Tiers-État ? de l'Abbé Sieyès*, Chryséis éditions, 2013.

quoi se réduisent ces vingt-trois millions… Tout est dans l'ordre, tout est à sa place, rien d'exalté, rien d'avili : trois puissances avec les mêmes droits et la même autorité. Quel Français, avec le cœur bien fait, ne gémit pas de la fureur qui veut anéantir des lois si respectables ? ». Dans un courrier du 3 août, Mme Duperré de l'Isle ajoute : « Le peuple ignorant et séduit n'est pas la nation ; il fait nombre, mais il n'a ni poids ni consistance »[464].

En mai 1789, à Versailles, dans la salle des *Menus Plaisirs*, la noblesse pense-t-elle autrement ? Le peuple parisien n'a vraisemblablement pas oublié les propos tenus par les frères de Louis XVI en décembre 1788 qui s'opposaient fermement au doublement de la représentation du Tiers. Puis, c'est le tour de la question du vote par tête au sein d'une Assemblée qui devrait être réunie qui exacerbe nombre de députés patriotes devant le refus du roi et d'une grande partie de la noblesse, d'accéder à cette demande. Le 27 juin, c'est enfin, pense-t-on, la victoire, car le roi appelle tous les députés à siéger ensemble. Le Tiers-Etat a montré que la Nation suivait inexorablement son chemin vers un avenir radieux avec l'établissement de nouvelles règles politiques et sociales qui consacraient la victoire de ces masses rurales et urbaines. Ces paroles martelées, toutes simples, presque obsédantes semblent justifier l'entreprise du Tiers-Etat de vouloir tout saccager au nom d'un droit oublié, d'un droit naturel, celui de garantir une vie décente. Les mots d'ordre des diverses motions prises au Palais-Royal par Desmoulins et d'autres orateurs sont largement entendus. À la barrière Monceau, ceux et celles qui s'apprêtent à attaquer le bureau, armés de bâtons portent fièrement la cocarde et le ruban sur la poitrine ou le couvre-chef, signes de reconnaissance des patriotes[465]. C'est au nom d'une nouvelle validation que les actions se perpétuent, où le troisième ordre saisit une place qu'il n'avait pas jusque-là. La demande, voire l'exigence est claire. Un poids fiscal qui grève de plus en plus le budget de chaque ménage, une liberté de déplacement entravée, des fouilles en règle, peut-être même trop appuyées lorsqu'il s'agit d'une femme, bref trop d'humiliations qui rendent insupportable ce mur qui bouche l'horizon. Il est donc temps d'ouvrir enfin ces barrières, se frayer un passage pour « goûter à la liberté »[466]. Quand la foule, composée d'hommes et de femmes, construit un mannequin à l'effigie d'un brigadier des Fermes, le promène près de la barrière et le brûle, elle

[464] Georges Lefebvre, *La Grande Peur…, op. cit.*, p. 58.
[465] AN, Z^{1A} 886, Information…, 13ème témoin.
[466] AN, Z^{1A} 886, Information…, 45ème témoin, barrière du Clos-Payen, le 13 juillet 1789.

montre son hostilité à l'égard d'un homme plus particulièrement, mais marque autant sa haine face à des impôts supposés injustes. Les femmes, ici, jouent un rôle de premier plan. L'une d'elles crie distinctement son animosité envers cet employé. Elle porte, avec d'autres, ce pantin en paille[467]. Tout comme en avril 1789, lorsqu'un homme brandissait un écriteau qui reprenait une formule similaire pendant que la foule tenait deux mannequins représentant les deux entrepreneurs, Réveillon et Henriot[468].

La liberté doit s'accompagner tout naturellement d'un accès ouvert aux barrières. La population ne se substitue pas aux employés en encaissant les droits pour mettre en commun les sommes encaissées, afin de les redistribuer sous diverses formes. Les Parisiens souhaitent uniquement abolir les droits d'octroi. Les employés n'entendent-ils pas « qu'il ne fallait plus payer les droits d'entrée »[469] ? Partout, dans la capitale, les habitants et les fraudeurs « facilitèrent l'entrée des marchandises en disant qu'il n'y avait plus de droits à payer »[470]. Le combat réside dans cette dualité. Il est vital pour la Ferme et, indirectement, pour la monarchie, de percevoir les taxes aux entrées de la ville. Le mur et les bâtiments représentent un investissement considérable qui est loin d'être amorti financièrement. Il ne peut être question d'abandonner ces taxes qui sont lucratives. Les employés s'efforcent toujours de recouvrir vainement les taxes. Fidèles à leurs postes, du simple employé au brigadier de la barrière, les hommes de la Ferme montrent même une certaine bravoure à se mesurer à la population. Les bureaux brûlent, mais les employés continuent leur travail. Pensent-ils que les événements sont encore indécis et que les troupes royales pourront ramener l'ordre, ce qui peut donc les inciter à poursuivre leur tâche ? Que ces pensées puissent les animer les 10, 11 et 12 juillet, cela peut encore se comprendre, au vu de la situation confuse et incertaine. Mais, dès le 13 juillet, les employés reçoivent des ordres de la municipalité provisoire. Peu importe que la Ferme ne contrôle plus la perception, du moment qu'un pouvoir, établi révolutionnairement, mais légalement, prend la relève. Il n'y a pas d'ambiguïté ; la toute jeune municipalité ordonne le prompt

---

[467] AN, Z[1A] 886, P.V. des commis de la barrière Blanche ; la femme en question crie « brûlons Demilhac [le brigadier] ».
[468] Jacques Godechot, *op. cit.*, p. 224.
[469] AN, Z[1A] 886, Information..., 20ème témoin.
[470] AN, Z[1A] 886, Information..., 59ème témoin.

rétablissement des droits de l'octroi. Les caisses ne doivent pas rester vides. Mais, pour le peuple, il n'est pas question de transiger. C'est un rejet total que ce dernier exprime. Les premiers bureaux sont à peine tombés que l'introduction de marchandises se fait instantanément. Alors que la maîtrise du territoire n'est pas entièrement gagnée, la population se précipite vers les barrières qui restent ouvertes sous le regard ébahi de la Ferme. Qui sait combien de temps cela va durer effectivement ? Les premiers à saisir l'occasion, parce qu'ils ont aussi précipité les événements, ne s'embarrassent guère. De manière instinctive, les fraudeurs sentent que le vent peut tourner et l'ascendant qu'ils ont pris sur les employés peut se retourner contre eux. Forts d'une longue expérience, de l'évitement à la confrontation directe et, mieux que d'autres, ils connaissent l'aubaine qui s'offre à eux. Ce n'est pas un hasard si les premières actions menées au nord de la ville émanent de ces bandes de fraudeurs. Ces derniers dirigent le mouvement et sont aux premières loges. Monnier, Darbon, Tonnelier et Bataille sont omniprésents à la barrière Blanche. Marchands de vin ou garçons auprès de leur maître, ces personnages prennent possession des bureaux. Entourés d'un groupe relativement nombreux qui leur obéit, ils sont les maîtres des barrières. Ces personnages conduisent les chariots, chargés de vin, qui pénètrent dans la ville. Lors des premières introductions, les tonneaux et autres barriques sont cachés sous des bottes de paille ou de foin[471]. Mais, les jours suivants, cette précaution devient superflue et les fraudeurs peuvent étaler au grand jour leur totale hégémonie. Dans un premier temps, après avoir attaqué les bureaux et avoir mis en fuite les employés, les fraudeurs introduisent les denrées. Par la suite, ces opérations sont menées simultanément ; pendant qu'un groupe dévaste le bureau de Clichy, une autre bande, sous la conduite du nommé Bataille, s'engouffre à l'intérieur de la ville avec les charrettes remplies[472]. Le feu consume encore les débris du bureau de Monceau pendant que des individus « chargent une bonne dizaine de pièces de vin qu'ils font entrer dans la ville »[473]. De nombreuses voitures transitent dans la ville, font d'incessants trajets et transportent des tonneaux chez un marchand de vin[474]. Le 13 juillet, les incendiaires à la barrière du Roule font une pause vers 3h du matin et s'installent dans un cabaret de la plaine des Sablons. Ce groupe revient récupérer

[471] AN, Z1A 886, Information..., 1er, 2ème, 3ème témoin.
[472] AN, Z1A 886, Information..., 4ème, 5ème témoin.
[473] AN, Z1A 886, Information..., 6ème, 7ème témoin.
[474] AN, Z1A 886, Information..., 22ème témoin.

au petit matin du 14 juillet plusieurs tonneaux intacts, restés dans la cave du bureau[475]. Au niveau de la barrière Montmartre, entre le 11 et le 13 juillet, le sous-brigadier Vimant, désœuvré, passe son temps entre les bureaux Blanche et Buffaut et constate amèrement que « la population facilitait l'accès à Paris de barils de vin et d'eau-de-vie ». Un peu plus loin, au poste d'observation de la rue Coquenard, il voit « un nombre considérable de séditieux et de fraudeurs qui passaient du vin[476]. La Picarde n'est pas en reste et dirige une troupe d'une vingtaine de personnes, qui met le feu au bureau des Bonshommes, emportant plusieurs centaines de bouteilles de vin entreposées dans la cave[477]. À la Courtille, la deuxième zone où les cabarets fleurissent tout le long du mur de clôture, les introductions illégales sont tout aussi nombreuses que dans le Nord. En même temps que le saccage des bureaux, les charrettes tirées par les chevaux continuent leurs allées et venues[478]. Entre le 11 et le 13 juillet, c'est un boulevard de la fraude qui est béant dans cette partie de la capitale. Le flot continu de barils transportés sur les épaules, les charrettes chargées de vin et d'eau-de-vie font de cet espace un lieu hautement fréquenté, encore plus que d'habitude. Nuit et jour, on se fraie un chemin où l'embouteillage des voitures et des passants fait penser à un jour de grande fête[479]. La reprise en main de la municipalité parisienne n'est encore que théorique dans certaines portions de la capitale. Dans le quartier de la Courtille, aux barrières de la Croix et du Marais, traverser le point de passage et de contrôle, sans encombre, est devenue une routine depuis plusieurs jours. Chaque jour, entre le 12 et le 18 juillet, malgré les timides tentatives de réaction des employés, « les fraudeurs et la population » font transiter plusieurs voitures chargées de tonneaux entre la banlieue et la ville[480]. Aucun espace de la capitale n'est épargné par les entrées frauduleuses. Le sud de Paris est touché d'une manière identique ; les cabarets sont nombreux vers Montrouge et Maison-Blanche. Les voitures s'approvisionnent dans des débits de boissons à l'extérieur de la ville, puis elles pénètrent dans Paris où le vin et l'eau-de-vie sont déchargés

---

[475] AN, Z1A 886, Information…, 20ème témoin.
[476] AN, Z1A 886, Information…, 43ème témoin.
[477] AN, Z1A 886, Information…, 12ème témoin ; le rôle de cette femme, arrêtée en juin 1790, est examiné plus loin.
[478] AN, Z1A 886, Information…, 39ème témoin.
[479] AN, Z1A 886, Information…, 40ème témoin.
[480] AN, Z1A 886, Information…, 49ème, 50ème témoin.

dans des cabarets, tous proches des barrières[481]. Les boissons, si elles restent incontestablement les marchandises les plus en vue, ne sont pas les seuls produits à franchir la capitale. Les cochons passent les barrières de l'octroi, conduits par plusieurs hommes[482]. D'autres mènent des bœufs, des vaches ou des moutons[483]. Au bureau de Vaugirard, une vingtaine de moutons franchissent la barrière, conduits par un berger et escortés par plusieurs individus[484]. Au bureau de Fontainebleau, alors que de nombreuses personnes s'attaquent au bureau, une foule importante traverse les barrières libres, avec des charrettes de paille, du foin et du fourrage. C'est une véritable frénésie qui s'empare de la population, comme si toutes ces marchandises attendaient le moment idéal de leur introduction en toute franchise de droits. Un empressement furibond gagne les habitants. Tous se précipitent aux barrières et sortent les comestibles. Il faut saisir ce moment unique.

Notre choix, quelque peu provocateur, d'adopter l'expression *La prise des barrières* prend toute sa signification, car les composantes de l'agitation se mettent en place. Une émeute apparaissait avant 1789 comme une forme classique de la protestation populaire. La répétition simultanée des mêmes actes destructeurs à toutes les barrières parisiennes rend caduque cette notion d'émeute qui semble ici, vide de sens. Un glissement essentiel s'opère ; les habitants, par leurs actes, arborent une autre posture, celle d'une prise de conscience politique. La lutte contre l'impôt devient ainsi une étape, avant que d'autres enjeux ne viennent éclater sur la place publique. Il existe chez ces hommes et ces femmes, une organisation certaine, un répertoire d'action avec certains moyens pour réaliser ce qu'ils veulent, pour reprendre la notion développée par C. Tilly, il y a plus d'une vingtaine d'années[485]. La

---

481 AN, Z[1A] 886, Information…, 63ème témoin.
482 AN, Z[1A] 886, Information…, 68ème, 75ème témoin.
483 AN, Z[1A] 886, Information…, 79ème témoin.
484 AN, Z[1A] 886, Information…, P-V. des employés de la barrière de Vaugirard, 13 juillet 1789.
485 Charles Tilly, *La France conteste de 1600 à nos jours*, Paris, Fayard, 1986 [trad. fr.] ; pour une approche des formes d'action politique, voir Charles Tilly, Sidney Tarrow, *Politique(s) du conflit. De la grève à la révolution*, Paris, Presses de Sciences Po, 2008. Pour une analyse de la notion de « répertoire d'action et de protestation », Olivier Fillieule, Éric Agrikoliansky, Isabelle Sommier (dir.), *Penser les mouvements sociaux. Conflits sociaux et contestations dans les sociétés contemporaines*, Paris, La Découverte, 2010 ; Michel Offerlé, « Retour critique sur

foule, de manière plus ou moins spontanée, montre les diverses formes de cette action : en passant par les cris, le fracas des massues et autres objets sur les façades des bâtiments, les insultes, l'intimidation, le saccage, le pillage et, en dernier recours, l'utilisation du feu. Moment hautement purificateur, car, si la Bastille marque le paysage du quartier Saint-Antoine, le mur des Fermiers et les pavillons de l'octroi laissent leur empreinte, non en un seul lieu, mais, telle une araignée qui tisse sa toile insidieusement, sur la totalité de l'espace. Poussée par le besoin de se nourrir certes, cette population « d'en bas » impose aussi son histoire, celle de jouer un rôle dans le déroulement des événements, de participer à une nouvelle histoire qui se construit.

Il était nécessaire d'exposer et de distinguer ces diverses formes de violence et ne pas utiliser un mot générique, un fourre-tout vide de sens. Les intimidations, les menaces proférées à l'encontre des commis et les brutalités physiques sont réelles. Encore faut-il éclaircir ce que l'on entend par « brutalités physiques » ; des individus s'approchent des employés, les secouent, les prennent par le collet, mais ceux-ci ne sont ni jetés par terre ni roués de coups. Pourtant, durant de nombreuses années, les barrières furent souvent l'objet d'une omniprésence de la violence ; si les avertissements appuyés et les violences verbales ont souvent existé, l'utilisation de la force a imprégné également les relations entre les employés et la population parisienne. Les confrontations dégénéraient rapidement en affrontements.

De même, faut-il discerner les violences sur les biens. La population, très souvent, différencie les effets possédés par les employés et les biens qui appartiennent à la compagnie financière ; ces derniers sont systématiquement jetés, brisés et incendiés. Les vols et les pillages ne sont pas à négliger et de nombreux bureaux subissent la colère de la population. Là encore, il faut relativiser, car les quantités de vin entreposées dans les celliers et caves des bureaux sont des saisies, à la suite d'inspections, menées par la Ferme. Les individus ne considèrent pas qu'ils s'approprient les objets d'autrui, ils récupèrent seulement ce

---

les répertoires de l'action collective (XVIIIe - XXIe siècles) », *Politix* 1/ 2008 (n° 81), p. 181-202. Pour une analyse des discours et la naissance de « l'opinion publique », voir Keith Michael Baker, *Au tribunal de l'opinion. Essai sur l'imaginaire politique au 18e siècle*, Paris, Payot, 1993. Pour la notion de l'espace public et les conditions de l'éclosion de la bourgeoisie en Europe de l'Ouest, voir Jürgen Habermas, *L'espace public. Archéologie de la publicité comme dimension constitutive de la société bourgeoise*, Paris, Payot, 1993 [rééd.].

dont ils ont été dépossédés. Les destructions, partielles ou totales des bureaux, sont le lot commun, un passage obligé. Les assaillants ne sont plus des agresseurs avides de saccages, mais des individus qui ont la volonté de se débarrasser d'un système fiscal supposé injuste. Cela passe par le feu aussi ; là, où les bâtiments sont en bois, les flammes s'emparent des fragiles baraques. Lorsque les bureaux sont plus solides, construits en pierre, la population s'attaque alors à l'intérieur du bâtiment et met le feu à tout ce qui est combustible. Mais là encore, la situation est analysée avec lucidité, car, à de très nombreuses reprises, les incendiaires sortent les objets à l'extérieur, et c'est seulement ensuite qu'ils allument le feu sur les meubles et effets. La conscience de détruire existe bel et bien, mais on saccage en faisant la part des choses, en évitant l'embrasement de la ville.

La violence qui s'exerce en juillet 1789 aux barrières est tout en nuance et elle s'exprime peu dans sa brutalité[486]. Il faut du courage et une exaltation sans failles pour oser se dresser, sans armes, au-devant des gardes-françaises sans savoir quelle sera leur réaction. La puissance du nombre décuple la capacité de la population à agir, à ne plus se laisser faire. La légitimité ne s'acquiert pas uniquement parce que la population aux barrières est plus nombreuse, le bien-fondé des actions se trouve dans le sentiment de faire ce qui paraît juste.
Quel sentiment éprouvent les habitants ? Ils entendent les pas pressés des bandes ; ils distinguent leurs cris qui expriment autant la joie que la fureur ; ils perçoivent le bruit des marteaux qui s'abattent sur les bâtiments ; ils écoutent les propos menaçants qui fusent à l'encontre des employés ; ils regardent d'un œil, amusé peut-être, les serviteurs de la Ferme qui fuient au loin, emportant avec eux les maigres effets qu'ils ont récupérés. Ils discernent le tapage à l'intérieur des bureaux ; ils sentent l'odeur âcre de la fumée qui monte au ciel et les encerclent littéralement ; ils voient les feux allumés qui se propagent à toutes les barrières. Ils sont interloqués devant la hardiesse de ces fraudeurs qui, impunément, entrent dans la ville, assis sur les charrettes, transportant des denrées innombrables. Ils sont stupéfaits de voir l'inaction des gardes-françaises. Ils comprennent que Paris est à eux ; ils saisissent

---

486 Voir Micah Alpaugh, *Non-Violence and the French Revolution : Political Demonstrations in Paris, 1787–1795,* Cambridge University Press, Cambridge, 2015 ; l'auteur, chiffres à l'appui, estime que les actions collectives à Paris sont davantage pacifiques que violentes.

que la ville leur appartient. Ils font bloc maintenant, la frontière entre fraudeurs et habitants disparaît. Que la ville a changé en quelques jours ! La prise des barrières, ce sont les journées où Paris a basculé. Les Parisiens goûtent à la liberté ; elle peut avoir une saveur amère et certains s'inquiètent de ce changement brutal qui s'apparente à un désordre généralisé, à une anarchie totale. Il faut alors, pour les différents pouvoirs en place, rétablir coûte que coûte une autorité incontestable et faire rentrer dans les rangs cette population.

Chapitre 11
Rétablir la perception aux barrières

L'inaction des forces de l'ordre

Comment les autorités réagissent-elles face aux désordres en juillet 1789 ? Avaient-elles réellement les capacités, les moyens, ou tout simplement la volonté de s'opposer aux destructions, pillages et incendies des barrières ?

La population qui se jette sur le mur des Fermiers ne possède pas une puissance de feu. Certes, elle détient une supériorité numérique et une aptitude à frapper quasiment au même moment sur l'ensemble du territoire parisien, ce qui lui laisse la primauté de la surprise. Mais, face à des soldats aguerris et prêts à tirer, il en va tout autrement. Les forces publiques à Paris font partie de la Maison militaire du roi. Ce sont les gardes-françaises, forces opérationnelles d'infanterie, que les Parisiens connaissent plutôt bien, puisqu'ils opèrent parmi eux[487]. Les garnisons des gardes-françaises sont à proximité immédiates des barrières et plusieurs se situent au niveau de la rue Pépinière, au sud de Monceau, près de la propriété du duc d'Orléans. La caserne de la Nouvelle-France, implantée au nord, fait la jonction entre le couvent Saint-Lazare et la rue Sainte-Anne. Ces deux casernes coïncident ainsi exactement avec les limites fiscales de la ville en 1789. La rapidité d'intervention, en cas de besoin, est donc immédiate. Régulièrement, durant les années précédentes, les gardes-françaises sont appelés en renfort par les employés de la Ferme. À chaque fois, les militaires jouent leur rôle de soutien et d'interposition, répondant aux sollicitations des brigadiers de la Ferme ou exécutant les ordres des commissaires de police[488].

---

[487] Le rôle des gardes-françaises est bien analysé dans, Jean Chagniot, *Paris et l'armée au XVIIIe siècle : étude politique et sociale*, Paris, Economica, 1985 ; Georges Carrot, *Révolution et maintien de l'ordre, 1789-1799,* Paris, SPM, 2010 ; voir également l'ouvrage ancien de Victor Fournel qui consacre une grande partie de son livre aux Gardes-Françaises durant l'été 1789, *Les hommes du 14 juillet 1789, Gardes-françaises et Vainqueurs de la Bastille,* Paris, Calmann-Lévy, 1890.

[488] AN, Y 12077^A^, office du commissaire Defresne, P.V. d'ouverture des portes pour la Ferme générale, à la requête des contrôleurs ambulants, 27 juin 1788 ; AN, Z^{1G} 211, Information contre Boyer, sa femme, un de leurs garçons, et un voisin, boulanger ; affaire du 21 aout 1786.

L'uniforme et la présence des forces de l'ordre calment l'ardeur. La présence des gardes-françaises apparaît comme un gage d'un retour à l'ordre où la loi, par le biais des employés, peut s'exercer, même si les résistances sont tangibles.
En juillet 1789, les gardes-françaises ne réagissent pas. Ils sont présents lors du saccage des barrières, mais laissent faire et acceptent des débordements, supposés non dangereux. Ils ne tirent pas sur la foule et n'exercent aucune répression, ils tempèrent seulement les ardeurs belliqueuses de la population. Quand les gardes-françaises sont aux abords des barrières, ils constituent une zone de tampon entre une population excitée et les commis. Il n'y a alors pas d'incidents majeurs et ils réussissent à contrôler la foule, évitant les incidents[489]. Le 11 juillet, à la barrière Saint-Martin, alors que les incendiaires ont commencé leur besogne, un détachement arrive ; cela suffit pour que les premiers s'enfuient. Le lendemain, il faut néanmoins des unités plus nombreuses pour protéger la barrière d'une destruction totale[490]. À la barrière Saint-Georges, par leur seule présence, les gardes-françaises garantissent la sécurité des commis et du bureau, pendant que les barrières demeurent ouvertes, et laissent place au trafic[491]. Le dimanche 12 juillet à la barrière de Sèvres, les militaires empêchent toute violence à l'encontre des commis et des bâtiments. Mais le « zèle » des forces de l'ordre ne suffit pas, et il fallut que ces forces, appuyées par les suppliques des riverains, parlementent avec les incendiaires, évitant ainsi la propagation du feu aux maisons voisines[492]. Le 13 juillet, les fraudeurs ont toute liberté pour se livrer au trafic des marchandises. À l'arrivée des troupes, la fraude cesse, momentanément du moins, et les incendiaires n'ont pas d'autre solution que de se replier[493]. Aux barrières nord de la capitale, la clôture en bois, démontée et jetée au feu, est toute proche des immeubles, elle en fait la jonction. Le risque d'une propagation de l'incendie aux bâtiments d'habitation est trop grand pour que les habitants ne réagissent pas. C'est le cas à la barrière Papillon où toutes les planches de la clôture se consumaient et n'avaient

[489] Mis à part, les deux individus trouvés morts ou tués dont l'épisode a été relaté plus haut.
[490] AN, Z1A 886, P-V. des commis de la Ferme à la barrière Saint-Martin, le 11 juillet 1789.
[491] AN, Z1A 886, P.V. de séditieux inconnus, pour voies de faits à la barrière Saint-Georges, le 11 juillet 1789.
[492] AN, Z1A 886, P.V. des employés de la barrière de Sèvres, le 12 juillet 1789.
[493] AN, Z1A 886, Information…, 38ème témoin.

pas été enlevées, menaçant l'habitat voisin. Sur la demande de plusieurs particuliers et sous la surveillance des gardes-françaises, les incendiaires, avec l'aide des habitants et de quelques gardes, enlèvent les lattes de bois[494]. Le 13 au matin, un détachement est encore sur les lieux, alors que la fumée se dégage toujours des débris. Pensant que les gardes-françaises vont les aider à rétablir la perception, les employés s'aventurent dans le bureau. Mais, accueillis par des jets de pierre, ils ont vite fait de rebrousser chemin. La garde ne s'immisce nullement, ne vole pas au secours des commis et reste en retrait[495]. La foule grossit à la barrière de la Chaussée du Maine durant la journée du 14 juillet ; à la soixantaine d'individus présents le matin, s'ajoutent d'autres personnes qui saccagent totalement les deux bureaux. Le district des Prémontrés envoie un détachement de 25 hommes formant la nouvelle garde bourgeoise, venue seconder les gardes-françaises. Le vandalisme s'interrompt quelques minutes, avant de reprendre bientôt. La garde bourgeoise et les soldats sont rapidement submergés devant la multitude, mais ne font en aucun cas usage de leurs armes à feu. Le choix d'éteindre le feu est privilégié au détriment d'une hasardeuse répression sanglante[496]. Néanmoins, lorsque les employés demandent de l'aide aux différentes casernes – rue Poissonnière, au faubourg Saint-Martin ou au Temple – les divers responsables essaient de répondre favorablement aux demandes d'assistance. Le marquis de Froissart, capitaine à la caserne Saint-Martin, fait prendre aussitôt les armes à ses soldats qui se positionnent au niveau des barrières[497].

Il n'y a pas véritablement de résistance et il n'y a aucune raison que la violence physique s'exprime. Toutefois, il suffit que les gardes partent, appelés ailleurs, pour que les excès redoublent d'intensité. Il est vrai que leurs effectifs réduits ne suffisent plus à stopper les désordres. Les forces de l'ordre sont submergées par la masse d'individus qui surgit de tous les côtés, sans compter les incendies à répétition qu'il faut tenter de stopper. Mais les gardes-françaises avaient-ils réellement la volonté de s'opposer à la population ? Quelques mois plus tôt, lors de l'émeute Réveillon en avril 1789, la répression exercée par les gardes-françaises

---

[494] AN, Z^{1A} 886, Information…, 30ème témoin.

[495] AN, Z^{1A} 886, Information…, P-V. des employés à la barrière Sainte-Anne.

[496] AN, Z^{1A} 886, Information…, P-V. des employés de la barrière de la Chaussée du Maine.

[497] AN, Z^{1A} 886, Information…, P-V. des employés à la barrière Sainte-Anne.

fut sévère et sanglante[498]. Retournement de situation à la veille du 14 juillet où l'agitation se propageait également aux forces armées parisiennes. Le 24 juin, deux compagnies de gardes-françaises refusent de prendre leur service ; le 25 juin, le régiment du faubourg Saint-Marcel clamait haut et fort son refus de prendre les armes contre les citoyens et se plaignait des vexations subies par sa hiérarchie[499]. Le 28, d'autres compagnies repoussent l'idée de s'armer, en prévision de troubles. À la suite de ce nouvel acte d'insubordination, une quinzaine de grenadiers sont arrêtés et enfermés à la prison de l'Abbaye, avant qu'ils ne soient délivrés le 30 juin par un mouvement de masse de la population. Ils en profitent pour aller se désaltérer près de la barrière Blanche dans des cabarets. Le vin aidant, les langues se délient et ils font savoir qu'ils ne prendraient pas les armes contre la population en cas de révolte[500]. À n'en pas douter, les propos tenus ont été entendus et surtout bien compris par les habitués des cabarets ou par les fraudeurs. Faut-il y voir une simple coïncidence, lorsque l'on sait que les premiers incidents aux barrières débutent justement au niveau du bureau de la barrière Blanche ? Et puis, « la propension des militaires à la contrebande était [...] indéniable », selon J. Chagniot qui précise que la fraude de tabac dans les provinces ou la fraude de l'alcool dans la capitale étaient une pratique habituelle[501]. L'historien relève plusieurs affaires de fraude dans l'espace parisien depuis le début du siècle et mentionne des incidents violents dans les années 1785-1789 qui opposent les gardes-françaises aux employés de la Ferme[502]. Les quartiers où se produisent les fraudes ne doivent plus étonner – la Courtille, la Nouvelle-France, se distinguant des autres points chauds de la capitale. C'est donc un élément important qu'il ne faut pas mésestimer. Non qu'il y ait une réelle sympathie ni connivence entre les fraudeurs parisiens et les gardes-françaises, mais probablement des alliances temporaires qui peuvent expliquer une ardeur indolente. Une impulsion de fraternisation s'ébauchait, expliquant le rôle très modéré des gardes-françaises lors de l'incendie des barrières. Il n'y eut donc

---

[498] Ces unités ne furent pas les seules en cause ; voir Jacques Godechot, *op. cit.*, p. 226.

[499] Haim Burstin, *Une Révolution à oeuvre...*, *op. cit.*, p. 56-57.

[500] Jacques Godechot, *op. cit.*, p. 287 et suivantes.

[501] Jean Chagniot, « La criminalité militaire à Paris au XVIIIe siècle », *art. cit.*

[502] Jean Chagniot, *Paris et l'armée...*, *op. cit.*, p. 584-585. Jean Nicolas évoque également ces « fraudeurs en uniforme » dans, *La Rébellion française...*, *op. cit.*, p. 45-52.

pas de répression, mais seulement une vigilance aux barrières. L'ennemi était identifié ; il ne s'agissait pas de contrer les fraudeurs et encore moins de s'attaquer au peuple. Le danger venait des troupes du Royal-Allemand de Lambesc, massées aux Tuileries, qu'il fallait combattre au plus vite. Les gardes-françaises abandonnèrent leur caserne, se précipitant vers les zones sensibles de la capitale, se mettant au service de la municipalité parisienne, alors que d'autres détachements se massaient aux barrières. Cependant, le 12 juillet, au petit matin, la nouvelle du renvoi de Necker n'était pas encore parvenue à Paris et des mouvements de troupes des gardes-françaises sont perceptibles dans le Sud parisien. Les troupes royales disséminées sur la rive gauche de la Seine, entre les Invalides, l'École Militaire et le Champ-de-Mars, sont suffisamment menaçantes pour alerter la population et les gardes-françaises d'un péril imminent.

En avril 1789, les gardes-françaises avaient étouffé toute velléité de rébellion. Que se serait-il passé si les forces de l'ordre avaient réagi de la même façon en juillet au niveau des barrières ? On ne peut refaire l'histoire, mais on peut formuler des hypothèses. Comment apprécier autrement la cessation des saccages lorsque la population voit affluer les gardes-françaises qui se positionnent devant les bureaux d'octroi ? Les Parisiens ont encore en mémoire les centaines de morts qui gisaient après l'épisode émeutier de l'affaire Réveillon. La manière dont va réagir la garde soldée reste encore une inconnue au début du déclenchement des destructions aux barrières. Puis, la population comprend qu'elle n'a rien à craindre. Elle ne déguerpit pas les 12 et 13 juillet. Les habitants sont massés devant les bureaux, continuent le trafic illicite et n'interrompent pas les saccages. La population perçoit-elle qu'un moment originel se dessine ?

Le Comité permanent et les barrières : un retour à l'ordre

Aux côtés des gardes-françaises, la milice bourgeoise joue également un rôle actif, prête à intervenir, recevant l'ordre de la municipalité provisoire de s'interposer aux barrières, en veillant au maintien de la perception. Depuis le 12 juillet au soir, une grande partie des Électeurs parisiens se réunissent à l'Hôtel de Ville et décident la constitution de patrouilles au sein de chaque district. Celles-ci allaient se substituer aux troupes royales et maintenir l'ordre dans la ville. La future Garde nationale ne sera réellement opérante dans les rues de Paris et au niveau des barrières qu'à partir du 13 juillet. La volonté de reprendre la situation en main de la part du Comité permanent s'accompagne de la nécessité d'armer les bourgeois qui doivent, en principe, être les seuls garants de l'ordre. La Garde nationale se positionne aux barrières et, avec l'aide de détachements des gardes-françaises, évite tout débordement violent. Durant ces journées agitées, le mur d'enceinte de la Ferme possédait une fonction qu'il n'avait pas initialement : protéger Paris d'une invasion militaire. Le Comité donnait l'ordre d'être extrêmement vigilant aux barrières, empêchant toute intrusion ou sortie d'armcs ou de troupes[503]. Les plus folles rumeurs, de troupes étrangères aux portes de la ville, prêtes à s'engouffrer dans la capitale, alarment le Comité qui dépêche des représentants de la ville à plusieurs barrières. Ceux-ci n'aperçoivent aucun mouvement de troupes royales, mais constatent que plusieurs rues sont dépavées à la nouvelle barrière de Clichy, les pierres ayant probablement servi comme projectiles dans l'attaque des bureaux[504]. Alors que le gouverneur de la Bastille reçoit le 14 juillet les représentants du Comité permanent, il leur fait part de son inquiétude en « espérant bien qu'on ne viendrait pas brûler ses ponts » comme on le faisait pour les barrières[505]. Alix, électeur du district de Saint-Thomas et receveur des octrois de la ville, alarmé des désordres qui se prolongeaient aux barrières, proposa de maintenir coûte que coûte la perception des droits ; dans ce moment de crise, ajoutait Alix, il est impératif que la municipalité puisse trouver des fonds pour approvisionner la capitale en denrées[506]. Est-ce le citoyen

[503] *Procès-verbal des séances et délibérations de l'Assemblée générale des électeurs de Paris*, Paris, Baudouin, tome 1, 1790, p. 263.
[504] *Ibidem,* p. 193, p. 380.
[505] *Ibidem*, p. 312.
[506] *Ibidem*, p. 411.

qui s'exprime ou l'homme de la Ferme qui voit ses revenus détruits ? Quoi qu'il en soit, l'électeur fut entendu par le Comité. Pressentant le danger d'une disparition de revenus, le Comité ne tarda pas à rappeler que la mission de la Ferme devait impérativement continuer. La Municipalité provisoire avait un intérêt manifeste au maintien des droits d'entrée. Les dépenses de fonctionnement du nouveau pouvoir, notamment l'achat des grains et l'entretien des hôpitaux, exigeaient des sommes d'argent conséquentes. Aussi, les octrois relèvent-ils de la plus haute importance. Les employés peuvent être rassurés et l'Hôtel de Ville installe des gardes nationales aux barrières. De nombreux districts positionnent une milice bourgeoise aux abords des bureaux. Du côté de Montparnasse, l'arrivée d'une trentaine d'hommes du district des Prémontrés fait fuir les émeutiers[507]. De retour à leur poste à la barrière Saint-Louis le 20 juillet, les employés, aidés de la milice bourgeoise, n'avaient pas hésité à perquisitionner chez deux individus, soupçonnés d'avoir emporté de grandes quantités de planches. Arrêtés, les deux hommes furent cependant relâchés par le district des Récollets[508]. Ailleurs, il en allait tout autrement. Du côté de la barrière Vaugirard, deux employés sont emmenés sans ménagement au corps de garde par une patrouille de la milice, alors qu'ils avaient sollicité l'aide de la garde bourgeoise afin de maintenir la perception. Le commandant de la milice, tout en écoutant les explications des préposés, leur conseille vivement de se retirer, sous peine de subir les foudres de la population[509]. La même scène se produit les 16 et 17 juillet à la barrière de la Haute-Borne où les employés sont éconduits par la garde bourgeoise[510]. La milice, composée de « fraudeurs du quartier », empêche les commis d'exercer leur fonction[511]. Dans d'autres quartiers, les ordres émanant du Comité provisoire sont respectés et la milice veille. La population ne se satisfait pas d'avoir saccagé les bureaux de l'octroi, il faut aller au cœur du pouvoir, à l'hôtel de Bretonvilliers, sur l'île de la Cité, où la Ferme a installé la direction du bureau général des aides. Le 13 juillet au milieu de l'après-midi, une troupe de plus de cinq cents personnes, menée par deux hommes à cheval, se dirige vers le

[507] AN, Z^{1A} 886, P.V. des employés de la barrière de la chaussée du Maine, le 14 juillet 1789.
[508] AN, Z^{1A} 886, P.V. des employés de la barrière de Saint-Louis.
[509] AN, Z^{1A} 886, Information…, 57ème, 58ème témoin.
[510] AN, Z^{1A} 886, P.V. des employés de la Haute-Borne.
[511] AN, Z^{1A} 886, plainte du procureur général du roi, le 24 février 1790 ; P.V. des employés à la barrière du Temple, le 15 juillet 1789.

siège de la Ferme. Leur dessein consiste à mettre le feu au bâtiment de la compagnie. La foule réussit sans difficulté à pénétrer dans les locaux, visite les caves et s'empare de plusieurs fusils. Le président du district de Saint-Louis, arrivé sur les lieux et escorté de la garde bourgeoise, parlemente avec certains individus, réussit à calmer les esprits et obtient que les armes lui soient confiées[512]. Il faudra que la nouvelle municipalité bataille durement pour asseoir sa fragile légitimité. Après la prise de la forteresse, le Comité permanent, organe exécutif, avait estimé que la tension allait retomber et que la population, docilement, reprendrait le chemin des barrières et se plierait aux contrôles. À deux autres reprises, les 16 et 17 juillet, la commune rappelle ses dispositions antérieures et réitère sa volonté de voir la perception aux barrières se faire le plus promptement possible, sommant les commis de reprendre leurs postes et invite les districts à établir des corps de garde[513]. Si tous les bureaux ne furent pas sécurisés, un retour à l'ordre se dessine progressivement. Dans la partie nord de la capitale, les bureaux de Saint-Georges et des Trois-Frères retrouvent un calme relatif et la garde bourgeoise du district des Capucins de la Chaussée d'Antin peut enfin garantir la perception des droits d'entrée le 16 juillet[514]. À la barrière Saint-Martin, le 14 juillet, la garde nationale est établie au côté des employés[515]. Les 14 et 15 juillet, quelques rares commis des bureaux de Longchamp et Passy osent, sans succès, interpeller la population qui pénètre dans la ville, chargée de marchandises. Mais, dès le 16 juillet, grâce à l'appui de « la milice bourgeoise de la paroisse de Saint-Pierre de Chaillot », les contrôles aux barrières sont rétablis[516]. La reprise en main des bureaux de l'octroi se généralise à tous les secteurs de la ville. À la barrière Saint-Denis, depuis le 12 juillet, les commis ne comptent plus la quantité impressionnante de marchandises qui pénètrent dans la capitale. Il n'y a plus d'obstacles ; une succession ininterrompue de charrettes chargées de vin, de paille, de foin, d'avoine passe la barrière pendant deux jours jusqu'à ce que « la milice de la garde bourgeoise s'interpose, prêtant main-forte aux employés qui s'empressèrent de signaler au commandant du bataillon le désordre général qui régnait aux

---

512 AN, Z1A 886, Information…, 76ème, 77ème témoin.

513 *Procès-verbal des séances et délibérations…, op. cit.,* tome 2, p. 60.

514 AN, Z1A 886, P.V. des employés à la barrière Saint-Georges et des Trois-Frères, 11-17 juillet 1789.

515 AN, Z1A 886, P.V. des employés à la barrière Saint-Martin, 11-16 juillet 1789.

516 AN, Z1A 886, P.V. des employés à la barrière de Longchamp, 14-17 juillet 1789.

barrières. Avec l'arrivée de ce bataillon, les choses changèrent et les employés se saisirent de plusieurs voitures[517].

Une remise en ordre s'impose. La municipalité parisienne commence à se positionner sur le devant de la scène et devient le principal interlocuteur, imposant progressivement sa vision de l'ordre aux barrières. C'est à elle que revient, entre juillet 1789 et mai 1791, de prescrire la nouvelle donne aux limites fiscales de Paris, en précisant son appétit fiscal. Le mur d'enceinte n'est plus seulement une affaire de la royauté et de la Ferme. La souveraineté passe entre les mains de la commune qui a une prise directe sur les droits de l'octroi.

Un mois après la prise de pouvoir de la nouvelle assemblée municipale, les difficultés de perception aux barrières persistaient et le corps municipal se résolvait à prendre un arrêté, rappelant l'importance des droits pour les hôpitaux, ajoutant que la cessation des droits « ne tourne pas même au profit du peuple », puisque les marchands ne diminuent pas le prix des denrées, et eux seuls « profitent du désordre... »[518]. La Municipalité laissait entendre que les troubles se retournaient, non contre les marchands, mais rejaillissaient sur les plus démunis. L'assemblée ordonnait donc au commandant général de la garde nationale de placer des troupes suffisantes aux barrières.

La ville de Paris avait grandement besoin de ces entrées d'argent, mais les désordres aux barrières deviennent permanents et la fraude s'immisce dans les maisons des particuliers. Le pouvoir ne peut accepter cette situation, car sous le règne de la liberté, ces pratiques malhonnêtes auraient dû s'éteindre naturellement. Puisque le discours citoyen, moralisateur, ne fonctionne pas, il faut donc recourir à d'autres pratiques, plus coercitives. En attendant que des décisions soient prises pour la reprise des travaux du mur, les chefs de la municipalité ne restent pas inactifs. Les patrouilles sont de plus en plus nombreuses sous l'autorité directe d'un commissaire spécial nommé à cet effet[519]. Mais, la difficulté de la perception des impôts est un facteur aggravant et la commune décide de créer un corps spécial aux barrières.

---

[517] AN, Z[1A] 886, P.V. des employés à la barrière Saint-Denis, 12-21 juillet 1789.

[518] Sigismond Lacroix, *Actes de la Commune de Paris pendant la Révolution*, série 1 (7 volumes), Cerf, Noblet, Quantin, May, 1894-98, t. 1, p. 170, séance du 11 août.

[519] Dès le 15 juillet, un certain Pomier, membre du district des Capucins du Marais, fut désigné commissaire aux barrières par le Comité permanent de la ville ; AN, Q[1] 1101, lettre de Pomier à de La Boullaye, 7 août 1789 ; mémoire sur les barrières, 4 août 1789 ; Sigismond Lacroix, *Actes..., op. cit.*, série 1, tome 1, p. 363, séance du 27 août 1789.

Créer un corps spécial pour le maintien de la perception : les chasseurs aux barrières

La courte histoire de ce corps fut mouvementée. Elle rappelle l'antagonisme entre les chefs de la municipalité et les districts qui s'opposent sur le terrain de la participation directe, entre une volonté d'asseoir un pouvoir décentralisé, opposé au centralisme municipal[520]. Les districts refusaient tout émiettement de leurs prérogatives et souhaitaient être totalement intégrés aux prises de décision. À ce titre, ils refusaient d'être une simple force d'exécution qui obéirait à la commune, tout comme ils refusaient la création d'un corps soldé, étranger à la ville.

Forte de 48 000 hommes, la Garde nationale semblait être une force capable de garantir la sécurité de la ville et veiller au maintien de l'ordre[521]. À la mi-juillet, La Fayette avait constitué un comité militaire, à raison d'un délégué par district, chargé de préparer le règlement de la garde nationale. À la fin du mois, le comité présentait aux représentants de la Commune un texte assez long qui fut adopté par une large majorité des districts[522]. La Garde nationale allait prendre un caractère mixte, combinant des troupes soldées et les citoyens aisés de la ville. Les effectifs étaient revus à la baisse et, au lieu des 48 000 hommes prévus,

---

520 Maurice Genty, *L'apprentissage de la citoyenneté, Paris 1789-1795*, Messidor/Editions sociales, 1987 ; l'historien montre cet exercice de la liberté et l'aspiration d'autonomie de la part des districts. Pour la création et le rôle des districts, on se reportera à l'ouvrage ancien, mais toujours utile de Georges Garrigues, *Les districts parisiens pendant la Révolution française*, Editions SPES, 1931 ; voir notamment leurs fonctions en matière de police, p. 50-83.

521 Pour la création de la Garde nationale et les enjeux au début de la période révolutionnaire où La Fayette apparaît comme le chef incontesté, voir Georges Carrot, *La Garde nationale (1489-1871), une force politique ambigüe,* Paris, L'Harmattan, 2001 ; du même, *Révolution et maintien de l'ordre*, *op. cit.*; Roger Dupuy, *La Garde nationale, 1789-1872,* Paris, Gallimard, Folio histoire, 2010 ; Serge Bianchi et Roger Dupuy (sous la dir.), *La Garde nationale entre nation et peuple en armes. Mythes et réalités, 1789-1871,* Rennes, PUR, 2006 ; Florence Devenne, « La Garde nationale : création et évolution, 1789-août 1792 », *AHRF*, n°23, 1990, p. 49-66 ; Maurice Genty, « Controverses autour de la Garde nationale parisienne », *AHRF*, 1993, n°291, 1993, p. 61-88 ; Raymonde Monnier, « La garde citoyenne, élément de la démocratie parisienne », dans Michel Vovelle (présenté par), *Paris et la Révolution*, Paris, publications de la Sorbonne, 1989, p. 147-159.

522 BNF, 8-LB40-23 (A), Procès-verbal de la formation et des opérations du comité militaire, établi à l'hôtel-de-ville de Paris, pour la composition et organisation de la Garde nationale parisienne sous le commandement de M. le marquis de La Fayette. [16-31 juillet 1789].

30 000 soldats-citoyens composaient la nouvelle force, dont 6000 gardes soldés. Quelques jours plus tard, le 17 septembre 1789, le comité militaire, à la demande des représentants de la commune, proposa la création d'un corps soldé d'infanterie aux barrières, les *Chasseurs nationaux des barrières*, appelés plus communément les *chasseurs aux barrières*[523]. La proposition fut adoptée immédiatement « attendu la nécessité urgente d'assurer la perception des droits d'entrée qui font la partie la plus considérable du patrimoine de la Commune et des hôpitaux »[524].

Six compagnies, composées de 600 hommes au total, furent créées et rattachées aux six divisions existantes de la garde nationale. Les effectifs de ce nouveau corps soldé regroupaient essentiellement les soldats émigrants qui avaient quitté l'uniforme royal et avaient rejoint la garde nationale parisienne. Le comité militaire estimait que la charge, déjà lourde, dévolue aux districts, ne leur permettait pas de veiller efficacement à la perception des droits aux entrées de la capitale. Les membres ajoutaient que les districts voisins des barrières, donc les plus prompts à contrôler la fraude et la contrebande qui se produisaient en masse dans les faubourgs, auraient eu une surcharge de travail, en plus de leur rôle de maintien de l'ordre.

Si officiellement, le corps des chasseurs aux barrières voit le jour, dans la pratique, les effectifs ne sont pas encore formés. Les barrières, ou plutôt l'octroi, deviennent un sujet trop sensible pour que la municipalité s'en charge seule. On ne sait rien des éventuelles tractations qui sont engagées entre le gouvernement, la Ferme et la municipalité. Il n'est pas déraisonnable de penser que la Ferme soit à l'origine du projet d'un corps spécial, quitte à les équiper et à les solder. Les mois antérieurs avaient montré les limites des gardes-françaises qui, mollement, avaient réagi lors de l'attaque et de l'incendie des barrières. Saint-Priest, le ministre de la Maison du roi et Lambert, le contrôleur général des finances, prenaient contact avec le maire Bailly et lui faisaient part de leur volonté « de voir accélérer » la formation du corps « pour donner la chasse aux fraudeurs »[525]. Cela atteste une volonté déterminée du gouvernement de voir sur pied le plus rapidement possible ces gardes nationaux soldés, chargés spécialement des barrières. Bailly, en tant que chef politique de la ville, eut avec le

---

[523] BHVP, 136865, projet de formation des six compagnies de Chasseurs nationaux parisiens…, affectées spécialement à la garde des barrières.

[524] Sigismond Lacroix, *Actes..., op. cit.*, série 1, t. 1, p. 613.

[525] AN, O[1] 500, lettre de Saint-Priest à Bailly, le 10 octobre 1789.

général La Fayette une correspondance assez soutenue ; il rappelle au commandant de la force armée parisienne le désir pressant qu'a le gouvernement de voir établis les chasseurs, destinés à la garde des barrières[526].

Si la formation de la garde citoyenne fut acceptée sans difficulté par les districts, il en fut tout autrement avec les chasseurs aux barrières. Une contestation virulente et rapide engendra des dissensions sérieuses avec la municipalité. Un grand nombre de districts s'opposèrent à la constitution des chasseurs. Un des premiers à contester la décision fut le district de Notre-Dame, pourtant éloigné géographiquement des barrières de la capitale[527]. Quelques districts appuyaient néanmoins la résolution des représentants de la commune (Jacobins Saint-Honoré, Capucins Saint-Honoré, Saint-Roch)[528].

Les représentants de Saint-Philippe-du-Roule émettaient quelques réserves sans se prononcer véritablement sur le bien-fondé de la création du corps des chasseurs[529]. D'autres districts arboraient une position moins nuancée et insistaient davantage sur la non-régularité de l'arrêté, prétextant que le règlement provisoire pour l'établissement de la garde nationale ne comportait nulle mention de cet aspect. De nombreux districts rappelaient que l'autorité décisionnelle ne pouvait émaner que des citoyens et non de la municipalité[530]. Certains districts, plus virulents, se refusaient d'intégrer dans leurs rangs des étrangers, car « le risque de prévarication est plus élevé avec des soldats étrangers »[531]. Ceux-ci ne sont pas désirables, ne partageant « aucun intérêt commun avec les habitants de la capitale »[532]. Cependant, la grande majorité des districts, loin de refuser de se mettre au service de

---

[526] BNF, fonds français 11697, f. 5, lettre de Bailly à La Fayette, le 21 octobre 1789.

[527] BNF, 8-LB40-1466, district de Notre-Dame ; Sigismond Lacroix, *Actes..., op. cit.*, série 1, t. 2, p. 343, séance du 20 octobre 1789 ; la délibération date du 3 octobre 1789.

[528] Sigismond Lacroix, *Actes..., op. cit.*, série 1, t. 2, séance du 22 octobre 1789.

[529] *Ibidem*, p. 120, séance du 30 septembre 1789.

[530] BNF, LB40-1492, Extrait des délibérations de l'assemblée générale du district des Petits-Augustins, du 29 septembre 1789 ; voir un extrait dans Sigismond Lacroix, *Actes..., op. cit.*, série 1, t. 2, p. 374, séance du 21 octobre 1789.

[531] Sigismond Lacroix, *Actes..., op. cit.,* série 1, t. 2, p. 413, Délibération du district des Pères de Nazareth, 24 octobre 1789.

[532] *Ibidem*, p. 382, délibération du district des Jacobins de Saint-Dominique, 20 octobre 1789.

l'impôt, proposaient une augmentation de leurs effectifs, préférant là encore voir de « véritables citoyens » aux barrières[533].
Le 22 octobre, alors que la ville endurait la première loi martiale, le général La Fayette, à la barre de l'Assemblée des représentants, admit que quelques districts repoussaient la formation des chasseurs aux barrières ; en fin stratège, il demanda au comité militaire de clarifier quelques éléments divergents et d'exposer les motifs qui avaient guidé ce choix[534]. Le 24 octobre, ce dernier exprima une nouvelle fois les raisons de l'établissement du corps spécial[535]. Conscient d'une divergence de vues de plus en plus farouche de la part de nombreux districts, le comité rappelait, dans un premier temps, l'arrêté du 17 septembre, puis essayait de battre en brèche les arguments des districts, soulignant la spécificité de la surveillance des barrières. Ces chasseurs, soulignait le comité, ne sont pas, au contraire des bataillons des districts, assignés à la surveillance d'un quartier ; ce nouveau corps a donc une liberté de déplacement et de mouvement et peut intervenir rapidement en cas de troubles à n'importe quelle barrière, ne stationnant pas plus d'une semaine à un endroit fixe.
C'est bien ce qui inquiétait les districts qui continuaient à perdre inexorablement des parcelles de pouvoir, la municipalité passant outre les réclamations des districts. La situation empira les semaines suivantes lorsque la commune conçut deux autres forces d'appoint dont les fonctions, d'ailleurs, ne se résumèrent pas uniquement à la surveillance des barrières. Ces nouvelles troupes, à plusieurs reprises, jouèrent un rôle lors du maintien de l'ordre à Paris, mais également en province. Ces deux dernières compagnies, comme celles des chasseurs, échappaient au contrôle des districts et relevaient du seul commandement des chefs de la municipalité. La 7ème compagnie, mise en place pour la garde de la Halle au blé, eut fort à faire et évita des débordements dus à la crise frumentaire ; la 8ème compagnie s'était déjà fait grandement remarquer[536]; dirigée par Pierre-Augustin Hulin, la troupe, composée d'une quarantaine d'hommes, issue de grenadiers des

---

[533] *Ibidem*, p. 382 et suivantes ; parmi ces districts, citons ceux de : Bonne-Nouvelle, Minimes, Saint-Louis la Culture, Saint-Méry.
[534] *Ibidem*, p. 382, séance du 22 octobre 1789.
[535] BHVP, 136251, Adresse du Comité Militaire. A Messieurs les représentants de la commune, 23 octobre 1789 ; des extraits dans Sigismond Lacroix, *Actes..., op. cit.*, série 1, t. 2, p. 405, séance du 24 octobre 1789.
[536] Sigismond Lacroix, *Actes..., op. cit.*, série 1, t. 2, p. 476, séance du 30 octobre 1789.

gardes-françaises et de quelques citoyens, pénétra dans la forteresse le 14 juillet 1789. Elle prit le nom des *Volontaires de la Bastille*, puis devint en octobre 1789 les *Volontaires nationaux de la Bastille*, avant que l'Assemblée nationale la dissolve en juin 1790[537].

Les dix-huit officiers de ces six compagnies initiales de chasseurs devaient être désignés par les chefs de division, avec l'approbation du Commandant général[538]. Trois officiers les dirigeaient : un capitaine, un lieutenant et enfin un sous-lieutenant[539]. Si la première tâche de ces chasseurs fut de veiller aux barrières et aider les commis en empêchant toute fraude, ils eurent d'autres missions, notamment celle de contrôler, durant les premiers mois de la Révolution, les soldats des troupes de ligne qui avaient « quitté », c'est-à-dire déserté leurs régiments et qui n'étaient pas pourvus d'un congé absolu[540].

Fort de l'appui de ces diverses compagnies de chasseurs, la commune espérait bien arriver à diminuer les agressions des fraudeurs aux barrières de la ville. Faute de pouvoir établir des statistiques probantes de la fraude en 1790, il apparaît cependant difficile d'évaluer les résultats de la municipalité et de sa politique centrée sur les chasseurs. Néanmoins, le nombre important de proclamations officielles et les quelques mémoires présentés à l'ensemble du corps municipal laissent supposer que la fraude ne baissa pas d'intensité[541]. De nombreux rapports au début de l'année 1790 relatent des incidents qui se déroulent au nord de la capitale dans le fameux quartier de La Pologne[542]. Plusieurs brigades furent établies sur l'alignement du Mur des Fermiers, encore en construction, empêchant toute incursion des fraudeurs. En

---

537 Sur les *Volontaires de la Bastille*, Victor Fournel, *op. cit.,* notamment le chapitre VII, p. 139 et suivantes ; pour l'approche sur les distinctions honorifiques et la comparaison *Volontaires de la Bastille* et *Vainqueurs de la Bastille*, voir le chapitre « Révolutionnaires en action », p. 220 et suivantes dans Haïm Burstin, *Révolutionnaires. Pour une anthropologie politique de la Révolution française*, Paris, Vendémiaire, 2013 ; Sigismond Lacroix, *Actes..., op. cit.,* série 1, t. 1, p. 443 ; voir également Paul Robiquet, *Le personnel municipal de Paris sous la Révolution*, Paris, 1890.

538 Sigismond Lacroix, *Actes..., op. cit.,*, série 1, t. 2, p. 106.

539 *Ibidem*, t. 2, p. 591.

540 *Ibidem*, t. 2, p. 339, séance du 19 octobre 1789.

541 AN, D VI 7, Mémoire sur la nécessité d'organiser les chasseurs préposés pour la garde des barrières (sans date, ni auteur) ; le mémoire de 11 pages, datant probablement du premier semestre 1790, au vu de la fraude importante, préconise d'augmenter les effectifs des chasseurs, suggérant de créer quatre compagnies supplémentaires.

542 Sigismond Lacroix, *Actes..., op. cit.*, série 1, t. 3, p. 467, séance du 16 janvier 1790.

mars, une nouvelle proclamation de la municipalité s'inquiétait des désordres qui se généralisaient dans la ville ; la fraude et la contrebande semblaient gagner du terrain inexorablement[543]. Les administrateurs estimaient « qu'il serait impolitique, dans un moment où la France se régénère, de laisser enraciner cette habitude de fraude qui corrompt les mœurs du peuple, le familiarise avec le mépris des lois et la résistance à la puissance publique ; que les attroupements qui en résultent, en fournissant aux ennemis de la Révolution de nouveaux moyens de replonger Paris dans le trouble, semblent nous menacer de nouveaux désordres [...] ».

Tant bien que mal, la mise en place des chasseurs, combinée avec une surveillance accrue, commence à porter ses fruits. Les recettes sont plus élevées durant les premiers mois de 1790. De quelque 612 000 livres de recettes à la fin de l'année 1789, on atteint plus de 932 000 au début du printemps 1790[544]. En regard de ces sommes inespérées, la municipalité pouvait se satisfaire de ces résultats positifs. Mais l'énergie déployée ne pouvait satisfaire totalement les édiles de la ville. L'investissement en effectifs et la tension qui règne avec les districts sont difficilement supportables. Les heurts entre les chasseurs et les fraudeurs ne disparaissent nullement et inquiètent toujours le corps municipal. Cela devient un cycle sans fin qu'il faut rompre par un coup d'éclat, en actionnant le dernier volet qui est en possession de l'administration : faire intervenir la justice.

---

[543] BNF, 8-LB40-86, De par M. le maire, M.M. les lieutenants de maire et conseillers administrateurs au département de police ; proclamation du 6 mars 1790.

[544] Sigismond Lacroix, *Actes..., op. cit.*, série 1, t. 6, p. 755.

Troisième partie

Le procès des incendiaires en 1790 ou comment dénier la parole au peuple

Les *Vainqueurs de la Bastille*, avec leur lot de médailles et leur brevet, étalent avec fierté leur « titre de noblesse » acquis si chèrement au péril de leur vie, le 14 juillet. Très rapidement, au lendemain de la prise de la forteresse, des procédures de récompense, d'indemnisation sont mises en place pour ces derniers. Mais pour d'autres, pour ceux et celles qui s'attaquent aux barrières parisiennes, point de cela ; c'est le contraire qui se produit. Au lieu d'honorer leur mémoire, la justice les considère comme des malfaiteurs[545]. Cela semble se faire sans aucune précipitation, car plus d'un semestre s'est écoulé depuis les événements aux portes de Paris, avant qu'une poursuite punitive ne soit entreprise. La justice ne s'interroge pas si une action à l'égard des incendiaires des bâtiments de l'octroi doit être menée, la réponse ne laisse guère de doute ; ces intrigues sont considérées comme des actes répréhensibles et, à ce titre, relèvent de l'action judiciaire. Engager une procédure, certes, mais s'attaquer à qui précisément ? Comment déterminer la nature des actions délictueuses ; quels individus doit-on inculper ?

La machine se met enfin en mouvement durant l'hiver 1790 ; le compte à rebours est enclenché et la requête du procureur, c'est-à-dire la plainte, donne le signal de la procédure. En moins de quatre mois, les pièces de l'instruction sont récolées ; les nombreux témoins sont auditionnés ; les décrets de prise de corps, en suspens au mois de mai 1790, n'attendent plus que la validation des juges de l'Élection ; puis, les premières arrestations sont opérées ; enfin, en juin, le procès démarre. Mais, ce dernier, à peine commencé, est suspendu.
La juridiction financière, en butte avec l'opinion, se résout à passer le relais à l'Assemblée nationale. D'une résolution qui, au départ, se voulait une démarche légale, sanctionnant des agissements condamnables, le glissement s'effectue vers une affaire plus politique

[545] Louis Hincker, *Citoyens-combattants à Paris (1848-1851),* Villeneuve-d'Ascq, PUS, 2008 ; l'auteur étudie justement ces procédures de récompense ou d'anathème pour ces citoyens et insurgés qui, à la fois, « transforment l'émeute en mouvement victorieux ».

où les représentants de la nation, contre toute attente, se saisissent de la question et statuent en dernier ressort. Les députés, en prenant la place du tribunal de l'Élection et de la cour des Aides, ne se substituent pas seulement à ces juridictions d'Ancien Régime ; ils comprennent également l'enjeu qui se focalise sur le procès des incendiaires des barrières qui prend un caractère redoutable. La population et l'opinion publique guettent le moindre faux pas. Le peuple parisien veille sur ses intérêts et, en fonction de l'éclaircissement apporté par l'Assemblée, il pourrait déclencher une émeute, voire pire, car les incidents qui perdurent dans la capitale sont loin d'être isolés et se propagent à travers le royaume. Une réponse claire, sans équivoque, doit émaner du corps législatif. La pression populaire détermine ainsi les représentants de la nation à se positionner sur le procès des incendiaires et, plus globalement, sur la question fiscale.

Chapitre 12
Savoir attendre pour mieux frapper les incendiaires

Pendant près de huit mois, entre juillet 1789 et février 1790, la situation aux barrières parisiennes peut apparaître, en apparence, comme un *statu quo* judiciaire. Les procès-verbaux de l'attaque des bâtiments de l'octroi n'ont pas été détruits, les pièces sont précieusement conservées au greffe du tribunal de l'Élection. Pour le moment, aucune action en justice n'est amorcée par les autorités ; la Ferme ne porte pas plainte et les juridictions financières sont, pour l'instant, dans l'expectative, et n'entament aucune poursuite. Certes, les instances sont débordées et le traitement des nombreuses pièces aux mains de l'Élection exige un temps long. Les cours des Aides et l'Élection n'ont pas eu à se pencher, les années précédentes, sur une affaire d'une aussi grande importance. C'est du jamais vu au Palais de justice et, de mémoire de conseiller, c'est la première fois qu'il faut mobiliser autant de ressources techniques et humaines. Cependant, lorsqu'il s'agira d'enclencher la procédure contre les incendiaires des barrières en février 1790, celle-ci se fera en un temps record et, très rapidement, les auditions des témoins débuteront, sans une quelconque interruption. On ne peut donc attribuer cette longue attente à un seul engorgement des tribunaux. Pourquoi alors patienter près de huit mois avant d'amorcer la procédure ? Il nous faut donc chercher des réponses satisfaisantes, liées à un contexte général, dû à une situation explosive sur tout le territoire national et qui associe la particularité locale parisienne.

La procédure judiciaire : une action légitime ?

Le pouvoir municipal est débordé face aux bandes organisées ; il peut difficilement contenir les trafiquants qui ont déjà investi l'espace parisien dans de nombreux quartiers. Une zone de non-droit s'est établie après la chute de la Bastille, à la périphérie de la ville, malgré l'édification du mur, enfin réparé. La fraude ne cesse pas après juillet 1789 ; elle est contenue, sans être stoppée, grâce aux efforts des districts, remplacés par la suite par les sections. La création par la municipalité du corps spécifique des *chasseurs aux barrières*, affecté à l'octroi ne résout pas davantage le problème. La réaction hésitante des autorités se combine avec les nouvelles dispositions d'une justice plus égalitaire et moins répressive, incarcérant de moins en moins. Certes, les employés de la Ferme, secondés par les chasseurs aux barrières, occupent de nouveau les bâtiments de l'octroi et patrouillent le long de la clôture fiscale. Le recouvrement des taxes indirectes n'est nullement interrompu, malgré l'intermède révolutionnaire aux barrières, même si la perception, au gré des incidents, reste aléatoire. Cela se traduit par des revenus fiscaux en baisse, difficilement admis en haut lieu. Les rues de la ville sont le théâtre régulier de scènes terribles qui se terminent par des accrochages. Les pouvoirs centraux et locaux se sont évertués à trouver des solutions énergiques face à une fraude de plus en plus intense et à des fraudeurs qui recourent à la violence physique et aux armes. Les multiples tentatives des autorités ont abouti à des résultats négatifs. Que faire alors ? Comment réagir et exprimer nettement à la population fraudeuse qu'il faut cesser définitivement ces actes de rébellion qui amènent le danger au sein de la population et mettent en péril le nouvel État qui doit se régénérer impérativement ?

La situation fiscale du pays durant l'hiver 1790 n'est pas meilleure. Les troubles dans les provinces culminent dans les campagnes. Dans une grande partie du Périgord, les paysans exigent le remboursement des dîmes et des rentes auprès des hommes d'Église et des seigneurs. L'ébullition antifiscale se déploie dans un large sud-ouest de la France où « l'insurrection paysanne toucha le territoire de huit départements actuels »[546]. Progressivement, les « Jacqueries » s'étendent, n'épargnant pas le reste du territoire national. Le retour à l'ordre fut confié aux troupes et aux gardes nationales des municipalités qui usèrent de la force. Les cours prévôtales se chargèrent de la répression qui fut immédiate. Mais les municipalités de l'Ouest et du Sud-ouest s'émurent de la trop grande sévérité des peines prononcées ; nombreuses sont les communes qui formulèrent des adresses et pétitions à l'Assemblée nationale en faveur d'une certaine clémence, estimant que les « paysans sont les victimes infortunées du despotisme féodal »[547]. Sans nier les excès, les municipalités insistaient sur l'esprit de concorde. La bourgeoisie avait encore besoin de la paysannerie dans sa lutte contre l'Ancien Régime, encore debout. La question agraire dans les campagnes s'accompagnait également du refus de payer les impôts directs et indirects. Le recouvrement des impositions était une

---

[546] Anatoli Ado, *op. cit.*, p. 158 et suivantes.
[547] *Ibidem*, p. 169.

nécessité vitale pour l'Assemblée et le gouvernement en 1790[548]. Les recettes fiscales diminuaient considérablement. Lambert, le contrôleur général, s'était plaint au début de l'année du non-rétablissement des barrières et de la difficulté pour les employés de la Ferme de recouvrir les taxes. Aucune imposition indirecte n'échappait aux difficultés de perception ; tabac, faux sel, vin et eau-de-vie passaient allégrement les barrières dans les grandes villes du royaume sans que les forces de l'ordre et les employés de la Ferme puissent s'interposer efficacement. L'Assemblée n'était pas restée indifférente à cette crise et, dès la fin du mois de janvier 1790, elle décrétait le paiement des droits et sollicitait l'appui des municipalités afin qu'elles mettent à la disposition de la Ferme une force armée capable de soutenir les incursions des fraudeurs. Le début de l'action judiciaire à Paris correspond avec la volonté du gouvernement et du pouvoir législatif de ne plus se laisser déborder par la population. Les autorités tentent de reprendre la situation en main. Est-ce une première contre-offensive de la cour des Aides qui estime que le temps est enfin propice pour s'attaquer aux incendiaires des barrières ? Il n'est nullement question pour la justice d'abandonner toute poursuite. Il faut seulement savoir attendre que l'orage passe, que les grondements de la population s'estompent avant de frapper. Bref, se préparer à un moment favorable quand le contexte politique se clarifie. En ayant livré sa position intransigeante, l'Assemblée nationale permet aux diverses instances judiciaires d'enclencher une action.

La plainte qu'expose la cour des Aides mérite que l'on s'y attarde. En février 1790, Clément de Barville, le procureur, se dit « obligé de rendre plainte du désordre le plus scandaleux qui soit jamais arrivé dans cette capitale… ». Le magistrat ajoute « que si son ministère n'a pas été plutôt excité, c'est pour la raison que dans des temps de trouble il est sage d'attendre pour déploier [sic] la sévérité des lois, qu'on ait pu démêler les principaux coupables de peur de frapper indiscrètement ceux qui n'ont été qu'entraînés comme par une ivresse involontaire et un délire passager »[549]. Le procureur distingue nettement deux types d'individus : ceux qui furent attirés dans une action collective violente contre les biens et les personnes, presque malgré eux, sans volonté de

[548] Marcel Marion, « Le recouvrement des impôts en 1790 », *Revue Historique*, tome 121, fasc. 1 (1916), p. 1-47 ; l'auteur insiste davantage sur les contributions directes et sur leur recouvrement.

[549] AN, Z^{1A} 886, Information…, plainte de Clément de Barville, procureur du roi, aux conseillers de la cour des Aides, 24 février 1790.

nuire ; et ceux qui ont organisé les pillages, participé aux destructions et incendié les bâtiments. Ce sont ces derniers qui, selon De Barville, sont les donneurs d'ordre, fomentant une rébellion qui doit être sévèrement punie. La requête du procureur se veut précautionneuse, car il craint de « frapper » de pauvres malheureux, emportés par une « ivresse involontaire » et un « délire passager ». Doit-on chercher un jeu de mots délibéré dans les propos du magistrat quand on sait que les fortes taxes sur les boissons furent un des moteurs de l'insurrection ? Derrière ces expressions qui renvoient à la non-normalité, ce sont les excès qui sont visés. Si la démesure est irréfléchie, sans conscience de commettre de mauvaises actions, elle peut alors être pardonnée ; ainsi, aucune charge n'est retenue. De Barville ne minimise pas la participation de la population parisienne aux barrières ; comment d'ailleurs pourrait-il se risquer à le faire, au vu des procès-verbaux accumulés qui relatent abondamment les saccages et les incendies des bâtiments ! Il lui suffit d'épingler certains faits et inventer le bandit idéal. Le procureur ne fabrique évidemment pas de fausses pièces, il ne passe pas sous silence les faits, mais il s'arrange avec une certaine réalité qui ne donne pas la part belle au peuple parisien. Celui-ci est trop immature pour comprendre et agir sur le profond bouleversement qui secoue le pays. Si cette masse d'individus est entraînée par « les principaux responsables », il faut dénicher ces derniers, les appréhender et les traduire devant la justice. Car ceux-là, au contraire, savent ce qu'ils font et, en s'attaquant à la Ferme, ils défient le pouvoir monarchique. En focalisant une répression judiciaire sur certaines catégories sociales d'individus, De Barville ne voit dans l'incendie des barrières que l'œuvre de manipulateurs, de personnes malveillantes qui profitent de la confusion générale, mais qui n'emportent pas l'adhésion de la grande majorité de la population.

Dix mois après les saccages sur le mur, la justice d'Ancien Régime, toujours debout, estime que la procédure est fondée, puisqu'il s'agit de s'attaquer à des délinquants qui ont accompli des actes répréhensibles. Entre le discours judiciaire, relayé indirectement par les autorités municipales parisiennes et l'Assemblée nationale, les *incendiaires*, nommés comme tels, ne peuvent occuper un terrain digne. Il ne peut y avoir une validation des faits, car ce serait accepter de mettre l'attaque contre les barrières de l'octroi à un même niveau symbolique que la chute de la Bastille. La dénonciation des faits survenus en juillet 1789 se concrétise en février 1790 par la plainte rendue par le procureur général la cour des Aides. Clément de Barville estime qu'il « est en état de […] rendre un compte détaillé des événements arrivés dans le mois de juillet dernier à presque toutes les barrières de Paris, mais que pour éviter la répétition, il va classer les faits et présenter ensemble ceux de même nature qui se sont passés dans les différents endroits ». Il n'est pas inintéressant de reproduire de larges extraits de l'intervention du procureur[550] :

« Qu'à la barrière Saint Martin, il paraît que le bureau a été seulement pillé à l'occasion d'une saisie de vessies d'eau-de-vie ; qu'à la barrière du Temple après avoir renversé la roulette, les séditieux ont détruit la barrière et mis le feu à ses débris ; qu'à la barrière Montmartre, on a incendié la roulette et les bureaux ; qu'à la barrière Saint Louis, on a brûlé différents postes d'observation, la barrière et les planches d'un petit bureau ; qu'il en a été de même à la barrière Papillon où l'on a jeté des pierres sur les commis par-dessus le toit d'une maison voisine ; d'après quoi l'on a arraché les palissades qui séparaient le taillable de l'entrée dans la rue Montolon [sic] ; que l'incendie et le pillage ont été les mêmes aux barrières des Saint-Georges et des trois frères ; à la barrière de la Râpée, à celle des Marais à la suite d'une introduction frauduleuse, comme aussi à la barrière et bureau de la haute borne, à ceux de Piquepus [sic] , de la barrière Blanche, de Clichi [sic], de Monceaux, de Neuilly, de Versailles, de Longchamp, du Roule, de Sève, de Vaugirard, d'Orléans, de Fontainebleau, et même du Pont de Charenton ; que dans plusieurs de ces endroits, les meubles et effets de la Ferme et des commis, ont été compris dans l'incendie, notamment à la barrière Montmartre, à celle du Temple, à celle de la haute borne, à celle de Monceaux et à celle de Saint Georges et des trois frères ; que les planches de la clôture de la rue des Maures ont été de même brûlées à la barrière Saint Louis ; que les registres des droits d'entrée ont été pillés et incendiés à la barrière de la Rappée ; que l'on a porté le feu aux pataches même placées sur la rivière ; à celle de la Râpée et à celle de Versailles ; que près la barrière du Roule, le feu a été mis au pont le roi avec une tapisserie portée par l'ouvrier d'un tapissier ; que la vie des commis a été plus d'une fois en danger ; qu'à la barrière du Temple le projet a été formé d'exterminer les commis ; qu'à la barrière du Roule on excitait la populace à les brûler avec les bureaux ; que dans ces premiers temps il s'en fallait bien que la garde bourgeoise fût animée comme aujourd'hui du désir de rétablir l'ordre et de réprimer les perturbateurs ; qu'à la barrière du Temple, les employés voulant reprendre leurs fonctions furent obligés de se retirer le 15 juillet parce que la garde bourgeoise était en plus grande partie composée de fraudeurs du quartier ; que la milice de Belleville et de la basse Courtille les menacèrent vers le même temps de les tuer, s'ils ne se retiraient ; que plusieurs de la garde qui étaient à la barrière de la haute borne, leur dirent qu'ils ne voulaient point absolument de commis et qu'ils percevraient eux-mêmes les droits ; qu'ils furent conduits à un comité qui promit de donner des ordres et leur dit qu'en attendant ils pouvaient se retirer ; que la garde bourgeoise d'un côté de Vaugirard s'empara vers le même temps d'un des commis, et qu'il paraît qu'elle exerça des violences contre plusieurs d'entre eux ; que plusieurs de ceux qui se livraient à ces excès prétendaient avoir reçu des ordres qui les y excitaient ; qu'à la barrière de Clichi [sic] trois fraudeurs qui venaient d'introduire une voiture de vin, dirent qu'il allait venir dans

[550] *Ibidem.*

une heure des particuliers pour brûler la barrière en vertu des ordres qu'ils avaient reçus, et qu'en effet tout fut brisé et brûlé à l'heure marquée, et qu'à la barrière de Monceaux lors de l'incendie où se trouvait un particulier vêtu d'un habit militaire d'infanterie, les brigands annonçaient aux commis qu'ils agissaient en vertu des ordres qui leur avaient été donnés ».

Le souhait de rendre les faits plus intelligibles est louable, mais ne coïncide pas véritablement avec les propos tenus par le procureur. Cette logique de classement ne résiste pas longtemps à l'analyse. Certes, De Barville évoque longuement l'incendie des postes d'observation et des bureaux, mais il y mêle toutes sortes de faits et il n'est guère aisé ensuite de trier les événements entre dégradations des bâtiments, destructions des meubles et effets personnels, pillage des boissons entreposées, menaces à l'encontre des commis, feu mis aux registres de la Ferme ou incendie des bureaux. Il prend soin cependant de rappeler l'inaction, voire la complicité de la toute nouvelle garde bourgeoise dans ce désordre. Le procureur ne s'attache pas à retrouver une chronologie des événements ; d'ailleurs, aucune date n'est donnée. Le procureur ne se soucie guère de la configuration de la clôture fiscale et il ne liste pas les bureaux dans leur espace géographique, d'ouest en est.

Lorsque débute l'information, c'est une autre logique qui est opérée par la cour. La justice se base sur les témoignages du personnel de la Ferme et non sur les procès-verbaux de l'été 1789[551]. L'arrêté de la cour du 10 mai 1790 dresse une longue liste de 80 individus, accusés d'avoir participé aux incendies des barrières en juillet 1789 (figure 17)[552]. À celle-ci, il faut y ajouter 14 individus qui sont assignés pour être ouïs ou interrogés, sans qu'une menace d'écrou plane directement sur ces derniers. Ce sont donc 94 personnes qui sont, peu ou prou, soupçonnées de débordements et d'incendies sur les bâtiments de l'octroi. On dénombre au total (décrets de prise de corps et assignés) 83 hommes (88%), et on ne comptabilise que 11 femmes (12%). Trois feuillets furent nécessaires pour préparer la liste de ces 94 personnages, dont les noms se suivent invariablement. Le greffier y indique le nom des individus, mais, souvent, le prénom n'y figure pas. Faute d'une identité plus précise, on se borne à indiquer le surnom du personnage ; ensuite, quand elle est connue, l'activité professionnelle des personnes

[551] AN, Z1A 886, Information du 29 mars et jours suivants concernant l'incendie des barrières, 9ème pièce.
[552] AN, Z1A 886, décret de prise de corps de 80 personnes soupçonnées d'avoir participé aux incendies des barrières en juillet 1789.

suspectées est mentionnée. Enfin, lorsque l'individu est un inconnu - un quidam - un signalement physique est privilégié qui tend à être le plus précis possible. Au-dessus des noms, une numérotation est établie, comme si l'auxiliaire de justice craignait de se tromper dans le décompte des inculpés.

Figure 17. Les décrets de prise de corps

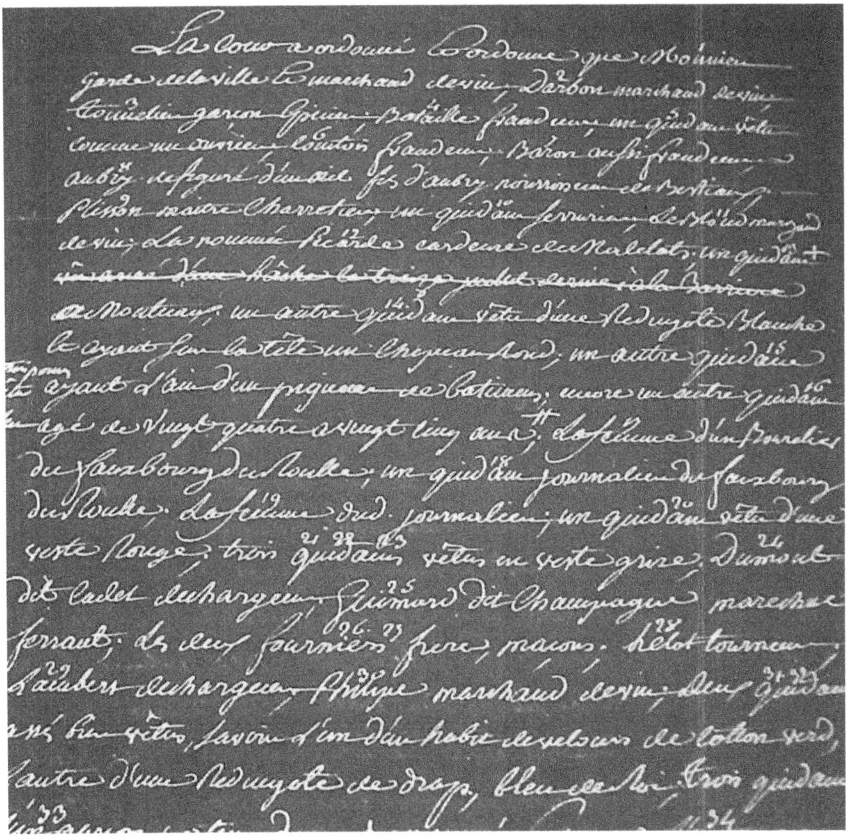

La Cour a ordonné & ordonne que Monnier
garde de la ville & marchand de vin, 2 Darbon marchand de vin,
3 Tonnelier garçon épicier, 4 Bataille fraudeur, 5 un quidam vêtu
comme un ouvrier, 6 Loutors fraudeur, 7 Baron aussi fraudeur,
8 Aubry défiguré d'un oeil, 9 fils d'Aubry nourrisseur de bestiaux,
10 Plisson maître charretier, un quidam serrurier, 11 de l'Hôtel(?) marchand
de vin, la nommée 12 Picarde cardeuse de matelats, un quidam 13 +
[illegible]
de Montreuil(?), 14 un autre quidam vêtu d'une redingote blanche
& ayant sur la tête un chapeau rond, un autre quidam 15
ayant l'air d'un piqueur de bâtiment, encore un autre quidam 16
âgé de vingt quatre à vingt cinq ans, 17 la femme d'un [illegible]
du faubourg du Roule, un quidam 18 journalier du faubourg
du Roule, la femme 19 dud. journalier, un quidam 20 vêtu d'une
veste rouge, trois 21 22 23 quidams vêtus en veste grise, 24 Dumont
dit Cadet déchargeur, 25 Guimard dit Champagne maréchal
ferrant, les deux 26 27 Fourniers frères, maçons, 28 Hélot tourneur,
29 Laubert déchargeur, 30 Philippe marchand de vin, deux 31 32 quidams
assez bien vêtus, savoir l'un d'un habit de velours de coton vert,
l'autre d'une redingote de drap bleu de Roi, trois quidams
33 … 34

AN, Z^{1A} 886 ; cliché de l'auteur. © Archives nationales, France.

Décret de prise de corps de 80 personnes soupçonnées d'avoir participé aux incendies des barrières en juillet 1789 (extrait, microfilm).
[L'acte est signé par Hocquart et Lescot de Varville, le 10 mai 1790 ; les nommés Monnier, Darbon, Tonnelier et Bataille inaugurent la liste].

Comment le classement est-il établi ? Au premier abord, la nomenclature a de quoi dérouter, tant le hasard semble guider la constitution de la liste. Aucune logique ne transparaît ; il n'existe pas un agencement entre, d'un côté, des personnages identifiés et, de l'autre, des quidams. On ne trouve pas davantage une distinction, établie à partir du sexe des individus. La classification ne semble pas davantage répondre à une gravité des faits. Pourtant, une cohérence, quoiqu'imperceptible, se révèle et obéit à certaines règles. Pour la déceler, il faut examiner la procédure du printemps de 1790 dans laquelle les conseillers de l'Élection entendent les 81 témoins assignés. Ces derniers, salariés de la Ferme ou simples citoyens, travaillent ou vivent près des barrières de la capitale en juillet 1789. Les magistrats de la juridiction avaient, déjà, entre les mains, les procès-verbaux de juillet 1789, rédigés par les employés de la Ferme. Cependant, ces pièces essentielles furent probablement négligées par les juges de l'Élection lors de l'enquête judiciaire. Les magistrats accordèrent plus d'importance aux dépositions des témoins.

Les premières auditions commencent le 29 mars 1790 et se terminent un mois plus tard, le 30 avril. Trente jours à peine ont suffi aux magistrats pour effectuer cette tâche. Lorsque l'on sait que les séances au Palais de justice ne se déroulent pas tous les jours et qu'elles n'ont lieu que le matin, on doit s'étonner de la rapidité avec laquelle les témoins sont entendus. Quatre à six personnes sont auditionnées quotidiennement. Le magistrat consacre donc peu de temps à chaque témoin. De manière générale dans les affaires de fraude, il est exceptionnellement rare d'entendre plus d'une dizaine de témoins. Les procédures de fraude, dans le passé, sont nombreuses et les conseillers de la juridiction ne chôment pas, les nombreux inculpés se suivent dans le bureau du magistrat. On entend les prévenus ou les témoins une première fois puis, quelques jours plus tard, les mêmes se retrouvent devant le magistrat, répondant aux remarques et questions. Le temps était précieux, mais il est pris ; alors, la procédure traînait un peu plus en longueur. Au printemps 1790, c'est le contraire qui se produit : une avalanche de témoins sont auditionnés en un temps record.

Malgré le nombre important de témoins, la procédure en 1790 dévoile que, proportionnellement, une faible quantité d'individus est auditionnée. Pour la soixantaine de bureaux (y compris ceux situés sur les quais de la Seine), cela signifie que, pour chaque bureau, moins de deux employés sont entendus par la justice. Il est vrai que cette moyenne est faussée, car certains postes d'octroi ne sont nullement représentés, comme c'est le cas pour les bureaux de Courcelles, d'Ivry ou de la Glacière. Pourtant, ces bâtiments furent touchés et dévastés ; d'ailleurs, les employés le mentionnent durant leur audition, mais aucun préposé en poste dans ces secteurs, en juillet 1789, n'est assigné à comparaître en 1790. Il n'est pas impossible que des employés aient quitté leur fonction après juillet 1789, comprenant que leur avenir auprès de la compagnie des financiers devenait incertain. Les affrontements et les agressions verbales ou physiques les auront convaincus que contrôler les barrières n'était pas une sinécure. D'autres se sont rangés au côté du peuple ; on pense évidemment au parcours exceptionnel de François Hanriot, le futur commandant en chef de la Garde nationale parisienne en 1793. Si le rôle de Hanriot est plus connu en l'an II, avant son exécution avec les Robespierristes, son implication durant l'été 1789 reste encore énigmatique. Pour certains historiens, il aurait abandonné son poste de commis et se serait rallié aux séditieux, incendiant les barrières. Arrêté et conduit à la prison de Bicêtre, Hanriot sera relâché rapidement[553]. Cependant, aucun Hanriot (ni Henriot) n'apparaît dans la procédure de juillet 1789. Nul document émanant des deux juridictions financières n'évoque un quelconque employé abandonnant son emploi. Aucun témoignage ne vient corroborer l'hypothèse d'un nommé Hanriot qui se serait mêlé, de son plein gré, aux émeutiers.

C'est par série de trois ou quatre employés qui officiaient dans les bureaux attaqués que les conseillers de l'Élection entament le travail judiciaire. Ainsi, tous les commis aux barrières ne sont pas entendus. Ce choix délibéré de la juridiction répond-il à un souci de gagner du temps, afin de traiter plus rapidement l'affaire qui commence à s'éterniser ? En outre, la grande majorité des témoignages sont réduits à une portion congrue, comme si les conseillers de l'Élection ciblaient les propos qu'ils voulaient écouter. Toutefois, l'enquête peut débuter, fondée sur les témoignages des employés, délaissant les procès-verbaux

---

[553] Je remercie Raymonde Monnier pour les références sur Hanriot ; Jean Moreau, « François Hanriot, général-citoyen », *Société d'histoire de Nanterre (SHN)*, n°43, 2010 ; Chantal Pinteaux, « La fin de François Hanriot commandant général de la garde nationale », *Bulletin de la Société de l'histoire de Paris et de l'Ile-de-France*, 116e année, 1989, p. 95-112 ; Haïm Burstin, *Une Révolution…*, *op. cit.*, p. 425, indique que Hanriot « fut provisoirement arrêté » le 12 juillet, ce qui sous-entend qu'il fut détenu que très peu de temps, et non plusieurs mois, comme l'affirme J. Moreau.

écrits sur le vif qui sont pourtant la base de l'enclenchement de toute procédure. Les déclarations devant le magistrat demeurent impersonnelles et l'on ne peut savoir exactement ce qui émane du témoin ou du juge. Les témoignages recueillis au printemps 1790 n'ont ni la verve ni la fraîcheur des procès-verbaux établis immédiatement après les faits ; ces derniers dégageaient une certaine spontanéité et reflétaient les périls rencontrés par les employés. Certes, l'écriture n'est pas toujours alerte et, en relatant les faits, une redondance est réitérée, mais qui ne gâche en rien la description. Le foisonnement de détails devient un délice et l'on peut discerner ce qui anime ces employés, lâchés par leur hiérarchie. Sur les 81 témoins, quatre n'appartiennent pas à la compagnie. Parmi ces personnes entendues dans le cadre de l'enquête, une seule femme a accepté de témoigner à charge contre les « incendiaires » et c'est, justement, avec le témoignage de Marie Bergeron, au demeurant loin d'être décisif, que se clôt l'information. Pour couper court à tout reproche, les magistrats de l'Élection prennent soin de convoquer des employés aux statuts différents. Néanmoins, si le sans-grade est présent, il constitue une minorité des personnes auditionnées. La très grande majorité des employés ont des fonctions plus élevées, allant du sous-brigadier jusqu'au receveur. Pourtant, ce sont les simples commis qui sont les plus nombreux dans les bureaux. Est-ce à dire que leurs témoignages ont une valeur moindre ?
Les trois premiers témoins qui inaugurent l'information exercent à la barrière Blanche lorsque les premiers feux se déclenchent le 11 juillet. Il n'est pas anodin que les conseillers de l'Élection commencent précisément par ce bureau, là où les incendies marquent le paysage par leur début d'ampleur. Aux yeux des magistrats, le feu, ravageant le bâtiment, est d'une nature plus criminelle que l'agression exercée sur les hommes de la Ferme. Les autres témoins qui se succèdent devant le juge travaillaient en 1789 dans les bureaux de Clichy, Monceau, Chaillot, Passy, du Roule, Longchamp, ou celui de Rambouillet.

Les incendiaires sont des fraudeurs !

L'ordre de la liste des personnes décrétées de prise de corps correspond ainsi aux divers témoignages. En d'autres termes, la corrélation s'établit entre les employés et les inculpés. Peu importe que les personnages soient clairement identifiés, qu'ils soient décrits physiquement ou que l'on ignore leur nom, car c'est à partir des témoignages que s'établit la liste des inculpés. Ainsi, les nommés Monnier, Darbon, Tonnelier et Bataille, désignés par les employés de la barrière Blanche, sont les premiers qui inaugurent la suite de noms. Les autres inculpés - Comtois, Baron, Aubry et Plisson - sont signalés par les commis du bureau de Monceau. Leblond et la Picarde sont formellement reconnus par les employés pour des agissements violents aux barrières du Roule et de Passy.

Si 80 décrets de prise de corps sont envisagés dans un premier temps par la juridiction, il semble difficile d'appréhender la totalité des individus, dans la mesure où un tiers des personnes sont des inconnues[554]. Comment pourrait-on débusquer la totalité de ces personnages en ne sachant rien d'eux ? Un patronyme hypothétique, un signalement hasardeux ou un domicile incertain ne permettent pas de mener une investigation poussée et, encore moins, de procéder à une arrestation. Du reste, était-ce réellement l'intention de la cour des Aides d'opérer un si grand nombre d'interpellations ? En choisissant une série impressionnante d'individus, c'est, pour la juridiction, une façon d'exhiber au grand jour les pratiques violentes de tous ces personnages. Sur les 80 individus accusés, 51 sont identifiés (soit 63%). Et encore, la reconnaissance est toute relative, car l'identité d'une personne se résume quelquefois au nom de famille ou à un surnom, sans d'autres détails. Tous les autres (29 individus) sont décrits plus ou moins vaguement et la tentative d'identification porte souvent sur la tenue vestimentaire. Ainsi, tel quidam est vêtu « comme un ouvrier » ; un autre porte « une redingote blanche » ou est habillé « d'une veste blanche ». Si ces aspects demeurent problématiques pour l'établissement d'une identité formelle, les procès-verbaux insistent alors sur l'appartenance à un corps de métier, comme c'est le cas pour

[554] Face à l'inquiétude d'une mobilité plus importante de certaines catégories, l'Etat se dote peu à peu de moyens qui visent à identifier les individus ; on renvoie à Vincent Denis, *Une histoire de l'identité, 1715-1915*, Champ Vallon, 2008.

cet homme qui fait penser à « un piqueur de bestiaux » ou ces quatre quidams qui sont des « serruriers » ; ou encore celui-ci qui est « un garçon charron ». L'aspect physique reste souligné pour quelques individus et la description est loin d'être sommaire. Un effort est décelable et certains détails n'échappent pas à la vigilance des employés qui notent la « chevelure blonde » d'un jeune homme qui paraît avoir « 24 ou 25 ans » ou ce « quidam âgé d'environ 30 ans, monté sur un cheval rougeâtre ». Un des employés précise que l'homme qui brise les croisées des fenêtres du bureau de Fontainebleau semble « avoir entre 42 et 45 ans, d'une taille de 5 pieds, et paraissant, de par son costume, exercer un métier de marteau, couvert d'un habit brun ». Un des meneurs à la même barrière « semblait exciter la population ; il paraissait avoir une trentaine d'années, d'une taille de 5 pieds 6 pouces, au visage pâle et allongé, vêtu en gris ». Deux bergers sont décrits avec précisions : l'un des deux « paraissait âgé de quarante à quarante-cinq ans, taille de cinq pieds, pâle, boitant très fort et vêtu d'une mauvaise culotte de toile et veste semblable ». Comment ne pas reproduire *in extenso* cette description savoureuse et détaillée de cet inconnu : « un autre quidam de belle figure, taille de cinq pieds, cinq à six pouces, beaux yeux, beaux sourcils, les cheveux formant pointe sur le milieu du front, vêtu d'un habit rayé vert d'eau, ayant une culotte noire où pendaient deux cordons de montre ». Et puis, certains traits ne s'oublient pas comme pour cet homme « manchot du bras droit, gagne-deniers » qui, malgré son handicap, est parmi les plus virulents à s'attaquer aux pataches du quai de la Râpée. Ces individus sont des inconnus pour les commis. Ces derniers sont en poste aux barrières depuis plusieurs années ; ils connaissent le quartier dans lequel ils exercent ; ils sont en contact avec le voisinage. Même le visage de ceux-ci ne leur est pas familier. Il n'en va pas de même pour une autre poignée de personnes qui font l'objet d'une reconnaissance visuelle. Ceux-là sont plus aisément identifiables, car ils vivent ou travaillent dans les quartiers surveillés par la Ferme. Ce « quidam, journalier du faubourg du Roule », s'il n'est pas nommé, peut éventuellement être retrouvé. De même, cet homme qui se trouve « être porteur d'eau du nommé Fontaine », tout comme l'épouse de ce sans-grade.

Il n'est pas utile de brosser un portrait lorsque les individus sont habituellement confrontés aux employés ; un simple nom, suivi de la profession, suffit amplement. Ces personnages sont connus et on sait, à coup sûr, qu'ils vivent aux abords des bureaux de l'octroi. Il n'est pas compliqué de capturer « Tonnelier, garçon épicier », les « deux frères

Fournier, maçons », « Guimard, marchand-ferrant » ou ce « Dumont dit Cadet, déchargeur ». Enfin, une dernière classification tranche radicalement avec les précédentes ; il devient alors superflu d'apporter une quelconque précision : cette fois-ci, le patronyme est identifié et la profession est établie avec certitude : ce sont ces fameux *fraudeurs*, déjà rencontrés dans les procès-verbaux. Ils sont nombreux à écoper de cette appellation, sorte de marque de fabrique : « Bataille, fraudeur », « Comtois, fraudeur », « Baron, aussi fraudeur », « Cuisset, fraudeur, et sa femme », « Cœur de bois, fraudeur ».

Ceux qui se portent sur la forteresse de la Bastille le 14 juillet, ceux qui composent cette foule de plusieurs milliers de personnes sont, en majorité, issus de l'artisanat du faubourg Saint-Antoine, composé de maîtres et de compagnons, auxquels se mêlent une quinzaine de marchands de vin et limonadiers, ce dernier groupe représentant un peu plus de 2% des professions connues.

À l'instar des travaux de G. Rudé, il est possible de déterminer la composition sociale de 55 individus sur les 80 décrétés de prise de corps ; en y ajoutant les personnes assignées à comparaître (10), c'est 65 individus (sur un total de 94) pour lesquels un métier peut être associé (figure 18). Parmi eux, 24 peuvent être classés dans deux catégories : la première rassemble les marchands de vin et assimilés (marchand de vin, tavernier, tonnelier, limonadier, épicier, garçon marchand de vin) ; la deuxième classification regroupe plus spécifiquement ceux qui sont nommés « fraudeurs ». Les marchands de vin sont au nombre de 14 personnes (15% des professions connues), alors que les supposés fraudeurs totalisent 10 individus (10% des métiers connus). Ainsi, ces deux groupes représentent 25% et se placent largement au-dessus des autres activités sociales. Il n'y a qu'un pas, vite franchi par de nombreux auteurs qui sont convaincus que les saccages et destructions aux barrières ne sont l'œuvre que de fraudeurs, au service des marchands de vin qui ont profité des troubles de l'été 1789. C'est oublier que, à côté des marchands de vin et supposés fraudeurs, gravite tout un monde de gagne-deniers et de manouvriers ; ceux-là représentent une douzaine d'individus. Ils luttent à côté de nombreux artisans de l'industrie, identifiés comme des maçons, plâtriers, salpêtriers, ouvriers charrons ou tourneurs (13 personnes). C'est le Paris des travailleurs pauvres et le Paris des maîtres et des compagnons qui s'invitent aux barrières. Les maraîchers et les jardiniers qui œuvrent à la périphérie de la ville, là où les terrains sont encore disponibles, sont présents sur la liste ; ils sont huit individus à être soupçonnés de dégradations sur les bâtiments de l'octroi. À ces 65 individus, nous y adjoignons la catégorie de *bourgeois*, dont l'aisance financière est attestée (5 personnes). À défaut de connaître le nom de ces hommes, les employés décrivent la tenue qu'ils portent, qui laisse peu de doute sur leur niveau social ; ainsi, ces « deux quidams, assez bien vêtus, l'un d'un habit de velours de coton vert ; l'autre d'une redingote de drap bleu de roi » ; pour d'autres, ce sont des objets ostentatoires qui retiennent l'attention des employés comme cet homme qui est « vêtu d'un habit rayé et ayant deux cordons de montre » ou cet inconnu « âgé d'environ trente ans, monté sur un cheval rougeâtre ».

Les décrets de prise de corps ne nous renseignent pas sur le quartier et encore moins sur le domicile où vivent ces individus. Néanmoins, grâce aux procès-verbaux de juillet 1789 et en combinant les données avec les archives de l'Élection et des Aides, une localisation des zones, dans lesquelles habitent ces hommes et ces femmes, peut s'effectuer. Il n'est pas surprenant de voir qu'un nombre important des supposés incendiaires vit et besogne aux abords immédiats des barrières. Les parties perméables du mur, non encore édifiées, correspondent à cet habitat. La partie nord de la ville, relative aux barrières de Clichy jusqu'à celle de Saint-Denis, concentre 35 individus ; la zone orientale, appelée communément la Courtille (de Saint-Louis jusqu'à la Haute-Borne), rassemble 30 personnes.

La Cour des Aides n'établit pas seulement une classification, mais peut utiliser cette liste qui apparaît alors comme un justificatif, apportant la preuve formelle que les actions sont commanditées par les marchands de vin et perpétrées par les fraudeurs dans ces quartiers qui, de longue date, subissent les incidents de plus en plus nombreux. Punir fortement semble être le maître-mot qui est à l'œuvre. Certes, la procédure se fait en toute légalité, mais les conseillers de la cour des Aides dissocient totalement les deux événements de juillet 1789 : d'un côté, la prise de la Bastille et, de l'autre, l'information contre les incendiaires. La cour des Aides estime que l'incendie des barrières est dû à des brigands, alors que la prise de la Bastille relève de la conquête de la liberté. Il est donc légitime de différencier ces événements et engager une poursuite contre ces pratiques intolérables, d'autant plus qu'ils remettent en cause le fonctionnement du pouvoir.

Figure 18. Composition sociale des incendiaires des barrières

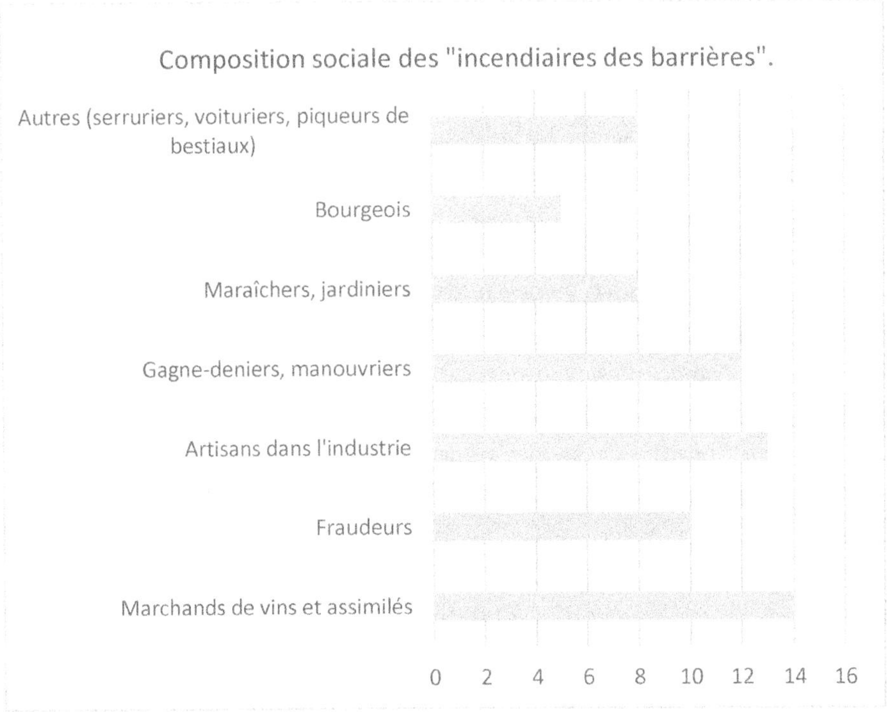
Composition sociale des "incendiaires des barrières".
Autres (serruriers, voituriers, piqueurs de bestiaux)
Bourgeois
Maraîchers, jardiniers
Gagne-deniers, manouvriers
Artisans dans l'industrie
Fraudeurs
Marchands de vins et assimilés
0 2 4 6 8 10 12 14 16

De moins en moins d'accusés : les arrestations des 16 et 18 juin 1790

L'audition des témoins est terminée en mai 1790. La justice ne veut plus (ou ne peut plus le faire !) s'emparer de tous les prévenus ; il faut donc faire un choix et cibler ceux que l'on voulait arrêter. La cour résolut de ne s'attaquer qu'à un petit nombre d'individus, supposés être les principaux responsables et chefs de l'incendie des barrières ; méfiant, le procureur de la cour des Aides, ajoutait que « ces particuliers [habitent] des quartiers éloignés et vivent au milieu des fraudeurs dont ils sont les chefs, il faut craindre qu'ils ne se préparent à faire résistance »[555]. Une fois de plus, comme les années précédentes, ce sont des quartiers précis, à la périphérie de la ville, qui sont ciblés, considérés comme des zones de non-droit, aux mains des fraudeurs. Le garde des Sceaux écrivit à La Fayette, le commandant de la garde nationale. Celui-ci avait tout intérêt à incarcérer les prévenus en même temps, afin de devancer d'éventuels troubles de résistance. On ne connaît rien des modalités de l'opération, mais une préparation préalable et minutieuse dut être organisée entre le 4 et 16 juin, et les forces de l'ordre, dirigées par La Fayette, furent conséquentes.

Deux vagues d'arrestation sont opérées à la mi-juin 1790, laissant un battement de deux jours entre la première et la deuxième série d'interpellations. Au total, ce sont 11 personnes qui sont écrouées à la Conciergerie[556] (figure 19). Au vu des inquiétudes du ministère de la Justice et du procureur général de la cour des Aides, on ne saisit pas très bien cette option d'avoir opéré en deux temps, ce qui laissait aux protagonistes la possibilité de se cacher ou de s'enfuir. Les arrestations se firent en pleine nuit, jouant l'effet de surprise. Quatre voitures se chargèrent de transporter progressivement les prévenus à la

[555] AN, F^7 3688^1 dossier n°147, Incendie des Barrières, 4 juin 1790 ; à cette date, le nombre exact d'individus à poursuivre n'est pas définitivement fixé et oscille entre 10 et 12.

[556] AN, D XXIX 62, extrait des registres du greffe de la Conciergerie ; voir également, APP, AB 130, registre des écrous de la Conciergerie, 16 et 18 juin 1790 ; ces prévenus sont : La Picarde, Aubry, Cologne, Lefevre dit Cœur de Bois, Bataille, le couple Cuisset, Leblond, Cauchois, Clément, Plisson. Le 12ème homme, Musquinet de Saint-Félix, verra son procès joint à la procédure contre les incendiaires.

Conciergerie, convoyées par la garde nationale et par les officiers de robe courte qui donnaient lecture du mandat d'arrêt et faisaient ouvrir au besoin la porte des domiciles.
Les extraits des registres de la Conciergerie témoignent de l'identité incertaine des personnes arrêtées. Un véritable flou entoure de nombreux individus pour lesquels la juridiction a visiblement beaucoup de mal à cerner le patronyme. Sur les six personnes arrêtées dans la nuit du 16 juin 1790, deux apparaissent sous leur surnom (La Picarde et Cœur de Bois) ; pour le troisième, son identité est encore douteuse (« un quidam que l'on dit se nommer Cologne »). Le 18, sur les cinq écroués, l'identité de Plisson reste encore problématique et on hésite avec deux graphies différentes (Blisson ou Bisson). Tous sont appréhendés à leur domicile, ce qui signifie que la juridiction a su mener une investigation poussée et a réussi à localiser précisément leur habitat. Il fallait donc, dans un deuxième temps, s'assurer de leur véritable identité, ce qui posa plus de difficultés.
Aucun incident ne fut à déplorer, ce qui laisse supposer que les arrestations se firent dans un calme relatif. On ne connaît pas davantage l'état d'esprit des personnes surprises dans leur sommeil. Tout se passe comme si l'opération est entreprise en pleine campagne, sans âme qui vive aux alentours. Quatre voitures accompagnées de plusieurs bataillons de la garde nationale ne peuvent pas passer inaperçues. L'impression qui se dégage à la lecture des procès-verbaux d'arrestation montre des hommes et des femmes qui acceptent leur sort. Aucun inculpé ne demande une quelconque explication ni ne montre un signe de résistance lors de l'intrusion de leur domicile.
La première personne arrêtée est La Picarde. À aucun moment dans le long décret de prise de corps son nom n'est décliné. La nuit vient de tomber ce 15 juin 1790 et l'équipage prend la direction du Nord-ouest parisien. L'officier de robe courte demande l'assistance de la brigade de la maréchaussée de Passy qui arrive à destination, à la Grande rue de l'église, au domicile de la cardeuse de matelas, dans la nuit du 15 au 16 juin, à 1h du matin. Au second étage d'un immeuble donnant sur la cour, malgré les coups frappés, personne ne se manifeste. Ordre est donné au serrurier d'enfoncer à coups de massue la porte. Surprise dans son lit avec son homme, dormant, ou ne voulant tout simplement pas ouvrir, la femme n'a aucune chance de s'enfuir. La voilà levée,

informée du décret, menottée et mise dans une des voitures[557]. Ce n'est que la première étape de cette longue nuit, à la recherche des six personnages.
Le trajet est court avant d'arriver au village de Monceau. Une heure plus tard, à 2h du matin, la patrouille, après avoir emprunté la barrière de Neuilly, est à la recherche de deux individus : un « quidam charron » et un certain « Aubry, fils, défiguré d'un œil »[558]. La maréchaussée de Clichy attendait l'officier, ayant été prévenue la veille de l'opération. Arrivé dans « la grande rue de Monceau », l'officier trouve aisément l'immeuble dans lequel réside le charron du nom de Cologne (Collogne). Montés au premier étage avec la garde, les coups frappés à la porte par l'officier ne provoquent aucune réaction à l'intérieur de la chambre. Le serrurier commence à défoncer la porte, mais aussitôt un homme vient ouvrir, disant s'appeler Cologne. Menotté, l'individu est placé dans la voiture. Le groupe se dirige ensuite dans une autre bâtisse de la rue. Cette fois-ci, la demeure semble plus vaste. La porte cochère est fermée et il faut davantage de coups de massue pour faire réagir les occupants. Cependant, un homme, Aubry père, ouvre et accueille l'officier de la cour des Aides dans la grande cour. Le fils se soumet à l'injonction sans que son père esquisse un quelconque geste de réprobation. Aubry fils rejoint Cologne dans la voiture . L'officier ordonne ensuite aux cavaliers de robe courte de conduire les deux individus directement à la Conciergerie jusqu'à ce qu'il puisse les écrouer officiellement, car « [il] ne pouvait se distraire de la suite de [ses] opérations ».
La suite, effectivement, ne peut attendre. Il reste encore trois arrestations à accomplir avant que les premiers rayons du soleil ne se lèvent. Le périple continue. Les pas des chevaux mènent les voitures le long de la nouvelle barrière, vers l'ouest. Il est 3h du matin lorsque l'escorte arrive rue Blanche, près de la nouvelle barrière, toujours en compagnie de la brigade de la maréchaussée de Clichy. On recherche au bout de la rue Blanche la maison du nommé Bataille. Celui-ci ouvre la porte devant les coups répétés et, en entrant, l'officier a la surprise d'y trouver, en sa compagnie, Cœur de Bois, lui aussi, décrété d'arrestation. Les règles de procédure sont scrupuleusement observées ; c'est d'abord à Bataille que l'officier s'adresse, avant de s'occuper

[557] AN, D XXIX 62, décret de prise de corps de la femme La Picarde, 16 juin 1790, 1h du matin.
[558] AN, D XXIX-62, décrets de prise de corps de Cologne et d'Aubry fils, 16 juin 1790, 2h du matin.

quelques minutes plus tard du sort de Cœur de Bois. Tous deux sont conduits ensuite à la Conciergerie où, entre les deux guichets, lieu de liberté fictif, on leur lit le procès-verbal d'écrou[559]. C'est la première fois, de manière probante, que l'on peut établir formellement que Bataille et Cœur de Bois se connaissent intimement, le deuxième passant la nuit chez le premier. Si Bataille est réputé opérer dans le Nord-Ouest parisien, Cœur de Bois ou Lefevre, de son vrai nom, occupe plus particulièrement l'Est de la ville, dans le quartier de la Courtille. Alors que l'aube pointe sur la capitale ce 16 juin, ce sont sept personnes qui sont arrêtées et écrouées dans la nuit du 15 au 16 juin 1790, entre 21h et 5h du matin[560]. La première série d'arrestations se déroule donc, tambour battant, sans accrochage.
Deux jours plus tard, les mêmes opérations se prolongent, toujours dans ces quartiers périphériques de la ville. Le nord de la capitale n'est pas négligé, mais les individus recherchés résident pour la plupart dans le quartier de la Courtille. Dès le 17 juin, les forces de l'ordre s'arrêtent sur la place de la barrière de la Croix, à la Basse Courtille, à 21h. Mais, il est presque trop tôt, les rues grouillent de monde pour tenter une opération de police, sans se mettre à dos la population. L'officier de robe courte décide alors d'attendre que les rues soient désertes avant de se rendre dans la Grande rue du lieu où il arrête Clément, voiturier[561]. Vient alors le tour de Cochois (ou Cauchois), plâtrier, qui habite le même secteur et qui rejoint dans la voiture Clément, surveillé par la garde nationale[562]. Il faut reprendre les véhicules et remonter au nord de la ville pour terminer le travail commencé deux jours plus tôt. L'attelage fait une halte dans la rue de Rochechouart au niveau du cabaret *Le grand Malbrough,* où l'on vient appréhender Plisson (Blisson) vers 1h du matin[563]. Une courte distance amène ensuite les forces de l'ordre dans la rue Coquenard ; lorsque l'officier de robe courte frappe à la porte des époux Cuisset, la femme met du temps à ouvrir. Le décret de prise de corps lu, tous deux sortent menottés de la

---

[559] AN, D XXIX 62, décrets de prise de corps de Bataille et Lefevre dit Cœur de bois, 16 juin 1790, 3h du matin.
[560] Le 7ème individu, Le Blond (Leblond), est probablement arrêté après 4h du matin, mais je n'ai pas retrouvé le décret de prise de corps.
[561] AN, D XXIX 62, décret de prise de corps de Clement, vers minuit, le 17 juin 1790.
[562] AN, D XXIX 62, décret de prise de corps de Cochois (Cauchois), 18 juin 1790, 1h du matin.
[563] AN, D XXIX 62, décret de prise de corps de Plisson, 18 juin 1790, 2h du matin.

chambre avant que Marie Michel, l'épouse Cuisset, referme la porte et confie soigneusement la clé à un voisin[564].

Figure 19. Extrait des registres de la Conciergerie

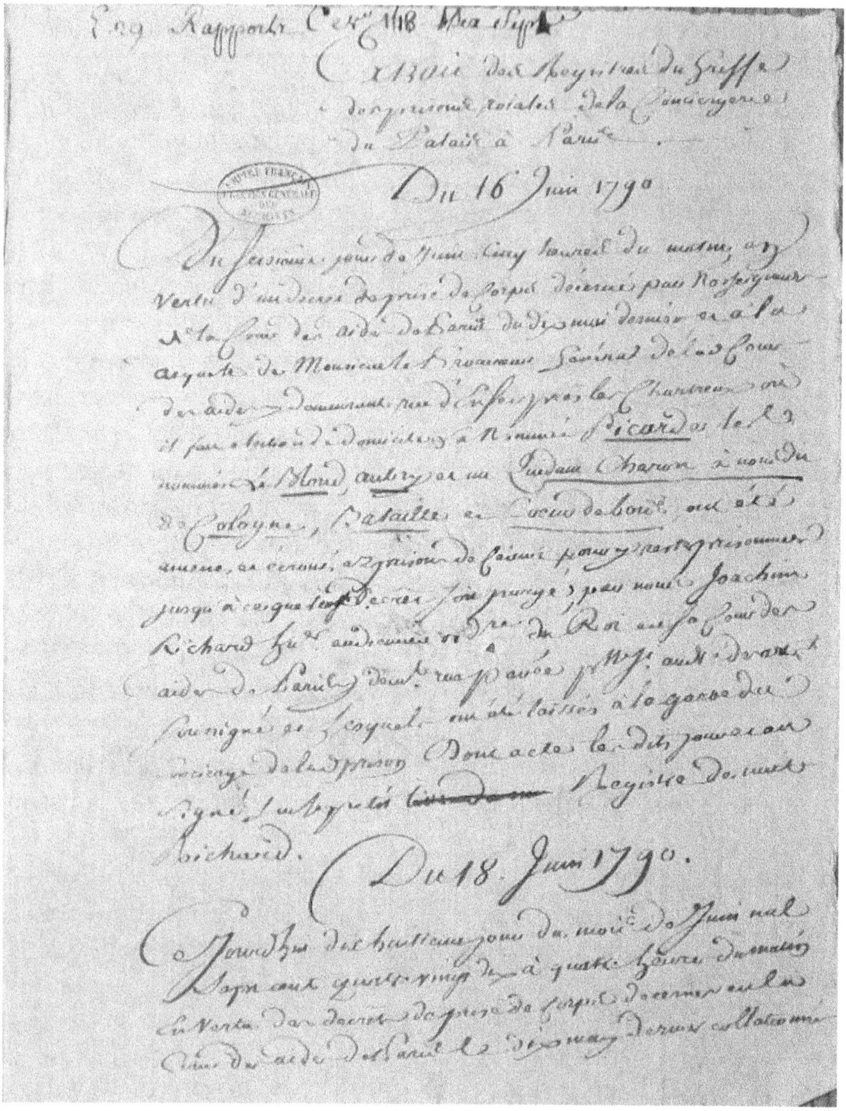
Extrait des Registres du Greffe des prisons royales de la Conciergerie du Palais à Paris

Du 16 Juin 1790

Du 18. Juin 1790.

AN, D XXIX 62 ; cliché de l'auteur. © Archives nationales, France.

[564] AN, D XXIX 62, décret de prise de corps des époux Cuisset, 18 juin 1790, 3h du matin.

[Extrait des registres du greffe des prisons royales de la Conciergerie du Palais à Paris (seul le recto du feuillet est présenté ici)].

[Transcription du feuillet recto verso]

Extrait des registres du greffe des prisons roiales (sic) de la Conciergerie du Palais à Paris.

Du 16 juin 1790.
Du seizième jour de juin, cinq heures du matin, en vertu d'un décret de prise de corps décerné par nos seigneurs de la Cour des Aides de Paris du dix mai dernier, et à la requête de Monsieur le Procureur général de la Cour des Aides [...] [écrou] la nommée Picarde, les nommés Le Blond, Aubry et un quidam charon (sic) au nom dit de Cologne, Bataille et Cœur de bois, ont été amenés et écroués en prison de céans pour y rester prisonniers [...] lesquels ont été laissés à la garde du Concierge de la prison [...].

Du 18 juin 1790.
Ce jour d'hui dix-huitième jour du mois de juin mil sept cent quatre-vingt-dix à quatre heures du matin en vertu des décrets de prise de corps décernés en la Cour des Aides le dix may dernier [...] à la requête de Monsieur le Procureur général de la Cour des Aides [emprisonne] la nommée Cuisset, son mari, le nommé Cochois, Clement, Plisson voiturier dit Blisson ont été amenés et écroués [...].

La réaction de la presse face aux arrestations

Si les arrestations sont perpétrées dans le plus grand secret, la nouvelle de ces incarcérations se propagea rapidement dans les quartiers. La presse ne resta pas inactive et de nombreuses brochures s'indignèrent de la façon dont furent traités les prévenus. Ne nous arrêtons pas sur les inexactitudes des auteurs de ces opuscules, anonymes pour la plupart, ce n'est pas le plus important. Ce qui transparaît de manière claire, c'est l'enjeu de ces emprisonnements, décidés par la cour des Aides.

La première de ces brochures, *Complot horrible, tramé par la cour des Aides...*, donne le ton. Malgré l'erreur de date de l'arrestation, le nombre des incarcérés est juste[565]. Au-delà d'une relative description des faits auprès du public, les employés, pour l'auteur, ne sont que les suppôts des « Lambesc, de Broglie, Besenval ». Le choix de ces personnages n'est pas innocent lorsque l'on sait le rôle joué par ces derniers, responsables militaires royaux, jugés pour crime de lèse-nation. Besenval, commandant des troupes royales, stationnées autour de la capitale en juillet 1789, vient d'être acquitté par le tribunal du Châtelet en mars 1790. Le prince de Lambesc, accusé d'avoir chargé la population aux Tuileries le 12 juillet 1789, est jugé par contumace et il bénéficie de la clémence des juges également[566]. La presse et l'opinion publique sont, pour la plupart, outrées par la mansuétude de la justice, alors que de simples citoyens sont accusés de méfaits. La Ferme est malmenée, car elle profite « [...] des moindres circonstances pour piller l'État... ». La brochure met davantage l'accent sur des menées supposées contre-révolutionnaires de la cour des Aides, en estimant que c'est « un motif de l'attentat fait à la liberté de nombre de citoyens, qui les premiers ont combattu et mis en fuite les ennemis de l'État et leurs espions qui ont essayé de détruire les monuments de l'esclavage qui dégradent les avenues de la capitale des Francs ».

Jean-Paul Marat, plus incisif, intervient à son tour dès le 19 juin dans son journal, un jour après les arrestations[567]. C'est sur le même registre que le publiciste commence son libelle contre la Ferme et la cour des

---

[565] AN, D XXIX 62, *Complot horrible, tramé par la cour des Aides de Paris, pour faire périr sur l'échafaud tous les auteurs de la Révolution,* 7 pages, (sans date, sans auteur) ; la brochure donne la date du 15 juin pour les 11 individus arrêtés ; on rappelle que 4 témoins ne font pas partie de la Ferme.

[566] Jean-Christophe Gaven, *Le crime de lèse-nation. Histoire d'une invention juridique et politique (1789-1791)*, Paris, Presses de Sciences Po, 2016.

[567] Sur Marat, ne citons que Serge Bianchi, *Marat, l'Ami du peuple*, Paris, Belin, 2017.

Aides, accusées de pratiquer contre les prévenus des « actes alarmants de despotisme, de barbarie ». Marat, en bon informateur, connaît déjà l'arrestation qui a lieu le 16 juin dans la nuit où « une escouade de cavaliers de robe courte, y vinrent déposer sept citoyens et une citoyenne du quartier de la Courtille, fauxbourg [sic] du Temple, qu'ils avaient été saisis dans leurs lits au milieu de la nuit » [568]. Ce que dénonce Marat, ce sont les violations des droits des personnes, arrêtées en pleine nuit, et « jetées dans des cachots et [traitées] avec inhumanité ». Mais *l'Ami du peuple* a compris les enjeux de ces arrestations, qu'ils jugent, arbitraires et contre-révolutionnaires, déployées par les ennemis de la liberté, contre-révolutionnaires. Marat estime que ces individus [les incendiaires] « furent ceux qui se portèrent sur les barrières la nuit du 12 juillet, qui les premiers arborèrent l'étendard de la liberté sur les débris fumants des remparts de la maltôte ? Sans eux, nous n'aurions ni garde nationale ni districts ; sans eux, la Bastille serait encore sur pied : ils doivent donc être regardés comme les premiers instigateurs de la révolution. À ce titre, leur personne est sacrée ». Comme très souvent, tout ce qui touche l'Ancien Régime est vilipendé par Marat qui s'étonne que cette « cour d'iniquité [des Aides] [soit] l'un des tribunaux d'exception, conservé par l'Assemblée nationale ». La logique de l'écrivain se veut imparable, car, après tout, « si on peut rechercher les citoyens pour avoir brûlé les barrières, pourquoi ne les rechercherait-on pas pour avoir démoli la Bastille ? ». Et Marat de conclure : « L'arrestation des huit infortunés pour faits relatifs à la destruction des barrières est un attentat contre la liberté publique, un crime de lèse-nation ». Le vocabulaire utilisé par Marat ou la brochure ne doivent pas étonner à un moment où les menées contre-révolutionnaires inquiètent la toute jeune Assemblée nationale qui a mis au goût du jour cette incrimination.

Dans le prolongement des remarques de Marat, François-Noël Babeuf conçoit parfaitement les propos de *L'Ami du peuple*[569]. La cour des Aides, il ne la connaît que trop bien, ayant éprouvé les mêmes tourments que les onze prévenus. Les écrits et les pétitions de l'ancien feudiste contre les taxes et pour un impôt égalitaire permettent à Babeuf de s'attirer la sympathie de certaines couches de la population, mais lui

---

[568] *L'Ami du peuple*, n° CXXXVIII, 19 juin 1790.

[569] Sur la relation entre Marat et Babeuf, Victor Daline, « Babeuf et Marat en 1789-90 », *AHRF*, n°30, 1958, p. 16-37 ; alors qu'il est détenu à la Conciergerie, Babeuf a le soutien de Marat qui, à plusieurs reprises dans son journal, réclame sa libération.

attirent également des animosités auprès des autorités locales[570]. Le 3 avril 1790, un décret de prise de corps est signé par la cour des Aides. Six semaines plus tard, Babeuf est arrêté à son domicile, à Roye, en pleine nuit, le 19 mai 1790. Deux jours plus tard, en début d'après-midi, il est écroué à la Conciergerie[571]. En prison, Babeuf ne resta pas inactif et commença la rédaction de son « mémoire complet »[572]. Rien ne permet de l'affirmer, mais il est probable que Babeuf et les onze individus écroués se soient rencontrés à la Conciergerie. Pendant près de trois semaines, entre le 16 juin et le 4 juillet, tous ces individus étaient internés dans le même lieu. Alors que les accusés allaient être prochainement libérés, Babeuf s'engagea dans une entreprise éditoriale, commençant à écrire et à publier son *Journal de la Confédération*. Les deux premiers numéros étaient consacrés au procès de l'incendie des barrières de juillet 1789. Babeuf ne s'appesantit pas sur son sort de prisonnier, mais dénonce violemment « l'effroyable conspiration des fermiers généraux et de la cour des Aides de Paris, contre tous les bons citoyens de la capitale et du royaume »[573]. Babeuf estime que ces « honnêtes domiciliés » sont tout simplement des victimes du despotisme de la cour des Aides. C'est à un appel au peuple, à une invitation à l'insurrection que se livre Babeuf, en implorant la population à se porter au secours des prisonniers infortunés. « Où est cette énergie dont vous vous faisiez gloire ? A-t-il fallu moins qu'une année pour abâtardir vos armes et enchaîner vos courages ? », écrit-il de façon corrosive.

À la nouvelle de la deuxième série d'arrestations, Marat devient plus caustique. Il n'est plus question de défendre uniquement des principes de justice et les droits des accusés ; cette fois, il s'agit « d'une vraie

---

570 La bibliographie sur Babeuf est abondante ; ne citons que Victor Daline, *Gracchus Babeuf à la veille et pendant la Grande révolution française*, Moscou, Editions du Progrès, 1976 [trad. Fr.] ; Claude Mazauric, *Babeuf. Écrits. Textes choisis de Gracchus Babeuf*, Pantin, Le temps des cerises, 2009 [rééd.] ; Maurice Dommanget, (présenté par Serge Bianchi), *Babeuf et la conjuration des Egaux,* Paris, Les Amis de Spartacus, 2009 [rééd.].

571 APP, AB 130, écrou du 21 mai 1790, 2h de relevée, en vertu du décret de prise de corps de la cour des Aides du 3 avril 1790 ; Babeuf sera libéré le 9 juillet 1790 ; le même officier de robe-courte, Joachim Richard, écrouera les onze personnes inculpées lors de l'incendie des barrières.

572 Victor Daline, *op. cit.*, p. 232-237.

573 *Le journal de la Confédération*, n° 1, 1790, réimprimé aux Editions d'histoire sociale, 1966 ; le numéro 2 revient sur le procès, rappelant la décision d'arrêter le procès.

conjuration contre la nation entière, d'un plan de contre-révolution d'un nouveau genre »[574]. Il alerte le peuple de Paris, s'alarmant de la centaine de décrets de prise de corps qui sont préparés par la cour des Aides ; parmi ces nouveaux individus dont il a connaissance, Marat apprend à ses lecteurs que l'un des écroués est « un sous-officier de la garde nationale ». Alors que la cour des Aides investit le champ judiciaire, à la recherche des présumés coupables, et intente un procès, ne voulant donner à l'épisode des barrières aucune signification politique, d'autres, comme Marat, interprètent l'attaque des barrières comme une action de premier plan, comme une genèse des manifestations qui culminent le 14 juillet. C'est bien cette inadéquation entre le peuple et les pouvoirs anciens qui crée une totale incompréhension.

574 *L'Ami du peuple*, n° CXLIV, 25 juin 1790.

Chapitre 13
L'arrêt du procès des incendiaires

Les accusés face à la justice

Dès le 19 juin, de La Pourielle, le conseiller à l'Élection, chargé du dossier, faisait comparaître les prévenus, tous écroués depuis la veille. Le procès débutait officiellement au Palais le 22 juin en séance publique « contre les auteurs des événements et incendies arrivés dans le mois de juillet 1789, tant aux barrières qu'à la maison Saint-Lazare »[575]. La justice adjoignait au procès des incendiaires le sac du couvent de Saint-Lazare. La cour des Aides pensait-elle gagner en efficacité dans une affaire qui paraissait déjà embrouillée ? Du moins, pour la justice ces deux événements sont liés. L'attitude de la cour n'est pas si innocente que cela, car à vouloir intégrer les deux affaires qui se déroulent dans le même espace-temps, les magistrats des Aides révèlent leur position : pour eux, ce sont les mêmes individus qui s'attaquent à l'enclos Saint-Lazare et aux barrières. En effet, dans le couvent, les bandes avaient dérobé des grains, mais aussi de grandes quantités de vin entreposées par les frères Lazaristes. L'amalgame, non dit, est facile à faire, puisque les individus poursuivis dans l'incendie des barrières sont connus pour être des fraudeurs de longue date, se livrant au trafic illégal du vin et de l'eau-de-vie.

Il s'agit pour la justice de préparer l'opinion publique en énonçant que les onze prévenus ne sont que des délinquants, à la recherche d'un profit prohibé, et non des individus en quête d'un idéal de liberté et de justice. Un douzième individu, en la personne de Musquinet de Saint-Félix, incarcéré depuis plusieurs semaines au Grand Châtelet, fut ajouté au nombre des inculpés ; celui-ci était accusé d'avoir durant l'été 1789 incité les populations du Vexin à ne pas payer les impôts[576].

Le nom des personnages se dévoile enfin, ce qui n'était pas encore le cas au moment des arrestations : Denis Aubry, vacher et nourrisseur de bestiaux ; Pierre-Antoine Privé (Bataille); Pierre Augustin Coulogne (Cologne), charron ; Louis Marne (Marna ou Leblond), marchand de vin ; Jacques Lefevre (Cœur de Bois), marchand de vin ; Marie-

[575] AN, Z^{1A} 886, Information…, 22 juin 1790.

[576] Sur Musquinet, voir plus loin, p. 345 et suivantes.

Françoise Picaut (Picault ou Picot), dite la Picarde, cardeuse de matelas ; Toussaint Clement, voiturier ; Eutrope Cochois, plâtrier ; Julien Pisson (Plisson, Blisson), voiturier ; Jacques Cuisset, marchand de vin ; et Marie Michel (épouse de Jacques), couturière et faiseuse de dentelles[577].

Les individus arrêtés le 16 juin, ainsi que Musquinet, sont transférés au Palais, dans la chambre de l'auditoire de l'Élection par-devant de La Pourielle, le magistrat chargé de l'instruction. Les accusés n'ont pas un grand trajet à effectuer, la Conciergerie se situant dans le même bâtiment. Seul Musquinet de Saint-Félix reste isolé en étant détenu au Châtelet. Les portes de la salle s'ouvrent tôt, dès 8h du matin. Les prévenus écoutent la plainte rendue par le procureur général de la cour des Aides en date du 24 février dernier[578]. Il ne peut être question pour l'instruction de mener l'affaire trop rapidement. Les éléments du dossier sur l'incendie des barrières et le pillage du couvent de Saint-Lazare sont trop volumineux pour escompter des travaux rondement menés. Ce sont les dépositions des témoins qui sont produites en premier lieu, la cour entendant les vingt premiers témoignages dès le 22 juin 1790[579]. C'est l'affaire du sac de Saint-Lazare qui intéresse tout d'abord les conseillers de la cour. Le choix établi par la justice demeure pour le moins perplexe, car le premier témoin, un prêtre, procureur général de la congrégation de la maison, avoue ne rien savoir des circonstances du pillage du couvent, n'étant pas présent sur les lieux au moment des faits. Les autres membres de la congrégation ne peuvent en dire davantage, ayant fui au moment de l'irruption de la population dans le clos. Faut-il y déceler une impréparation qui frise au ridicule, en produisant des témoins qui sont incapables de révéler quoi que ce soit ? Un premier incident survient durant l'audience alors que les accusés sont censés écouter la lecture des procès-verbaux des faits survenus aux barrières et à Saint-Lazare. Musquinet se démarque rapidement de ses compagnons d'infortune. En fin connaisseur de la procédure judiciaire, il n'entend pas subir l'instruction. Tirant profit de la réforme de la

---

577 Nous avons ajouté entre parenthèses les surnoms et diverses graphies des patronymes trouvées dans les archives.

578 AN, Z^{1A} 886, Instruction par devant de La Pourielle en la chambre de l'auditoire, 16 et 17 juin 1790 ; sur les 7 personnes, deux déclarent ne savoir ni lire ni signer (Privé et Marna) et Musquinet refuse de signer les actes, invoquant la non-présence de son conseil.

579 AN, Z^{1A} 886, Information faite par Pierre Gary... contre les auteurs, fauteurs, participants, des événements et incendies arrivés dans le mois de juillet dernier, tant aux barrières qu'à la maison de Saint-Lazare, 22 juin 1790.

justice criminelle des 8 et 9 octobre 1789 qui modifiait en partie la vieille ordonnance criminelle de 1670, Musquinet estimait que les règles n'étaient pas appliquées[580]. Conformément aux dispositions de la réforme, Pierre Gary, un des juges instructeurs, demanda à chacun des accusés s'ils avaient un conseil. Tous les prévenus répondirent par la négative et le juge leur commit d'office Le Bon, un habitué de la cour des Aides. Les interrogatoires des prévenus pouvaient alors débuter dès le lendemain. Tous étaient invités à signer – ce qu'ils firent – à l'exception de Musquinet de Saint-Félix qui justifiait son opposition par une détention injuste, la mettant sur le compte d'une « conjuration janséniste et aristocrate ». Musquinet justifiait ses menées dans le Vexin, à la recherche du mauvais pain et dénonçait ceux qui voulaient affamer le peuple. Il récusait l'Élection et la cour des Aides « qui ne sont ni ne peuvent être des tribunaux de la Révolution ». Les débats ne reprirent qu'une semaine plus tard, le 29 juin ; mais, il fallait dorénavant compter sur un autre acteur qui s'invitait au procès : la population. À la faveur des débats publics, un grand nombre de personnes s'étaient ruées à l'intérieur du bâtiment, pendant que des centaines d'individus se rassemblaient à l'extérieur du Palais, munis de gourdins et de pioches. Dès le 28 juin, les abords des bâtiments furent sécurisés par des troupes de la garde nationale. La revendication était, on ne peut plus claire : arrêter toute action contre les présumés incendiaires, au risque de mettre le feu au Palais. N'entendait-on pas tenir des propos non équivoques, où « poursuivre l'incendie des barrières, c'était faire le procès à la Révolution »[581].

Le rapport de force s'inverse au profit de ceux qui, quelques jours plus tôt encore, étaient considérés comme des criminels. Onze mois après le déclenchement des événements de juillet 1789, la population était toujours en alerte. Le souvenir de l'incendie des barrières ne s'est point estompé, il est au contraire ravivé par cette procédure de la cour des Aides. La violence ici ne peut être évitée ni contenue. Risquons-nous à nous demander si elle doit l'être ? Un face-à-face indécis se profile. Une violence légitime émane du pouvoir judiciaire qui ne possède pas pour autant une légitimité probante aux yeux de la population. La cour des Aides s'obstine à voir dans les incidents aux barrières des délits répréhensibles. Aussi, cet antagonisme entre le pouvoir judiciaire et le

---

[580] Jacqueline-Lucienne Lafon, *La Révolution française face ...*, *op. cit.*, p. 73 et suivantes.

[581] AN, F^7 3688^1, dossier n°147, Incendie des barrières ; lettre de la Pourielle, le 29 juin 1790.

peuple risque de se transformer en une lutte physique. La haine qui a pu se cristalliser sur la Ferme générale s'est déplacée sur cette juridiction, encore debout, de l'Ancien Régime. De La Pourielle, le rapporteur de l'affaire, considérant que le procès prenait une tournure qui laissait craindre de graves débordements, avait saisi les députés, ajoutant qu'il « ne travaillerait plus à cette instruction que lorsque l'Assemblée aura [fait connaître sa décision] à la compagnie »[582]. La déclaration du rapporteur, en date du 29 juin, fut complétée immédiatement le 30 par un arrêté de l'Élection. Les conseillers adoptaient la même démarche que le procureur et estimaient que l'on cherchait « à exciter le peuple contre le ministre de la Justice, en annonçant dans les feuilles périodiques des complots à faire périr les meilleurs patriotes et les auteurs de la Révolution, en disant qu'on attente à la liberté de ceux qui les premiers ont mis en fuite les ennemis de l'État et leurs espions, qui ont essayé de détruire les monuments de l'esclavage [...] »[583]. De manière officielle, l'Élection renonçait à toute poursuite et passait le relais à l'Assemblée nationale. S'en remettre à la décision du corps législatif permettait au moins de couvrir ses arrières et de faire retomber la colère de la population ou de la déplacer, d'autant plus que la juridiction était condamnée à disparaître.

L'Assemblée nationale règle l'affaire

Le comité des Rapports de l'Assemblée fut saisi le 30 juin. En une journée, les membres se réunissent et se procurent les pièces du dossier de l'instruction. Il n'est pas possible d'examiner attentivement toutes les pièces de la procédure, car le temps presse à la veille de la fête de la Fédération. Le député Jean-François Reubell a bien compris les enjeux qui tournent autour de l'incendie des barrières. Ainsi, en commémorant la prise de la Bastille, le corps législatif prend des « précautions pour la tranquillité publique [alors que] la cour des Aides en prend d'une autre nature [en] poursuivant un grand nombre de citoyens qui sont coupables d'avoir étendu l'esprit de la révolution de la Bastille et des Invalides aux barrières »[584]. En demandant que les députés étudient rapidement

[582] AN, Z^{1A} 886, déclaration de La Pourielle, le 29 juin 1790.
[583] AN, Z^{1A} 886, procédure de la Cour des Aides qui sursoit à l'instruction des incendies des barrières de juillet 1789 et du couvent Saint-Lazare, le 30 juin 1790.
[584] *Le Moniteur Universel*, t. 5, n°184 du 3 juillet 1790, p. 24.

l'affaire, le représentant de Colmar connaît la tension qui agite la population parisienne. Implicitement, Reubell tranche en faveur d'une renonciation des poursuites. Muguet, le rapporteur du comité des Rapports, va dans le même sens et considère qu'il faut déclarer la procédure nulle et non avenue. Dans la foulée, l'Assemblée se range aux mêmes conclusions, non sans que l'abbé Maury n'intervienne dans le débat en s'opposant à l'arrêt de la procédure judiciaire qu'il considère comme un acte déshonorant la justice ; il s'agit, selon lui, d'un jugement d'impunité. Sur le fond pourtant, il semble que le député du clergé du bailliage de Péronne ait eu raison.
L'interruption du procès aboutit non seulement à l'arrêt définitif des poursuites, mais l'Assemblée viole les règles élémentaires de la procédure. Le décret adopté tempère amplement la procédure et les députés apparaissent comme des bienfaiteurs face aux abus des deux cours :

« L'Assemblée Nationale, ayant entendu son Comité des Rapports, décrète que la procédure criminelle, commencée le 24 février dernier, sur la réquisition du Procureur Général de la Cour des Aides de Paris, concernant l'incendie des barrières, au mois de Juillet 1789, & renvoyée à l'Élection, demeurera comme non-avenue ; que défenses seront faites, tant à ladite Cour des Aides qu'aux Officiers de l'Élection, d'y donner aucune suite ; que les personnes arrêtées ensuite des Décrets rendus dans cette procédure, & non prévenues d'autres délits, seront mises en liberté, & que le Président se retirera par-devers le Roi, pour supplier Sa Majesté de donner les ordres nécessaires pour l'exécution du présent Décret »[585].

Il a fallu que l'Élection appelle au secours la représentation nationale qui, selon la juridiction, était la seule capable de décider de la poursuite du procès. Durant quatre mois, depuis le 24 février, l'Élection appliqua les règles de l'instruction, délivrant les décrets d'assignés et de prise de corps, faisant comparaître les témoins, et en arrêtant les personnes suspectées d'avoir joué un rôle essentiel lors de l'incendie des barrières. La procédure, en toute légalité, respectait les étapes judiciaires. Pourtant, le 4 juillet, les douze prévenus furent libérés et purent sortir de la Conciergerie[586].

Que s'est-il passé pour que ce travail de longue haleine s'arrête subitement ? Pourtant, quelques mois plus tôt, le 22 mars 1790,

---

[585] *Décret relatif à la Procédure de la Cour des Aides sur l'Incendie des Barrières au mois de Juillet* 1789, du 1er juillet 1790, collection Baudouin, vol. 4.
[586] APP, AB 130, 4 juillet 1790.

quelques jours avant l'ouverture de l'information, l'Assemblée avait ordonné le rétablissement des barrières dans tout le royaume. L'élan d'enthousiasme et de générosité qui suit le vote à l'Assemblée est précédé par la motion du comité des Rapports qui explique et analyse la procédure. Comment les membres du comité ont-ils pu, en moins de deux jours, étudier scrupuleusement un dossier aussi important ? À l'évidence, les députés n'ont pu avoir qu'une idée partielle du contenu de l'information qu'ils avaient sous les yeux. Muguet retrace de manière convenable la chronologie de l'affaire devant l'Assemblée, mais il commet néanmoins quelques erreurs qui ne prêtent pas à conséquence, mais étale une connaissance imparfaite du dossier. Il indique à ses collègues que 82 témoins furent entendus dont 70 appartiennent au corps de la Ferme[587]. Cependant, Muguet ne se trompe nullement quant au nombre de personnes arrêtées. Le 30 juin, quatre députés se rendent au greffe de la cour des Aides afin de se faire remettre les pièces, minutes et procédures[588]. Les soixante procès-verbaux du mois de juillet 1789 furent transmis au comité des Rapports ainsi que l'information, qui contenait les témoignages. Les membres du comité se firent délivrer également un extrait du registre du greffe de la Conciergerie sur lequel les onze prévenus écroués apparaissaient[589]. D'autres pièces complémentaires figuraient dans le dossier : la réclamation de la garde nationale de Montmartre pour la libération d'un citoyen emprisonné en juin 1790, membre de la garde nationale ainsi que celle de son épouse ; la délibération de la section de Nazareth et l'adresse envoyée par cette dernière à l'Assemblée ; enfin, les prises de corps opérées par les officiers de robe courte qui conduisirent les onze prévenus à la Conciergerie[590].

---

[587] En réalité, 81 témoins sont entendus dont 4 ne sont pas des employés de la Ferme ; une 2ème erreur (coquille ?) mentionne que le tribunal de l'Élection sursoit au procès le 30 mai ; il faut lire le 30 juin.

[588] En dehors de François-Félix-Hyacinthe Muguet, la délégation est composée de trois autres députés (Charles-louis-Victor de Broglie, Claude Ambroise Régnier et Pierre Guillaume Henri Giraud), d'un secrétaire et d'un greffier ; le comité des Rapports avait pour tâche d'enquêter sur les désordres et troubles dans les départements et, de manière plus générale, à tout ce qui touche la question de l'ordre public.

[589] AN, D XXIX 62, Extrait du registre du greffe des prisons royales de la Conciergerie du Palais à Paris en date des 16 et 18 juin 1790, délivré par le concierge le 30 juin 1790.

[590] AN, D XXIX 62, Extrait du registre des délibérations de la section de Nazareth du 26 juin 1790 (notons qu'à cette date les districts ont disparu, mais les délibérations

On peut difficilement imaginer que les députés, même secondés dans leur tâche par le secrétaire et le greffier, ont pu, en un temps record, lire et analyser tous les procès-verbaux et les témoignages. Quelques notes ont été prises à partir des pièces du dossier, comme le confirment certains feuillets, ressemblant à un *mémento*, en retraçant rapidement le cours de l'instruction depuis le 10 février 1790. Ce qui frappe dans ce brouillon provient d'une note écrite qui fait mention d'un marchand de vin, 61ème témoin, qui réside à la barrière du Roule. Quel indice a pu attirer l'attention des députés ? Ce tenancier du débit de vin indique dans son témoignage qu'une quinzaine d'individus est entrée dans son cabaret le 13 juillet au soir, « tous des ouvriers, portant à la main des marteaux de tailleurs de pierre ou de maçons ». Jusque-là, rien d'extraordinaire que l'on ne retrouve déjà dans la très grande majorité des témoignages, où des ouvriers, probablement affectés à la construction de la clôture fiscale, se sont mêlés aux destructions. L'intérêt est ailleurs, car, dès le lendemain, 14 juillet, d'autres personnes viennent s'installer dans le cabaret dont deux individus qui proposent au tavernier une somme juteuse afin qu'il se joigne au groupe « pour continuer à brûler les barrières »[591]. Que le témoin soit un homme du peuple ajoute une probité incontestable à une déposition qui ne peut être suspectée de partialité, au contraire de celle des « employés de la Ferme [qui ont] un intérêt marqué dans cette affaire », comme le fait remarquer Muguet dans un des points qu'il soumet à ses collègues le 1er juillet[592]. De surcroît, l'individu fait partie du monde du vin, alors qu'un grand nombre de personnes décrétées de prise de corps sont justement des marchands de vin, suspectés de fraude. Ainsi, le témoignage se veut d'autant plus intègre, émanant d'un même groupe social. L'idée d'exploiter ce témoignage, à la charge des inculpés, a pu effleurer le comité ; cela allait dans le sens de l'interprétation qu'en donnaient les cours de l'Élection et des Aides. L'arrêté de l'Élection du 30 juin insistait sur ce point crucial, sans équivoque, soutenant « qu'il n'est que trop prouvé que le plus grand nombre de ceux qui se sont livrés à ces excès et à ce désordre sont ceux qui étaient dans l'habitude *de s'opposer souvent avec violence* à la perception des impôts aux

continuent d'être enregistrées sous l'ancien nom (depuis mai 1790, le district des Pères-Nazareth, associé à d'autres, devient la section du Temple).

591 AN, Z^{1A} 886, Information…, 61ème témoin.

592 *Le Moniteur Universel*, t. 5, n°184 daté du 3 juillet 1790, p. 24, 1er juillet 1790.

entrées de la capitale »[593]. Poursuivre le procès, c'était prendre le risque d'une répression légale, mais dangereuse politiquement. En outre, sur les onze prévenus (si l'on excepte le 12ème, Musquinet de Saint-Félix), trois sont considérés comme des citoyens intègres, auxquels il faut ajouter l'épouse de l'un d'eux. Quatre personnes sur onze reçoivent donc un soutien appuyé de leur section respective. Ces positions ne peuvent que faire réfléchir, voire influer sur la décision des membres du comité. Ces marques de sympathie n'émanent pas seulement de simples citoyens, mais proviennent de ceux qui composent l'élite administrative, politique et militaire, c'est-à-dire les citoyens actifs et la garde nationale. Cela suffit certainement au comité qui ne se risque pas à pousser plus loin ses investigations à la recherche d'une culpabilité trop incertaine. Il devient alors inutile de se pencher sur les liasses trop nombreuses que forment les procès-verbaux. Avant même de faire l'historique de la longue procédure, Muguet évoque au préalable « le grenadier et sa femme [le couple Cuisset], emprisonnés en vertu d'un des décrets », qui « sont réclamés » par la commune de Montmartre. Le député met en avant la fonction de l'individu incarcéré et non son activité professionnelle. Comment un garde national peut-il tremper dans une histoire de fraude, de pillage, d'incendie, alors même qu'il donnerait sa vie pour la liberté de la nation ? La garde nationale de Montmartre s'émeut du sort que subissent Cuisset, citoyen grenadier, et sa femme, appréhendés le 18 juin à 3h du matin et conduits à la Conciergerie[594]. Cuisset et son épouse sont, selon la réclamation, « notoirement reconnus sur ce territoire, pour incapables d'avoir participé directement ou indirectement aux brigandages [...] ». Au contraire, « Cuisset, dès les premiers instants de la Révolution, n'a cessé de faire son service avec zèle comme tous les bons citoyens pour empêcher les brigandages et notamment veiller à la conservation des barrières et à la protection des commis [...] ». Un pareil appui, indéniablement, ne pouvait que marquer les esprits du comité. Cuisset ne resta pas inactif dans sa prison et écrivit à son commandant afin qu'il intercède en sa faveur auprès de la cour des Aides[595].

---

[593] *Le Moniteur Universel*, t. 5, n° 201, daté du 20 juillet 1790, p. 167 ; le même arrêté se retrouve aux AN, D XXIX 62 et dans AN, Z^{1A} 886 ; la partie de la phrase en italique est soulignée dans le document original, conservé aux Archives.

[594] AN, D XXIX 62, demande de la garde nationale de Montmartre pour la libération de Cuisset.

[595] AN, D XXIX 62, lettre de Cuisset à Laurent, capitaine de la compagnie des grenadiers de Montmartre, 27 juin 1790.

Dans la section de Nazareth, les épouses Cochois et Clement – dont les maris sont incarcérés — demandent à être introduites devant l'assemblée. Après avoir entendu les deux femmes, les membres décident à l'unanimité de rédiger une adresse à l'Assemblée nationale afin de dénoncer la conduite de la cour des Aides. Ils réclament l'élargissement de ses deux habitants domiciliés, sans oublier « tous les citoyens détenus à raison du fait dont il s'agit [...] »[596]. Les membres de la section rappellent le temps long avant que la justice ne se réveille et déclenche une offensive outrancière. On pensait peut-être que l'affaire des incendiaires était oubliée de tous et qu'un pardon implicite des exactions commises s'exerçait pour l'ensemble de la population. Il n'en est rien et les sectionnaires sont outrés de l'attitude détestable de la juridiction qui, « après un an du silence le plus perfide [...] reçoit à huis clos la plainte de son procureur général, informe sourdement et forge dans les ténèbres des décrets en vertu desquels plusieurs citoyens sont arrachés de leurs maisons, et jetés dans des cachots et chargés des fers qui ne doivent étreindre que les scélérats convaincus »[597]. Les magistrats de la cour sont discrédités, car ils servent toujours « le régime barbare du despotisme judiciaire ». L'adresse signée par l'organe administratif de la section ne se prononce pas sur le fond, c'est-à-dire sur l'innocence ou la culpabilité de Clement et de Cochois. Les sectionnaires sont indignés de constater que des citoyens domiciliés peuvent encore subir, au mépris de l'article 9 de la Déclaration des droits, les foudres vexatoires et infamantes de la cour des Aides. La section convient que ce sont « sans doute des actes illégitimes [ceux de juillet 1789], mais qui ont servi la plus juste et la plus belle des causes ».

Le député Muguet ne dit pas autre chose lorsqu'il intervient devant ses pairs. La procédure ne peut plus être poursuivie à l'approche de la Fédération et l'action judiciaire « ne pourrait jeter que de la défaveur sur un tribunal dont la confiance publique n'est déjà que trop éloignée. À l'instant de l'anniversaire de cette époque mémorable, il faut jeter un voile sur le passé ». C'est « le besoin d'être libre qui agitait un peuple nombreux ; il [le peuple] ne considérait les employés que comme les agents de perceptions arbitraires, de vexations dont il avait été trop

---

[596] AN, D XXIX 62, délibération de la section de Nazareth.
[597] AN, D XXIX 62, adresse à l'Assemblée nationale de la section de Nazareth.

longtemps la victime. [...] ; il a brûlé les barrières, mais de la même main, il a pris la Bastille et assuré la liberté ». Le peuple ne fait qu'un dans le discours de Muguet ; celui-ci se refuse à dissocier les fraudeurs du bon peuple. Le député repousse même l'idée de fraude puisqu'il ne la nomme que de manière indirecte à travers ces « intérêts personnels ». Ce n'est pas la grande majorité de la population qui se livrait à des excès inexcusables, ce ne fut qu'un petit nombre, ajoute Muguet. Faute de pouvoir confondre l'innocent du coupable, il faut alors renoncer à toute poursuite. Ce peuple qui recouvrait ses droits naturels ne devait pas être pourchassé pour les exactions aux barrières. La prise de la Bastille établit-elle « une légitimation rétrospective de l'assaut donné aux barrières » comme l'indique H. Burstin ?[598] Faut-il comprendre que la chute de la forteresse n'entache nullement les événements précédents et garantit une impunité judiciaire à ceux qui se sont livrés à la destruction des barrières ? En temps normal, en dehors d'une période de troubles et de bouleversements, les juridictions auraient continué, c'est fort probable, leur travail besogneux à la recherche de tout incident aux barrières.

Si trois personnes ont bénéficié d'un soutien franc, que faire de ces huit autres individus pour lesquels aucune section, aucun bataillon de la garde nationale n'intervient ni ne réclame leur libération ? Comment doit-on alors réagir à la situation de *Bataille* ou de *Cœur de Bois* ? Le comité des Rapports s'expose au ridicule, emportant avec lui, l'ensemble de la représentation nationale, en permettant de continuer un procès où le nombre des inculpés fond comme neige au soleil ! Il y va de la crédibilité de l'Assemblée qui est mise à mal et qui a essayé, jusque-là, de soutenir les juridictions de l'Élection et des Aides, non par conviction, mais par nécessité. Face à une opposition flagrante des corps constitués (sections et garde nationale), face à la virulence de la presse et face à l'agitation de la population aux abords et à l'intérieur du palais de justice, les députés voyaient leur marge de manœuvre extrêmement réduite, voire inexistante. Malgré eux, une seule solution s'imposait : renoncer à toute poursuite.

[598] Haïm Burstin, *Une Révolution à l'œuvre..., op. cit.*, p. 61.

Chapitre 14
Quelles sont les accusations ?

Portrait des douze accusés

Si « l'homme du peuple » peut se réjouir de l'arrêt définitif de toute poursuite et de la libération de ces 11 hommes et de la femme qui furent emprisonnés plus de deux semaines en juin-juillet 1790, l'historien « reste sur sa faim » ! La décision prise par l'Assemblée bloque toutes possibilités d'en savoir davantage, de faire plus ample "connaissance" avec les inculpés, d'entendre leurs voix, même déformées, à travers le prisme des interrogatoires. Que sait-on de leur identité, hormis le nom et le quartier dans lequel ils résident et travaillent ! Quels âges ont-ils ? Sont-ils nés à Paris, en province ? De quoi vivent-ils ? Comment ressentent-ils leur inculpation et leur arrestation ? Qu'ont-ils à dire de ces journées de juillet 1789 ? Toutes ces questions trouvent difficilement une réponse. Néanmoins, sur cette courte durée, entre 1785 et 1789, certaines informations éparses, quelquefois plus abondantes, permettent de brosser le portrait de ces êtres. Lorsque des perquisitions sont menées, quand des employés dressent un procès-verbal, ces individus se matérialisent, ils deviennent enfin visibles. Tous ne sont pas des inconnus, certains ont acquis une notoriété, loin d'être positive. Beaucoup ont eu des différends avec la justice, quelques-uns ont « goûté » à la geôle de la Conciergerie.

Partons à la rencontre de ces personnages et voyons ce que nous dévoilent ces papiers. Lorsqu'on se penche sur les faits incriminés, les individus inculpés ne sont pas exempts de tout reproche. La cour des Aides et son procureur ont raison sur ce point : de nombreux personnages se sont souvent opposés à la Ferme, bien avant le déclenchement de l'attaque aux barrières. Les nommés Bataille, Cœur de Bois, le couple Cuisset ou Plisson sont désignés à plusieurs reprises par les employés ; ils ont incontestablement participé au saccage des barrières, mais de quoi les accuse-t-on réellement ?

Pour s'emparer de Plisson, maître voiturier ou charron, il a fallu déployer certains moyens, tant l'homme ne fut pas facile à identifier et à retrouver. Le décret de prise de corps hésite dans la graphie de son nom. Tantôt, il apparaît sous le nom de Bisson, à d'autres occasions, on le retrouve sous le patronyme de Blisson. Arrêté dans la nuit du 18 juin 1790 dans un immeuble de la rue de Rochechouart, Plisson a changé de domicile entre 1789 et 1790. En juillet 1789, Plisson habite non loin de là, dans la rue Cadet, à l'étage d'un débit de boissons, le *Bienfaisant*. D'ailleurs, l'huissier qui lui lit le décret de prise de corps lui demande s'il « ne demeurait pas autre part » auparavant. La question est loin d'être anodine. Deux jours plus tôt, lors des premières arrestations dans la nuit du 15 au 16 juin, l'huissier avait déjà investi le nord-ouest de la ville à la recherche des prévenus. Ses pas l'avaient conduit à l'extrémité de la rue Blanche, vers la butte, où il avait notamment arrêté Bataille. Il est probable que les deux hommes, Plisson et Bataille, se connaissent ; tous deux sont vus au bureau Blanche le 13 juillet 1789. Le premier, en compagnie de Fontaine, franchit la barrière sans encombre, à bord d'une voiture remplie de vin, alors que Plisson, quelques heures plus tard, se trouve dans la même zone à la tête d'un groupe, armé de bâtons et de piques. C'est Plisson qui avance vers les commis ; il prend la parole d'un ton déterminé et annonce qu'il « avait ordre de brûler les barrières » et qu'il était « le cousin de M. Mirabeau et payé par lui »[599]. Sur ces paroles, le groupe qui l'accompagne saccage le bureau. La manière de s'exprimer, les mots utilisés et l'arrogance dont fait preuve Plisson sont des composantes qui permettent de comprendre quelles peuvent être les raisons de son inculpation. En outre - c'est sans doute l'élément déterminant - les paroles qui font état d'une participation indirecte de Mirabeau dans le cours des évènements ont peut-être interpellé les membres du comité des rapports. Toutefois, aucun témoignage durant la procédure ne vient corroborer une quelconque participation de Mirabeau. Il ne faut pas prendre à la lettre l'allégation qui tend à établir un lien de parenté entre ces deux hommes. Lorsque Muguet et ses collègues épluchent le dossier, Mirabeau demeure une figure incontournable, un fervent adversaire du despotisme. Pour le moment, sa popularité est encore intacte, sa duplicité avec la royauté n'a pas encore éclaté au grand jour. S'attaquer au noble déclassé, c'est s'attaquer à la Révolution ! S'attaquer à Plisson, c'est défier indirectement la figure de Mirabeau. Évidemment, aucune preuve, pas même une simple conjecture, ne peut être avancée pour accréditer une telle démarche à l'encontre de Mirabeau. En 1786, le nom de Plisson apparaît dans les écrous de la Conciergerie. Déjà, il connaît des démêlés

[599] AN, Z^{1A} 886, Information…, P-V. à la barrière de Clichy, 13 et 14 juillet 1789.

avec l'Élection qui l'incarcère à la Conciergerie[600]. Grévin, l'huissier à cheval, se rend à son domicile, rue Poissonnière (toujours dans le même quartier, avec toutefois trois changements d'adresse en moins de quatre ans). La juridiction avait, depuis août 1786, délivré un décret de prise de corps, mis à exécution en septembre. Plisson restera deux semaines en prison et sera libéré le 16 septembre 1786, tout en continuant à être en état d'ajournement personnel.

Le couple Cuisset, qui a le soutien de la garde nationale de Montmartre, n'est pas épargné par les employés de la Ferme ; l'homme est affublé du titre de fraudeur. Il n'est pas surprenant de le retrouver en compagnie de sa femme le 12 juillet 1789, à quelques pas de leur domicile, près d'un poste d'observation dans la rue Coquenard. L'homme et la femme auraient, en compagnie de Monnier, introduit du vin en fraude ; ils sont également accusés d'avoir menacé de « jeter au feu » les commis qui osaient encore s'interposer. Le couple est vu une deuxième fois, au petit matin du 13 juillet, saccageant le bureau de Buffaut[601]. Le nom du couple n'apparaît plus par la suite, mais le bureau Montmartre fut saccagé à de nombreuses reprises entre le 11 et le 14 juillet, et l'on peut supposer que les jours suivants, le couple ne fut pas indifférent aux saccages dans leur quartier et qu'ils furent à de nombreuses reprises, présents aux abords des barrières. Les accusations sont ainsi multiples à l'encontre du couple Cuisset : introduction frauduleuse de boissons, menaces envers les employés dans leur fonction, destruction de biens et incendie.

À l'est de la capitale, Cochois (ou Cauchois), qui demeure rue Saint-Maur en juillet 1789, est reconnu à la barrière du Marais. Le soir du 12 juillet, l'homme fait partie d'un groupe que les employés ont facilement identifié. Ces individus sont d'ailleurs virulents et s'attaquent aux roulettes d'observation avant de s'en prendre au bureau en y mettant le feu. Puis, de manière classique, ils chargent des barils et pénètrent dans la ville[602]. Clement, « garçon jardinier et terrassier », un habitant du

---

600 APP, AB 128, écrou de Julien Plisson, le 2 septembre 1786 ; nulle trace dans les archives de l'Election d'un quelconque dossier sur Plisson à cette date.

601 AN, Z^{1A} 886, Information…, procès-verbal des employés à la barrière 12 juillet 1789 et jours suivants ; Information…, 43ème témoin, à la barrière.

602 AN, Z^{1A} 886, Information…, P.V. des employés à la barrière du Marais, 12 juillet 1789 et jours suivants.

quartier est vu avec Cochois à la barrière de la Haute-Borne le 12 juillet 1789, jetant par les fenêtres du bureau les affaires du brigadier[603].

Leblond, un des accusés, est assis sur les bancs au Palais. L'homme fut difficile à tracer, car son identité posa quelques problèmes. Louis Marna, car tel est son nom, est aussi un « habitué » de la fraude, selon la phraséologie de la Ferme. L'Élection l'identifie sous un autre patronyme – Leblond - qui semble être son surnom. Mais la réciprocité semble vraie également : l'homme est désigné comme « Leblond dit Marna » dans les témoignages et il apparaît sous l'appellation Le Blond sur la liste des décrets de prise de corps[604]. Le 14 juillet 1789, Marna fait partie d'un groupe qui assaille le bureau de Neuilly et le saccage considérablement, s'en prenant aussi aux trois roulettes d'observation près des locaux. Il n'est guère étonnant de le rencontrer dans ce lieu et, comme d'autres confrères et amis, Marna demeure dans la proche banlieue, en dehors de la limite fiscale, près de « l'Étoile de Chaillot »[605]. Ce marchand de vin n'est pas le seul à s'attaquer aux bâtiments de la Ferme et les employés identifient d'autres individus qui ne seront pas inquiétés. Au printemps 1789, les employés avaient saisi une quantité importante de vin, de liqueur et de tabac dans une cabane sur le chemin de Neuilly, sur le taillable, qui appartenait justement à Marna (Marnat)[606]. Ce fut une victoire pour la Ferme qui mettait un frein provisoire aux manigances du marchand de vin. Les employés avaient attendu le moment favorable pour perquisitionner dans cette cabane, entourée d'un jardinet. Lorsqu'ils sollicitent le commissaire de police, ils lui notifient nettement que la masure construite sert « à dessein d'y faire un commerce frauduleux de tabac et de boisson ». Devant le refus du marchand de vin de suivre le commissaire, ce dernier

---

603 AN, Z^{1A} 886, cotte et noms des différents particuliers qui ont vu briser, cassé, et incendié les bureaux et barrières de la Haute Borne et de Popincourt ; et les noms des personnes qui ont travaillé à brûler les meubles et effets étant dans les bureaux, d'après les informations faites aujourd'hui, acte dressé le 1er aout 1789, 23ème pièce ; Information…, 56ème témoin.

604 AN, Z^{1A} 886, Information faite par l'adjoint de La Pourielle, 22 juin 1790, contre les auteurs des événements et incendies arrivés dans le mois de juillet 1789, tant aux barrières qu'à la maison Saint-Lazare ; pour Marna, le décret de prise de corps est manquant dans les papiers.

605 AN, Z^{1A} 886, Information…, P.V. des employés de la barrière de Neuilly, 14 juillet 1789.

606 AN, Y 13319A, office du commissaire Grandin, P-V. pour les Fermes générales du roi contre Marnat, 13 mai 1789 ; (9 sacs de toile remplis de tabac, plusieurs barils de liqueur et une quinzaine de demi-queues de vin furent saisis dans la cave).

procède à l'ouverture du local et de la cave dans laquelle les marchandises prohibées sont découvertes. Le tabac est emporté à l'hôtel de Longueville, pendant que les boissons sont transportées à l'hôtel de Bretonvilliers. Marna refusa de signer le procès-verbal de saisie et, face à l'impressionnant dispositif d'ordre, composé de la garde à cheval et des employés, il ne chercha aucunement la confrontation. La perte financière pour Marna est difficile à accepter. L'investissement entrepris – la cabane et le terrain, sans compter l'achat des marchandises – correspond à des sommes énormes. Pour le moment, les biens sont seulement saisis (et non encore confisqués), mais la machine judiciaire est déjà en marche. Marna n'est pas pris en flagrant délit de fraude et il sait qu'il ne risque pas la prison. Néanmoins, la perte de ses biens est un coup dur et la perspective de payer une amende est réelle. Quatre mois plus tard, à la fin de l'été 1789, après avoir été sommé par exploit d'huissier à comparaître, Marna perd définitivement sa marchandise : les 12 barils de vins et autres liqueurs sont acquis à la Ferme qui obtient une condamnation pécuniaire à l'encontre de Marna et du menuisier, Gervais Pradel (Pradelle) dit la Violette, qui avait construit la cabane et y logeait[607]. Marna n'a pas pu oublier ce que lui coûtait ce système fiscal. Deux mois à peine s'écoulent entre la saisie des biens et sa participation à la destruction des barrières.
Nous avons peu d'éléments sur Marie-Françoise Picot (Picault ou Picaut) qui intervient le 14 juillet dans le fameux bureau des Bonshommes. Alors que les statues sont détruites, elle dirige un groupe d'une vingtaine de personnes qui met le feu au bâtiment et emporte plusieurs centaines de bouteilles de vin entreposées dans la cave[608].

Parmi cette masse d'individus qui eurent des démêlés avec les employés et, de manière générale, avec la justice, certains noms, plus que d'autres, traversent ces années. Ces individus ne sont jamais seuls et sont intégrés dans une chaîne de solidarités où la vie des uns est inextricablement liée à celle des autres. Non seulement leurs manigances suspectes sont étroitement surveillées par la Ferme, mais leurs altercations avec les commis sont notoirement connues. Sur le même banc d'accusés, deux autres hommes sont poursuivis par la justice. Ils n'ont peut-être pas véritablement l'envergure de chefs qui dirigent des actions, mais ces individus peuvent être considérés comme

[607] AN, Z^{1G} 174, confiscation et condamnation de Marna, le 3 septembre 1789.
[608] AN, Z^{1A} 886, Information..., 12ème témoin.

des lieutenants, des bras droits. Des tâches plus prosaïques leur incombent. Sorte de porte-parole ou de protagoniste, ces intermédiaires détiennent une portion d'autorité[609]. Ils font la jonction entre les chefs et la masse des porteurs de vessie. Deux de ces hommes opèrent en juillet 1789 et leur vie est intimement liée aux barrières et à la fraude ; ce sont Pierre Bataille et Jacques Lefevre.

Pierre Bataille est omniprésent lors des assauts sur les bâtiments de l'octroi. L'homme est déjà sur le front en cette nuit du 9 au 10 juillet 1789[610]. Le personnage semble être partout en même temps ; on le rencontre à plusieurs reprises aux différentes barrières : le 11 juillet à Blanche ; le 12, toujours dans les mêmes parages ; le 13, à la barrière Monceau. Bataille allume le feu et encourage fortement la population à ravager les bureaux. Il introduit des voitures remplies de vin ou d'eau-de-vie. Bataille a pris le dessus sur les employés en leur signifiant clairement « [qu'ils] étaient les maîtres de barrières ». Nul besoin cette fois de vider des futailles d'eau-de-vie dans des vessies, l'opération se déroule au grand jour. Après que le bureau Blanche a été incendié, ce sont plusieurs charrettes remplies de tonneaux qui pénètrent dans Paris et, à chaque fois, Bataille est vu en première ligne, semblant diriger les opérations[611]. L'homme a sévi de nombreuses fois dans les bureaux en juillet 1789, mais aucune trace de l'individu dans les années précédentes n'est repérable. Aucune information judiciaire antérieure ni aucun écrou ne viennent apporter d'autres précisions sur Bataille (ou Privat de son vrai nom).

Le deuxième personnage, Jacques Lefevre dit *Cœur de Bois*, n'est pas un inconnu. Bataille et lui se fréquentent et entretiennent sans doute une amitié ; les deux hommes sont capturés en juin 1790 au même moment dans la demeure de Bataille. Lefevre ne fait pas partie de la masse de ces individus obscurs, arrêtés pour avoir uniquement transporté quelques vessies remplies de breuvage. Loin d'être un anonyme, Lefevre est associé étroitement à la clôture fiscale. Davantage que les autres inculpés, son nom, en juillet 1789, résonne à de nombreuses

---

[609] Pour cette notion de protagoniste, Haïm Burstin, « La biographie en mode mineur : les acteurs de Varennes, ou le protagonisme révolutionnaire », *RHMC*, 2010/1 (n°57/1), p. 7-24 ; Haïm Burstin, *Révolutionnaires…*, *op. cit.*, p. 151 et suivantes ; Jacques Guilhaumou, *L'avènement des porte-parole de la République, 1789-1792, essai de synthèse sur les langages de la Révolution française*, Villeneuve-d'Ascq, Septentrion, 1998.

[610] L'incident est relaté plus haut, AN, Z^{1G} 217, procédure à l'Élection de Paris contre Pierre Bataille, garçon marchand de vin.

[611] AN, Z^{1A} 886, P.V. des commis de la barrière de Clichy, les 12 et 13 juillet 1789.

reprises dans de multiples bureaux. On le voit une première fois le 12 juillet aux barrières du Temple et de Saint-Louis à la tête des bandes qui frappent le bureau ; alors qu'ils sont huit hommes à transporter des barils, le brigadier reconnaît aussitôt Lefevre[612]. Une heure plus tard, près du bureau de la Croix, Lefevre est remarqué, car il fait partie de « cette bande d'incendiaires »[613]. Dans la nuit, vers 4h du matin, il se déplace plus à l'est au bureau de Picpus où il tient « une épée à la main, à la tête d'une troupe », réclame du feu à un particulier dont la demeure est voisine de la barrière et force un employé à mettre le feu sur l'amoncellement d'objets et meubles[614]. Alors que le calme revient dans la ville, les employés s'efforcent le 17 juillet de réintégrer leur poste, mais Lefevre, aidé par des compères, les chasse[615]. Il est chez lui à la Courtille, à Belleville. C'est son quartier, son village, et la fraude est son terrain de prédilection. Lefevre fut arrêté à deux reprises en 1787 pour fraude d'eau-de-vie et incarcéré pendant plusieurs jours à la Conciergerie. En août 1789, un mois après avoir fait parler de lui, Lefevre sera de nouveau écroué, cette fois-là, pour avoir tenté d'introduire du faux sel dans Paris[616].

Qui ne connaît à la Courtille les frères Lefevre où ils y passent le plus gros de leur temps. On peut les rencontrer dans un cabaret du coin, attablés, à boire un verre ou manger un morceau. Mais leur champ d'action va au-delà de ce périmètre réduit. La nuit venue, les voilà qui transportent du vin ou de l'eau-de-vie dans des voitures attelées sur le chemin de Pantin et de la Villette, leur objectif étant d'inonder littéralement les débits de boissons aux portes de Paris. Mais d'autres quartiers leur sont ouverts, du moment que le trafic peut s'y faire. Qu'importent les risques, ils les connaissent, sans pouvoir toujours les maîtriser. Les heurts avec les employés font partie de cette vie faite d'aléas où les périls sont monnaie courante. Les dangers sont acceptés, le risque d'une rencontre inopportune avec les commis reste une menace permanente. Une vie sans périls ne les intéresse pas. Le mouvement est nécessaire à leur existence. Ces hommes, fatalement, se font prendre lors de certaines opérations. Lorsque les circonstances ne leur sont pas trop défavorables, c'est la confiscation des marchandises

612 AN, Z[1A] 886, Information…, 40ème témoin, à la barrière du Temple ; P.V. des employés à la barrière Saint-Louis, le 12 juillet 1789.
613 AN, Z[1A] 886, Information…, 48ème témoin.
614 AN, Z[1A] 886, Information…, 53ème et 54ème témoin.
615 AN, Z[1A] 886, Information…, 49ème, 50ème témoin, barrière de la Croix.
616 APP, AB 130, écrou en date du 22 août 1789.

qui est opérée par la Ferme, avec, à la clé, une amende. Lorsque les faits reprochés sont plus graves, la justice n'hésite pas et se saisit d'eux en les envoyant quelque temps à la Conciergerie. Mais rien n'y fait ; à peine sortis, ils recommencent de plus belle. Il n'y a pas de leçons à attendre de la prison. Cette vie vécue et désirée est intrinsèquement associée à la nature de la fraude. Cela devient non plus un métier qui nourrit un individu, mais un état naturel qui colle à la peau.
Les frères Lefevre, comme beaucoup de Parisiens, ne sont pas originaires de la Ville-Lumière. Nés dans la Beauce, dans le diocèse de Chartres, à Gassicourt, près de Mantes, Nicolas et Jacques Lefevre, âgés respectivement de 23 et 25 ans, demeurent à la Basse Courtille. Le premier se gratifie du titre de vigneron, alors que le deuxième se targue d'être tonnelier. Tous deux sont donc en contact direct avec la vigne et le vin. Si le cadet ne porte pas de surnom, l'aîné véhicule le sien comme un signe de reconnaissance. Très souvent, Jacques Lefevre est désigné par son sobriquet *Cœur de bois* qui lui colle véritablement à la peau. Régulièrement, les pièces des procédures utilisent le surnom, en lieu et place de son patronyme. Autant dire que c'est sous cette dénomination que ses amis et les employés de la Ferme le connaissent. Faut-il chercher une analogie avec le métier dont il se vante et qui n'est pas à la portée du premier venu ? L'activité de tonnelier exige des compétences accrues dans ce domaine. Le geste multiséculaire - la main qui martèle les lattes de bois -, le coup d'œil du façonnage et le montage des douelles sont des opérations complexes. C'est un travail de précision, relayé par une relative force physique où les journées peuvent être harassantes, mais tout aussi enrichissantes à la vue des tonneaux et barriques qui contiennent vin et eau-de-vie, avec la satisfaction d'un travail bien fait. Mais l'homme change de déclaration trop souvent. En mars 1787, Lefevre n'est que voiturier, avant de devenir, deux ans plus tard, garçon tonnelier[617].

Pour son frère cadet, aucun document ne permet de préciser si l'activité correspond réellement au métier qu'il indique dans les procès-verbaux. Exploite-t-il la vigne ou est-ce un terme générique qu'utilise Nicolas Lefevre ? De toute façon, le magistrat ne s'arrête pas à cette question. Que lui importe l'activité, il essaie d'aller au plus pressé, s'efforçant de faire avouer l'inculpé. Nicolas apparaît dans les archives

[617] AN, Z[1G] 212, requête de Jacques Lefevre en vue de son élargissement de la Conciergerie, 14 mars 1787 ; AN, Z[1G] 217, interrogatoire de Jacques Lefevre dit Cœur de bois.

durant l'été 1786. Il est arrêté par les commis le 15 août 1786 et incarcéré à la Conciergerie[618]. Il indique sans ambages au magistrat qu'il a été arrêté par les commis dans les vignes sur les hauteurs de la Courtille. À l'inverse de beaucoup d'autres inculpés, Nicolas Lefevre ne nie pas sa participation au transport de baril. Il répond calmement, sereinement, avec une pointe d'ironie, aux questions du juge qui sont diverses et nombreuses. Le jeune Lefevre est même précis dans ses réponses : oui, « il a pris le baril au bord de la porte d'un magasin à la Courtille, l'a pris rempli comme on le lui a dit, mais sans savoir s'il était rempli de cailloux ou autres choses »[619]. Alors que des coups de semonce sont tirés, il dit ne pas avoir résisté et s'est allongé au sol. L'embuscade préparée par la brigade ambulante de Fontarabie et de la Croix-Faubin a frappé ceux qui « introduisaient de jour comme de nuit par de faux passages dans Paris des marchandises venant du taillable en fraude de droits »[620]. À cet endroit, trois barrières, très proches les unes des autres, sont sous étroite surveillance. Les employés sont ainsi postés à l'extérieur de la ville, guettant les combines suspectes. Cela n'empêche pas que les barils et autres contenants soient transportés illégalement et discrètement à l'intérieur de la ville. Le passage choisi par plusieurs individus fut établi près du clos des dames du couvent de la Raquette [Roquette]. En se hissant sur le mur de la propriété religieuse, les fraudeurs passaient les barils dans un jardin qui aboutissait rue de la Roquette. Les sommations d'usage à peine effectuées, plusieurs coups de feu retentissent et semblent dirigés sur les hommes de la brigade. La riposte est immédiate. Les employés tirent les sabres des fourreaux et prennent les fusils. Face aux décharges, les fraudeurs laissent sur place les neuf barils et s'enfuient, alors que les commis arrêtent et emmènent Nicolas Lefevre au bureau de Fontarabie où ils soignent ses plaies. L'homme est blessé à l'épaule et à la cuisse droite. C'est au bureau, sous bonne garde, que Lefevre passe la nuit avant d'être conduit à la Conciergerie. Tous les employés s'accordent à dire que Lefevre avait sorti le premier une arme qui s'est enrayée lors d'une tentative de salve ; puis, l'homme avait tiré d'une poche un deuxième pistolet qui blessa à la main un des employés. Nicolas Lefevre n'a pas hésité à dégainer et à faire feu. Une seule arme ne suffit pas et elle peut s'enrayer. Les employés n'ont vu qu'un seul individu

---

[618] APP, AB 128, écrou de Nicolas Lefevre, 16 août 1786.

[619] AN, Z^{1G} 212, interrogatoire de Nicolas Lefevre, 29 décembre 1786.

[620] AN, AN, Z^{1G} 212, information, déposition du commandant des brigades ambulantes de Fontarabie et de la Croix-Faubin, 5 septembre 1788.

utiliser une arme, alors que les autres ont fui assez rapidement. Certes, les fraudeurs étaient en supériorité numérique (9 contre 7), mais n'étaient pas armés, à l'exception de Lefevre[621]. Celui-ci n'a d'ailleurs pas besoin de contester son implication dans les tirs au moment de l'interrogatoire. Le juge lui demande uniquement s'il était muni d'armes à feu. Lefevre trouve une autre interprétation à la blessure du commis. Il affirme avoir entendu un employé qui s'adressait à un collègue lui disant « c'est toi sûrement qui m'as blessé, car tu m'as rasé de près avec ton pistolet »[622]. Immiscer le doute dans l'esprit du juge, tel est probablement le parti que prend Lefevre. Qu'il ait eu en sa possession une arme, il ne le nie nullement. Mais qu'il l'ait utilisée, il ne peut l'admettre. Les sanctions ne sont pas identiques dans les deux cas et il prend des risques énormes qui peuvent le conduire, au mieux, aux galères et, au pire, à une sentence de mort. L'homme ne recourt pas aux artifices si souvent usités lors de cas similaires. Il ne feint pas l'incompréhension, mais contre-attaque froidement, soupesant ses mots, ses formules. Lefevre a toujours quelque chose à dire et, s'il affirme ignorer l'identité de ses complices d'un soir, du moins il peut avancer qu'il n'en connaît aucun. Dans ce langage, connaître quelqu'un suppose que l'on partage ensemble certaines choses, que l'on prend le temps de faire connaissance, autour d'un verre par exemple. Neuf personnes qui transportent chacun un baril à dos d'épaule ou les roulent, se suivant de près, épiant chaque crissement dans la rue, guettant le moindre mouvement, peuvent difficilement passer inaperçues. Mais aucun d'eux n'a le souhait d'échanger des propos à cette occasion. Alors, oui, Lefevre peut affirmer sans crainte qu'il ne les connaît pas. Le seul homme qu'il daigne indiquer, présent ce soir-là, est son frère aîné. Il est même étonnant que Nicolas dénonce son frère alors qu'aucun témoignage ne rapporte une éventuelle présence de Jacques Lefevre. Dans le bureau du juge Marye, Jacques Lefevre répond aux questions du magistrat[623]. À cette date, l'homme se trouve également à la Conciergerie depuis que le juge a transformé le décret d'ajournement personnel en décret de prise de corps[624]. Interrogé sur ses manigances, Jacques Lefevre confesse que sa mémoire lui fait défaut. Il est vrai que

---

621 AN, Z^1G 212, plainte de Nicolas Salzard, adjudicataire des Fermes, 29 août 1786.
622 AN, Z^1G 212, interrogatoire de Nicolas Lefevre, 29 décembre 1786.
623 AN, Z^1G 212, interrogatoire de Jacques Lefevre dit Cœur de bois, 12 mars 1787.
624 AN, Z^1G 212, le décret d'ajournement personnel date du 30 septembre 1786 ; le décret de prise de corps étant notifié par le magistrat le 24 février 1787 ; voir également, APP, AB 129, écrou de Jacques Lefevre, 12 mars 1787.

les faits dont on l'accuse remontent à l'été précédent. Néanmoins, il se rappelle qu'il avait appris que son frère cadet était blessé et qu'il s'est rendu immédiatement au bureau de la barrière de Fontarabie, voulant le voir, ce qui lui fut refusé par les employés. Si Lefevre affirme n'avoir pas été présent le 15 août 1786 dans la rue de la Roquette, il devient, par contre, plus loquace quant à ses fréquentations dans plusieurs cabarets de la Courtille où il va fréquemment. Lefevre va même jusqu'à révéler l'endroit dans lequel son frère s'est rendu pour aller chercher les barils. Il termine en affirmant que son frère n'avait aucun pistolet en sa possession et qu'il n'a donc pas pu tirer les coups de feu dont on l'accuse. Le surlendemain, 14 mars, Lefevre fait valoir qu'il n'était pas au courant de sa convocation à l'Élection, étant parti plusieurs jours « dans son pays pour une affaire de famille ». L'argument fait-il mouche, en tout cas, le jour même, Lefevre est élargi et sort de prison. Son cadet, Nicolas Lefevre reste à la Conciergerie pendant huit mois, jusqu'en avril 1787, date de sa libération effective[625]. Ses blessures, à cette occasion, furent légères, mais le jeune Lefevre paiera de sa vie son intrépidité, deux ans plus tard durant l'hiver 1789. Malgré leur emprisonnement, il n'est nullement question pour les frères de cesser leur activité. Leur quartier de prédilection, la Courtille, regorge de cabarets aux noms enchanteurs et dépaysants : *le prince du Nord, le bon Luron, la vache noire, le petit Saint-Jean.* Lorsqu'ils ne travaillent pas, voilà les frères dans un débit de boissons, à l'occasion d'une noce en ce milieu de l'hiver 1789, partageant avec leurs compagnons et compagnes un moment de plaisir et de fête qui se trouve rapidement terni par une descente des commis de la Ferme en ce début de soirée. Mais, l'aîné se retrouve seul devant le juge, satisfaisant à la convocation[626]. Il sait pourquoi le juge l'a convoqué, car son nom revient dans toutes les auditions des témoins. Alors que les employés perquisitionnent dans une maison à la recherche de marchandises frauduleuses, les habitants du quartier sont alertés par des cris, annonçant une descente des commis dans une chambre du quartier. Il est hors de question que les employés s'emparent des deux barils trouvés sous un lit de la pièce. Une vive bousculade prend naissance ; pendant que les uns balancent des pierres

[625] AN, Z[1G] 212, requête de Nicolas Lefevre en vue de son élargissement de la Conciergerie, 23 mars 1787 ; désistement de la Ferme par l'entremise de Corteuil de Maupas, directeur et chef du contentieux des entrées de Paris, 23 mars 1787 ; acceptation du procureur du roi, 31 mars 1787, libéré le 12 avril 1787.
[626] AN, Z[1G] 217, interrogatoire de Jacques Lefevre, en état d'ajournement personnel, 2 avril 1789.

et font usage des bâtons, les employés essaient de se défendre, sortent les sabres et les armes à feu[627]. Dans la déposition, les commis chargent *Cœur de Bois* qui aurait été le seul des fraudeurs à posséder un sabre et à s'en servir. Il n'y a pas de suite négative pour Lefevre, car les employés l'ont confondu avec son cadet, l'aîné lui ayant prêté sa veste verte qu'il portait habituellement. Les conditions dans lesquelles Nicolas Lefevre a perdu la vie sont dramatiques. Ce dernier était attablé avec son frère au *Beau luron*. Les hurlements et la clameur du dehors, dans la rue, en face du cabaret, ne passent pas inaperçus à l'intérieur du lieu malgré les festivités du mariage célébré. Jacques Lefevre reste assis et ne semble pas troublé outre mesure par le bruit. Il a probablement déjà entendu les appels à l'aide lancés à la population : « que font ces coquins et voleurs qui veulent emporter notre marchandise, il [les commis] faut les assommer à coups de pierre ». Des dizaines de personnes se précipitent à l'extérieur. Le frère cadet suit la foule malgré la défense expresse du frère aîné. *Cœur de bois* n'ignore plus le tumulte de la rue. En fonction de la clameur, il sait percevoir si la tonalité du bouillonnement annonce des troubles. Il sent que le moment n'est guère propice à franchir le seuil de la porte du cabaret où, en un instant, tout peut arriver. Lefevre jauge la situation qu'il juge explosive. Malgré son jeune âge, il a acquis l'expérience d'un homme qui se frotte régulièrement aux employés. Les événements qui se déroulent au-dehors lui donnent malheureusement raison. Son frère est gravement blessé, le sabre d'un des commis lui ayant tranché un bras. Nicolas Lefevre est instamment transporté à l'Hôtel-Dieu où il y meurt. Jacques Lefevre n'a esquissé aucun geste à ce moment. Il a dû entendre les hurlements de douleur du cadet ou le tollé qui gronde parmi la population du quartier, mais il fait le choix délibéré de rester assis, attablé. Il se refuse à aller constater l'état de gravité de son frère. C'est une manière pour Jacques Lefevre de montrer son mécontentement, sa désapprobation de ne pas avoir été obéi. Il assume et ne craint pas de déclarer au magistrat qu'il « n'a même pas été le voir à l'hôtel-Dieu où il est décédé ». Près de deux mois après ce fait tragique, Lefevre relate avec une certaine retenue les événements du 10 février 1789. Il n'assistait pas à la scène, il n'a pas vu ce qui se passait et ne peut donc tenir responsable une personne précisément. C'est « d'après les

---

[627] AN, Z^{1G} 217, information à la requête de Mager, adjudicataire des Fermes du Roy contre : Cœur de Bois l'ainé ; Pierrot, fils de la veuve Pierre ; Chaumac ; L'Allemand dit le Rouge ; Nicolas Huime ; Maheu ; Nanette Paquier, veuve Desjardins ; et autres inconnus évadés, 16 février 1789.

rapports qui lui ont été faits » qu'il peut considérer que « son frère n'avait tort en rien ». Le ressentiment dont il fait preuve est feutré ; sa colère, légitime, montre une étonnante pudeur face à cette mort morbide. Il n'est pas seul à ressentir que la réaction des commis fut injuste, car « tout le monde dans le quartier a dit que c'était indigne ». L'ascendant qu'il exerçait sur son frère n'a pas fonctionné ce jour-là. Cependant, Lefevre n'en démord pas et se refuse à considérer que son frère était muni d'une quelconque arme en sortant précipitamment du cabaret. Mais le juge ne semble pas s'apitoyer sur la perte du cadet. Devant la réserve du magistrat, Lefevre lui précise qu'il n'a rien commis de répréhensible ce soir-là et qu'il est « capable de le prouver ». Le juge Marye a-t-il la mémoire courte lorsqu'il demande à Lefevre s'il « existe des procès-verbaux contre lui qui constate qu'il est fraudeur » ? Le garçon tonnelier répond par la négative, ce qui ne semble pas déranger le magistrat qui l'avait pourtant entendu quelques mois plus tôt. Lors de ce dernier interrogatoire, Lefevre avait déclaré ne savoir ni écrire ni signer ; pourtant, le voici qui signe au bas du procès-verbal de l'interrogatoire. L'écriture ne semble pas hésitante, au contraire, les lettres sont bien formées.

Le cas de Musquinet de Saint-Félix est plus délicat à apprécier. Que peut bien avoir en commun cet homme avec les supposés fraudeurs de la capitale ? Les origines sociales des uns et des autres divergent, la lutte politique semble plus prégnante chez Musquinet alors que le profit intéresse davantage Bataille et Cœur de Bois. G. Rudé n'arrive pas davantage à cerner le personnage et le considère comme un « aventurier aristocrate »[628]. Pourtant, il fait partie de ces personnages, poursuivis par la cour des Aides. Tout sépare ces divers inculpés de Musquinet, si ce n'est qu'ils sont assis côte à côte sur le même banc d'accusés. L'homme a 45 ans ; il est originaire de Pontoise et possède un pied-à-terre dans la capitale, dans la rue Notre-Dame-des-Champs, ce qui lui permet d'être électeur du district. Lorsque les 11 prévenus sont écroués

[628] George Rudé, *op. cit.*, p. 207 ; sur Musquinet, voir Léon Janrot, « Bourgeois révolutionnaires », *Bulletin du comité départemental de Seine et Oise*, 1928-1930, p. 102-145 ; Renée Thomas, « A propos de la famille Musquinet », *Bulletin de la société historique de Pontoise*, n°70, 2004 ; Henri Dinet, « Les peurs du Beauvaisis et du Valois », *Paris et Ile-de-France, Mémoires*, tome 23-24, 1972-1973, p. 199-392, p. 272 et suivantes pour Musquinet ; Pierre Labracherie et Gabriel Pioro, « Charlotte Robespierre et ses amis », *AHRF*, n°165, 1961, p. 327-348, pour Musquinet, p. 338 et suivantes. Enfin, à la BNF, 8-LN27-18248, *Certificat de civisme du citoyen Saint-Félix*.

à la Conciergerie en juin 1790, notre homme croupit déjà en prison depuis février 1790[629]. Il est emprisonné à la Conciergerie jusqu'au 22 mai, date à laquelle il est transféré au Châtelet. Musquinet de Saint-Félix est poursuivi pour des faits qui remontent à l'été 1789. Il est soupçonné d'avoir, à cette occasion, incité les villageois des environs de Pontoise et de Beauvais de se dresser contre l'impôt[630]. En août 1789, un commissaire aux impositions s'était rendu dans plusieurs communes du Vexin (Conflans, Herblay, Cormeilles) et avait constaté que les villageois, persuadés que l'Assemblée nationale allait supprimer les contributions, refusaient de payer les impôts. Clément de Barville s'était heurté à de pareils refus dans les environs de Pontoise et, durant sa tournée d'inspection, il avait croisé un individu sur un cheval qui ameutait les foules, se disant revêtu d'un pouvoir de la municipalité parisienne, prônant le refus du paiement des impôts et encourageant les paysans à chasser tous les collecteurs. Il est fort probable qu'il s'agissait de Musquinet, car, à la même période, Saint-Félix se trouvait sur la place principale de Conflans où il haranguait la population, s'indignant de la mauvaise qualité de la farine. La population l'écoutait tenir un discours où l'espérance de jours meilleurs se mêlait à des propos jugés séditieux par les autorités. Musquinet, en bon orateur, exprimait ce à quoi chaque villageois aspirait ; il clamait haut « qu'elle [la population] mangerait bientôt le pain à bon marché et qu'il était l'ami du peuple » ; il ajoutait « qu'il était député du comité du Palais-Royal et que c'était lui qui avait sauvé les quatorze gardes-françaises qui devaient être pendus et qui s'étaient réfugiés au Palais-Royal » ; il estimait donc qu'on pouvait lui faire confiance. Musquinet fait sans doute allusion à l'arrestation des gardes-françaises le 30 juin 1789, emprisonnés à l'Abbaye. Ils furent libérés par la population qui les emmena en triomphateurs au Palais-Royal. Le rôle glorieux que s'attribue Saint-Félix est loin d'être convaincant ; en tout cas, son *certificat de civisme* n'évoque pas cet épisode. De Barville, le procureur, rend alors plainte de ces désordres dans les villages du Vexin qui aboutissent à l'incarcération de Musquinet et à son interrogatoire le jour même le 9 février 1790.

En tant que membre du comité des subsistances de la ville de Paris, Musquinet avait également apposé de son propre chef, sans mandat, les scellés chez le procureur du roi à Pontoise. Plusieurs témoignages font

[629] APP, AB 130, écrou de Musquinet de Saint-Félix, en vertu d'un décret de prise de corps de l'Election du 6 février 1790.
[630] AN, Z^{1A} 886, procédure contre Musquinet de Saint-Félix.

état de sa participation active aux barrières en juillet 1789, sans que son nom apparaisse directement au moment de la constitution des procès-verbaux. Un employé l'aurait reconnu dans la salle d'audience, alors qu'il allait témoigner au Palais au printemps 1790. Le témoin se souvient avoir vu le 13 juillet 1789 un homme à la barrière Fontainebleau, portant une perruque et un chapeau ; il sut par la suite que ce particulier s'appelait Saint-Félix[631]. À plusieurs reprises, les employés des barrières du sud signalent l'existence d'un individu, coiffé d'une perruque et d'un chapeau, monté sur un cheval. Cet homme, avec sa tenue vestimentaire caractéristique, ne passait pas inaperçu et se distinguait par l'autorité qu'il manifestait auprès de ceux qui saccageaient les barrières. Au début de l'été 1789, Saint-Félix parcourait les villages sur un cheval et portait un couvre-chef. Il n'est donc pas déraisonnable de penser qu'il s'agit de Musquinet. L'homme navigue entre deux eaux, à mi-chemin entre la transgression et la légalité, profitant de sa mission de représentant de la commune de Paris. Musquinet s'attribue un rôle majeur durant les journées de juillet ; à l'en croire, il rencontre personnellement le gouverneur Sombreuil aux Invalides et, le 14, il joue un rôle clé dans l'organisation de la prise de la Bastille. Il continue à énumérer ses exploits et retourne à son avantage l'épisode des barrières, niant toute participation destructive, et se défendant « d'avoir commandé le brûlement des barrières ». Il insiste sur son rôle salvateur, ayant « agi de tout [son] pouvoir pour arrêter et désarmer les incendiaires et toute espèce de brigands ».
La suite de sa vie est une succession d'épisodes assez rocambolesques. Saint-Félix aura été un jacobin convaincu, un défenseur de la cause populaire et un aventurier. Musquinet aura ainsi des démêlés avec la police et la justice. À la suite de la fusillade du Champ-de-Mars, il sera arrêté en même temps que Brune et Momoro, soupçonné d'avoir menacé de mort La Fayette et Bailly. Saint-Félix sera remis en liberté en septembre 1791, comme tant d'autres, à la suite de l'amnistie générale votée par l'Assemblée nationale. Les ennuis se poursuivent en mai 1792, où il est incarcéré à la Conciergerie. Les autorités lui reprochent cette fois d'avoir provoqué « une sédition contre les autorités constituées et prêchant une morale qui excite le public à la désobéissance aux lois »[632].

---

631 AN, Z^{1A} 886, Information…, 45ème et 56ème témoin.

632 AN, D XXIX bis, carton 33, d. 347, p. 25 et 26, 17-29 juillet 1791 ; APP, AB 130, écrou du 10 août 1791. APP, AA 9, n° 342 ; le parcours de Musquinet ne s'arrête pas

Et les autres inculpés qui échappent à toute poursuite ?

Si douze personnes seulement sont traduites devant la justice, bien d'autres, au vu des saccages, auraient pu avoir leur place sur le banc des accusés. Pourtant, ce ne fut pas l'option prise par l'Élection et la cour des Aides. Des zones d'ombre subsistent, difficiles à élucider, qui ne permettent pas d'expliquer quelles peuvent être les raisons pour lesquelles des individus échappent à toute poursuite. Pourtant, leurs manigances en juillet 1789 font apparaître que ces hommes tenaient les rênes et qu'ils possédaient un ascendant sur la masse de ceux qui détruisaient les barrières. Ils sont connus et établis dans leur quartier depuis de nombreuses années. On peut, à partir de la liste initiale des décrets de prise de corps, brosser les traits de quelques individus.

Monnier, garde de la ville, est le premier personnage à apparaître sur la liste des personnes décrétées de prise de corps. On doit s'étonner qu'il échappe à toute poursuite. Il est vrai que Monnier ne participe pas directement au saccage ni à l'incendie et ne commet pas l'erreur de pénétrer dans les bureaux ni de tenir un flambeau entre les mains. Cependant, il incite la foule à mettre le feu à la guérite de la barrière Blanche. Monnier passe sans encombre les grilles ouvertes, assis sur le siège d'une voiture qui transporte plusieurs barriques. L'homme se distingue nettement des autres par son niveau de vie. Il possède deux cabarets : un débit de boissons près de la rue Saint-Lazare et un autre à proximité de l'église de la Madeleine[633]. Monnier est connu des services de la Ferme et de la ville. Déjà, un an plus tôt, le prévôt des marchands de la ville de Paris dénonçait les manœuvres douteuses qu'employait Monnier pour faire passer des boissons alcoolisées[634]. La Ferme localisait les maisons et les passages où la fraude gagnait du terrain. Les forces de police et la Ferme connaissaient l'existence de tuyaux souterrains, placés sous la chaussée, par lesquels on faisait passer le vin.

---

au 10 août 1792 ; voir son rôle assez trouble lors des guerres de Vendée à Niort, SHD (service historique de la défense) B 5/5-50 et B 5/5-67 ; sur ce dernier point, voir Richard Cobb, *Les armées révolutionnaires : instruments de la Terreur dans les départements, avril 1793-floréal an II*, Mouton, 1961.

633 AN, Z^{1A} 886, P.V. des employés de la barrière Blanche ; Information…, 1er, 2ème, 3ème témoin.

634 AN, H 1959, rapport du prévôt des marchands (Ethis de Corny) et échevins de la ville de Paris, assemblés au bureau de la ville, droits d'entrée de la ville de Paris, 1er juillet 1788.

Les conduits reliaient les habitations des deux côtés de la rue, entre la partie taillable et celle, soumise à l'octroi[635]. Le procès-verbal établi en juillet 1789 insiste sur la qualité de Monnier, « garde de la ville ». Cela indique que notre homme occupe une certaine position au sein de la capitale. Toutefois, cette institution n'exerce pas véritablement un rôle majeur. Avec des effectifs assez réduits, les gardes de la ville avaient des fonctions essentiellement orientées dans l'approvisionnement de Paris en blé. Ils bénéficiaient cependant de quelques privilèges, dont celui, et non des moindres, d'être exemptés de la taille. Une bonne moitié des gardes regroupait des marchands de vin et des cabaretiers. J. Chagniot confirme que certains gardes, qui étaient également des débitants de boissons, avaient pu acquérir des terres et des vignobles dans la région parisienne[636]. À l'automne 1789, le nom de Monnier apparaît de nouveau dans les Archives. Son action est toujours associée à la fraude. Un mémoire insiste sur le trafic illicite qui se pratique toujours à grande échelle par les souterrains des maisons de la rue Coquenard et épingle plus particulièrement les agissements de notre garde de la ville. L'auteur du mémoire est scandalisé par la clémence dont font preuve l'Élection et la cour des Aides dans les sentences qui ordonnait la restitution de plusieurs centaines de pièces de vin à leurs propriétaires, notamment à Monnier qui récupère légalement plus de 400 pièces de vin[637]. Le parcours du marchand de vin ne resta pas vierge de toute poursuite. Trois ans plus tôt, en novembre 1786, Joseph Monnier se constitua volontairement prisonnier, ayant appris qu'un décret de prise de corps était décerné contre lui, sans que l'on sache les motifs de la procédure[638].

Darbon, le deuxième personnage, qui fait suite à Monnier sur la liste des inculpés, est mentionné à de nombreuses reprises dans les témoignages et dans les procès-verbaux. Darbon/Cardon - devrait-on

---

[635] AN, Y 11104, office du commissaire Berton, P-V. avec les employés de la Ferme constatant vins en coule pour frauder les droits chez les sieurs Cardon, Maillet et Monnier, 9 septembre 1788.

[636] Jean Chagniot, *op. cit.*, p. 85-94.

[637] AN, Q^1 1101, copie d'un mémoire pour la Municipalité de Paris concernant la fraude aux droits d'entrée (sans date, sans auteur) ; la sentence de l'Élection date du 14 septembre 1789 et l'arrêt de la cour des Aides du 1er octobre 1789.

[638] APP, AB 128, écrou de Joseph Monnier, 20 novembre 1786 (c'est à cette occasion que son prénom est indiqué) ; sa fonction de garde de Paris est mentionnée et l'homme demeure rue de Suresnes, faubourg Saint-Honoré, près de la Magdeleine, paroisse de la Ville-l'Evêque. Le décret de prise de corps date du 5 novembre 1786.

dire - car, sous deux patronymes différents, il semble que ce soit le même homme. Est-ce une erreur de transcription, s'agit-il d'un pseudonyme ou d'un sobriquet ? Il est difficile de le savoir, d'autant plus que son prénom n'est jamais indiqué. Cependant, des indices convaincants laissent présager qu'il s'agit bien du même individu. Par son lieu de résidence et son lien avec Monnier, il est possible de dégager certains éléments qui militent en faveur de cette thèse. Ethis de Corny évoque la relation qui existe entre ces deux personnages dans son mémoire de 1788 : « à la petite Pologne, rue de la Pépinière, les nommés Cardon et Monnier se sont associés » et ont fait élever dans le jardin du premier « une espèce de théâtre [...] d'où ils jettent dans un marais des ballons remplis de vin »[639]. On retrouve les mêmes individus dans le procès-verbal du commissaire Berton qui est réquisitionné pour constater la fraude, rue Pigalle, toujours dans le quartier de la Pologne[640]. En août 1788, c'est un autre commissaire du Châtelet, Dassonvillez, qui est requis par une connaissance de Cardon, qui souhaite porter plainte contre le personnage qui s'est approprié un jardin dans la rue Pépinière, aux abords du faubourg Saint-Honoré, proche du quartier où semble résider Cardon/Darbon[641]. Lors de l'Information sur l'incendie des barrières en 1790, Cardon disparaît et n'apparaît plus que sous le nom de Darbon. Plusieurs témoins relatent la connivence qui existe entre Darbon et Monnier, présents à la barrière Blanche en même temps le 11 juillet 1789, indiquant que « Monnier, garde de la ville » est rejoint par « Darbon, marchand de vin, rue Blanche »[642]. Tout comme Monnier, Darbon ne subira pas les foudres judiciaires. Pourtant l'homme, au contraire de son complice Monnier, a étalé au grand jour ses actions. Non seulement il incite à brûler les effets et les meubles, mais il participe volontiers aux dégradations. Il tient dans la main des chandelles, balance brutalement les meubles du bureau sur la chaussée. Des individus déposent plusieurs barils de vin dans une voiture qui est conduite dans un de ses cabarets, rue Blanche[643]. Si l'on

---

[639] AN, H 1959, mémoire d'Ethis de Corny... ; il faut comprendre par *théâtre* certainement des gradins qui permettent d'être surélevé.

[640] AN, Y 11104, office du commissaire Berton.

[641] AN, Y 11986, office du commissaire Dassonvillez, P-V. pour le sieur Moynat contre Cardon, 27 août 1788 ; P-V. de plainte de Moynat contre Cardon, 4 septembre 1788.

[642] AN, Z^{1A} 886, Information..., 1er, 3ème témoin ; P-V. des employés de la barrière Blanche, 11 juillet 1789.

[643] AN, Z^{1A} 886, P.V. des employés de la barrière Blanche ; Information..., 1er, 2ème, 3ème témoin.

en croit F. Arzalier, Darbon part s'installer quelques mois plus tard à Cormeilles, dans la vallée de Montmorency, où il y achète une propriété. Établi, Darbon sera élu maire de cette petite ville[644].
Ces hommes installés, aisés, propriétaires de plusieurs cabarets, jouissent probablement d'une reconnaissance sociale et ils ont acquis une certaine respectabilité. L'éventuelle honorabilité n'a pas empêché Monnier d'être arrêté. La logique judiciaire de la cour des Aides aurait dû la conduire à inquiéter ces personnages, au même titre que d'autres, pour lesquels les griefs ne sont pas moins graves. Pourtant, il n'en fut rien. Le terme de *meneurs* n'est pas utilisé, mais ces hommes dirigent incontestablement les opérations au niveau de la barrière Blanche et sont à la tête des troupes de fraudeurs. La nécessité d'inculper au moment où la juridiction de l'Élection doit se résoudre à désigner quelques boucs émissaires guide-t-elle le choix de la juridiction ? S'attaquer de front aux chefs, c'est aller vers un conflit direct, brutal, violent peut-être. Le risque d'un affrontement immédiat doit être envisagé ; c'est seulement par des moyens détournés que l'Élection peut espérer arriver à ses fins, en conduisant le procès à son terme. Une de ces solutions consiste à s'attaquer à des personnages subalternes, en escomptant que les principaux chefs acceptent cette mesure répressive, déplacée et orientée sur des sans-grades.

Les noms qui se suivent se retrouvent dans la longue liste initiale des inculpés. Si Darbon et Monnier disparaissent totalement de la liste répressive, Fontaine, lui n'apparaît aucunement. L'homme, judiciairement, n'existe pas, ou tout du moins, la cour n'intente aucune procédure à son encontre. Pourtant, cela a de quoi surprendre, car Fontaine est, autant que Monnier et Darbon, un personnage connu de la Ferme et, en juillet 1789, sa présence est attestée par les employés. Ce n'est pas lui qui se trouve être le plus virulent à la barrière Blanche et il ne semble pas dégrader les locaux, mais les commis le voient monter à l'étage du bureau en compagnie de deux individus. Fontaine, marchand de vin, comme ses deux confrères, occupe l'espace nord de la ville. Si aucune exaction ne lui est imputée, Fontaine emploie au moins un individu, « qui crie à l'eau dans la rue avec une voiture et qui demeure chez [lui] », à qui l'on reproche d'avoir proféré des menaces de mort contre Talbot, un employé de la Ferme[645].

---

[644] Francis Arzalier, *Des villages dans l'histoire, vallée de Montmorency, 1750-1914*, Villeneuve d'Ascq, Septentrion, 1996, p. 186-187.
[645] AN, Z^{1A} 886, Information…, 28ème témoin.

Ce qui se déroule au sud de Paris le 13 juillet en fin d'après-midi ressemble en tout point à d'autres péripéties qui ont lieu au nord, laissant voir la colère et la violence éclater contre les bureaux de perception. Guimard dit Champagne et Dumont dit Cadet sont désignés comme « étant à la tête de cette troupe d'une quinzaine d'individus » qui balancent des pavés sur le bureau du pont de Charenton et le dégradent ensuite, tout en « excitant la population »[646]. Aux côtés de ces deux hommes, d'autres personnages sont désignés comme responsables des dégradations que subit le bureau : les frères Fournier, Lambert, Philippe, Helot (ou Helat). Tous vivent dans la proche banlieue et travaillent sur les quais ; ils sont de simples déchargeurs ou, mieux, sont propriétaires d'un cabaret aux limites de la ville. Les villages se touchent et forment un espace continu englobant les habitations des cités voisines, Alfort et Saint-Maurice. Les employés désignent particulièrement Pierre Dumont dit Cadet dont ils connaissent parfaitement son activité de valet d'écurie et son domicile à Saint-Maurice. Alors que le procureur fiscal du lieu tente de parlementer avec le groupe d'hommes qui s'est attroupé devant le bureau, Dumont crie sa rage contre le receveur du bureau et ne mâche pas ses mots, estimant que le receveur est « un gueux et qu'on ferait bien de le brûler »[647]. Non seulement le bureau fut détérioré, mais les caisses de vin et d'eau-de-vie furent emportées alors que d'autres personnes vidèrent le bâtiment des effets personnels des employés qu'ils brûlèrent aussitôt à l'extérieur.

Plus à l'est, à la Courtille, les faits incriminés semblent plus conséquents qu'au bureau de Charenton. Toute une flopée d'individus est accusée d'avoir, à la fois, fraudé, proféré des menaces de mort à l'encontre de plusieurs employés, incendié les roulettes d'observation, mis à sac les bureaux, pillé en emportant les boissons, et avoir incendié le bâtiment. Les chefs d'inculpation sont ainsi nombreux. Le plus intolérable pour la cour des Aides n'est pas tant les pillages et les incendies qui, de toute manière, sont largement punissables, mais l'outrecuidance dont font preuve ces individus qui prennent l'ascendant et se substituent au pouvoir légal en place. Pendant plusieurs jours, entre les 12 et 18 juillet, les barrières sont aux mains des fraudeurs et

---

646 AN, Z^{1A} 886, Information…, 23ème, 24ème, 25ème, 26ème témoin, bureau du pont de Charenton.

647 AN, Z^{1A} 886, P.V. des employés du bureau de Charenton, 13 juillet 1789, 46ème pièce.

marchands de vin. La milice bourgeoise ne s'imposera qu'à partir du 21 juillet de manière progressive en étant présente aux barrières. Ainsi, toute une semaine durant, les hommes du peuple, qu'ils soient fraudeurs ou non, ont goûté aux délices de la libre circulation des marchandises. L'inversion des rôles est flagrante ; Barthelemy, surnommé *Comtois*, peut, avec aplomb, se présenter devant les commis, et leur dire de se retirer. Quelques jours plus tard, essayant de recouvrer la perception, les commis se retrouvent de nouveau nez à nez avec Comtois qui renouvelle les avertissements proférés le 12 juillet. Ce « batteur de plâtre et propriétaire des marais » n'est pas seul dans l'invective. Les jours qui suivent le saccage des barrières de la Croix et du Marais, Comtois délaisse le plâtre au profit du vin, plus juteux financièrement. L'homme conduit les attelages qui franchissent les barrières de Paris durant cinq jours, entre le 13 et le 17 juillet, sous les yeux médusés des commis de la Ferme. Dans ces conditions, nul étonnement de le voir figurer dans la liste. Ils sont plusieurs à faire front et signifient clairement la fin des barrières. Comtois peut compter sur le soutien de ses voisins et amis qui investissent le quartier de la Courtille, au niveau des rues des Couronnes, Saint-Maur et qui ont établi des cabarets limitrophes aux portes de la ville. Billard, Binet, Chevet, tous trois marchands de vin, exercent le même rôle que Comtois, et semblent diriger, contrôler les barrières et imposer leur volonté aux commis qui ne se risquent pas à provoquer les quatre personnages et n'esquissent aucun geste pour les contrarier[648].

Les employés attendent que la situation soit plus calme pour tenter d'établir à nouveau la perception. Un flottement, un vide du pouvoir permet aux Parisiens d'occuper les barrières ; lorsque la nouvelle garde nationale est établie, il faut encore plusieurs jours à la municipalité pour asseoir son pouvoir et contrôler enfin la perception aux portes de la capitale. Cette expérience acquise correspond à une sorte d'autogestion et laisse apparaître que le peuple parisien peut prendre en main sa destinée, affranchi de la tutelle de la Ferme. Il ne s'agit évidemment pas de suppléer les employés, mais uniquement de supprimer les taxes. Il faut donc être présent sur les lieux, investir l'espace en interdisant l'accès aux commis. Il ne faut pas considérer ces hommes comme des individus qui luttent exclusivement contre l'impôt en créant une sorte de milice parallèle. Les objectifs sont diamétralement divergents, car si la garde nationale émane d'un pouvoir insurrectionnel qui devient

---

648 AN, Z^{1A} 886, Information…, 48ème, 49ème, 50ème témoin.

légitime, ce n'est nullement le cas pour nos quatre personnages qui ont d'autres motifs, non moins louables, que celui de défendre la liberté de commerce, libre de toute entrave. Sans être des *fraudeurs professionnels*, les individus en question eurent, néanmoins, à subir les foudres de la justice avant l'été 1789. Jean-François Binet fut condamné en octobre 1790 par l'Élection, à la suite d'une affaire qui remontait à juin 1788. Il était accusé d'avoir injurié, maltraité et avoir troublé les commis dans leurs fonctions. Une simple amende - cependant élevée – de 500 livres vient clore la sentence[649]. Chevet eut également quelques contrariétés avec la juridiction pour avoir refusé l'accès de son cabaret aux commis. Ces derniers avaient saisi des quantités d'alcool qui ne seraient restituées que si Chevet obtempérait à la sentence. L'assignation à comparaître fut négligée par le couple Chevet et ils furent donc condamnés à « faire toutes les ouvertures de portes requises » à la demande de la Ferme[650].

Si les hommes sont majoritaires, deux femmes, les sœurs Baratin, Marie-Aimée et Marie-Henriette, « connues comme fraudeuses », n'hésitent pas à se mêler aux hommes dans la destruction des bureaux de l'Est parisien. Les sœurs ne sont pas entraînées dans un mouvement de foule à leur insu. Leur participation est active et elles parlent d'une seule voix, formant un binôme, au même titre que les frères Lefevre. Alors que le bureau de la Croix est démantelé et que des individus sortent du bâtiment abîmé, les sœurs rappellent aux hommes qu'ils ont négligés de monter à l'étage, faire le vide dans la chambre qu'occupe le sous-brigadier Lievin. Les deux femmes sont parmi les premières, avec rage, à balancer les effets par les fenêtres. Marie-Aimée Baratin, épouse de Louis Manguin (ou Mangin), joue ici, davantage que sa sœur, un rôle de « meneuse ». Quelques mois plus tôt, à l'automne 1788, d'autres péripéties se déroulaient près de la barrière de la Croix. Le paysage n'a guère eu le temps de se modifier depuis cette date, et le mur n'étant pas plus construit ici qu'au nord de la ville. Les acteurs sont légèrement différents, mais Marie-Aimée Baratin investissait à plusieurs reprises cet espace coutumier de la fraude. Le 16 octobre 1788, alors que la nuit

[649] AN, Z^{1G} 175, sentence de l'Élection du 23 octobre 1790 sur un procès-verbal des commis du 19 juin 1788.

[650] AN, Z^{1G} 175, sentence de l'Élection du 19 février 1790. Le troisième marchand de vin, Charles-François Billard, voisin immédiat de Binet, possède un débit de boisson dans la rue Saint-Maur ; nous ne lui connaissons aucune sentence dans les archives de l'Election, celle des Aides ou à la Conciergerie.

s'est installée, plusieurs employés de la Ferme reviennent d'une expédition menée près du mur de l'hôpital Saint-Louis. Ils avaient prêté main-forte à des collègues qui barraient la route à des fraudeurs et avaient réussi à arrêter l'un d'eux. Un certain Horlier et une bonne dizaine d'autres individus apostrophent les trois commis qui rentrent au bureau de la barrière. Les moqueries et autres intimidations font bientôt place aux insultes et menaces : « voilà encore trois de ces gueux, il faut les assommer à coups de pierre », profèrent les individus. Les actes sont suivis immédiatement d'effet, et les individus leur jettent des pierres tout en continuant à les insulter, pendant que Jean-Baptiste Horlier malmène un commis qu'il traîne à terre, le rouant de coups. C'est dans cette scène que se retrouve Marie-Aimée Baratin. Ce n'est pas elle que l'on intercepte ce jour-là, mais elle ne reste pas indifférente devant le comportement des commis qui arrêtent l'homme, surpris avec quelques vessies d'eau-de-vie. Elle sort de l'immeuble, alertée par les cris. Elle n'est pas la seule à réagir de la sorte. Elle pourrait prendre le rôle d'une simple spectatrice, observer les faits, puis, la curiosité assouvie, retourner chez elle et vaquer à ses occupations. Ce n'est pas le choix qu'elle fait. Avec d'autres personnes, présentes sur les lieux, elle dénonce les actes des employés, s'emporte verbalement et empêche les commis de procéder à l'arrestation. La sentence qui tombe en avril 1789 demeure clémente pour Marie-Aimée qui n'écope que d'un blâme, alors qu'elle n'est pas présente pour entendre le verdict de l'Élection[651]. L'interpellation d'un individu arrêté par les commis indique très souvent le début des hostilités. Il suffit que l'arrestation se fasse dans un quartier fréquenté, dans une zone où les débits de boissons saturent l'espace et cela laisse la place à un glissement d'enjeux. Peu importe si la personne est en situation de fraude. On ne peut que venir à son secours et la soustraire aux mains des employés. Voilà de nouveau Marie-Aimée, assignée à comparaître devant la juridiction pour une autre affaire qui date de septembre 1788, soit plus d'un mois avant les faits relatés ci-dessus. Comme pour l'affaire précédente, les accrochages ne concernent pas uniquement la femme Baratin ; d'autres personnes, y compris sa jeune sœur, sont impliquées. Tous sont jugés pour voies de fait et rébellion. Le quartier, inéluctablement, est sensible à tout mouvement réfractaire. Les chocs entre population et employés deviennent ordinaires, le rythme est constant et les heurts toujours aussi

---

[651] AN, Z^{1G} 174, sentence de l'Élection à l'encontre de Jean-Baptiste Horlier, Claude Paguin, Marie-Aimée Baratin, femme Manguin, 3 avril 1789.

terribles. Plusieurs individus qui transvasaient de l'eau-de-vie dans un débit de boissons à la Basse Courtille, à proximité de l'hôpital Saint-Louis, sont surpris par les employés[652]. À l'arrivée de ces derniers dans l'arrière-salle du bâtiment, une empoignade survint et quelques individus essayèrent, sans succès, de s'enfuir. Les autres fuyards, en sortant précipitamment, firent un vacarme retentissant dans la rue. À cette heure de la soirée, vers 20h, il ne manque pas de monde dans la rue fréquentée qui abonde de tavernes. En entendant les appels à l'aide des individus capturés, plusieurs personnes sortent d'un cabaret, se ruent sur les commis, les injurient, tandis que d'autres ramassent des cailloux et les balancent sur les hommes de la Ferme. Point d'issue de secours pour les employés sinon de se calfeutrer à l'intérieur du local. Aussitôt, le siège du bâtiment est littéralement effectué. Les assiégeants tentent de forcer la porte qui reste barricadée de l'intérieur. On balance de gros pavés sur l'imposte vitrée. Les employés cherchent une issue et escaladent le mur du jardin adjacent au cabaret. C'est à ce moment que les sœurs Baratin et une autre femme, Françoise Piot, entrent en scène. Elles voient les commis enjamber la clôture et se mettent aussitôt à crier, alertant le groupe d'hommes qui s'obstinait à défoncer la porte d'entrée à quelques mètres de là. Les voilà, accourant, alors que les employés déguerpissent et se dirigent tout droit vers le bureau de la Croix-Faubin, pendant que les femmes hurlent « aux voleurs ». Huit mois plus tard, en mai 1789, elles doivent répondre de leurs actes devant la justice. Seule Françoise Piot, épouse Martin, est présente au Palais lorsque le greffier l'appelle pour « être ouï et interrogé sur la sellette ». Les autres prévenus, dont les deux sœurs Baratin, n'ont pas daigné se rendre à la convocation officielle, ce qui ne présage guère d'un jugement léger. Puis, la sentence, lourde, tombe. L'épouse Martin entend la condamnation commune qui, par la voix du premier président de l'Élection, ne peut que la glacer d'effroi. Les magistrats reprochent à Françoise Piot, ainsi qu'aux sœurs Baratin, d'avoir « excité la populace par des cris séditieux, menaçant les commis [...] » et les

---

[652] AN, Z[1G] 174, sentence de l'Élection du 22 mai 1789 à l'encontre de la nommée Perpetue Bouvier, femme de Nicolas François Lefort, marchande de marée ; Marie Louise Durand, ouvrière en linge ; Marie Henriette Baratin, domestique à Vincennes ; Françoise Piot, femme de Jean Antoine Martin, loueur de carrosses ; Jean Baptiste Horlier dit la jeunesse ; Louis Alex André Caillé, marchand de vin ; Marie-Aimée Baratin, femme de Louis Manguin, marchande à la halle ; Pierre Truffié (ou Truffier), garçon tripier ; François Berein(Bersein, Bersin), dit Chartier ou Charetier, garçon marchand de vin ; Jean Pottier, marchand d'eau de vie.

condamnent en conséquence à être enfermées à la Salpêtrière pour une durée d'un an. On ne sait si un appel fut formulé par Françoise Piot. Pour les deux sœurs, l'Élection a probablement délivré des décrets de prise de corps qui n'ont sans doute pas eu le temps d'être appliqués, car moins de deux mois après la sentence, les barrières étaient saccagées. Deux condamnations prononcées en avril et mai 1789 n'empêchent pas les sœurs Baratin de continuer leur vie, sachant qu'elles ne pourraient pas toujours se soustraire à une éventuelle arrestation.

Continuons à suivre ces personnes qui sont décrétées de prise de corps, en recherchant leurs antécédents frauduleux et judiciaires. Deux noms, encore, se succèdent sur la liste : Cordonnier (Le Cordonnier) et Cadet Regnault (Renaud). Une relation lie les deux hommes. Les faits incriminés à l'encontre de Cordonnier et Regnault sont difficiles à établir et il ne semble pas que ces deux personnages aient eu durant le sac des barrières une attitude violente. Un seul témoin évoque Cadet Regnault, indiquant que celui-ci faisait partie le mercredi 15 juillet 1789 d'un groupe qui montait la garde à la barrière du Temple et interdisait aux commis de reprendre leur service[653]. On ne reproche pas donc à Regnault des exactions, mais seulement de faire partie d'un groupe, « tous fraudeurs et habitant La Courtille ». Il faut alors chercher ailleurs, antérieurement, des comportements suspects de nos deux bonshommes. L'affaire remonte au 10 octobre 1788. Ce jour-là, les employés en embuscade voient sortir d'un cabaret, rue Saint-Maur, des hommes et des femmes munis de barils et de vessies. L'un d'eux est appréhendé et écroué à la Conciergerie sur-le-champ alors que les supposés complices sont tour à tour retrouvés, écroués et inculpés les jours suivants. Dans ce groupe, Regnault et Cordonnier, sont soupçonnés de faire partie de la bande. On retrouve de nouveau les deux hommes au début de l'année 1789. La justice a mandaté un huissier à cheval qui doit procéder à leur arrestation. L'officier de justice ne sait pas exactement où les deux comparses demeurent et il s'installe dans le bureau du Temple, attendant des nouvelles. Grévin, l'huissier, apprend que les deux compagnons sont attablés dans un cabaret, *Les bons lurons*, rue Saint-Maur. Grévin envoie un assistant chercher la garde, afin de « maintenir le bon ordre et prêter main-forte en cas de résistance ». Avant même que les forces de police ne pénètrent dans le cabaret, Cordonnier et Regnault escaladent le mur de la clôture, derrière la maison. Si les deux fuyards ne furent pas rattrapés, deux autres

[653] AN, Z^{1A} 886, Information..., 41ème témoin.

hommes, dont le nommé Anfry, au service de Regnault, qui prirent part à l'échauffourée furent arrêtés et conduits à l'office du commissaire Dassonvillez[654].

En dehors des douze écroués, d'autres individus peuvent revendiquer des exactions aussi importantes, où les violences à l'égard des employés et les incendies dans les bureaux sont fréquents. Les individus incarcérés, à l'exception notable de Bataille et Lefevre, ne commettent pas plus de violences que ceux qui échappent à la prison. La plupart de ces hommes et femmes ont eu antérieurement des démêlés avec la justice et certains ont croupi à la Conciergerie au moins une fois. Tous ces individus vivent aux marges de la ville. Deux ensembles géographiques se distinguent plus particulièrement des autres : le nord et l'est de la capitale. Ce sont les Porcherons, la Pologne, la Nouvelle-France et la Courtille, tous des quartiers, réputés fraudeurs.

La décision de l'Assemblée : magnanimité ou calcul politique ?

En voulant frapper et punir plus particulièrement ces douze individus, la cour délivre un avertissement à la population qui vit aux limites de la ville. Une sévérité inflexible aurait permis de montrer à la population qu'il est temps qu'elle se range, qu'elle accepte les règles de l'impôt, qu'elle se plie aux exigences de la Ferme et du pouvoir. Ce message, évidemment, ne transparaît pas dans les documents ; le non-dit guide les conseillers de la cour. Les journaux, les libelles renforcent l'opposition contre les anciennes juridictions. Des rumeurs de plus en plus préoccupantes, des paroles malveillantes, entendues dans l'enceinte du tribunal parviennent aux oreilles des magistrats de l'Élection. Le risque est réel de se heurter à la population, car on entend ces murmures qui appellent à une nouvelle insurrection aux barrières. Mais la maladresse revient incontestablement à l'Assemblée nationale qui n'a pas voulu ou su mesurer les conséquences de sa décision. Au demeurant, la bévue peut s'apparenter à une faute politique. Une dizaine de jours avant les premières arrestations, les députés votent le 6 juin 1790 une loi, lourde de conséquences, qui fixe définitivement

[654] AN, Z^{1G} 215, interrogatoire de René Anfry (Aufry), garçon marchand de vin de Renaud, par devant Marye, président de l'Election, 3 février 1789.

l'enceinte fiscale de la ville de Paris et assujettit les habitants de la ville aux droits d'entrée[655]. Sans le vouloir expressément, l'Assemblée met en mouvement une série d'antagonismes forts qui sommeillaient depuis plusieurs mois. Alors que les deux vagues d'arrestation sont closes le 18 juin, la loi, le même jour, prenait définitivement forme et son application devenait immédiate. La cour des Aides publiait l'arrêt officiel et exigeait des habitants et marchands de vin - en consentant quelques maigres compensations - le paiement des droits d'entrée. De nombreux quartiers qui, jusque-là, échappaient provisoirement à ces taxes, se retrouvaient totalement englobés dans les limites fiscales de la ville[656]. Tout le nord et le nord-est de la proche banlieue, sur un simple décret, se retrouvaient dans Paris. De nombreux habitants des secteurs des Porcherons, de la Nouvelle-France, de la Courtille ou de Fontarabie n'acceptaient pas cette décision. Ils présentèrent des réclamations devant l'Assemblée. Ils se plaignaient que l'arrêt donnait un effet rétroactif, puisque la cour des Aides demandait le paiement des droits sur des boissons et autres marchandises qui étaient déjà en possession des riverains, avant même que le décret d'application ne soit promulgué[657].

Les limites de 1789 étaient totalement gommées et le mur des Fermiers, qui englobait déjà la partie méridionale depuis 1788, annexait enfin les parties septentrionale et orientale de la ville. Comment cette « remonte » des barrières a-t-elle été vécue par les habitants des quartiers, il est difficile de le savoir, faute d'informations directes. Dans le quartier de la Courtille, lorsque les nouvelles barrières furent en fonction, les autorités redoutèrent des débordements. Il ne semble pas qu'il y ait eu de la part de la cour des Aides une publication préalable, par voie d'affichage, informant les habitants des quartiers de cette nouvelle disposition réglementaire. De Seine, le commandant de la garde nationale de Belleville, ne fut pas plus averti. Une certaine agitation était perceptible dans les rues et le commandant demanda des secours à l'Hôtel-de-Ville. On établit plusieurs patrouilles dans les

[655] AN, D VI 8, Décret de l'Assemblée nationale qui assujettit aux droits d'entrée de la ville de Paris tout le territoire que renferme la ligne de l'enceinte des murs de cette ville, 6 juin 1790 ; lettres-patentes du 9 juin 1790, concernant l'assujettissement des droits d'entrée de la ville de Paris ; *Collection complète des lois, décrets, ordonnances…*, p. 205 ; *Réimpression de l'ancien Moniteur*, volume 4, n° 158, daté du 7 juin 1790, séance du 6 juin 1790, p. 561.

[656] AN, D VI 8, Arrêt de règlement de la cour des Aides concernant les habitants du territoire nouvellement dans l'enceinte de Paris, 18 juin 1790.

[657] *Réimpression de l'ancien Moniteur*, volume 4, n° 179, daté du 28 juin 1790, p. 736

lieux sensibles, aux abords des cabarets et des barrières. Pendant ce temps, la cour des Aides mettait à exécution le décret de l'Assemblée. Elle envoyait des magistrats en robe, appuyés par les employés de la Ferme, effectuer des visites domiciliaires, notamment dans les cabarets, recensant les denrées, marchandises et boissons qui n'avaient pas encore été soumises aux droits d'entrée[658]. C'est au plus haut sommet, en la personne de François-Jean Vente, fermier général, que la compagnie de financiers tente de justifier l'arrêt de la cour des Aides en rappelant que la pratique rétroactive existait déjà en 1722 et en 1788, lorsque les quartiers de la proche banlieue – le faubourg du Roule jusqu'à Clichy -furent intégrés à la capitale[659]. Le fermier général constate que, entre le décret du 6 juin et l'arrêt de la cour des Aides du 18 juin, date marquant l'installation des nouvelles barrières, d'énormes quantités de marchandises sont entrées dans les lieux encore exempts. Les occupants de cette zone ont voulu ainsi « faire un gain considérable, dans l'espoir de jouir de l'exemption des droits ». Accepter cet état de fait et renoncer à percevoir des droits sur ces marchandises, revenait à perdre plusieurs milliers de livres, ce qui ne pouvait être accepté, au vu de la situation financière de l'État et de la ville.
Il était difficile que la population ne voie pas dans ces décisions combinées une provocation outrancière, soumettant de façon éhontée le peuple parisien. Comme si les plus hautes instances judiciaires et législatives niaient toutes les actions insurrectionnelles survenues en juillet 1789 aux barrières de l'octroi. La représentation nationale eut le bon rôle face à l'ogre que représente la cour des Aides. Elle aurait abrogé ainsi le despotisme fiscal des juridictions d'Ancien régime, puisqu'elle restituait au « peuple » son honneur perdu en annulant toute procédure. L'Assemblée aura évité ainsi l'incarcération de ces individus qui se sont battus pour la liberté, tout comme l'ont fait ces milliers de Parisien(ne)s en s'attaquant à la Bastille.

Est-ce aussi limpide que cela ? Nous pensons surtout que les députés ont déjoué une crise majeure et qu'ils ont compris qu'il fallait

---

[658] AN, D VI 8, lettre du 25 juin 1790 ; la lettre n'est pas signée et ne porte pas de destinataire ; cependant, l'homme est bien informé et connaît les rouages de la cour des Aides et s'étonne également d'un arrêt rétroactif qu'il qualifie de dangereux, incendiaire et propre à apporter de la fermentation.

[659] AN, D VI 8, lettre de Vente au président [il s'agit sans doute du président de l'Assemblée nationale], 13 juillet 1790 ; suit le mémoire évoqué par le fermier général, *Demande en interprétation du décret du 6 juin 1790*, sans date, ni auteur.

manœuvrer intelligemment et ne pas heurter de front la population. Les députés sont-ils à l'écoute du peuple qui souffre ? Nous n'y croyons pas plus. Le ressentiment de la population envers la cour des Aides ne devait pas basculer vers une fatale aversion à l'encontre de l'Assemblée. Celle-ci a trouvé une façon imparable de se démarquer de la cour des Aides en rappelant que cette dernière n'avait plus « la confiance publique ». Ce n'est pas tant la recherche de la vérité qui anime les députés. Ceux-ci se montrent magnanimes, car la situation dans les provinces est explosive et peu de Français sont prêts à acquitter l'impôt. Il faut faire preuve de clémence et montrer que l'Assemblée est à l'écoute de la population. Muguet, comme ses collègues, demeure un homme pragmatique. Les députés ne peuvent admettre que la population parisienne se soulève une fois encore, car cela « pourrait jeter des alarmes, non seulement dans la capitale, mais encore dans tous les départements où de pareilles procédures pourraient être faites ». Le *voile sur le passé* dont fait état le député signifie clairement qu'il faut oublier ces tristes faits ; il faut classer ces pillages et incendies dans la recherche de la liberté dont le symbole est toujours la prise de la Bastille. Ainsi, les événements, qui précèdent la chute de la forteresse, s'inscrivent dans cette lignée pure, formant un tout indivisible. Persister dans la poursuite du procès, c'est s'attaquer aux valeureux hommes qui ont sacrifié leur vie lors de l'attaque de la prison royale. Le 14 juillet est donc un bloc que l'on ne peut fragmenter en de multiples épisodes. Il n'y a qu'un seul objet qui doive retenir l'attention : la liberté acquise le 14 juillet. Le paradoxe est là, justement. Les députés enlèvent ainsi toute signification à l'épisode des barrières. Ils ne voient dans ces incidents que des faits et non plus un événement, fondateur d'un autre moment, en rupture avec d'autres pratiques.

Le début du procès coïncide parfaitement avec l'installation de la nouvelle clôture. Le choix de la date n'est probablement pas fortuit et le symbole est manifeste : la cour des Aides peut ainsi rappeler la détermination de l'Assemblée nationale de fixer les limites fiscales et de continuer à percevoir des taxes. C'en était trop pour les Parisiens. D'un côté, le pouvoir judiciaire persiste à mener jusqu'au bout le procès et impute les agissements de juillet 1789 aux seuls fraudeurs ; de l'autre, les barrières sont définitivement fixées et elles englobent un territoire plus vaste qui assujettit encore plus d'habitants, tout en faisant payer des taxes sur des marchandises entrées illégalement durant l'intermède

de la prise des barrières. La fièvre qui retombe au lendemain de l'annonce de la libération des douze prévenus n'est pas due à un altruisme des députés ; ce n'est pas davantage un pardon. Certes, c'est la première fois - la seule, peut-être – que les députés, du bout des lèvres, osent dire que l'attaque des barrières participe de la lutte pour la liberté. Il est vrai qu'à l'extérieur du Palais, les forces de l'ordre sont bousculées ; à l'intérieur du bâtiment, le public ose proférer certaines paroles qui, en d'autres circonstances, auraient été considérées comme séditieuses et, à ce titre, susceptibles de poursuites. La population s'exprime et menace ouvertement les juges et les autorités. Un duel, un combat avec le peuple parisien ne peut être envisagé par l'Assemblée nationale quelques jours avant la formidable réconciliation qui se prépare dans la capitale avec la grande fête de la Fédération. Ce n'est pas la sagesse, ce n'est pas l'absolution qui anime la représentation nationale, mais c'est la peur du réveil de Paris. C'est un choix réfléchi qui apaise les parties, mais ne résout en rien la question du poids fiscal de la grande majorité de la population du pays.
Aucun responsable politique ne peut ignorer la situation financière du royaume en 1790. Tous savent que dans trop de nombreuses provinces, dans les villages, les bourgs et les villes, le refus de payer l'impôt se généralise[660]. Les députés à l'Assemblée sont régulièrement sollicités par les municipalités qui s'inquiètent du non-recouvrement des impôts. La lettre de Lambert, le contrôleur général des finances, lue à l'Assemblée le 12 juillet 1790, fait état d'une généralisation du mouvement antifiscal dans de nombreuses villes près de Calais, aux alentours de Soissons et à Paray[661]. Au refus du paiement se succèdent très vite des menaces, des attroupements ou une résistance ouverte contre les autorités. Les directoires des départements et les maires des communes sont rapidement débordés, d'autant plus que les gardes nationales de ces lieux prennent parti pour la population et rejettent toute action punitive contre la fraude et la contrebande.

---

[660] Voir Anatoli Ado, *op. cit.*, le chapitre « la tentative de compromis avec l'Ancien Régime », fait un tour d'horizon des révoltes antifiscales ; néanmoins, il faut rappeler que l'Assemblée avait instauré l'égalité devant l'impôt et les privilégiés à l'automne 1789 furent imposés ; voir Mireille Touzery, *L'invention de l'impôt sur le revenu. La taille tarifée, 1715-1789,* Paris, Comité pour l'histoire économique et financière de la France, 1994.
[661] AP, tome 17, séance du 12 juillet 1790, p. 61 ; à la suite de la lettre du ministre, les lettres des régisseurs généraux et des municipalités sont annexées à la séance.

Une fois de plus, parmi toutes ces cités, la ville de Lyon fait parler d'elle à l'occasion de troubles fiscaux. Un an après les événements sanglants de la fin du mois de juin 1789 où la répression fut immédiate et sévère, les habitants se mobilisent de nouveau et récusent le paiement des taxes. Deux personnages influents de la ville, Roland de la Platière et Blot, militent pour la suppression de l'octroi et leur remplacement par un impôt sur les loyers. Dès le 5 juillet 1790, plusieurs pétitions, rédigées par des assemblées de citoyens demandent « la suppression absolue de toute perception des droits d'aide et octrois sur tous les comestibles et combustibles... ». À la place de ceux-ci, reprenant les idées de Blot et de Roland, les citoyens proposent une imposition plus juste et moins onéreuse. Le 8 juillet, à l'Hôtel-de-Ville, le conseil municipal fait la lecture de ces pétitions. Dupuis, le procureur de la commune, intervient en proposant que les différentes pétitions soient examinées, avant d'être envoyées à l'Assemblée nationale. Dans la salle, une population nombreuse interrompt sans cesse son discours. Des voix dans le public se font entendre qui indiquent des intentions claires : « plus de barrières, plus d'octroi, dès ce soir, nous n'en voulons plus ». La pression est si forte que le maire se résout à convoquer les citoyens actifs de la ville à l'effet de nommer trente-deux commissaires qui auront la charge de trouver un moyen afin de remplacer l'octroi sur les marchandises par une autre imposition plus égalitaire. Parallèlement, le maire ordonne à la garde nationale de veiller à la perception des droits aux barrières. Dès le lendemain, 9 juillet, au Nord-ouest de la ville, sur la rive droite de la Saône, la barrière de Vaise est envahie par la population. Aussitôt, comme il fallait s'y attendre, les marchandises et denrées de toutes sortes pénètrent librement dans la ville. Le 10 juillet, les commissaires des sections se prononcent favorablement pour la suppression des droits d'octroi « sur les vins, eaux-de-vie, bestiaux, bois à brûler et charbons ». Le corps municipal ne peut accéder à cette demande dans l'immédiat et accepte de réunir dans l'après-midi le conseil général de la commune. C'est un pas dans l'illégalité que franchissent les membres du conseil en se démarquant des lois prescrites dans le royaume qui ne suppriment nullement ces taxes indirectes. Mais l'influence coercitive de la population lyonnaise laisse peu de liberté au corps administratif. Depuis plusieurs jours, les barrières sont désertées par les employés et la garde nationale n'intervient pas. Dans ces conditions, il est imprudent de se heurter à la population en voulant rétablir les taxes. Comment dans « une ville de manufacture » comme celle de Lyon, peut-on accepter ces taxes qui portent sur les produits de première nécessité ? « C'est attaquer le principe de l'existence de l'ouvrier que de lui ravir par une semblable taxe les moyens de subsister »[662]. Le raisonnement correspond à cette réalité économique et sociale que vit la population depuis de nombreuses années, où le poids des taxes s'accroît sans que les salaires des ouvriers augmentent. C'est donc une décision lourde de sens qui anime les membres de l'appareil administratif qui, à l'unanimité, mais à contrecœur, votent la suppression des droits d'octroi. Pendant une dizaine de jours, la population est en fête, ayant remporté une victoire, sans violence physique.

À Paris, lors de la séance du 9 juillet, les députés recueillent et s'inquiètent des nouvelles en provenance de Lyon. Chabroud, membre du comité des rapports, fait voter le rétablissement des taxes de l'octroi, mais condamne également les officiers municipaux qui s'étaient arrogé illégalement le droit de décider des impositions[663]. Le chassé-croisé d'envoi de courriers entre le maire de Lyon et l'Assemblée nationale dure ainsi plusieurs jours. Le 17 juillet, Chabroud revient une nouvelle fois sur les troubles de Lyon. Les membres du comité des rapports durcissent leurs positions et reprennent la phraséologie devenue classique : le peuple, toujours immature, s'est laissé berner, « excité par des insinuations secrètes et des déclamations incendiaires [en rédigeant des pétitions] pour demander la suppression des entrées »[664]. Chabroud ne réprouve pas totalement l'attitude du corps municipal qui ne cherchait qu'à éviter des désordres graves et dramatiques. Si ce dernier a convoqué les membres de la commune, c'était pour « temporiser », car la municipalité « fut contrainte à autoriser » la convocation des sections. Une pareille attitude ne peut être acceptée, car « la chose publique serait en danger si les insurrections contre l'impôt étaient tolérées ». Le décret, catégorique, voté par les députés annule les nominations et les délibérations « des prétendus commissaires » tout en demandant au comité des recherches de l'Assemblée de faire la lumière sur les « auteurs de troubles », ces individus qui « ont fait les fonctions de président et de secrétaires ». L'Assemblée réitère son décret du 13 juillet en rétablissant les barrières et va au-delà des espoirs timides de la commune de Lyon, en enjoignant aux cabaretiers et autres marchands de la ville de déclarer les marchandises qui sont entrées à l'intérieur de la cité depuis la cessation de l'octroi. C'est donc un véritable coup de

[662] *Procès-verbaux des séances des corps municipaux*..., *op. cit.*, p. 112.
[663] AP, tome XVII, séance du 12 juillet 1790, p. 69.
[664] AP, tome XVII, séance du 17 juillet 1790, p. 165.

semonce en provenance de Paris qui arrive quatre jours plus tard, le 21 juillet, lors de la réunion du Conseil général de Lyon qui informe ses concitoyens du décret du 17 juillet[665]. C'est d'ailleurs un soulagement pour la municipalité qui ne pouvait espérer mieux. Les législateurs ont tranché et, sous couvert de la loi, les taxes doivent reprendre. Les procès-verbaux ne mentionnent qu'indirectement la très forte opposition de la population et mettent en avant la modération du corps municipal. Le décret n'est pas appliqué immédiatement dans la ville. Les troupes promises par les législateurs ne sont pas encore arrivées à destination. La Tour-du-Pin, le ministre de la Guerre, adresse un courrier le 5 août à la municipalité de Lyon, l'informant de l'arrivée des militaires stationnés au bord de la Saône, dans la ville de Trévoux, sous le commandement de La Chapelle[666]. L'officier estimait qu'il fallait différer la perception et attendre que toutes les troupes arrivent dans la ville. Il fallait en imposer aux habitants, en étalant la force afin d'éviter de l'utiliser[667]. Les tensions ne retombent pas dans la ville qui connaît durant cette période deux incidents notables à la fin du mois de juillet 1790 : un soldat suisse est lynché par la population et la municipalité proclame la loi martiale à la suite de l'invasion de l'Hôtel-de-Ville[668]. Le 20 août, sûre de l'appui des troupes, la municipalité peut placarder, sur les places publiques et aux abords des barrières, les décrets de l'Assemblée et les lettres patentes du roi. La commune procéda à de nombreuses perquisitions qui s'avérèrent juteuses et des milliers de bouteilles de vin furent ainsi saisies les mois suivants[669]. Pendant près de deux mois, les Lyonnais ont connu la liberté aux barrières. Les mêmes motivations en juillet 1790 animent la population qui refuse le paiement des taxes. En 1789, l'espoir avait enhardi les foules, mais, en 1790, la confiance et la foi en un monde meilleur, sensible au menu peuple, font place à l'abattement qui se traduit par des mouvements amples et violents. L'appel au patriotisme, afin de surmonter ensemble

---

665 *Procès-verbaux des séances des corps municipaux…, op. cit.*, p. 121.

666 *Ibidem,* p. 137 ; la lettre parvient au conseil municipal le 9 août.

667 *Ibidem,* p. 139.

668 Sur la loi martiale, voir Michel Pertué, « La loi martiale », dans François Priet (études réunies par), *Mélanges en l'honneur de Henri Jacquot*, Orléans, Presses universitaires d'Orléans, 2006, p. 459-470 ; du même, « Loi martiale, état de siège et législation révolutionnaire », dans Bernard Gainot et Vincent Denis (dir.), *Un siècle d'ordre public en Révolution (de 1789 à la IIIe République)*, Paris, Société Etudes Robespierristes, 2009.

669 *Procès-verbaux des séances des corps municipaux…, op. cit.*, p. 195, séance du 16 octobre 1790.

les difficultés, où bourgeois, artisans, ouvriers et menu peuple seraient unis devient une utopie à laquelle, d'ailleurs, plus personne ne songe. Comment dans ces conditions pouvait-on réconcilier le peuple dans son acceptation la plus large, alors qu'à « chaque fois ces violences collectives donnent lieu à une violence répressive »[670]? Une grande partie du peuple estime que la Nation le pressure chaque jour davantage. Aucune manifestation de bonne volonté du pouvoir législatif à Paris n'est esquissée pour donner une quelconque contrepartie à la population lyonnaise. Les députés se coupent de la base, ne reconnaissant aucune légitimité au peuple. Comment espérer que la confiance revienne dans la ville alors que de nombreuses troupes, étrangères pour la plupart, veillent à la perception et, plus généralement, à l'ordre. Certes, le calme est rétabli, mais au prix d'un déploiement guerrier impressionnant. La municipalité a beau témoigner sa gratitude aux chefs militaires, elle perçoit que le fossé se creuse inexorablement. Les habitants avaient peut-être espéré un instant que les marchandises introduites illégalement dans la ville leur seraient acquises définitivement. Il n'en fut rien. C'est sous la menace de lourdes sanctions financières que la municipalité arrive à ses fins. Certes, la commune, comme tant d'autres sur le territoire, doit faire face à de nombreux problèmes et l'approvisionnement en grains demeure toujours le point douloureux et inquiétant qu'il faut traiter en priorité. Mais, la réponse apportée ne tient pas compte de la souffrance. Le peuple n'a nul besoin « de conseils incendiaires » comme l'affirme Chabroud à la tribune de l'Assemblée. Dans un sens, il a raison ; mais le député ne perçoit-il pas trop de crédulité chez ce peuple, considéré comme un enfant candide, à qui l'on doit tout apprendre ? La population a-t-elle besoin d'une leçon des députés pour dire qu'elle n'en peut plus, qu'elle souffre ? Tous ces individus sont-ils à ce point incapables de manifester une volonté claire ? Marat, comme il l'a fait précédemment à Paris, en faveur des incendiaires des barrières, se dresse contre le décret pris par les législateurs. Pour *l'Ami du peuple*, les violences commises par la population sont légitimes, tant celle-ci est spoliée. Le peuple « n'a eu besoin que du profond sentiment de ses maux et de la crainte trop bien fondée de n'en jamais voir le terme ». L'Assemblée nationale fut « sourde à ses réclamations »[671]. Les hommes au pouvoir sont à la recherche de boucs émissaires et ils ne peuvent considérer que le peuple

---

[670] Bruno Benoît, *L'identité politique de Lyon*..., *op. cit.*, p. 23.
[671] *L'Ami du peuple*, n° 168, 21 juillet 1790.

puisse émettre des idées par lui-même. Il ne peut être guidé que par des esprits malveillants qui veulent la perte de la Révolution. Ce discours, partagé par un large pan des élites parisiennes et provinciales, marque davantage l'abîme qui se creuse.

Les conséquences à Paris et à Lyon sont différentes en juillet 1790. Dans la capitale, la population ne s'attaque pas aux barrières, il n'y a pas de mort et aucune arrestation n'est à déplorer. Le peuple veille soigneusement, montre sa détermination ; il attend, puis exige que les prévenus soient libérés. À Lyon, c'est l'inverse qui se produit ; la population se rue sur les barrières de l'octroi, la ville est en état de siège, la loi martiale est proclamée pendant plusieurs jours et la justice se hâte de condamner à mort plusieurs individus. La réponse politique ne s'est pas fait attendre dans un cas comme dans l'autre. Le comité des rapports examine les deux situations, mais réplique de manière dissemblable. Les députés préfèrent la clémence pour les incendiaires à Paris, mais choisissent la répression pour les habitants de Lyon. C'est un signal fort et limpide qu'adresse le pouvoir aux Lyonnais, à deux reprises, en un an d'intervalle. L'éloignement du centre du pouvoir entre Paris et Lyon est une aubaine pour les députés. Ils ne courent aucun risque à être débordés par la foule et peuvent opter pour une punition sévère, car il faut étouffer les revendications. Sous couvert de pardon, la représentation nationale lâche du lest à Paris ; même si elle semble capituler à Paris, l'Assemblée arrive à ses fins. Il ne s'agit que d'un stratagème habilement orchestré pour tromper la vigilance du peuple. Dans la capitale, on agrandit le périmètre de l'octroi le jour de l'arrestation des onze prévenus et la Ferme recherche toutes les marchandises entrées illégalement dans les cabarets. À Lyon, l'octroi est rétabli et les préposés aux barrières inspectent minutieusement les locaux à la recherche de produits non déclarés. D'un côté, une défaite lyonnaise ; de l'autre, en apparence, une victoire parisienne. On pardonne à Paris, mais on continue à percevoir l'impôt ! En réalité, on assiste à une reprise en main de l'Assemblée qui tente de contrôler la population.

Conclusion
La prise des barrières : la montée en puissance du peuple

L'octroi engrange des revenus considérables pour la monarchie. Tout au long du XVIIIe siècle, la royauté invente de nouvelles taxes, augmente les droits. Mais la monarchie n'a pas à se tourmenter de ces rentrées d'argent, la Ferme le fait à sa place. La monarchie essaie de maîtriser l'espace tout en contrôlant la population. Cette domination s'exerce davantage sur les quartiers périphériques, là où les limites de la ville reculent sans cesse. En créant des bornes aux entrées de la ville, la royauté divise le territoire en deux parties et impose l'octroi en assujettissant les Parisiens. En scindant l'espace, la monarchie crée les conditions d'un mécontentement chez une partie de la population, celle qui se situe aux frontières de la ville, *intra* et *extra-muros*. Dans cette zone, les cabarets et les guinguettes se construisent en un temps record et déménagent aussi rapidement lorsque la limite fiscale est déplacée par le pouvoir. Sans cesse, le bornage de Paris recule. La population a vite compris l'intérêt de cette bande mouvante et en profite pour faire transiter des denrées de la banlieue vers la ville, évitant de payer les taxes qui sont perçues par la Ferme. L'idée germe alors dans l'esprit de quelques Fermiers : il faut construire un mur fiscal sur tout le périmètre parisien ; ainsi, la fraude disparaîtra d'elle-même devant l'efficacité de la construction. Les effets attendus ne sont pas à la hauteur des espérances. La fraude sur les boissons n'est pas ralentie, elle s'accélère, au contraire, au même rythme que l'édification du mur. Le pouvoir n'ignore pas cette situation et la répression redouble. De plus en plus, la Conciergerie se remplit. Les incidents et les accrochages à la périphérie de la ville entre la population et les employés de la Ferme deviennent plus violents. En juillet 1789, une grande partie de la population montre qu'elle est excédée des taxes qui se paient à l'entrée. Le poids démesuré de l'octroi est un élément qui favorise l'insurrection des Parisiens. Ils le manifestent avec éclat dès le 10 juillet. Mais, ils ne sont pas davantage entendus après la prise de la Bastille. Les responsables sont différents, mais leur volonté de continuer à percevoir les taxes n'a en rien changé. L'Ancien Régime trépasse, mais le quotidien des Parisiens n'évolue guère.

La durée du phénomène qui perdure aux barrières pendant plusieurs jours et plusieurs nuits va à l'encontre d'un simple acte émeutier, qui serait une manifestation éphémère, s'estompant avec le temps. Si tout acte émeutier n'est pas forcément une réponse politique, due à une situation complexe et intolérable, nous devions nous poser la question de la nature des faits qui se sont produits aux barrières et ne pas négliger les conséquences de ces actes de révolte sur le terrain politique révolutionnaire. Les indignations, les revendications, la détermination à supprimer l'octroi, le droit à l'existence sont ces moments importants de l'engagement d'un certain nombre d'habitants de la ville de Paris. La population s'attaque essentiellement aux biens de la Ferme et, aussi étonnant que cela puisse paraître, les violences à l'encontre des employés sont minimes. Une émeute non violente serait une faculté de se dominer soi-même qui entraîne une capacité émotionnelle positive où le refus d'entrer en violence est la véritable force qui évite ainsi une effusion de sang[672]. Les limites de l'horreur et de l'inacceptable ne sont jamais franchies, au contraire des morts atroces du gouverneur de la Bastille et celle de Flesselles, le prévôt des marchands. Aucun individu qui saccage les barrières ne perd son humanité et c'est, sans doute, un point important à rappeler. La réticence des autorités judiciaires, municipales et législatives est tangible, car aucun pouvoir officiel n'adhère à ce vaste mouvement aux barrières ; les hommes au pouvoir n'envisagent nullement les destructions comme une lutte pour la liberté, mais comme une volonté destructrice, entreprise par des bandes de fraudeurs, payés pour commettre ces actes. Un an plus tard, en juin 1790, du bout des lèvres, l'Assemblée, parce que le peuple est présent en masse, se résout à pardonner les « incendiaires des barrières ».

Les contemporains ont ensuite contribué à mettre un voile sur l'interprétation donnée aux destructions aux barrières. Cette histoire est-elle digne d'être racontée, expliquée et analysée quand on martèle qu'elle est l'œuvre de brigands, de gens malintentionnés et malveillants. La soif de liberté, l'investissement politique, la volonté d'abolir les privilèges, la destruction du despotisme et la recherche de l'égalité sont tous des aspects inattaquables. Ces éléments sont, à juste titre, mis en avant lors de la prise de la Bastille et ne cadrent pas,

---

[672] Sophie Wahnich, « La Révolution française comme conflit d'intolérables Comment définir l'inhumanité en période révolutionnaire », dans Didier Fassin et Patrice Bourdelais (dir.), *Les constructions de l'intolérable, études d'anthropologie et d'histoire sur les frontières de l'espace moral*, Paris, La Découverte, 2005, p. 51-90 ; voir aussi, « L'auto-contrôle de la cruauté des foules révolutionnaires », *Chimères*, vol. 83, n°2, 2014, p. 109-116.

décidément, avec l'appellation *fraudeurs*, appliquée à ceux qui se ruent sur les bâtiments de l'octroi. Ces bandes organisées et les marchands de vin ont joué un rôle dans la destruction des barrières même s'il est difficile d'apprécier exactement leur part de responsabilité dans les événements. Les barrières n'auraient jamais pu être attaquées, du moins avec cette intensité, si une grande partie des Parisiens n'avaient pas réagi à leur tour. Une convergence s'est installée entre les diverses catégories qui permet alors la destruction des bâtiments et du mur. Il ne faut pas y voir uniquement une solidarité ourdie contre la Ferme ni chercher une réaction de classe qui s'exercerait contre de riches financiers. Ce serait ignorer et méconnaître le quotidien des habitants qui luttent pour survivre et qui sont confrontés quotidiennement aux humiliations commises aux barrières, comme l'attestent les écrous à la Conciergerie. Il n'y a pas besoin de connaître le coût du Mur des Fermiers pour se rendre compte des sommes astronomiques dépensées dans cette construction. La Ferme, avec l'accord de la monarchie, emmure les Parisiens et leur demande d'accepter leur sort. Une ville plus belle, avec des bâtiments somptueux, pour mieux les faire payer. L'argent était donc disponible, pouvait se dire l'homme du peuple, ce qui aurait permis de soulager en partie ses maux. Peut-on alors accepter d'avoir, même à ciel ouvert, une prison comme horizon !

La chute des barrières anticipe largement celle de la Bastille. Si la forteresse a pu être prise, si la nouvelle municipalité parisienne s'empare du pouvoir, c'est parce que les événements aux barrières ont préparé et facilité la chute de la forteresse. C'est une action préparée dans la mesure où, avant même de connaître le renvoi de Necker le 12 juillet et d'entendre la fameuse harangue de Camille Desmoulins au Palais-Royal encourageant la population à prendre les armes, d'autres Parisiens, à la périphérie, ont commencé à agir et à se lever, déferlant en ordre rangé sur les bâtiments de l'octroi et le mur des Fermiers. Facilitée dans la mesure où la population a très vite compris que les gardes-françaises ne manifesteraient aucun sentiment hostile, qu'ils ne tireraient pas sur la foule, qu'ils laisseraient faire. Combien de fois entend-on dans les rues, aux barrières, l'exhortation rendue célèbre par le pamphlet de Sieyès ? Le Tiers-Etat n'est plus une idée abstraite. Ces hommes et ces femmes ont le sentiment de donner un sens à ce qu'ils font. Ils forment un front uni contre un adversaire commun.

Pendant que se déroule l'attaque contre la Bastille, avec son lot de violences et de morts, les Électeurs de Paris, en prenant le contrôle politique et militaire de la ville, ne s'y trompent pas. Ils prennent des mesures pour éviter la sortie des grains, car la question des subsistances est cruciale ; en même temps, la nouvelle municipalité décide du rétablissement de l'octroi. Il y va de sa capacité à montrer qu'elle est aux commandes ; il n'est pas question d'autoriser un quelconque débordement populaire. La légitimité doit revenir aux représentants de la commune, non à la rue. Ramener l'ordre aux barrières ne revient pas exclusivement à pacifier les protagonistes et apporter la tranquillité publique. Faire cesser les troubles, c'est montrer que la situation redevient normale. C'est dessiner un rapport de force qui doit tourner à l'avantage de la municipalité. Une formidable désorganisation se produit du côté du pouvoir royal, ouvrant une voie inédite que peu de monde soupçonnait. Mais cette convulsion, cette Révolution, est lié aussi à la chute des barrières, encouragée en partie par ces fraudeurs qui, par définition sont des hors-la-loi et, à ce titre, n'ont pas voix au chapitre. Associés à la population, ils s'expriment par la voix, les cris, la fureur, les gestes, la violence. La manifestation de leurs pensées, de leurs actes, s'inscrit durablement dans le cycle du tout possible, d'un changement durable et réel. L'oppression fiscale devient alors secondaire, car il s'agit de s'octroyer une place dans un espace politique inédit. La domination ne peut plus être acceptée ; encore faut-il que cette ingérence soudaine du peuple soit acceptée par les nouvelles élites, ce qui ne sera pas le cas. Sous couvert d'un sermon moralisateur, d'une régénération totale nécessaire, c'est l'aveuglement qui conduit à déprécier la politique du peuple. Celui-ci a-t-il une pleine conscience de façonner un monde nouveau, insoupçonné et dépasser ce à quoi il était socialement promis, à savoir obéir aveuglément ?

Il n'existerait pas un seul combat, mais deux luttes qui se combinent : l'une fiscale, l'autre guidée par la recherche de la liberté. L'historiographie a privilégié le deuxième aspect, refusant de voir le rôle essentiel des Parisiens qui se ruent sur les barrières et abattent pourtant un pan de la puissance monarchique. Il serait illusoire d'opposer la lutte contre la fiscalité et la lutte pour la liberté. Ces deux temporalités convergent et créent une nouvelle donne où la population n'a plus besoin de justifier les incursions aux barrières. Les deux mouvements participent d'une même adhésion où la parole du menu peuple doit être perçue. Ce n'est plus strictement une attaque contre les bâtiments de l'octroi qui est fomentée, mais une offensive délibérée, générale, où le peuple prend le pouvoir aux barrières et laisse éclater sa jubilation frénétique. Les destructions des bâtiments, le pillage et le feu ultime montrent que les émeutiers possèdent tout au long des journées de juillet 1789 une organisation structurée, sans faille. Ce ne sont plus des *émotions* au sens d'un affrontement désordonné et passager. Quoique, ici, le terme d'affrontement n'a pas vraiment sa place, étant donné qu'il n'y a pas eu choc entre des adversaires ou ennemis. L'attaque aux barrières se déroule unilatéralement, l'opposition est inexistante. La volonté de la foule, au vu du contexte insurrectionnel, est une remise en cause de l'ordre établi[673]. Si la chute de la prison royale date du 14 juillet, la Révolution a déjà commencé, quelques jours plus tôt, au niveau des barrières de l'octroi. En observant attentivement le dessin de Prieur, montrant *la barrière de la Conférence incendiée*, il suffit d'imaginer cette scène multipliée aux quatre points cardinaux de Paris. C'est là que résident la force et la puissance de l'incendie des barrières, car aucun secteur de la capitale n'est épargné. Pourtant, la violence n'a pas existé, ou à peine. Une révolution aux barrières presque pacifique ! Quel contraste saisissant entre cette première représentation de l'incendie des barrières et celle que Prieur réalisera plus tard à l'occasion de la suppression de l'octroi dans toutes les villes du royaume[674]. Cette fois, la population parisienne se presse dans la ville, enfin affranchie des droits d'entrée. Les deux images suggèrent une joie immense, profonde et se répondent par un jeu de miroirs inversé. Un début et une fin qui s'entrechoquent, mêlés d'injustice, de fureur, mais aussi d'allégresse, avec l'espoir d'avoir été enfin entendu par les autorités qui avaient pourtant, coûte que coûte, terminé ce mur et rétabli la perception des taxes dès le 17 juillet 1789. La veille du 14 juillet, les épisodes aux barrières n'ont pas la légitimité accordée et reconnue par les plus hauts dirigeants de cette jeune Révolution. Le despotisme tant décrié par les contemporains durant la période prérévolutionnaire ne se cantonne pas exclusivement à la peur d'un complot aristocratique ou d'une attaque militaire imminente sur la capitale, il s'exprime aussi dans ce despotisme fiscal qui se généralise dans tout le royaume.

---

[673] Pour ces notions de révolte et de Révolution, on renvoie à *Des révoltes de l'Europe à l'Amérique au temps de la Révolution française (1773-1802)*, dans les *Cahiers d'Histoire*, 94-95, 2005 [numéro en ligne http://chrhc.revues.org/91] ; Philippe Bourdin, Jean-Luc Chappey (dir.), *Révoltes et révolutions en Europe et aux Amériques (1773-1802)*, Paris, Sedes, 2004.

[674] La suppression des taxes aux entrées des villes est votée le 19 février 1791, mais ne sera effective que le 1er mai ; voir, AP, t. XXIII, p. 292 ; pour la fin de l'octroi en 1791, Momcilo Markovic, *La Révolution aux barrières…, thèse cit.*, p. 486-526.

Davantage qu'un rétablissement des faits, c'est l'interprétation, que l'on veut donner aux incidents aux barrières, qui demeure fondamentale. Soit, on les considère comme des accrochages, certes importants, mais qui ne font partie que d'une tranche chronologique, intégrées à un seul événement-clé, constitué par la prise de la Bastille ; soit, on estime que la destruction des barrières appartient à la même catégorie mentale et événementielle que la chute de la forteresse. Nous considérons que le saccage des barrières possède une identité propre, intacte ; celle-ci ne doit pas être soumise à l'hégémonie de la Bastille. Les enjeux autour des barrières véhiculent une trame qui doit être libérée du carcan de la forteresse. La *prise des barrières* est un acte volontaire qui ne demande qu'à s'asseoir sur le même piédestal que la *prise de la Bastille* afin d'être reconnue pleinement. C'est un événement, comme pour la forteresse, qui tranche avec le fait quotidien, l'acte banal. Il se distingue en acquérant un statut hors-norme et bouleverse les structures de pensée, car il rompt avec le temps ordinaire, immuable[675]. La rébellion aux barrières ne s'inscrit pas encore dans une grandeur révolutionnaire ; c'est avec la chute de la forteresse que les barrières accéderaient à une dimension politique. Il faut inverser cette logique et dire plutôt que l'attaque des bâtiments de l'octroi atteint déjà un niveau politisé, bien avant le 14 juillet. C'est ce cycle qu'il fallait rompre en disant simplement que *la prise des barrières* n'a pas besoin de la légitimité de la Bastille pour exister, pour être considérée comme un événement à part entière.

---

[675] François Dosse, *Renaissance de l'événement. Un défi pour l'historien : entre sphinx et phénix*, Paris, PUF, 2010.

Table des figures

Figure 1. Plan des enceintes de Paris 35
Figure 2. La délimitation des barrières vers 1785............................ 78
Figure 3. L'écrou classique 100
Figure 4. L'écrou pour fraude 101
Figure 5. Nombre de détenus pour fraude (1785-1791)..................107
Figure 6. Moyenne mensuelle des détenus pour fraude 109
Figure 7. Les détenus pour fraude en 1788 110
Figure 8. Durée de détention (en jours) pour fraude........................112
Figure 9. Les détenus pour fraude (comparaison annuelle).............115
Figure 10. Les barrières au nord de Paris vers 1785 135
Figure 11. L'attaque des barrières au nord de Paris 191
Figure 12. L'attaque des barrières dans l'Ouest parisien 192
Figure 13. L'attaque des barrières dans l'Est parisien 201
Figure 14. L'attaque des barrières dans le Sud parisien 208
Figure 15. La prise des barrières en juillet 1789..............................212
Figure 16. Les anciennes et les nouvelles barrières en 1789...........237
Figure 17. Les décrets de prise de corps..303
Figure 18. Composition sociale des incendiaires des barrières 310
Figure 19. Extrait des registres de la Conciergerie 316

Signification des sigles

AHRF : Annales Historiques de la Révolution française
AN : Archives nationales
Annales ESC : Annales. Histoire, sciences sociales
BHVP : Bibliothèque historique de la ville de Paris
BNF : Bibliothèque nationale de France
CNRS : Centre national de la recherche scientifique
EHESS : Editions de l'école des hautes études en sciences sociales
IHRF : Institut d'histoire de la Révolution française
PUBP : Presses universitaires Blaise Pascal
PUF : Presses universitaires de France
PUFC : Presses universitaires franc-comtoises
PUL : Presses universitaires de Louvain
PUP : Publications de l'université de Provence
PUPS : Presses de l'université Paris Sorbonne
PUR : Presses universitaires de Rennes
PUS : Presses universitaires du Septentrion
RHMC : Revue d'histoire moderne et contemporaine
RMN : Réunion des musées nationaux
SER : Société des études robespierristes

Table des Index (noms communs, noms propres et nom des lieux)

Abraham (brigadier de la Ferme), 123, 125, 126, 127, 216
Ado Anatoli, 54, 298, 362, 396
Ador Victor (marchand de vin), 139, 140, 141
Aides (cour des), 28, 61, 64, 65, 95, 98, 102, 105, 106, 113, 124, 154, 173, 174, 219, 235, 243, 252, 261, 263, 296, 297, 299, 300, 307, 310, 312, 314, 317, 318, 319, 320, 321, 323, 324, 325, 326, 327, 328, 329, 330, 331, 332, 333, 345, 348, 349, 351, 352, 354, 359, 360, 361, 385, 386
Antoine (architecte), 83, 235, 236, 239, 241, 242, 243
Assemblée nationale, 23, 56, 108, 161, 231, 295, 298, 299, 300, 319, 326, 331, 346, 347, 358, 359, 360, 361, 363, 364, 367, 394
Aubry Denis (incendiaire), 307, 312, 314, 317, 323
Babeuf François-Noël, 319, 320, 401, 409
Bailly Jean-Sylvain, 223, 347, 393, 394
Baldé (tailleur), 125
Baratin (les sœurs), 149, 354, 355, 356, 357
Barière d'Enfer (ou d'Orléans), 26, 78, 204, 207, 208, 239, 240
Barrière Blanche, 41, 63, 182, 185, 186, 188, 189, 191, 209, 235, 244, 250, 255, 258, 272, 273, 274, 282, 301, 306, 307, 314, 334, 338, 348, 350, 351
Barrière Buffaut, 187, 191, 210, 236, 244, 258, 274, 335
Barrière Clichy, 81, 91, 152, 175, 182, 190, 193, 209, 211, 236, 242, 245, 248, 256, 273, 284, 306, 310, 314, 334, 338, 360, 387
Barrière de Bercy, 200
Barrière de Chaillot, 80, 195, 209, 216, 219, 241, 242, 248, 258, 286, 306, 336
Barrière de Fontainebleau (ou d'Italie), 79, 205, 206, 208, 222, 239, 248, 250, 254, 257, 260, 275, 301, 308, 347
Barrière de Grenelle, 61, 207, 239, 407
Barrière de la Conférence (ou des Bonshommes, Versailles), 190, 192, 215, 216, 217, 218, 219, 221, 223, 224, 227, 229, 230, 231, 232, 241, 373, 389, 390
Barrière de la Courtille (ou du Temple) et quartier de la Courtille, 91, 149, 152, 160,

175, 183, 196, 197, 198, 201, 213, 244, 253, 259, 274, 282, 301, 310, 315, 319, 339, 340, 341, 343, 352, 353, 356, 357, 358, 359
Barrière de la Croix et du Marais, 105, 197, 201, 213, 244, 274, 301, 335, 353
Barrière de la Haute-Borne (ou de Ménilmontant), 198, 244, 250, 264, 285, 310, 336
Barrière de la Roquette, 199, 341, 343
Barrière de la Santé, 208, 239
Barrière de la Voirie (ou Cadet), 187, 188, 191, 239, 244, 265, 268
Barrière de l'Ecole Militaire, 207, 239, 240, 283
Barrière de l'Etoile, 86, 180, 190, 195, 229, 241, 242, 336
Barrière de Longchamp (ou Chaillot), 190, 192, 195, 241, 258, 286, 301, 306
Barrière de Monceau, 26, 155, 180, 181, 193, 194, 211, 242, 248, 254, 258, 259, 265, 271, 273, 279, 306, 307, 314, 338
Barrière de Montreuil, 199, 200, 257, 268
Barrière de Passy (ou de Sainte-Marie), 195, 203, 213, 216, 222, 223, 229, 231, 241, 248, 258, 286, 306, 307, 313, 408
Barrière de Rambouillet, 200, 204, 268, 306
Barrière de Saint-Denis, 152, 175, 188, 189, 286, 287, 310
Barrière de Vaugirard, 61, 80, 81, 85, 210, 239, 253, 275, 285, 301, 407
Barrière des Amandiers, 179, 180, 198, 257, 258
Barrière des Martyrs, 141, 187, 235, 236
Barrière d'Ivry, 205, 206, 240, 259, 305
Barrière du Clos-Payen (ou Croulebarbe), 206, 207, 259, 271
Barrière du Roule, 82, 180, 193, 209, 218, 219, 222, 237, 242, 248, 250, 256, 258, 264, 273, 306, 307, 308, 329, 360
Barrière du Trône, 26, 196, 198, 199, 200, 224, 229, 239, 241, 242, 244, 245
Barrière et pont de Charenton, 203, 204, 248, 253, 254, 301, 352
Barrière et quai de la Râpée, 27, 85, 180, 200, 203, 205, 238, 241, 242, 308, 387
Barrière et quartier Montmartre, 39, 62, 78, 90, 92, 130, 132, 141, 160, 181, 186, 187, 191, 210, 229, 235, 236, 244, 251, 252, 262, 274, 301, 328, 330, 335
Barrière et quartier Saint-Martin, 25, 78, 132, 149, 157, 183, 184, 185, 196, 197, 210, 211, 241, 250, 251, 252, 267, 280, 281, 286
Barrière et rue Sainte-Anne, 78, 132, 133, 134, 143, 182, 188, 191, 238, 244, 261, 264, 279, 281

Barrière Papillon, 116, 183, 191, 236, 244, 280, 301
Barrière Saint-Georges (ou des Trois frères), 183, 186, 191, 244, 250, 252, 253, 261, 265, 267, 268, 280, 286, 301
Barrière Saint-Jacques, 88, 90, 128, 207, 208, 239, 240, 253
Barrière Saint-Louis, 148, 149, 196, 197, 252, 259, 265, 285, 339, 355
Barrières de la Tournelle et des Miramionnes, 173, 180, 202, 251, 252
Bastille, 29, 30, 31, 33, 34, 37, 38, 42, 43, 44, 48, 53, 56, 58, 65, 66, 67, 70, 71, 113, 171, 172, 177, 178, 180, 194, 198, 216, 217, 221, 231, 233, 242, 252, 267, 276, 279, 284, 295, 297, 300, 309, 310, 319, 326, 332, 347, 361, 369, 370, 371, 374, 398, 399, 401, 402, 403, 404, 408, 411
Bataille ou Pierre-Antoine Privé (incendiaire), 181, 182, 185, 186, 209, 265, 273, 303, 307, 309, 312, 314, 315, 317, 323, 332, 333, 334, 338, 345, 358
Bellefond (rue), 134, 136, 138, 139, 141, 143, 145
Belleville ou la Courtille (quartier), 62, 90, 91, 92, 149, 237, 241, 301, 339, 360
Bergeron Marie (marchande de toilette), 263, 306
Berton (commissaire), 132, 133, 349, 350, 385
Bertrand de Molleville (maître des Requêtes), 41, 42, 393
Besenval Pierre-Victor (lieutenant-colonel des Gardes-Suisses), 42, 52, 176, 195, 318
Biard Michel, 31, 55, 397, 407
Bidault Marie-Angélique (fraudeuse), 132, 133
Blanc Louis, 45, 397, 401, 403, 406
Bouquet de Saint-Laurent (écuyer du contrôleur général des finances), 157, 158
Bourdin Philippe, 42, 47, 55, 226, 373, 397, 398, 399, 402, 406
Boyer (marchand de vin), 136, 137, 138, 139, 140, 141, 142, 145, 146, 147, 279
Bretonvilliers (Hôtel de), 138, 140, 285, 337
Brigands, 37, 39, 40, 41, 42, 45, 60, 72, 168, 169, 171, 172, 185, 188, 195, 200, 202, 206, 207, 210, 227, 243, 247, 248, 249, 250, 251, 252, 256, 257, 263, 264, 268, 269, 302, 310, 347, 370, 396, 412
Burstin Haïm, 7, 39, 67, 68, 202, 269, 282, 305, 332, 338, 398
Cabet Etienne, 45, 46, 59, 60, 398, 403
Calonne Charles-Alexandre (contrôleur général des finances), 79, 83, 86
Cauchois ou Cochois (incendiaire), 312, 315, 335

Cerf Jean (fraudeur), 183, 184, 267
Chabroud Charles (député et membre du comité des Rapports), 364, 366
Chagniaud (avocat au Parlement de Paris), 250
Chamfort Sébastien-Roch (journaliste), 227, 228, 229, 407
Champ-de-Mars, 52, 64, 195, 283
Charonne (quartier de), 79, 116, 199, 268
Chartres (rotonde de), 155, 189, 193, 194
Clément de Barville (procureur général de la cour des Aides), 235, 236, 299, 300, 302, 346
Clercq Victor de, 61, 72
clôture fiscale (ou Mur des Fermiers généraux), 37, 63, 64, 80, 83, 84, 85, 86, 88, 89, 90, 91, 92, 97, 98, 111, 113, 122, 130, 138, 175, 177, 178, 183, 185, 194, 197, 202, 210, 218, 220, 232, 235, 236, 238, 239, 241, 243, 244, 268, 274, 280, 298, 301, 302, 329, 338, 356, 358, 361, 384, 387
Cologne Pierre-Augustin (incendiaire), 182, 312, 313, 314, 317, 323
comité des Rapports de l'Assemblée, 326, 327, 328, 332
Comtois (fraudeur), 307, 309, 353
Conciergerie (prison de la), 23, 97, 98, 99, 100, 101, 103, 104, 105, 106, 107, 108, 111, 113, 115, 121, 123, 128, 131, 133, 140, 148, 149, 154, 157, 184, 261, 264, 266, 312, 313, 314, 316, 317, 319, 320, 324, 327, 328, 330, 333, 334, 335, 339, 340, 341, 342, 343, 346, 347, 354, 357, 358, 369, 371, 387, 391, 401
Coquenard (rue), 78, 116, 135, 179, 187, 236, 274, 315, 335, 349
Cordonnier (fraudeur), 149, 357, 358
Cuisset (couple incendiaire), 309, 312, 315, 317, 324, 330, 333, 335
Darbon (marchand de vin), 273, 303, 307, 349, 350, 351
Dassonvillez (commissaire), 350, 358, 385
Defresne (commissaire), 123, 130, 131, 138, 159, 279, 385
Desmoulins Camille, 41, 59, 66, 271, 371, 397, 403, 407
Devaux (employé de la Ferme), 260
Dion Roger, 62, 63, 64, 86, 401, 410
Douet de la Boullaye (intendant des finances), 83
Doyen Marie-Madeleine (épouse Horlier, fraudeuse), 149
Doyon Julie, 99, 108, 401
Dulaure Jacques-Antoine, 86, 87, 391

Durand Yves, 76, 80, 262, 356, 402
Élection (tribunal de l'), 28, 98, 103, 104, 105, 113, 116, 124, 128, 134, 140, 145, 148, 149, 150, 154, 155, 156, 157, 181, 260, 261, 262, 295, 296, 297, 304, 305, 306, 310, 323, 324, 325, 326, 327, 328, 329, 332, 335, 336, 338, 343, 346, 349, 351, 354, 355, 356, 357, 358, 386
Estampe, 215, 217, 219, 220, 221, 222, 224, 225, 230, 232, 242
Farge Arlette, 59, 66, 124, 141, 142, 256, 402, 403
Fontaine (commissaire), 125, 126, 128, 129, 334, 351, 385
Fontaine (marchand de vin), 308, 351
Foucault Michel, 66, 99, 402, 403
Fraudeurs de profession, 33, 58, 98, 149, 173, 254, 267
Frémy Elphège, 61, 72
Furet François, 54, 403, 404, 408
Garde nationale, 284, 305, 399, 402, 410
Gardes-françaises, 38, 40, 46, 68, 117, 130, 136, 137, 140, 143, 147, 172, 175, 176, 181, 184, 186, 187, 188, 189, 209, 210, 265, 277, 279, 280, 281, 282, 283, 284, 346, 371
Garrault (employé de la Ferme), 157, 158
Godechot Jacques, 38, 40, 48, 65, 176, 239, 243, 272, 282, 404
Goutallier (sous-brigadier de la Ferme), 259
Hanriot François (ancien employé de la Ferme et futur commandant-général de la Garde nationale), 305, 409, 410
Hardy Siméon-Prosper, 87, 88, 89, 90, 269, 392
Havet (marchand de vin), 155, 156, 261, 262
Horlier dit la Jeunesse (fraudeur), 149, 150, 151, 355, 356
Imbert-Comés (échevin de Lyon), 163, 164, 165, 166, 167, 168, 169, 171
Janinet Jean-François (dessinateur), 221, 222, 390, 399
Jaurès Jean, 50, 51, 52, 396, 406
L'Hérault (marchand de vin), 158, 159
La Fayette marquis de, 46, 183, 223, 231, 312, 347
La Force (prison), 58, 114, 115, 121, 128, 157, 175, 388
La Pourielle (conseiller à l'Élection, en charge du dossier des incendiaires des barrières), 323, 324, 326, 336
Lachiver Marcel, 76, 407
Lambeau Lucien, 61, 62, 407
Lavoisier Antoine (Fermier général), 77

Leclerc Marguerite (épouse Boyer), 26, 146, 147
Ledoux Claude-Nicolas (architecte), 26, 67, 71, 82, 83, 84, 85, 86, 88, 241, 404, 411
Lefebvre Georges, 31, 52, 53, 64, 75, 140, 247, 267, 269, 271, 393, 407
Lefevre Jacques dit Cœur de bois (incendiaire), 323, 338, 339, 340, 342, 343, 344, 345
Lefevre Jean-François (ancien employé de la Ferme), 139, 147
Lefevre Nicolas (fraudeur), 340, 341, 343, 344
Lievin (employé de la Ferme), 261, 354
Louis XVI, 40, 41, 80, 83, 88, 95, 175, 176, 222, 232, 255, 271, 393
Lüsebrink Hans-Jurgen, 71, 408
Lyon (incidents aux barrières), 51, 56, 57, 68, 161, 162, 163, 164, 165, 167, 169, 363, 364, 365, 367, 394
Marat Jean-Paul, 220, 260, 318, 319, 320, 321, 366, 397, 401, 405, 409
Marmottant (procureur du roi à l'Élection), 145, 150, 157
Marna Louis ou Leblond (incendiaire), 323, 324, 336, 337
Martin Jean-Clément, 7, 55, 56, 145, 408
Martineau Nicolas (marchand de vin), 141, 143, 145, 146
Marye Charles-Nicolas (magistrat à l'Élection), 140, 147, 148, 149, 156, 157, 158, 261, 262, 342, 345, 358
Mathiez Albert, 50, 51, 404, 409
Mercier Louis-Sébastien, 27, 28, 87, 153, 393
Michelet Jules, 29, 43, 44, 47, 48, 49, 397, 409, 410, 413
Mignet François-Auguste, 44, 45, 406, 409
Moitte Jean-Guillaume (sculpteur), 231
Monnier Joseph (garde de la ville et marchand de vin), 186, 273, 303, 307, 335, 348, 349, 350, 351
Montholon (rue), 130, 134, 135, 137, 183
Montjoie Galart de, 39, 40
Montmignon (employé de la Ferme), 142, 147, 156
Moreau Pierre-Louis (architecte), 79, 305, 409
Morel (employé de la Ferme), 156, 157
Muguet François-Félix-Hyacinthe (député et rapporteur du comité des Rapports), 327, 328, 329, 330, 331, 332, 334, 361
Municipalité de Paris, 23, 38, 70, 71, 72, 113, 163, 272, 274, 283, 284, 286, 297, 346, 353, 364, 365, 366, 371, 372, 394
Mur des Fermiers généraux (ou clôture fiscale), 23, 24, 26, 43, 51, 53, 54, 55, 215, 218

Musquinet de Saint-Félix (incendiaire), 312, 323, 324, 325, 330, 345, 346, 347, 412
Nazareth (section), 328, 329, 331
Necker Jacques, 29, 30, 31, 39, 40, 41, 59, 69, 84, 85, 163, 176, 217, 283, 371
Nicolas Jean, 92, 102, 121, 153, 154, 282
Nouvelle-France (caserne), 39, 40, 41, 78, 86, 130, 134, 135, 141, 143, 181, 262, 279, 282, 358, 359
Odent (commissaire), 123, 126, 127, 128, 385
Palais-Royal, 46, 59, 66, 221, 255, 257, 271, 346, 371, 403
Palloy Pierre-François (entrepreneur), 70, 71
Petite-Pologne (quartier), 39, 40, 41, 80, 91, 219, 350, 358
Peysson Jean-Marc, 27, 63, 80, 410
Picaut Marie-Françoise dit la Picarde (incendiaire), 324, 337
Piot Françoise (épouse Martin, fraudeuse), 148, 356, 357
Plisson Julien (incendiaire), 307, 312, 313, 315, 317, 324, 333, 334, 335
Porcherons (quartier), 63, 80, 86, 91, 160, 179, 183, 236, 238, 358, 359
Prieur Jean-Louis (dessinateur), 104, 215, 216, 217, 219, 220, 221, 222, 223, 224, 225, 226, 229, 230, 231, 232, 233, 242, 373, 389, 399
Prise de corps (décret de), 65, 103, 104, 105, 128, 140, 146, 148, 154, 156, 264, 295, 302, 303, 307, 309, 310, 313, 314, 315, 317, 320, 321, 327, 329, 333, 334, 335, 336, 342, 346, 348, 349, 357, 414
Privat Michel (employé de la Ferme), 159, 338, 394
Prudhomme Louis-Marie, 42, 149, 221, 402, 414
Quétel‍ Claude, 66, 67, 411
Rabreau Daniel, 26, 67, 411
Regnault (fraudeur), 149, 357, 358
Reubell Jean-François (député), 326, 327
Réveillon (affaire), 45, 64, 102, 176, 227, 229, 256, 257, 269, 272, 281, 283, 400
Rochechouart (rue), 134, 136, 236, 315, 334
Rudé George, 64, 65, 243, 267, 269, 309, 345, 411
Saint-Lazare (rue et couvent), 55, 59, 78, 152, 160, 183, 185, 186, 236, 245, 262, 279, 323, 324, 326, 336, 348
Saint-Maur (rue), 148, 179, 198, 245, 250, 335, 353, 354, 357
Saint-Maurice et Alfort (banlieue), 203, 204, 352
Séditieux, 42, 148, 165, 186, 187, 202, 247, 249, 251, 252, 257, 258, 264, 274, 280, 301, 305, 346, 357
Serna Pierre, 5, 7, 30, 232, 402, 408, 411

Taine Hippolyte, 41, 47, 48, 49, 50, 52, 64, 396, 400, 405, 412
Talbot Jean-Baptiste (contrôleur des Aides), 137, 261, 262, 351
Thiers Adolphe, 44, 45, 46, 406, 412
Thompson Edward P., 31, 32, 412
Tiers-Etat, 90, 161, 163, 167, 169, 172, 185, 187, 257, 266, 267, 269, 270, 271, 371, 403
Tilly Charles, 33, 275, 403, 412
Timoléon de Coron (écuyer et ancien mousquetaire du roi), 159
Tonnelier (fraudeur), 273, 303, 307, 309
Vente François-Jean (Fermier général), 360
Villedeuil Laurent (secrétaire d'Etat à la maison du roi), 165, 167
Villette (marchand de vin), 130, 131, 132, 156
Villette (rotonde de la), 26, 61, 80, 82, 155, 229, 238, 241, 339, 407
Vimant (employé de la Ferme), 274
Vovelle Michel, 53, 54, 413
Wahnich Sophie, 56, 57, 370, 414

Sources et Bibliographie générale
Sources manuscrites :

Avant d'entreprendre une quelconque recherche dans les fonds d'archives, l'instrument initial et indispensable demeure Alexandre Tuetey, *Répertoire général des sources manuscrites de l'histoire de Paris pendant la Révolution française*, Paris, Imprimerie nouvelle, 11 volumes, 1890-1914.

Archives nationales

Les cotes signalées ci-dessous ne sont que des indications ; pour des références complètes, voir les notes en bas de page.

Série G (Administrations financières et spéciales)

$G^{1}54^{A}$; G^{1} 57.

G^{2} 179

H (Administrations locales et comptabilités diverses)

H^{1} 1453 et 1454 : émeutes et perception d'impôts

H^{2} 1955 ; 1959

O^{1} (Maison du roi)

O^{1} 500

Q^{1} (Domaines)

Q^{1} 1100 ; 1101 : pièces relatives à la clôture de Paris. XVIe- XVIIIe siècle

T (Papiers privés tombés dans le domaine public)

T 705 (papiers de Colonia)

Y (Châtelet de Paris et prévôté d'Île-de-France)

Y 10634 (Registres des rapports du guet et des inspecteurs de police)

Y 10648 (Registres d'écrous)

Répertoire numérique des archives du Châtelet de Paris, série Y, tome 2 : les commissaires (Minutes des commissaires Y10719^{A} à Y16009)

Office du commissaire Alix : Y 10 810

Office du commissaire Berton : Y 11101, 11102, 11203, 11104, 11105

Office du commissaire Danzel : Y 11806, 11807

Office du commissaire Dassonvillez : Y 11986, 11987

Office du commissaire Defresne : Y 12076, 12077, 12078, 12079, 12080

Office du commissaire Delaporte : Y 12214, 12215, 12216

Office du commissaire Dorival : Y 12492

Office du commissaire Dubois Y 12643, 12644, 12645, 12646

Office du commissaire Fontaine : Y 13140, 13141, 13142, 13143

Office du commissaire Grandin : Y 13319

Office du commissaire Gruter : Y 13418, 13419

Office du commissaire Guelette : Y 13452, 13453, 13454

Office du commissaire Guyot : Y 13579, 13580, 13581, 13582

Office du commissaire Joron : Y 13981

Office du commissaire Leblond Y 14240

Office du commissaire Odent : Y 15015, 15016, 15017, 15018, 15019, 15020

Office du commissaire Picard Desmarest : Y 15099, 15100, 15101, 15102, 15113

Y (Chambre de la prévôté d'Île-de-France)

Y 18763, 18772.

Z (Juridictions spéciales et ordinaires) :

Z^{1A} Cour des Aides de Paris

Z^{1A} 868 (arrêts criminels).

Z^{1A} 881 (instructions criminelles).

Z^{1A} 886 (instructions criminelles faites à la Cour des Aides et à l'Élection de Paris contre les auteurs des incendies des barrières, 1790).

Z^{1G} Élection de Paris

Z^{1G} 174 et 175 (Sentences et pièces annexes : requêtes, procès-verbaux, demandes d'exemption ou de réduction de cotes, plaintes contre les collecteurs).

Z^{1G} 209, 211, 212, 214, 215, 216, 217 (procédures criminelles : dossiers contenant le jugement, les interrogatoires, les informations, les dépositions des témoins, les procès-verbaux de saisie).

Z^{1H} Bureau de la ville de Paris

Z^{1H} 561 à 565 (jugements rendus par le Tribunal municipal de Paris en matière de simple police : 1790-1791)

C (Assemblées nationales)

C//125 (rapport du comité de recherches sur l'affaire de La Chapelle)

C//134 (Assemblée extraordinaire des Électeurs de Paris réunie en juillet 1789)

D (Missions des représentants du peuple et Comités des assemblées)

D VI (Comité des finances) : 7, 8.

D XXIX (Comité des rapports) : D XXIX 62.

D XXIX bis (Comité des recherches) : les cartons 2, 6, 14, 18, 33.

F (Versements des ministères et des administrations qui en dépendent)

F^7 : 3688^1 ; 4774^{11}.

BB (Ministère de la Justice)

BB^{16} 701

Cartes et plans : N (Paris et le département de la Seine)

N/III/Seine/1249, *Nouveau plan de Paris avec les augmentations et changements qui ont été faits pour son embellissement,* par M. Brion de la Tour. À Paris, chez les Campions frères, rue St-Jacques. Grav. par G. Tulpin, 1784.

N/III/Seine/874, *Plan de Paris et de sa nouvelle clôture dite des Fermiers généraux avec légendes indiquant les anciennes et les nouvelles barrières*, 1788.

N/III/Seine/885/1, N/III/Seine/885/2, *Ancienne et nouvelle enceinte dite des Fermiers généraux indiquant l'emplacement des nouveaux bureaux*, 1789.

N/III/Seine/826/1-N/III/Seine/826/53, *Enceinte de Paris, dite des Fermiers généraux. Terrains acquis pour la construction : minutes de pl. ayant servi à la composition des cartes 1 à 8, 11, 12 et 17 de l'atlas N IV Seine 66 (n° 52) : de la Seine à Clichy et à Ménilmontant, de Montreuil la Râpée, de l'École Militaire à la rue de Sèvres, avec « explications »,* 1787-1790.

N/III/Seine/808/1-N/III/Seine/808/9, *Paris, ses faubourgs et ses environs,* par le Sr Roussel... revu et augmenté l'an IV de la République française. Grav. par les Srs Coquart, Delahaye, Cordier, Villaret et de Poilly, 1795.

N/IV/Seine/66, *Plan général de la nouvelle enceinte de Paris divisé en 18 cartes, 1787-1790.*

Archives imprimées

AD 1 101

Archives de la Préfecture de Police :

Arrestations et mises en liberté

AA : 9, 10 (arrestations) ; AA 32 (mises en liberté).

Ecrous à la prison de la Conciergerie

AB 128 : 12 mars 1785-12 décembre 1786

AB 129 : 14 décembre 1786-20 janvier 1789

AB 130 : 20 janvier 1789-26 janvier 1792

Ecrous à la prison de La Force

AB 321 : 16 février 1788-7 mars 1793

AB 322 : 4 novembre 1790-18 mars 1791

AB 323 : 20 mars 1791-12 juillet 1791

Bibliothèque Historique de la ville de Paris

Imprimés

BHVP, C.P. 3132.

BHVP, 136251, *Adresse du Comité Militaire. À Messieurs les représentants de la commune, 23 octobre 1789.*

BHVP, 136 865, *Projet de formation des six compagnies de Chasseurs nationaux parisiens, de cent hommes chacune, attachées aux six divisions et affectées spécialement à la garde des barrières.*

Cartes et plans

BHVP, Gr-PLA-0010, *Plan de la ville de Paris en 1789 : plan exécuté conformément à la décision prise par le conseil municipal de Paris dans sa séance du 30 décembre 1887.*

BHVP, 8-PLA-0066, *Plan des enceintes de Paris.*

Bibliothèque Nationale

Sources imprimées

En ce qui concerne les sources imprimées, deux répertoires ont été utilisés :

À Martin et G. Walter, *Catalogue de l'histoire de la Révolution française*, Paris, Bibliothèque Nationale, 1936-1969, 6 volumes.

Maurice Tourneux, *Bibliographie de l'histoire de Paris pendant la Révolution française*, Imprimerie Nouvelle, 1890-1913, 5 volumes.

LB39 : 1912, 4535, 4540, 9678, 9749, 9911, 9916.

LB40 : 23, 1466, 1492, 2004.

Cartes et plans

[Les plans et cartes suivantes sont consultables en ligne sur Gallica ; pour cette raison, nous n'indiquons pas de cote].

Nouveau plan routier de la Ville et Faubourgs de Paris, avec ses Principaux Edifices et Nouvelles barrières, par M. Pichon, Ingénieur Géographe, à Paris, Chés Esnauts et Rapilly rue St. Jacques à la Ville de Coutances, 1789.

Plan de Paris divisé en seize quartiers. En exécution de l'Ordonnance du Bureau de la Ville du 24 février 1744, dressé par Jean Delagrive, 1744.

Plan général des Bureaux d'Entrées, Barrières de Renvoy, Roulettes et Postes de Gardes de la Ville de Paris, 1708.

Nouveau Plan de Paris, avec les augmentations et changements qui ont été faits pour son embellissement. Fait en 1783 par M. Brion de La Tour, Paris, Campion frères, 1783.

Nouveau Plan routier de la ville et faubourgs de Paris, Paris, Esnauts et Rapilly, 1787.

Nouveau plan de Paris avec ses augmentations tant finies que projetées, levé et dessiné par L. Brion de La Tour..., Paris, chez le C. Desnos, 1796.

Nouveau Plan de Paris divisé en ses vingt quartiers, faübourgs et environs, orné des vues de Versailles et autres maisons royales, Paris, Desnos, 1772.

Département estampes et photographies

[Les estampes suivantes sont consultables en ligne sur Gallica ; pour cette raison, nous n'indiquons pas de cote].

Prieur Jean-Louis, *Barrière de la Conférence incendiée. Le 12 juillet 1789.*

—*Entrées des barrières libres : le premier mai 1791.*

—*Retour de Varennes. Arrivée de Louis Capet à Paris : le 25 juin 1791.*

Girardet Abraham, *Les Premiers jours de may à Paris en 1791 ou la liberté des entrées décrétée par l'Assemblée nationale le 19 février de la même année : vue de la bariere de la Conférence.*

Janinet Jean-François, *Evénement du 12 juillet 1789 : incendie de la nouvelle barrière des Gobelins. Le feu fut mis dans le même instant à toutes les autres barrières : on en chassa tous & les commis et l'on en brula tous les registres.*

Le Veau Jean-Jacques, *Bords de la Seine. Vue du couvent des Bonshommes à Passy.*

Moreau Jean-Michel, *Entrée du Roi à Paris : le 17 juillet 1789.*

Journée mémorable du 17 juillet 1789 ou entrée du Roi à Paris par la barrière de la Conférence (anonyme).

Incendie de la n.lle barrière des bons hom[m]es près Paris ; la nuit du 12 au 13 juillet 1789 : douze ou quinze hommes, armés de batons et de torches, ayant commencé par chasser les commis, piller et incendier la Barriere des Gobelins, la foule s'accrût bientôt, et dans la même nuit la plus grande partie des barrieres eut le même sort (anonyme).

Nouvelles acquisitions françaises

Fonds français 11697

Bibliothèque Historique de la ville de Paris

11945

136251, 136865

Journaux

Gazette Nationale ou le Moniteur Universel. La *Réimpression* (1863-1870, 32 volumes) a été plus souvent consultée que l'édition originale.

L'Ami du Peuple [Pour *L'Ami du Peuple*, nous avons abondamment consulté les ressources de *The ARTFL Project* où l'intégralité des numéros de *L'Ami du Peuple,* entre septembre 1789 et septembre 1792, est consultable en ligne]

Les Révolutions de Paris

Le Patriote français

Les Révolutions de France et de Brabant

Journal de la confédération

Ouvrages faisant office de sources

Alboise du Pujol Jules-Edouard, Maquet Auguste. *Les prisons de l'Europe, tome III.* Vol. tome 3: la Conciergerie. Administration de librairie, 1845.

Almanach général du département de Paris pour l'année 1791. Dédié à M. Bailli, maire, A Paris, chez le rédacteur, rue Dauphine, n° 113. Beuvin, libraire au Palais-royal, arcades de bois, n°. 266. Premier janvier 1791. De l'imprimerie de Devaux, rue de Chartres, n°. 67, libraire au Palais-royal, n°. 181, Éditeur Beuvin.

Alhoy Maurice, Lurine Louis, *Les prisons de Paris: histoire, types, mœurs, mystères,* G. Havard, 1846.

Brillon Pierre-Jacques, de Royer Prost, *Dictionnaire de jurisprudence et des arrêts*, 1783.

Dulaure Jacques-Antoine, *Réclamation d'un citoyen contre la nouvelle enceinte de Paris élevée par les fermiers généraux*, Paris, 1787.

—*Nouvelle description des curiosités de Paris, contenant l'histoire & la description de tous les établissemens, monumens, édifices anciens & nouveaux*, Paris, Lejay, 1787.

Dictionnaire de l'Académie française, Paris, 5ème édition de Bernard Brunet, 1762, 2 volumes.

Diderot Denis et D'Alembert, *Encyclopédie ou Dictionnaire raisonné des sciences, des arts et des métiers*, Stuttgart ; Bad Cannstatt : F. Frommann, 1966-1988, 35 volumes, [Fac-sim. de l'éd. de Paris, Briasson, 1751-1780].

Encyclopédie méthodique, ou par ordre de matières ; par une société de gens de lettres, de savans et d'artistes, à Paris, chez Panckoucke, libraire, hôtel de Thou, rue des Poitevins ; à Liège, chez Plomteux, imprimeur des États, MDCCLXXXII.

Encyclopédie méthodique. Finances, Paris, chez Panckoucke, 1782-1791, 3 volumes.

Expilly Jean-Joseph, *Dictionnaire géographique, historique et politique des Gaules et de la France,* Nendeln, Kraus reprint, 1978 [Fac-sim. de l'éd. de Paris, Desaint et Saillant, 1762-1770], 6 volumes.

Flammermont J., (éd.*), La journée du 14 juillet 1789. Fragments des mémoires inédits de L.G. Pitra, électeur de Paris en 1789*, Paris, Société de l'Histoire de la Révolution française, 1892.

Furetière Antoine, *Dictionnaire universel de Furetière, françois et latin...,* Paris, Vve Delaulne, 1732, 5 volumes.

Galart de Montjoye, *Histoire de la Révolution de France et de l'Assemblée Nationale...,* Gattey, 1791.

Guittard de Floriban Célestin, *Journal de Célestin Guittard de Floriban, bourgeois de Paris sous la Révolution, 1791-1796*, Paris, Club français du livre, éditions France-Empire, 1974.

Guyot Joseph-Nicolas, *Répertoire universel et raisonné de jurisprudence civile, criminelle, canonique et bénéficiale*, Paris, J. Dorez (Panckoucke), 1775-1783, 64 volumes.

Hardy Siméon-Prosper, *Mes Loisirs, ou Journal d'événemens tels qu'ils parviennent à ma connoissance (1753-1789),* 8 volumes, Paris, Herman (les 5 premiers volumes sont parus sous la direction de Pascal Bastien, Sabine Juratic et Daniel Roche).

Jousse Daniel, *Traité de la justice criminelle en France*, Paris, Debure père, 1771, 4 volumes.

La Caille Jean de, *Description de la ville et des fauxbourgs de Paris en vingt planches, dont chacune représente un des vingt quartiers, suivant la division qui en a esté faite par la déclaration du Roy du 12 décembre 1702... avec un détail exact... de tout ce qu'il y a de plus remarquable dans chaque quartier...,* 1716.

La Mare Nicolas de, *Traité de la police où l'on trouvera l'histoire de son etablissement, les fonctions et les prerogatives de ses magistrats; toutes les loix et tous les reglemens qui la concernent...,* Par: J. et P. Cot, 1705, 4 volumes.

La Tynna J., *Dictionnaire topographique, historique et étymologique des rues de Paris*, Paris, Smith, 1817.

Lazare Félix et Lazare Louis, *Dictionnaire administratif et historique des rues de Paris et de ses monuments*, Paris, F. Lazare, 1844-1849.

Lefebvre de la Bellande, *Traité général des droits d'aydes,* A Paris, Chez Prault, Imprimeur-libraire, Quai de Gêvres, au Paradis, 1760.

Le Guide du voyageur à Paris, contenant la description des monuments publics les plus remarquables... Avec un nouveau plan de Paris, Paris, Gueffier, 1802.

Mémoires de Bailly, Paris, Baudouin, 1821-1822, 3 volumes.

Mercier Louis-Sébastien, *Tableau de Paris*, Amsterdam, 1783, 12 volumes.

Metzger Albert, *Bibliothèque lyonnaise. Révolution française. Lyon en 1789 / Notes et documents publiés par Albert Metzger et révisés par Joseph Vaesen*, Lyon, H. Georg, 1882-1888, 11 volumes.

Molleville Bertrand de, *Histoire de la Révolution de France pendant les dernières années du règne de Louis XVI...*

Pottet Eugène, *Histoire de la conciergerie du palais de Paris : depuis les origines jusqu'à nos jours : 1031-1886,* Quantin, 1887.

Robiquet Paul, *Le personnel municipal de Paris pendant la Révolution, période constitutionnelle*, Paris, D. Jouaust, 1890.

Ruault Nicolas, *Gazette d'un Parisien sous la Révolution : lettres à son frère, 1783-1796*, Paris, Perrin, 1976.

Savary Des Bruslons Jacques, *Dictionnaire universel de commerce, contenant tout ce qui concerne le commerce qui se fait dans les quatre parties du monde...* Ouvrage posthume du Sr Jacques Savary Des Bruslons... continué... et donné au public, par Philémon-Louis Savary, 1726-1732.

Sources publiées. Recueils de textes et de documents

Archives Parlementaires, de 1787 à 1860, *Recueil complet des débats législatifs et politiques des Chambres françaises*...Première série (1787 à 1799), Paris, 1867-, 99 volumes.

Aulard Alphonse, *La Société des Jacobins. Recueil de documents pour l'histoire du Club des Jacobins de Paris*, Paris, Cerf, 1889, 1897, 6 volumes.

Aulard Alphonse, *Paris sous le Consulat : recueil de documents pour l'histoire de l'esprit public à Paris*, Paris : L. Cerf : Noblet, Quantin, 1903-1909, 4 volumes.

Bimbenet-Privat Michèle, *L'administration parisienne à la veille de la Révolution, délibérations du bureau de la ville de Paris,* Archives Nationales, Paris, 1989.

Caillet Pierre, *Comité des recherches de l'Assemblée nationale, 1789-1791 : inventaire analytique de la sous-série D XXIX bis*, Archives nationales, 1993.

Chassin Charles-Louis, *Les Elections et les cahiers de Paris en 1789,* Paris, Jaoust, Noblet et Quantin, 1888-1889, 4 volumes.

Collection Baudouin, Décrets et lois (1789-1795), http://collection-baudouin.univ-paris1.fr/.

Félix Joël, *Economie et finances sous l'Ancien Régime. Guide du chercheur (1523-1789)*, Paris, Institut de la gestion publique et du développement économique, Comité pour l'histoire économique et financière de la France, 1994.

Lacroix Sigismond, *Actes de la Commune de Paris pendant la Révolution française*, Paris, Noblet et Quantin, 1894-1914, 15 volumes.

Peuchet Jacques, *Collection des lois, ordonnances et règlements de police depuis le 13e siècle jusqu'à l'année 1818,* seconde série. Police moderne. De 1667 à 1789, Paris, Lottin, 1818-1819, 8 volumes.

Procès-verbal des séances et délibérations de l'assemblée générale des électeurs de Paris, réunis à l'hôtel de ville, le 14 juillet 1789, rédigé depuis le 26 avril jusqu'au 21 mai 1789, par M. Bailly,... et depuis le 22 mai jusqu'au 30 juillet 1789, par M. Duveyrier, Paris, Baudouin, 1790, 3 volumes.

Procès-verbaux des séances des corps municipaux de la ville de Lyon / publ. par la municipalité, d'après les manuscrits originaux, Micro Graphix, cop. 1993.

Recueil de lettres patentes, ordonnances royales, décrets et arrêtés préfectoraux concernant les voies publiques, ville de Paris ; dressé sous la direction de M. Alphand ; par MM. A. Deville, Hochereau, Paris, Impr. nouvelle, 1886-1902, 2 volumes.

Recueil général des anciennes lois françaises, depuis l'an 420 jusqu'à la Révolution de 1789, contenant la notice des principaux monumens des Mérovingiens, des Carlovingiens et des Capétiens, et le texte des ordonnances, édits, déclarations, lettres patentes, règlemens,... de la troisième race, qui ne sont pas abrogés, ou qui peuvent servir, soit à l'interprétation, soit à l'histoire du droit public et privé [par MM. Jourdan,... Decrusy,... Isambert],Paris : Belin-Leprieur, Plon, 1821-183, 29 volumes.

Travaux : ouvrages et articles

Abad Reynald, *La grâce du roi au XVIIIe siècle. Les lettres de clémence de la Grande Chancellerie au XVIIIe siècle, Paris,* PUPS, 2011.

— *L'approvisionnement alimentaire de Paris sous l'Ancien Régime,* Paris, Fayard, 2002.

Alpaugh Micah, *Non-violence and the French Revolution : Political Demonstrations in Paris, 1787-1795*, Cambridge, Cambridge University Press, 2015.

Andia Béatrice de (dir.), *Les enceintes de Paris,* Paris, Action Artistique de la ville de Paris, 2001.

Andries Lise (dir.), *Cartouche, Mandrin et autres brigands du XVIIIe siècle,* Paris, Les Editions Desjonquères, 2010.

Ado Anatoli (édition établie par Serge Aberdam et Marcel Dorigny), *Paysans en révolution : terre, pouvoir et jacquerie (1789-1794),* SER, Paris, 2012 [1996].

Antonini Bruno, *État et socialisme chez Jean Jaurès, Paris,* L'Harmattan, 2004.

Arzalier Francis, *Des villages dans l'histoire. Vallée de Montmorency (1750-1914),* Villeneuve-d'Ascq, PUS, 1996.

Aulard Alphonse, *Histoire politique de la Révolution française*, Paris, Armand Colin, 1909.

— *Taine, historien de la Révolution française*, Paris, Armand Colin, 1907.

Azimi Vida, *Un modèle administratif de l'Ancien Régime. Les commis de la Ferme générale et de la régie générale des aides,* Paris, CNRS, 1987.

Backouche Isabelle, *La trace du fleuve : la Seine et Paris (1750-1850),* Paris, EHESS, 2000.

Baker Keith Michael, *Au tribunal de l'opinion. Essai sur l'imaginaire politique au 18e siècle*, Paris, Payot, 1993.

Barbiche Bernard, *Les institutions de la monarchie française à l'époque moderne,* Paris, PUF Quadrige, 2015.

Béaur Gérard, Bonin Hubert, Lemercier Claire (dir.), *Fraude, contrefaçon et contrebande, de l'Antiquité à nos jours,* Genève, Droz, 2006.

Beik William, « The violence of the french crowd from charivari to Revolution », *Past & Present*, 2007, 197/1, p. 75-110.

Bély Lucien (dir.), *Dictionnaire de l'Ancien Régime*, Paris, PUF Quadrige, 2010.

Benoit Bruno, *L'identité politique de Lyon. Entre violences collectives et mémoire des élites (1786-1905),* Paris, L'Harmattan, 1999.

Bercé Yves-Marie, *Fête et révolte. Des mentalités populaires du XVIe au XVIIIe siècle,* Paris, Hachette Pluriel, 2006.

Bernard-Griffith Simone (dir.), *Michelet entre naissance et renaissance (1798-1998), actes du colloque du bicentenaire tenu au château de Vascœuil-Musée Michelet en septembre 1998*, Clermont-Ferrand, PUBP, 2001.

Bernard-Griffiths Simone, Chemin Marie-Claude, Ehrard Jean (dir.), *Revolution Francaise et "Vandalisme Revolutionnaire", actes du Colloque International de Clermont-Ferrand, 15-17 Decembre 1988,* Clermont-Ferrand, PUBP, 1992.

Bertaud Jean-Paul, *Camille et Lucie Desmoulins, un couple dans la tourmente*, Paris, Presses de la Renaissance, 1986.

Bianchi Serge, *Marat, l'Ami du peuple*, Paris, Belin, 2017.

Biard Michel (dir.), *La Révolution française. Une histoire toujours vivante*, Paris, Tallandier, 2010.

Biard Michel, Bourdin Philippe, Marzagalli Silvia, *Révolution, Consulat, Empire, 1789-1815*, Paris, Belin, 2009.

Bigo Robert, « L'octroi de Paris en 1789 », *Revue d'histoire économique et sociale*, 1931, t. 19, p. 97-113.

Blanc Louis, *Histoire de la Révolution française (3 volumes),* Paris, A. Lacroix et Verboekhoven, 1869.

Bluche François, « Le personnel de l'Élection de Paris (1715-1791) » dans *Paris et Île-de-France - Mémoires*, tomes 26-27, 1975-1976, p. 321-373.

Bocher Héloïse, *Démolir la Bastille. L'édification d'un lieu de mémoire,* Paris, Vendémiaire, 2012.

Bordes Philippe, *Représenter la Révolution : Les Dix-Août de Jacques Bertaux et de François Gérard,* Lyon, Fage Editions, 2010.

Bourdin Philippe (dir.), *Les nuits de la révolution française*, Clermont-Ferrand, PUBP, 2013.

— (dir.), *La Révolution 1789-1871. Ecriture d'une histoire immédiate*, Clermont-Ferrand, PUBP, 2008.

Bourdin Philippe, Chappey Jean-Luc (dir.), *Révoltes et révolutions en Europe et aux Amériques (1773-1802)*, Paris, Sedes, 2004.

Bourillon Florence et Fourcaut Annie (dir.), *Agrandir Paris. 1860-1970*, Paris, Publications de la Sorbonne-Comité d'histoire de la ville de Paris, 2012.

Bredin Jean-Denis, *Sieyès. La clé de la Révolution française*, Paris, Editions de Fallois, 1998.

Burstin Haïm, *Révolutionnaires. Pour une anthropologie politique de la Révolution française,* Paris, Vendémiaire, 2013.

— *Une révolution à l'oeuvre : le faubourg Saint-Marcel (1789-1794),* Seyssel, Champ Vallon, 2005.

—*Le faubourg Saint-Marcel à l'époque révolutionnaire : structure économique et composition sociale,* Paris, SER, 1983.

— « La biographie en mode mineur : les acteurs de Varennes, ou le protagonisme révolutionnaire», *RHMC*, 2010, n°57, p. 7-24.

Cabet Etienne, *Histoire populaire de la Révolution française de 1789 à 1830,* Paris, Pagnerre, 1839-1840.

Cahiers d'Histoire (numéro spécial), *Des révoltes de l'Europe à l'Amérique au temps de la Révolution française (1773-1802)*, 2005, n°94-95.

Carbonnières Philippe de, Jouteux Daniel, *Les gravures historiques de Janinet, collections du musée Carnavalet,* Paris, Paris Musées, 2011.

Carbonnières Philippe de, *Prieur, les Tableaux historiques de la Révolution. Catalogue raisonné des dessins originaux*, Paris, Association Paris-Musées, 2006.

Caron Jean-Claude, *Les feux de la discorde. Conflits et incendies dans la France du XIXe siècle,* Paris, Hachette Littératures, 2006.

— « L'écriture des trois Glorieuses : héros et barbares dans le cycle des violences révolutionnaires », dans Bourdin Philippe (dir.), *La Révolution 1789-1871. Ecriture d'une histoire immédiate,* Clermont-Ferrand, PUBP, 2008, p. 275-292.

Caron Pierre, « La tentative de contre-révolution de juin-juillet 1789 », *RHMC*, 1906-1907, vol. 8-1, p. 5-34.

Carrot Geoges, *Révolution et maintien de l'ordre, 1789-1799, Paris,* Editions SPM, 2010.

—*La Garde nationale (1489-1871): une force politique ambigüe*, Paris, L'Harmattan, 2001.

Clay Richard, « Iconoclasme et violence; la transformation des signes dans la Paris révolutionnaire, 1789-1794 », dans Fureix Emmanuel (dir.), *Iconoclasme et Révolutions..., op. cit.*

Chagniot Jean, *Nouvelle histoire de Paris, Paris au XVIIIe siècle,* Paris, Hachette, 1989.

—*Paris et l'armée au XVIIIe siècle. Etude politique et sociale,* Paris, Economica, 1985.

—« La criminalité militaire à Paris au XVIIIe siècle », *Annales de Bretagne et des Pays de l'Ouest*, 1981, 88/3, p. 327-345.

Chaussinand-Nogaret Guy, *La Bastille est prise. La Révolution française commence*. Paris, Complexe, 1992.

Chauvaud Frédéric et Prétou Pierre (dir.), *L'arrestation. Interpellations, prises de corps et captures depuis le Moyen-Age,* Rennes, PUR, 2015.

Cicchini Marco, « Repenser la relation entre police et justice au tournant du XVIIIe siècle. Le concept d'arrestation », dans Chauvaud

Frédéric et Prétou Pierre (dir.), *L'arrestation. Interpellations, prises de corps et captures depuis le Moyen-Age..., op. cit.*, p. 63-82.

Claeys Thierry, *Les institutions financières en France au XVIIIe siècle,* Paris, Editions SPM, 2012.

Clerq Victor de, « L'incendie des barrières de Paris en juillet 1789 et le procès des incendiaires », *Bulletin de la Société de l'histoire de Paris et de l'Île-de-France*, 1938, t. 65, p. 31-48.

Clinquart Jean, *Les services extérieurs de la Ferme générale à la fin de l'Ancien Régime. L'exemple de la direction des fermes du Hainaut,* Paris, Comité pour l'histoire économique et financière de la France, 1996.

Cobb Richard, *La protestation populaire en France (1789-1820),* Paris, Calmann-Lévy, 1994 [1975].

— *Les armées révolutionnaires : instrument de la terreur dans les départements : avril 1793-floréal an II,* Paris, EHESS, 1983 [1961].

Cohen Déborah, *La nature du peuple. Les formes de l'imaginaire social (XVIIIe-XXIe siècles)*, Seyssel, Champ Vallon, 2010.

—« L'ordre public. La procédure de grâce au XVIIIe siècle : restaurer un ordre ou reconnaître l'innocence », *RHMC*, 2007/2, 54-2, p. 91-116.

Cointet Jean-Paul, *Hippolyte Taine : un regard sur la France,* Paris, Perrin, 2012.

Collot Jean, « L'affaire Réveillon: 27 et 28 avril 1789 », *Revue des questions historiques*, 1934, n°121, p. 33-55 et 1935, n° 122, p. 239-254.

Conchon Anne, *Le péage en France au XVIIIe siècle. Les privilèges à l'épreuve de la réforme,* Paris, Comité pour l'histoire économique et financière de la France / IGPDE, 2002.

Conchon Anne, Noizet Hélène, Ollion Michel (dir.), *Les limites de Paris, XIIe-XVIIIe siècle,* Villeneuve d'Ascq, PUS, 2017.

Coquard Olivier, *Quand le monde a basculé. Nouvelle histoire de la Révolution française (1789-1799)*, Paris, Tallandier, 2015.

Cottret Monique, *La Bastille à prendre, histoire et mythe de la forteresse royale,* Paris, PUF, 1986.

Daline Victor, *Gracchus Babeuf à la veille et pendant la Grande Révolution française, 1785-1794,* Moscou, Editions du Progrès, 1976.

—« Babeuf et Marat en 1789-90 », *AHRF*, 1958, n°30, p. 16-37.

Delacroix Christian, Dosse François, Garcia Patrick, *Historicités*, Paris, La Découverte, 2009.

Delalande Nicolas, *Les batailles de l'impôt. Consentement et résistances de 1789 à nos jours*, Paris, Seuil, 2011.

Démier Francis (dir.), *Louis Blanc : un socialiste en République,* Paris, Créaphis, 2004.

Denis Vincent, *Une histoire de l'identité : France 1715-1815*, Seyssel, Champ Vallon, 2008.

Denys Catherine (dir.), *Frontière et criminalité, 1715-1815,* Cahiers de l'université d'Artois, n°18, Arras, Artois Presses Université, 2001.

Dinet Henri, « Les peurs du Beauvaisis et du Valois », *Paris et Île-de-France, Mémoires*, 1972-1973, t. 23-24, p. 199-392.

Dion Roger, *Histoire de la vigne et du vin en France : des origines au XIXe siècle,* Paris, CNRS, 2010 [1959].

Dommanget Maurice, (présenté par Serge Bianchi), *Babeuf et la conjuration des Egaux,* Paris, Les Amis de Spartacus, 2009.

Dosse François, *Renaissance de l'événement. Un défi pour l'historien : entre sphinx et phénix*, Paris, PUF, 2010.

Dosse François, Garcia Patrick (dir.), *Les courants historiques en France : XIXe-XXe siècle,* Paris, Folio histoire, 2007.

Doyon Julie, « Ecrouer et punir. Les registres de la Conciergerie au siècle des Lumières », dans Porret Michel, Fontana Vincent, Maugué Ludovic (dir.), *Bois, fers et papiers de justice. Histoire matérielle du droit de punir*, Genève, L'Equinoxe, Georg, 2012, p. 48-76.

Ducoudray Emile, Monnier Raymonde et Roche Daniel (dir.), *Atlas de la Révolution française, Paris,* volume 11, Paris, EHESS, 2000.

Duprat Annie, « Louis-Marie Prudhomme et " l'Histoire générale et impartiale des erreurs et crimes commis pendant la Révolution française (1797)". Les réflexions d'un républicain sous la Terreur », dans Philippe Bourdin (dir.), *La Révolution 1789-1871. Ecriture d'une histoire immédiate*, Clermont-Ferrand, PUBP, 2008.

Dupuy Roger, *La Garde nationale, 1789-1872*, Paris, Gallimard, Folio Histoire, 2010.

Dupuy Roger et Serge Bianchi (dir.), *La Garde nationale entre nation et peuple en armes : mythes et réalités, 1789-1871,* Rennes, PUR, 2006.

Durand Yves, *Finances et Mécénat, les fermiers généraux au XVIII° siècle,* Paris, Hachette, 1976.

Dyonet Nicole, « L'ordre public est-il l'objet de la police dans le Traité de Delamare ? », dans Gaël Rideau et Pierre Serna (dir.), *Ordonner et partager la ville, XVIIe-XIXe siècle*, PUR, 2011, p. 47-74.

Egret Jean, « Malesherbes, Premier Président de la cour des Aides (1750-1775) », dans *RHMC*, n°2, 1956, p. 97-119.

Evrad Sébastien, *Gabelous et contrebandiers. Histoire des Fermiers généraux de Dijon (1760-1780)*, Paris, L'Harmattan, 2015.

Farcy Jean-Claude, « La violence et les historiens », dans Musin Aude, Rousseaux Xavier, Vesentini Frédéric (dir.), *Violence, conciliation et répression. Recherches sur l'histoire du crime, de l'Antiquité au XXIe siècle*, Louvain, PUL, 2008, p. 299-324.

Farge Arlette, *Essai pour une histoire des voix au dix-huitième siècle*, Paris, Bayard, 2009.

— *Effusion et tourment, le récit des corps. Histoire du peuple au XVIIIe siècle, Paris,* Odile Jacob, 2007.

—*La Vie fragile : Violence, pouvoirs et solidarités à Paris au XVIIIe siècle,* Paris, Points Histoire, 2007.

Farge Arlette, Revel Jacques, *Logiques de la foule. L'affaire des enlèvements d'enfants, Paris 1750,* Paris, Hachette, 1988.

Farge Arlette, Foucault Michel, *Le désordre des familles. Lettres de cachet des Archives de la Bastille au XVIIIe siècle*, Paris, Gallimard, Folio Histoire, 2014 [1982].

Farge René, « Un épisode de la journée du 12 juillet 1789. Camille Desmoulins au jardin du Palais-Royal », *Annales révolutionnaires*, 1914, t. 7, n°5, p. 646-674.

Fauré Christine (présentation et édition des 1ère et 3ème édition de), *L'ouverture de la Révolution : Qu'est-ce que le Tiers-Etat ? de l'abbé Sieyès*, Chryséis éditions, 2013.

Favier Jean, *Paris, deux mille ans d'histoire,* Paris, Fayard, 1997.

Ferrer André, *Tabac, sel, indiennes. Douanes et contrebande en Franche-Comté au XVIIIe siècle,* Besançon, PUFC, 2002.

Fillieule Olivier, Agrikoliansky Éric, Sommier Isabelle (dir.), *Penser les mouvements sociaux. Conflits sociaux et contestations dans les sociétés contemporaines,* Paris, La Découverte, 2010.

Fillieule Olivier, « Tombeau pour Charles Tilly. Répertoires, performances et stratégies d'action », dans Fillieule Olivier, Agrikoliansky Éric, Sommier Isabelle (dir.), *Penser les mouvements sociaux..., op. cit.,* p. 77-99.

Foucault Michel, *Surveiller et punir. Naissance de la prison*, Paris, Gallimard, 1993 [1975].

Founier Eric, « Les photographies des ruines de Paris en 1871 ou les faux-semblants de l'image » *Revue d'histoire du XIXe siècle*, 2006/32, p. 137-151.

Fourn François, *Etienne Cabet, ou le temps de l'utopie*, Paris, Vendémiaire, 2014.

— « Louis Blanc et le communismes de Cabet », dans Francis Démier (dir.), *Louis Blanc, un socialiste en Révolution*, Paris, Créaphis, 2005, p. 35-50.

Fournel Victor, *Les hommes du 14 juillet. Gardes-françaises et Vainqueurs de la Bastille,* Paris, Calmann-Lévy, 1890.

Fureix Emmanuel (dir.), *Iconoclasme et Révolutions, XVIIIe-XXIe siècles*, Ceyzérieu, Champ Vallon, 2014.

Furet François, *Penser la Révolution française*, Paris, Gallimard, Folio Histoire, 1985 [1978].

Furet François, Richet Denis, *La Révolution française, Paris,* Fayard Pluriel, 2010 [1965, 1966].

Fremy Elphège, « L'enceinte de Paris construite par les Fermiers généraux et la perception des droits d'octroi de la ville, 1784-1791 », *Bulletin de la Société de l'histoire de Paris et de l'île de France*, 1912, année 39, p. 115-148.

Frigugliett James, « La querelle Mathiez-Aulard et les origines de la Société des études robespierristes », *AHRF*, 2008, n°353, p. 63-94.

Gagneux Renaud et Prouvost Denis, *Sur les traces des enceintes de Paris : promenades le long des murs disparus,* Paris, Parigramme, 2006.

Gainot Bernard et Denis Vincent, *Un siècle d'ordre public en Révolution (de 1789 à la Troisième République)*, Paris, SER, 2009.

Gallet Michel, *Claude-Nicolas Ledoux, 1736-1808,* Paris, Editions du patrimoine, Picard, 2005.

Garden Maurice, *Lyon et les Lyonnais au XVIIIe siècle,* Paris, Belles Lettres, 1970.

Garnot Benoît, *Être brigand, du Moyen Âge à nos jours,* Paris, Armand Colin, 2013.

— *Histoire de la justice. France XVIe-XXIe siècle*, Paris, Folio, 2009.

Garrioch David, *La fabrique du Paris Révolutionnaire*, Paris, La Découverte, 2013.

Gauthier Florence, « Albert Mathiez, historien de la Révolution française », *AHRF*, 2008, n°353, p. 95-112.

Gaven Jean-Christophe, *Le crime de lèse-nation. Histoire d'un invention juridique et politique (1789-1791*), Paris, Presses de Sciences Po, 2016.

Gebhart Monique, Mercadier Claude, *L'octroi de Toulouse à la veille de la Révolution,* Paris, Bibliothèque Nationale, 1967.

Godechot Jacques, *La prise de la Bastille, 14 juillet 1789,* Paris, Gallimard, Folio histoire, 1989 [1965].

— « Taine, historien de la Révolution française », *Romantisme*, 1981, n° 32, p. 31-40.

Godineau Dominique, *Citoyennes tricoteuses : les femmes du peuple à Paris pendant la Révolution française,* Aix-en-Provence, Alinéa, 1988.

Guilhaumou Jacques, *Discours et événement. L'histoire langagière des concepts*, Besançon, PUFC, 2006.

— *La mort de Marat*, Paris, Paris, Complexe, 1999.

—*L'avènement des porte-parole de la République, 1789-1792: essai de synthèse sur les langages de la Révolution française,* Villeneuve d'Ascq, PUS, 1998.

Habermas Jürgen, *L'espace public. Archéologie de la publicité comme dimension constitutive de la société bourgeoise*, Paris, Payot, 1993 [1988].

Hartog François, *Régimes d'historicité. Présentisme et expériences du temps*, Paris, Seuil, 2003.

Harouel Jean-Louis, « L'expropriation dans l'histoire du droit français », dans *L'expropriation. 2ème partie, Moyen Age et Temps modernes, Société Jean Bodin pour l'histoire comparative des institutions*, Bruxelles, De Boeck Université, 2002, p. 39-77.

Hébert Françoise, *La cour des Aides de Paris sous l'Ancien Régime*, thèse de droit, Paris, 1965.

Hermant Daniel, « Destructions et vandalisme pendant la Révolution française » *Annales ESC*, 1978, n°4, p. 703-719.

Hincker Louis, *Citoyens-combattants à Paris (1848-1851),* Villeneuve-d'Ascq, PUS, 2008.

Hobsbawm Eric, *Les Bandits*, Paris, Zones La Découverte, 2008 [1969].

—*Aux armes historiens. Deux siècles d'histoire de la Révolution française*, Paris, La Découverte, 2007.

Hocquet Jean-Claude, *Le sel et le pouvoir. De l'an Mil à la Révolution française,* Paris, Albin Michel, 1985.

Hould Claudette, *La Révolution par le dessin. Les dessins préparatoires aux gravures des Tableaux historiques de la Révolution française (1789-1802),* Vizille, RMN, 2008.

Hould Claudette, Alain Chevalier, *La Révolution par l'écriture : Les Tableaux de la Révolution française : une entreprise éditoriale d'information (1791-1817),* Vizille, RMN, 2005.

Hould Claudette, Jourdan Annie, Reichardt Rolf, Roy Stéphane, *La Révolution par la gravure : Les Tableaux historiques de la Révolution française, une entreprise éditoriale d'information et sa diffusion en Europe (1791-1817),* Vizille, RMN, 2002.

Hould Claudette, « Les discours des Tableaux de la Révolution française : écriture d'une histoire immédiate et passions contemporaines (1791-1817) », dans Philippe Bourdin (dir.), *La Révolution (1789-1871), Ecriture d'une histoire immédiate*, Clermond-Ferrand , PUBP, 2008, p. 171-198.

Jacouty Jean-François, « Louis Blanc et la construction de l'histoire », dans Francis Démmier (dir.), *Louis Blanc, un socialiste en République*, Paris, Créaphis, 2005, p. 51-65.

Janrot Léon, « Bourgeois révolutionnaires », *Bulletin du comité départemental de Seine et Oise*, 1928-1930, p. 102-145.

Jaurès Jean, *Histoire socialiste de la Révolution française, tome 1,* Jules Rouff, 1903.

Kaplan Steven Laurence, *Le complot de famine : histoire d'une rumeur au XVIIIe siècle,* Paris, EHESS, Cahier des Annales, Armand Colin, 1982.

Knibiehler Yvonne, « Mignet, un Aixois, premier historien de la Révolution française », *Provence Historique*, 1988, n°154, p. 441-453.

—« Une révolution nécessaire: Thiers, Mignet et l'école fataliste », *Romantisme, Revue du dix-neuvième siècle*, 1980, n°28, p. 279-288.

Kwass Michael, *Louis Mandrin. La mondialisation de la contrebande au siècle des Lumières,* Paris, Vendémiaire, 2016.

Labracherie Pierre et Pioro Gabriel, « Charlotte Robespierre et ses amis », *AHRF*, 1961, n°165, p. 327-348.

Lachiver Marcel, *Vins, vignes et vignerons : histoire du vignoble français,* Paris, Fayard, 1988.

—« La fraude et les fraudeurs: à propos du commerce du vin dans la partie occidentale de l'Île-de-France au XVIIIe siècle », *RHMC,* 1974/21, p. 414-444.

Lambeau Lucien, *Histoire des Communes annexées à Paris en 1859, (Bercy, Charonne 1 et 2, Grenelle, Vaugirard, La Chapelle Saint-Denis, La Villette),* 6 tomes en 7 volumes, Paris, Ed. Ernest Leroux, 1910-1923.

Lapied Martine, Peyrard Christine, *La Révolution française au carrefour des recherches*, Aix-en-Provence, PUP, 2003.

Lefebvre Georges (présentation de Michel Biard et Hervé Leuwers), *La grande peur de 1789, suivi de Les Foules révolutionnaires,* Paris, Armand Colin, 2014.

— *Quatre-vingt-neuf*, Paris, Messidor/Editions sociales, 1989 [1932].

— *Georges Lefebvre au travail. Le travail de Georges Lefebvre*, n° 2, 2010 ; numéro spécial : La Révolution française. Cahiers de l'Institut d'histoire de la Révolution française (IHRF).

Le Goff Jacques, Schmitt Jean-Claude, *Le charivari. Table ronde organisée à Paris en avril 1977,* Paris, EHESS, 1981.

Le Meur Cyril, « L'agrandissement du regard : Chamfort journaliste dans les Tableaux historiques de la Révolution française », dans Raymonde Monnier (dir.), *A Paris sous la Révolution française*, Publications de la Sorbonne, 2008, p. 181-192.

Le Moël Michel, Descat Sophie, Andia Béatrice de, *L'urbanisme parisien au siècle des Lumières*, Paris, Action Artistique de Paris, 1997.

Le Roy Ladurie Emmanuel, *Histoire humaine et comparée du climat: disettes et révolutions (1740-1860)*, tome 2, Paris, Fayard, 2006.

Lesmanne Serge, *L'octroi de Pontoise et de Saint-Ouen l'Aumône,* Mémoires de la Société historique et archéologique de Pontoise, du Val-d'Oise et du Vexin. Tome XC, fascicule 2, Pontoise, Shapvov, 2010.

Leuwers Hervé, *Camille et Lucie Desmoulins*, Paris, Fayard, 2018.

Lever Evelyne, *Philippe Egalité*, Paris, Fayard, 1996.

Louvrier Julien, « Penser la controverse : la réception du livre de François Furet et Denis Richet », *AHRF*, 2008, n°351, p. 151-176.

—« Marx, le marxisme et les historiens de la Révolution française au XXe siècle », *Cahiers d'histoire, revue d'histoire critique*, 2007, n°102, p. 147-167.

Lucienne-Lafon Jacqueline, *La Révolution française face au système judiciaire d'Ancien Régime*, Genève, Droz, 2001.

Lüsebrink Hans-Jürgen, Reichardt Rolf, *The Bastille. A History of a Symbol of Despotism and Freedom,* London, Duke University Press, 1997.

—« La Bastille dans l'imaginaire social de la France à la fin du XVIIIe siècle (1774-1799) », *RHMC*, 1983, t. 30-2, p. 196-234.

Lüsebrink Hans-Jürgen, « La Prise de la Bastille : archéologie d'un événement-symbole », *Mélanges de l'Ecole française de Rome*, 1992, t. 104-1, p. 115-128.

Marion Marcel, *Dictionnaire des institutions de la France aux XVIIe et XVIIIe siècles*, Paris, A. et J. Picard, 1923.

— « Le recouvrement des impôts en 1790 », *Revue historique*, 1916, t. 121, fascicule 1, p. 1-47.

Markovic Momcilo, *La Révolution aux barrières : la fraude et l'octroi à Paris (1785-1791)*, thèse de doctorat, sous la direction de Pierre Serna, Université Paris 1 Panthéon Sorbonne, 2015.

—« La fusillade au village de La Chapelle en janvier 1791: un drame aux conséquences politiques », *AHRF*, 2016, n°386, p. 53-75.

—« La Révolution aux barrières: l'incendie des barrières de l'octroi à Paris en juillet 1789 », *AHRF*, 2013, n°372, p. 27-48.

Marmottan Paul, « La vente du couvent des Bonshommes en l'an IV », *Bulletin de la société historique d'Auteuil et de Passy*, 1904, t. 5, n°11, p. 309-312.

Martin Jean-Clément, *Nouvelle histoire de la Révolution française,* Paris, Perrin, 2012.

— *La révolte brisée. Femmes dans la Révolution française et l'Empire*, Paris, Armand Colin, 2008.

— *La Révolution française, 1789-1799: une histoire socio-politique*, Paris, Belin Sup, 2004.

—(dir.), *La Révolution à l'œuvre. Perspectives actuelles dans l'histoire de la Révolution française,* Rennes, PUR, 2005.

Mathiez Albert, *La Révolution française,* Lyon, La Manufacture, 1989 [1922].

Mazauric Claude, *L'histoire de la Révolution française et la pensée marxiste,* Paris, PUF, 2009.

— *Babeuf. Écrits. Textes choisis de Gracchus Babeuf*, Pantin, Le temps des cerises, 2009.

Mazeau Guillaume, « La violence évitée : citoyens ordinaires face à l'assassinat de Marat », *RHMC*, 2010, n°57, p. 47-68.

Métairie Guillaume, *Des juges de proximité : les juges de paix. Biographies parisiennes (1790-1838),* Paris, L'Harmattan, 2003.

Michelet Jules, *Histoire de la Révolution française, 9 volumes,* Alphonse Lemerre éd., 1888.

Mignet François-Auguste, *Histoire de la Révolution française depuis 1789 jusqu'en 1814,* Paris, F. Didot père et fils, 1826.

Milliot Vincent, *L'admirable police. Tenir Paris au siècle des Lumières*, Ceyzérieu, Champ Vallon, 2016.

—*Un policier des Lumières, suivi des Mémoires de J.C.P. Lenoir, ancien lieutenant général de police de Paris...,* Seyssel, Champ Vallon, 2011.

Monnier François, « La notion d'expropriation au XVIIIe d'après l'exemple de Paris », *Le Journal des savants*, 1984, n°3-4, p. 223-258.

Moreau Jean, « François Hanriot, général-citoyen », *Société d'histoire de Nanterre (SHN)*, 2010, n°43.

Musset Benoît, « Chiens de maltôtiers : les commis des aides en tournée dans les élections de Reims et Epernay au XVIIIe », dans Marc

Delaplace (dir.), *Les discours de la haine. Récits et figures de la passion dans la cité*, Villeneuve d'Ascq, PUS, 2009, p. 183-192.

Nicolas Jean, *La rébellion française : mouvements populaires et conscience sociale (1661-1789),* Paris, Seuil, 2002.

— (dir.), *Mouvements populaires et conscience sociale XVIe - XIXe siecles,* actes du colloque de Paris 24-26 mai 1984, *Paris,* Maloine, 1985.

Nicolas Sylvie, *Les derniers maîtres de requêtes de l'Ancien Régime (1771-1789), dictionnaire prosopographique,* Paris, Ecole des Chartres, 1998.

Offerlé Michel, « Retour critique sur les répertoires de l'action collective (XVIIIe - XXIe siècles) », *Politix*, 2008, n°81, p. 181-202.

Paul Jean-Marie, « Le peuple et la France chez Michelet », dans Paul Jean-Marie (dir.), *Le peuple, mythe et réalité*, Rennes, PUR, 2007, p. 89-104.

Person Françoise de, *Bateliers: contrebandiers du sel XVIIe-XVIIIe siècle,* Rennes, Editions Ouest-France, 1999.

Pertué Michel, « La loi martiale », dans Priet François (études réunies par), *Mélanges en l'honneur de Henri Jacquot,* Orléans, Presses universitaires d'Orléans, 2006, p. 459-470.

Peysson Jean-Marc, *Le mur d'enceinte des fermiers-généraux (1784-1791) : politique, économie, urbanisme*, thèse de 3ème cycle, 2 volumes, Université Paris 1, 1983.

— « Le mur d'enceinte des Fermiers généraux et la fraude à la fin de l'Ancien Régime », *Bulletin de la Société de l'histoire de Paris et de l'Île-de-France*, 109e année, 1982, p. 225-240.

Piketty Thomas, *Le capital au XXIe siècle*, Paris, Seuil, 2013.

Pinteaux Chantal, « La fin de Franois Hanriot, commandant général de la Garde nationale », *Bulletin de la Société de l'histoire de Paris et de l'Île-de-France*, 1989, 116ème année, p. 95-112.

Pitte Jean-Robert (dir.), *Le bon vin entre terroir, savoir-faire et savoir-boire : actualité de la pensée de Roger Dion*, Paris, CNRS, 2010.

Quétel Claude, *L'histoire véritable de la Bastille,* Paris, Perrin, 2013 [2006].

—*Les lettres de cachet. Une légende noire*, Paris, Perrin, 2011.

Rabreau Daniel, *Claude Nicolas-Ledoux, l'architecture et les fastes du temps,* Bordeaux, William Blake & Co. /Art & arts, 2000.

Reinhard Marcel, *Nouvelle histoire de Paris. La Révolution,* Paris, Hachette, 1971.

Rétat Pierre, « Forme et discours d'un journal révolutionnaire : Les "Révolutions de Paris en 1789"», dans Claude Labrosse et Pierre Rétat, *L'Instrument périodique*, Lyon, Presses universitaires de Lyon, 1985.

Roche Daniel et Bastien Pascal (dir.). *Mes loisirs, ou Journal d'événemens tels qu'ils parviennent à ma connoissance (1753-1789).* Québec: Les Presses de l'Université de Laval, 2008.

Rudé George, *La foule dans la Révolution française,* Paris, La Découverte, 1982 [1967].

— « The Motives of Popular Insurrection in Paris during the French Revolution », *Bulletin of the Institute of Historical Research*, 1953/26, p. 53-74.

— « Les émeutes des 25 et 26 février 1793 à Paris », *AHRF*, 1953, n°130, p. 46-61.

— « La composition sociale des insurrections parisiennes de 1789 à 1791 », *AHRF*, 1952, n°127, p. 256-281.

Rudé George, Cobb Richard, « Le dernier mouvement populaire de la Révolution à Paris : les journées de Germinal et de Prairial an III », *Revue Historique*, 1955, tome 214, p. 205-281.

Salem Jean et Dens Vincent (dir.), *Figures de Sieyès: droit, histoire, philosophie*, Paris, Publications de la Sorbonne, 2008.

Serna Pierre, « Introduction de la première partie : Iconoclasme et régénération sous la Révolution française », dans Fureix Emmanuel (dir.), *op. cit.*

Soboul Albert, *Histoire de la Révolution française, de la Bastille à la Gironde,* Paris, Gallimard, 1974 [1964].

Sottocasa Valérie, *Les brigands et la Révolution. Violences politiques et criminalité dans le Midi (1789-1802)*, Ceyzérieu, Champ Vallon, 2016.

Sottocasa Valérie (dir.), *Les brigands. Criminalité et protestation politique (1750-1850)*, Rennes, PUR, 2013.

Spagnoli Paul G., « The Revolution begins : Lambesc's charge, 12 july 1789 », *French Historical Studies*, 1991, vol. 17/2, p. 466-497.

Sprigath Gabriele, « Sur le vandalisme révolutionnaire (1792-1794) », *AHRF*, 1980, n°242, p. 510-535.

Spire Alexis, *Résistances à l'impôt, attachement à l'Etat. Enquête sur les contribuables français*, Paris, Seuil, 2018.

Taine Hippolyte, *Histoire des origines de la France contemporaine,* Paris, Robert Laffont, Bouquins, 1986.

Thiers Adolphe, *Histoire de la Révolution française (10 volumes),* Paris, Lecointe et Durey, 1823-1827.

Thomas Renée, « A propos de la famille Musquinet », *Bulletin de la société historique de Pontoise*, 2004, n°70.

Thompson Edward Palmer, « L'économie morale de la foule dans l'Angleterre du XVIIIe siècle », dans Valérie Bertrand, Cynthia A. Bouton, Florence gauthier et al., *La guerre du blé au XVIIIe siècle. La critique populaire contre le libéralisme économique au XVIIIe siècle*, Montreuil, Éditions de la Passion, 1988, p. 31-92.

Tillier Bertrand, *La Commune de Paris, révolution sans images ? Politique et représentations dans la France républicaine (1871-1914),* Seyssel, Champ Vallon, 2004.

Tilly Charles, Sidney Tarrow, *Politique(s) du conflit. De la grève à la révolution*, Paris, Presses de Sciences Po, 2008.

Tilly Charles, *La France conteste, de 1600 à nos jours,* Paris, Fayard, 1986.

Tombs Robert, « Thiers historien », *Cahiers de l'association internationale des études françaises*, 1995/47, p. 265-281.

Touzery Mireille, *L'invention de l'impôt sur le revenu. La taille tarifée, 1715-1789,* Paris, Comité pour l'histoire économique et financière de la France, 1994.

Townley Corinne, *La véritable histoire de Mandrin*, Chambéry, La Fontaine de Siloé et Archives de la Savoie, 2005.

Trénard Louis, « La crise sociale lyonnaise a la veille de la Révolution », *RHMC*, 1955, 2/1, p. 5-45.

Tulard Jean, *Nouvelle histoire de Paris : La Révolution,* Paris, Hachette, 1989.

Vasak Anouchka, « L'orage du 13 juillet 1788. L'histoire avant la tourmente », *Le Débat*, 2004, n°130, p. 171-188.

— « "Faire" un événement naturel ? L'orage du 13 juillet 1788 et la tempête de décembre 1999 », *Sociétés & Représentations*, 2011, n°32.

Vergé-Franceschi Michel et Poussou Jean-Pierre (dir.), *Ruptures de la fin du XVIIIe siècle. Les villes dans un contexte général de révoltes et révolutions,* Paris, PUPS, 2005.

Viallaneix Paul (dir.), *Michelet écrit l' "Histoire de la Révolution" : actes du colloque de Vascœuil, 30 juin-1er juillet 1989,* Besançon, PUFC, Les Belles Lettres, 1993.

Vidoni Nicolas, «"Une police des Lumières"? La "violence" des agents de police de Paris au milieu du XVIIIe siècle », *Rives méditerranéennes*, 2011/40, p. 43-66.

— « Les officiers de police de Paris (milieu du XVIIe-XVIIIe siècle), distribution territoriale et compétences », *Rives méditerranéennes*, 2009/34, p. 110-130.

Vigié Marc et Muriel, *L'Herbe à Nicot. Amateurs de tabac, fermiers généraux et contrebandiers sous l'Ancien régime,* Paris, Fayard, 1989.

Vovelle Michel, *La bataille du Bicentenaire de la Révolution française*, Paris, La Découverte, 2017.

— *La mentalité révolutionnaire. Société et mentalités sous la Révolution française*, Paris, Messidor Editions sociales, 1985.

— *La chute de la monarchie, 1787-1792, Nouvelle histoire de la France contemporaine*, Paris, Points Seuil, 1999.

Wahnich Sophie, *La Révolution française. Un événement de la raison sensible, 1787-1799,* Paris, Hachette Education, 2012.

— « L'auto-contrôle de la cruauté des foules révolutionnaires », *Chimères*, 2014, 83/2, p. 109-116.

— « La Révolution française comme conflit d'intolérables. Comment définir l'inhumanité en période révolutionnaire », dans Fassin Didier et Bourdelais Patrice (dir.), *Les constructions de l'intolérable, études d'anthropologie et d'histoire sur les frontières de l'espace moral*, Paris, La Découverte, 2005, p. 51-90.

Wenzel Eric, « En vertu des décrets de prise de corps. L'arrestation sous l'Ancien Régime (normes, pratiques, réception) », dans Chauvaud Frédéric, Prétou Pierre (dir.), *L'arrestation..., op. cit.,* p. 283-296.

Zancarini-Fournel Michelle, *Les luttes et les rêves. Une histoire populaire de la France de 1685 à nos jours*, Paris, Zones, La Découverte, 2016.

Zizek Joseph, « plume de fer : Louis-Marie Prudhomme writes the french Révolution », *French Historical Studies,* 2003, 26/4, p. 619-660.

Table des matières

Remerciements 7

Préface de Pierre Serna 9

Préface de Bruno Collin..17

Avant-propos...21

Introduction

Repenser les barrières de l'octroi 25

Première partie

Le mur des Fermiers généraux : une clôture fiscale

Chapitre 1

Le mur des Fermiers et l'historiographie...............................37

L'attaque des barrières de l'octroi : une histoire connue, mais déformée 38

Une prise de conscience de l'importance de l'attaque des barrières.. 60

Chapitre 2

Le mur des Fermiers généraux : la recherche du profit et la lutte contre l'illicite...75

Le mur : une construction rapide au coût exorbitant........................ 77

Le mur et les critiques 85

Fraude et contrebande 92

Chapitre 3

La fraude se paie en prison 97

Écrouer : punir (surtout) et pardonner (parfois) 97

La Conciergerie : la prison des fraudeurs 107

Chapitre 4

À la recherche de la fraude et des fraudeurs 119

À la recherche du fraudeur : le commissaire de police en action 119

La fraude et les quartiers périphériques : surveiller davantage 133

Chapitre 5

Le face-à-face : violences verbales, violences physiques 145

Paroles de femmes : résister 145

Blessures et coups : ne plus accepter 150

Chapitre 6

L'attaque des barrières de l'octroi à Lyon 161

La ruée sur les barrières 162

La bourgeoisie contre le peuple 165

Deuxième partie

La Révolution aux barrières à Paris en juillet 1789 171

Chapitre 7

La prise des barrières : la déferlante 175

L'attaque des barrières au nord de la capitale 181

L'attaque des barrières dans l'Est parisien 196

L'attaque au bord du fleuve 202

L'attaque des barrières du sud 204

La liberté aux barrières 209

Chapitre 8

L'attaque ultime du 14 juillet 1789 : la barrière de la Conférence
....215

La destruction et l'incendie de la barrière de la Conférence : le 12 ou le 14 juillet 1789 ? 215

L'image et le récit : la confrontation 220

La barrière de la Conférence : une histoire singulière 224

Chapitre 9

L'incendie aux barrières 235

Identifier les barrières dégradées et brûlées..235

Paris en flammes 242

Chapitre 10

La foule aux barrières : des brigands sans foi ni loi ?.........................247

Paroles d'employés : des brigands et des fraudeurs attaquent..........248

Des brigands qui font preuve de mansuétude ! 257

Les maîtres des barrières : le Tiers-Etat entre dans l'histoire..........266

Chapitre 11

Rétablir la perception aux barrières 279

L'inaction des forces de l'ordre 279

Le Comité permanent et les barrières : un retour à l'ordre...............284

Créer un corps spécial pour le maintien de la perception : les chasseurs aux barrières..288

Troisième partie

Le procès des incendiaires en 1790 ou comment dénier la parole au peuple..295

Chapitre 12

Savoir attendre pour mieux frapper les incendiaires..................297

La procédure judiciaire : une action légitime ?................................297

Les incendiaires sont des fraudeurs ! 307

De moins en moins d'accusés : les arrestations des 16 et 18 juin 1790 312

La réaction de la presse face aux arrestations..................................318

Chapitre 13

L'arrêt du procès des incendiaires 323

Les accusés face à la justice..323

L'Assemblée nationale règle l'affaire 326

Chapitre 14

Quelles sont les accusations ?...333

Portrait des douze accusés 333

Et les autres inculpés qui échappent à toute poursuite ? 348

La décision de l'Assemblée : magnanimité ou calcul politique ?.....358

Conclusion

La prise des barrières : la montée en puissance du peuple.........369

Table des figures 375

Signification des sigles 376

Table des Index (noms communs, noms propres et nom des lieux) ..377

Sources et Bibliographie générale 385

HISTOIRE
AUX ÉDITIONS L'HARMATTAN

Dernières parutions

BESANÇON, UN VIGNOBLE MILLÉNAIRE
Robert Chapuis
En collaboration avec Patrick Mille ; Préface de Jean-Louis Fousseret
Besançon a compté jusqu'à 1000 vignerons et 1650 hectares de vignes, soit presque l'équivalent du vignoble jurassien actuel. La cité était-elle destinée à devenir « une ville de vignerons » comme on la qualifiait autrefois ? Les pentes bien orientées au sud, l'hydrographie favorable offraient des potentialités qui auraient pu rester inexploitées sans l'acharnement des hommes qui ont su les mettre en valeur. Pendant un millénaire, des moines, des archevêques, des nobles, des bourgeois et surtout des vignerons ont labouré, taillé, vendangé ces pentes. Mais, quand le monde clos du vignoble bisontin s'ouvre, malgré lui, sur le monde débridé de la concurrence, tout commence à basculer...
(Coll. Connaissance des régions, 204 p., 21,5 euros)
ISBN : 978-2-343-17315-3, EAN EBOOK : 9782140120596

PETIT TRAITÉ DE PSYCHO-MYTHOLOGIE
Ou le pouvoir évolutif du mythe
Pierre Delmas
La mythologie a-t-elle encore sa place au XXIe siècle ? Sous ses oripeaux se cache un grand livre dont chaque page, remplie de symboles et d'allégories, nous éclaire sur la psyché. Mais pour décoder ce langage, encore faut-il en avoir les clés. Si Freud et ses successeurs ont reconnu dans les mythes des mécanismes névrotiques de leurs patients, en revanche, ils n'ont guère mis l'accent sur leur pouvoir réparateur ou réconciliateur, et sur l'idée que chaque individu porte en lui une part de cette mémoire qu'il va exploiter selon sa sensibilité. Enfin, la mythologie ne cesse de nous parler de l'âme et de son évolution. À l'heure où la société se questionne sur la perte des valeurs, elle nous fait revenir aux sources de notre être.
(Coll. Psycho-Logiques, 200 p., 20,5 euros)
ISBN : 978-2-343-17598-0, EAN EBOOK : 9782140122347

HISTOIRE DU SÉNÉGAL
Mémoire du Gandiolais
Sidy Diop
À bien des égards, l'histoire du Gandiol épouse les contours complexes du processus qui a mené à la configuration actuelle de l'identité nationale sénégalaise. Depuis l'époque précoloniale, avec les phases d'émergence de l'Islam et d'éclatement de l'espace sénégambien en micro-États jusqu'à l'occupation coloniale française systématiquement planifiée, le Gandiol fut au coeur du tourbillon de l'histoire sénégalaise. Aussi le destin de ce minuscule territoire est-il singulièrement illustratif de ce qu'est devenu tout le pays du Sénégal ainsi que les hommes qui l'habitent.
(Coll. Harmattan Sénégal, 280 p., 24 euros)
ISBN : 978-2-343-17531-7, EAN EBOOK : 9782140122262

ROUMANIE
Histoire d'une identité
Despina Tomescu
Choisie comme date de la fête nationale de la Roumanie après la chute du régime de Ceausescu, la date du 1er décembre commémore la Proclamation de l'Union votée le 1er décembre 1918, sur les décombres des grands empires multinationaux par les députés des Roumains de Transylvanie rassemblés dans la ville d'Alba Iulia. En 2018, la République de Roumanie a fêté le centenaire de la

Roumanie moderne et, entre janvier et juillet 2019, c'est à son tour d'assumer la présidence de l'U.E. À l'heure où l'Europe est confrontée à la montée des nationalismes, l'auteure conduit, au-delà des clichés, à mieux comprendre les défis à relever par un pays dont les liens avec la France sont anciens et profonds.

(Coll. Inter-National, 442 p., 39 euros)

ISBN : 978-2-343-17623-9, EAN EBOOK : 9782140122002

LES RÉSISTANCES AFRICAINES AUX CONQUÊTES DJIHADISTES ET FRANÇAISES DU XIXÈ SIÈCLE

Des rives du Sénégal aux pays tchadiens

Christian Roche

Quand on évoque les conquêtes et les résistances des peuples africains au XIXe siècle, on oublie parfois que depuis le siècle précédent, de nombreux animistes luttaient contre l'asservissement de grands conquérants djihadistes. Les Français se sont trouvés en présence de guerres intestines d'une rare violence et se sont présentés comme des « protecteurs ». Des conquérants comme El Hadj Omar, son fils Ahmadou, Samori Touré ont compris que leur pouvoir allait être sérieusement menacé par les ambitions expansionnistes françaises. Rivaux, incapables de faire front commun, ils échouèrent dans leurs tentatives parfois désespérées de repousser l'occupant.

(Coll. Histoire Africaine, 294 p., 29 euros)

ISBN : 978-2-343-17409-9, EAN EBOOK : 9782140120992

CHARLES V LE SAGE

Dauphin, duc et régent

(1338-1358)

François Sarindar

Charles V le Sage (1338-1380) est considéré comme l'auteur de la consolidation de la dynastie valoisienne, après la double défaite militaire de Crécy et de Poitiers. Par le choix des dates, l'auteur veut mettre l'accent sur ces deux décennies faites de difficultés et de désastres pour les rois Philippe VI et Jean II le Bon, grand-père et père du Dauphin, tous deux vaincus par les Anglais, mais aussi pour le jeune Charles, obligé de prendre les rênes du pouvoir en l'absence de son père, alors qu'il n'était pas du tout préparé à le faire et qu'il n'avait encore de ce rôle qu'une connaissance théorique et livresque et qui fut confronté aux exigences croissantes de la bourgeoisie parisienne et de son chef de file, le Prévôt des marchands, Etienne Marcel.

(Coll. Chemins de la Mémoire, 312 p., 32 euros)

ISBN : 978-2-343-17371-9, EAN EBOOK : 9782140120718

LE PYGMÉE CONGOLAIS EXPOSÉ DANS UN ZOO AMÉRICAIN

Sur les traces d'Ota Benga

Nouvelle édition revue et augmentée

Ngimbi Kalumvueziko

Le 16 septembre 2017, une plaque historique en mémoire d'Ota Benga, le Pygmée congolais qui avait été exposé dans une cage avec des singes au Zoo de New York en 1906, a été dévoilée à Lynchburg, dans l'état de Virginia aux États-Unis. Voilà qu'un être humain qui a connu l'extrême déchéance pour avoir été traité comme un animal est honoré et devient le premier Africain reconnu dans l'histoire américaine. Son histoire s'inscrit dans le contexte de la propagation de l'idée de « hiérarchie des races » et est emblématique du phénomène de « zoos humains » en vogue dans le monde occidental au 19e siècle et au début du 20e siècle. Ce livre expose cette curieuse, poignante et très complexe histoire par devoir de mémoire historique et pour en appeler au respect de la dignité humaine.

(Coll. Études africaines, 180 p., 19 euros)

ISBN : 978-2-343-17361-0, EAN EBOOK : 9782140120732

RECHERCHES ARCHÉOLOGIQUES À BAIA FARTA

(Benguela-Angola)

Edition bilingue - Photos en couleur

Manuel Gutierrez, Maria Helena Benjamin

Traduction de Michèle Moreira - Préfaces de Sylvain Itté et Joao Bernardo de Miranda

Cet ouvrage retrace une longue période de collaboration scientifique en archéologie entre institutions françaises et angolaises. Il présente les résultats des recherches archéologiques conduites par une équipe franco-angolaise depuis le début des années 1990 jusqu'à aujourd'hui dans la province de Benguela.

(206 p., 39 euros)

ISBN : 978-2-343-17441-9, EAN EBOOK : 9782140119231

HISTORIOGRAPHIE DE LA TRAITE NÉGRIÈRE AU CONGO

Faits, sociétés et mémoires

Jean-Félix Yekoka, Joseph Zidi

La traite des esclaves demeure une problématique multidimensionnelle. Dans les sociétés du Congo actuel, elle reste circonscrite dans une logique normative du « dedans » et du « dehors », à cause des traces qu'elle a laissées dans la conscience collective et du silence qui la domine à bien des égards. Ainsi, des approches différentes ont été empruntées à l'histoire, à l'anthropologie, à la sociologie et à la littérature pour tenter de débrouiller l'écheveau du mystère de la traite au Congo.

(Coll. Études africaines, 212 p., 21,5 euros)

ISBN : 978-2-343-15107-6, EAN EBOOK : 9782140120275

RAMSÈS II ET LE RAMESSEUM

De la splendeur au déclin d'un temple de millions d'années

Christian Leblanc

Pharaon emblématique, Ramsès II a régné près de 67 ans, laissant un héritage exceptionnel. Bâtisseur infatigable, promoteur des arts mais aussi habile stratège et fin diplomate, il fut encore un excellent administrateur de son royaume. A l'occident des Thèbes, il fit construire l'un de ses châteaux qui fut admiré dans l'Antiquité. Ce temple et ses immenses dépendances dont l'objet d'intensives recherches grâces auxquelles nous pouvons mieux comprendre qu'elle fut sa réelle vocation. C'est cette longue et passionnante histoire que ce livre se propose de raconter.

(398 p., 39 euros)

ISBN : 978-2-343-17322-1, EAN EBOOK : 9782140119927

L'EUROPE, UN DESTIN

Alain Renaud

Pour la première fois, les Européens commencèrent à douter d'eux-mêmes, à la fin de la Première Guerre mondiale. Un siècle plus tard, ils considèrent que l'Europe est désormais « sortie de l'Histoire ». Les terribles blessures que son âme a subies depuis le début du XXe siècle vont-elles la précipiter à tout jamais vers les abîmes et le néant ? Seuls le courage et la volonté des Européens peuvent lui permettre de reprendre force et de redevenir le phare qu'elle a pu être au cours des siècles. Allons ? Rien n'est encore perdu. C'est ce que cet ouvrage veut démontrer par-delà les peurs, les résignations et les renoncements.

(220 p., 20 euros)

ISBN : 978-2-343-17414-3, EAN EBOOK : 9782140119804

LE YOVOGAN. UN HAUT DIGNITAIRE DU ROYAUME DU DANHOMÈ

XVIIIe-XIXe siècle

Arthur Vido

Après la conquête de Sahè par les soldats du Danhomè (Bénin actuel) en 1727, le roi Agaja nomme à la tête de Gléhoué un homme dont la fonction principale consiste à renseigner Agbomè, capitale du Danhomè, sur les moindres faits et gestes des Européens : il s'agit du Yovogan. Jusqu'à la fin du XIXe siècle, ce haut fonctionnaire et ses successeurs joueront des rôles importants dans les domaines politique, diplomatique, judiciaire, économique et militaire de la province de Gléhoué.

(Coll. Histoire Africaine, 122 p., 14 euros)

ISBN : 978-2-343-17150-0, EAN EBOOK : 9782140119729

CCML SUR LES RIVAGES DU RIO PONGO
DEVOIR DE MEMOIRE

Boubacar Diallo, Rose Pauline Niéba

Le 18 mai 2017, fut célébrée la journée de solidarité avec Haïti. L'Harmattan Guinée, sous la direction de Sansy Kaba Diakité, Commissaire Général de Conakry Capitale Mondiale du Livre, organisa, à cette occasion, une cérémonie à Boffa, haut-lieu de la traite transatlantique en Guinée. Ce livre revient sur cette journée mémorable, à travers des récits poétiques sur la traite transatlantique et transsaharienne, Mamy Wata et Mme Sassée, les Roundè et les pistes négrières en Guinée, les chasseurs d'esclaves, le prince esclave et le devoir de mémoire, Haïti et la Porte du Retour et du Non Retour, e livre et la lecture.

(Coll. Harmattan Guinée, 114 p., 14 euros)

ISBN : 978-2-343-17488-4, EAN EBOOK : 9782140118913

LES CHÂTEAUX DU VAL DE LOIRE ET LEURS VISITEURS

Après le temps des rois

Sous la direction d'Aurore Montesi, de Florence Fix et de Pierre Wat

Les châteaux royaux en Val de Loire ont été des lieux de pouvoir avant de s'inscrire dans l'espace commun en tant que lieux publics. Symboles de la majesté des souverains durant deux siècles, ils sont ensuite délaissés pour Paris puis Versailles, menacés de destructions ou de dispersion, restructurés et réemployés. Que présenter au visiteur soucieux d'apprendre, de comprendre ces demeures qui sont une condensation d'histoire de l'art et d'histoire politicoculturelle ?

Editions Orizons (210 p., 27 euros)

ISBN : 979-10-309-0128-3, EAN EBOOK : 9782140116872

LA VILLE DE RIYAD À TRAVERS LES PHASES DE L'HISTOIRE

Hamad Al-Jasser

Traduit de l'arabe par Philippe Mischkowsky

La ville de Riyad a été établie sur les décombres de la ville de Hajr. C'est au XVIIIe siècle que le nom de Riyad apparut, éclipsant celui de Hajr, qui ne servait plus qu'à désigner une parcelle de la ville, puis seulement un puits situé sur la rive ouest du wadi Al-Wutr. Au XIIe siècle de l'hégire (XVIIIe siècle de l'ère chrétienne), on donna le nom d'anciens lieux de Hajr aux quartiers de Riyad, tels Mi'kal, Muqrin et Al-'Awd, ainsi qu'aux vastes terrains alentour, qui étaient autant de jardins inondables et utilisés comme retenues d'eau en cas de fortes pluies. C'est pourquoi on se mit à parler de riyadh, qui signifie jardins. Cet ouvrage est la réédition d'un texte paru en 1966.

(160 p., 17 euros)

ISBN : 978-2-343-17116-6, EAN EBOOK : 9782140116568

LA QUESTION MÉMORIELLE AU XXIE SIÈCLE

Jouer éternellement le passé

Charles-Edouard Leroux

Comment les sociétés se souviennent-elles ? C'est dans la manière dont elle constitue son rapport au passé qu'on peut apprécier ce qu'une société est capable d'apporter de positif aux individus et aux groupes qui la composent à un moment donné. Pour conjurer la lourde mémoire d'un XXe siècle dont la barbarie fut l'une des plus meurtrières de l'histoire, nous avons inventé le « devoir de mémoire », sans parvenir à mettre fin aux traumatismes et aux culpabilités dont témoignent les conflits de mémoire. D'où la nécessité, en ce début de XXIe siècle, de reprendre la question mémorielle, de la ressaisir dans toute son ampleur et de l'appréhender de façon critique.

(Coll. Chemins de la Mémoire, 202 p., 20,5 euros)

ISBN : 978-2-343-16830-2, EAN EBOOK : 9782140115899

Structures éditoriales du groupe L'Harmattan

L'Harmattan Italie
Via degli Artisti, 15
10124 Torino
harmattan.italia@gmail.com

L'Harmattan Hongrie
Kossuth l. u. 14-16.
1053 Budapest
harmattan@harmattan.hu

L'Harmattan Sénégal
10 VDN en face Mermoz
BP 45034 Dakar-Fann
senharmattan@gmail.com

L'Harmattan Cameroun
TSINGA/FECAFOOT
BP 11486 Yaoundé
inkoukam@gmail.com

L'Harmattan Burkina Faso
Achille Somé – tengnule@hotmail.fr

L'Harmattan Guinée
Almamya, rue KA 028 OKB Agency
BP 3470 Conakry
harmattanguinee@yahoo.fr

L'Harmattan RDC
185, avenue Nyangwe
Commune de Lingwala – Kinshasa
matangilamusadila@yahoo.fr

L'Harmattan Congo
67, boulevard Denis-Sassou-N'Guesso
BP 2874 Brazzaville
harmattan.congo@yahoo.fr

L'Harmattan Mali
Sirakoro-Meguetana V31
Bamako
syllaka@yahoo.fr

L'Harmattan Togo
Djidjole – Lomé
Maison Amela
face EPP BATOME
ddamela@aol.com

L'Harmattan Côte d'Ivoire
Résidence Karl – Cité des Arts
Abidjan-Cocody
03 BP 1588 Abidjan
espace_harmattan.ci@hotmail.fr

L'Harmattan Algérie
22, rue Moulay-Mohamed
31000 Oran
info2@harmattan-algerie.com

L'Harmattan Maroc
5, rue Ferrane-Kouicha, Talaâ-Elkbira
Chrableyine, Fès-Médine
30000 Fès
harmattan.maroc@gmail.com

Nos librairies en France

Librairie internationale
16, rue des Écoles – 75005 Paris
librairie.internationale@harmattan.fr
01 40 46 79 11
www.librairieharmattan.com

Lib. sciences humaines & histoire
21, rue des Écoles – 75005 Paris
librairie.sh@harmattan.fr
01 46 34 13 71
www.librairieharmattansh.com

Librairie l'Espace Harmattan
21 bis, rue des Écoles – 75005 Paris
librairie.espace@harmattan.fr
01 43 29 49 42

Lib. Méditerranée & Moyen-Orient
7, rue des Carmes – 75005 Paris
librairie.mediterranee@harmattan.fr
01 43 29 71 15

Librairie Le Lucernaire
53, rue Notre-Dame-des-Champs – 75006 Paris
librairie@lucernaire.fr
01 42 22 67 13

www.ingramcontent.com/pod-product-compliance
Lightning Source LLC
LaVergne TN
LVHW021153061026
849535LV00002B/448
* 9 7 8 2 3 4 3 1 7 6 8 3 3 *